Reinhold Christiani
Klaus Metzger (Hrsg.)

W0064155

Taschenlexikon Grundschulpraxis

132 Beiträge zum Schulalltag
Pädagogik und Methodik
Deutsch und Mathematik

Die in diesem Werk angegebenen Internetadressen haben wir überprüft (Redaktionsschluss Juni 2008). Dennoch können wir nicht ausschließen, dass unter einer solchen Adresse inzwischen ein ganz anderer Inhalt angeboten wird. Deshalb empfehlen wir Ihnen dringend, die Adressen vor der Nutzung im Unterricht selbst noch einmal zu überprüfen.

www.cornelsen.de

Bibliografische Information: Die Deutsche Bibliothek verzeichnet diese Publikation in der Deutschen Nationalbibliografie; detaillierte bibliografische Daten sind im Internet über http://dnb.ddb.de abrufbar.

Dieser Band folgt den Regeln der deutschen Rechtschreibung, die seit August 2006 gelten.

5.　4.　3.　2.　1.　　Die letzten Ziffern bezeichnen
12　11　10　09　08　　Zahl und Jahr der Auflage.

Redaktion: Daniela Brunner, Düsseldorf
Umschlaggestaltung: Claudia Adam, Darmstadt, unter Verwendung eines Fotos von Kunterbunt, Heidi Velten, Leutkirch
Illustrationen: Dorina Teßmann, Berlin
Layout und Zeichnungen: Beate Schubert, Berlin
Druck und Bindung: fgb · freiburger graphische betriebe
Printed in Germany
ISBN 978-3-589-05133-5

 Gedruckt auf säurefreiem Papier, umweltschonend hergestellt aus chlorfrei gebleichten Faserstoffen.

Inhalt

Pädagogik und Methodik

Deutsch

Mathematik

Vorwort

Unser kleines Lexikon ist für den täglichen Gebrauch gedacht. Es soll sich für den schnellen Zugriff auf solche Begriffe eignen, die im Unterrichtsalltag häufig auftauchen und die für praktische Arbeit relevant sind.

Wir haben es Taschenlexikon genannt, weil wir Begriffe ausgewählt haben, die man „mal eben" nachschlägt, um sich einen ersten, groben Überblick zu verschaffen.

Die Anlässe dafür können verschieden sein: zur Vorbereitung auf ein Fachgespräch im Kollegium oder in der Konferenz; zur Vorbereitung auf eine Beratung am Elternsprechtag oder auf die zu erwartende Diskussion mit Eltern auf dem Elternabend – etwa wenn diese informiert werden wollen oder zu bestimmten Entwicklungen kritisch nachfragen (z.B. Zensurenspiegel, Ausgangsschrift, jahrgangsübergreifende Klassen). Studierenden mag es z.B. im Praktikum dienlich sein, Referendarinnen und Referendaren sowie jungen Lehrerinnen und Lehrern könnte es als „erste Hilfe" vor Überprüfungen (Unterrichtsbesuche vom Fachleiter, Schulrat, Schulleitern) dienen.

Wir haben zahlreiche in der Praxis stehende Kolleginnen und Kollegen gefragt, welche Begriffe für solche Dienste wohl von Bedeutung sein könnten. Im Rahmen dieses Erfahrungsaustauschs haben wir uns schließlich für 100 pädagogische Begriffe und je 16 Fachbegriffe für Mathematik und Deutsch entschieden. Wir hoffen, dass wir damit die goldene Mitte zwischen „zu viel" und „zu wenig" gefunden haben.

Was das Lexikon, weil es ja ein Taschenlexikon ist, nicht leisten kann, sind umfassende theoretische Abhandlungen, vor allem zu allgemeinpädagogischen Begriffen: Wer also Grundsätzliches beispielsweise zu „Erziehung", zu „Bildung" oder zu „Didaktik" sucht, wird hier kaum fündig werden.

Wir danken den Autorinnen und Autoren für viele anregende Gespräche und vor allem: für die Bereitschaft, sich mehr oder weniger geduldig in das „Korsett" dieses Lexikons zu begeben – Leitfragen als Einführung in den Text, dann komprimierte Ausführungen auf rigide begrenztem Raum, schließlich Tipps („Was Eltern wissen sollten") und knapp kommentierte Literaturempfehlung.

Dank auch an Frau Barbara Kung, Bibliothek des Schulministeriums Nordrhein-Westfalen, für stets bereitwillige Beratung und Ausleihe.

Düsseldorf und Augsburg, im Herbst 2008
Reinhold Christiani und Klaus Metzger

Ästhetische Bildung

- Was versteht man unter ästhetischer Bildung?
- Warum ist ästhetische Bildung wichtig?
- Wie kann ästhetische Bildung in der Schule gefördert werden?

Schon früheste Zeugnisse wie die Höhlenmalereien zeigen, dass sich die Menschen seit je ästhetisch betätigt haben. In allen Weltkulturen finden wir Tanz, Erzählungen, Musik und kunstvoll gestaltete Alltagsgegenstände. Ästhetisches Schaffen und Erleben gehören offensichtlich zum Menschsein und sind unverzichtbarer Bestandteil von Kultur. Bei Kindern sind bereits elementare ästhetische Bedürfnisse und Fähigkeiten immer wieder deutlich zu beobachten, z. B. bei ihrer Freude an Rhythmus und am Tanzen oder bei ihrer Lust am Umgang mit Farben. Ästhetische Bildung in der Schule knüpft an diese Grundlagen ästhetischer Fähigkeiten und Bedürfnisse der Kinder an und schafft Möglichkeiten, damit sie sich weiter entfalten können. Dabei gilt heute die Verbindung von Rezeption und Produktion, also von hören und selbst produzieren, von anschauen und selbst malen, von lesen und selbst schreiben als wichtiges Grundprinzip ästhetischer Bildung, weil beides sich wechselseitig unterstützt. Folgende Teilaspekte sind für die ästhetische Bildung besonders wichtig:

Sinneswahrnehmung als Grundlage ästhetischer Erfahrung: Dazu zählen das Schauen, das Hören, das Riechen, das Tasten und das Schmecken. Kinder sollen solche Sinneswahrnehmungen als Quelle ästhetischer Lust erfahren und eine differenzierte Sensibilität dafür entwickeln. Das ist angesichts der reizüberfluteten Welt, in der heutige Kinder aufwachsen, keine leichte Aufgabe für Lehrerinnen und Lehrer. Konzentration, um gesteigerte Aufmerksamkeit zu erreichen, ist dafür notwendig. Ästhetische Sinneswahrnehmungen beziehen sich nicht nur auf Kunst, Musik und Literatur, sondern auch auf nichtkünstlerische Phänomene, z. B. auf Blumen, auf Landschaft, auf Wolkengebilde, auf das Rauschen des Regens, auf das weiche Fell eines Tieres (↗ Wahrnehmung).

Ästhetische Erfahrung als subjektives Angesprochensein: Insofern unterscheidet sich ästhetische Bildung von Lernprozessen, die primär auf objektivierende Begriffsbildung, auf abrufbares Wissen und auf praktische Nutzanwendung abzielen. Subjektive, individuelle Zugänge der Kinder müssen also, wenn es um ästhetische Bildung geht, zugelassen und unterstützt werden.

Entfaltung der Imaginationsfähigkeit: Dies ist ein weiterer grundlegender Aspekt ästhetischer Bildung. Sie ergänzt die unmittelbare Sinneswahrnehmung und verbindet sich mit ihr. Wenn Kinder ein Bild malen, dann geben sie ihren inneren Vorstellungen einen sichtbaren Ausdruck; und umgekehrt, wenn sie eine Geschichte hören oder lesen, müssen sie sich das Erzählte in ihrem Kopf vorstellen. Ästhetische Bildung in der Schule heißt, dass die Vorstellungskraft der Kinder angeregt und entfaltet wird und nicht in klischeehaften, medial vermittelten simplen Mustern steckenbleibt.

Sich einlassen auf Ungewohntes, Überraschendes: Auch das gehört zur ästhetischen Bildung. Denn es zeichnet ja die Künste aus, dass sie immer wieder etwas präsentieren, was unsere alltäglichen Wahrnehmungsgewohnheiten übersteigt. Kinder sind dafür manchmal sogar aufgeschlossener als Erwachsene, z. B. gegenüber moderner Kunst. Dies sollte im Unterricht unterstützt und für eigene kreative Tätigkeit fruchtbar gemacht werden, z. B. indem die Kinder selbst mit verschiedenen Materialien im Kunstunterricht experimentieren oder Gedichte im Stil der konkreten Poesie verfassen.

Ästhetische Bildung in allen Fächern: Ästhetisches Wahrnehmen und Gestalten gehört zur anthropologischen Grundausstattung des Menschen. Wenn man Bildung nicht reduzieren will auf verwertbares Wissen und nützliche Fertigkeiten, sondern den ganzen Menschen im Blick hat, dann muss ästhetische Bildung in allen Fächern Platz haben. Das ist nicht zuletzt für das Selbstwertgefühl der Kinder wichtig. Weil ästhetische Erfahrungen subjektiv geprägt sind und die Kinder in ihrem künstlerischen Experimentieren und Gestalten Eigenes zum Ausdruck bringen, fühlen sie sich entwertet, wenn sie dabei nicht ernst genommen und unterstützt werden.

Was Eltern wissen sollten

- Schule ist nicht nur für das praktisch verwertbare Wissen da, sondern sie soll auch einen Beitrag zur Persönlichkeitsentwicklung des Kindes leisten. Dazu gehört die ästhetische Bildung.
- Ästhetische Bildung bezieht sich auf Kunst, Musik, Film und Literatur, aber auch auf Wahrnehmung von Schönem und Eindrücklichem in der Natur und auf das Design von Alltagsgegenständen.
- Kinder sollen positive, ermutigende Rückmeldungen erhalten, wenn sie zeichnen, musizieren oder Geschichten schreiben. Sonst verkümmert ihre Bereitschaft, sich kreativ zu betätigen.

Literatur
KAHLERT, J./LIEBER, G./BINDER, S. (Hrsg.) (2006): Ästhetisch bilden. Begegnungsintensives Lernen in der Grundschule. Braunschweig: Westermann
Unterrichtskonzeption, bei der die ästhetischen Dimensionen im Mittelpunkt stehen

Aggression

- In welchem Kontext ist aggressives Verhalten zu sehen?
- Warum und in welchen Ausdrucksformen zeigen Kinder aggressives Verhalten in der Schule?
- Welche Handlungsmöglichkeiten haben Lehrerinnen und Lehrer im Umgang mit aggressiven Kindern?

Aggressives Verhalten ist wohl die meistgenannte Ursache von ⁊ Unterrichtsstörungen. Darunter werden alle Verhaltensweisen zusammengefasst, die darauf abzielen, jemand anderen oder sich selbst direkt oder indirekt absichtsvoll zu schädigen. Diese Beschreibung umfasst ein sehr weites Feld an Ausdrucksformen und Verursachungsbedingungen. Aggressives Verhalten ist hauptsächlich erlernt. Maßgeblich am Erlernen beteiligt sind Vorbilder in Form von realen Personen oder auch Darstellungen in Medien (Fernsehen, Computer, Bücher).

Soziale Wahrnehmung: Wie jedes Verhalten ist auch das aggressive Verhalten stets im Kontext der sozialen Wahrnehmung zu sehen. Das bedeutet: Ein Kind muss in jeder sozialen Situation – bewusst, unbewusst und blitzschnell – folgende Fragen für sich beantworten:
Wie nehme ich wahr, was um mich herum geschieht? Was bedeuten diese Geschehnisse für mich? Wie kann ich mich jetzt verhalten? Welche Konsequenz wird mein Verhalten haben?
Es geht darum, möglichst alle relevanten Aspekte einer Situation zu erfassen, die Situation angemessen zu interpretieren, flexibel und vielschichtig zu handeln. Kindern, die eher aggressiv handeln, fehlen solche sozialen Kompetenzen. Ein Kind, das in dieser Wahrnehmung geschult ist und unterschiedliche Handlungsmuster kennt, muss nicht gleich schlagen und beschimpfen, denn es verfügt über genügend andere angemessene Reaktionsmöglichkeiten. Spiele, Übung und Unterrichtsreihen zur Schulung der sozialen Wahrnehmung sind hier hilfreich (⁊ Wahrnehmung).

Ausdrucksformen aggressiven Verhaltens: Aggressives Verhalten ist für das Kind sinnvolles Verhalten: Es will oder muss etwas Bestimmtes erreichen und benutzt zu diesem Zweck dieses Verhalten.
Bei Vergeltungsaggression: Ein Kind wird aggressiv, wenn es sich ungerecht behandelt oder provoziert fühlt. Dann handelt es, um sich einen Ausgleich, eine Entschädigung zu verschaffen.
Bei Abwehraggression: Ein Kind wird aggressiv, wenn es sich bedroht fühlt oder vor etwas Angst hat. Dann handelt es, um dieser Bedrohung aus dem Weg zu gehen.

Bei Erlangungsaggression: Ein Kind wird aggressiv, wenn es etwas Bestimmtes erzielen will (es möchte recht haben, Aufmerksamkeit bekommen oder etwas Gegenständliches an sich bringen).

Umgang mit aggressivem Verhalten: Situationen, in denen Kinder aggressiv handeln, erfordern rasches und konsequentes Eingreifen. Der Schutz der Opfer muss jederzeit im Vordergrund stehen. Grundsätzlich ist jedoch präventives Arbeiten sinnvoll.

■ Coolness-Training: Dieses und ähnliche Programme dienen durch den Einsatz von körperbetonten Übungen und Interaktionsspielen, Deeskalationsübungen und Rollenspielen der Vermittlung von grundlegenden Kompetenzen (Selbst- und Fremdwahrnehmung, Umgang mit Stärken und Schwächen, Konfliktbewältigung).

■ Streitschlichtung (↗ Streitschlichter): Sie arbeitet an ähnlichen Kompetenzbereichen und schult die Kinder darin, Konflikte verantwortungsvoll in Peergruppen zu bearbeiten.

■ Sozialer Trainingsraum: Der Grundgedanke ist, dass Lehrer und Schüler sich in der Schule in einer Gemeinschaft befinden, die durch klare Regeln und deutliche Konsequenzen gekennzeichnet ist. Die Kinder lernen, eigenverantwortlich mit diesen Regeln umzugehen und gegebenenfalls die Konsequenzen für Regelverletzungen zu tragen (↗ Verhaltensauffälligkeiten, ↗ Teilleistungsstörungen).

Was Eltern wissen sollten

• Eltern können in besonderer Weise darauf Einfluss nehmen, inwieweit Kinder mit Gewalt konfrontiert werden. Neben der eigenen Vorbildfunktion durch den Umgang miteinander in der Familie können sie Art und Umfang des Fernsehkonsums, die Auswahl von Computerspielen und Printmedien beeinflussen.

• Wenn Aggressionen die Entwicklung des Kindes deutlich beeinträchtigen oder es sozial ausgrenzen, ist ein Einbezug externer Beratung, z. B. durch Kinder- und Jugendpsychotherapie dringend anzuraten.

Literatur

BRAUN, D./SCHMISCHKE, J. (2006): Mit Störungen umgehen. Berlin: Cornelsen Scriptor
Aggressives Verhalten wird im Kontext der sozialen Wahrnehmung als eine Ursache für Unterrichtsstörungen analysiert. Es wird ein Beobachtungsbogen zur Diagnostik angeboten und eine Vielzahl von Vorschlägen gemacht, wie eine soziale Wahrnehmungsförderung in den Unterricht integriert werden kann.

NOLTING, H.-P. (2005): Lernfall Aggression. Wie sie entsteht und wie sie zu verhindern ist. Reinbek: Rowohlt Taschenbuchverlag
Guter Überblick über den aktuellen Stand, verständlich geschrieben

Anfangsunterricht

- Was sind die Merkmale eines kindgemäßen Anfangsunterrichts?
- Wie kann man der Verschiedenheit der Kinder im Anfangsunterricht gerecht werden?
- Wie können Eltern ihr Kind unterstützen?

Der Begriff trat erstmals mit der Entstehung der Grundschule zu Beginn der 1920er Jahre auf. In der grundschulpädagogischen Diskussion bezeichnet man damit heute einen unterschiedlichen Zeitraum: mal die ersten Schulwochen, häufig jedoch den Unterricht des ersten Schuljahres. Seit 1970 wird der Begriff auch für die ersten beiden Schuljahre verwendet. Unter der Als „Schuleingangsphase" sind mittlerweile in vielen Bundesländern neue Formen der Gestaltung der ersten Schuljahre entwickelt und erprobt worden. Sie zeichnet sich z.B. durch den Wegfall von Schulkindergärten, der sukzessiven Einschulung von Fünfjährigen, einer flexiblen Verweildauer und dem Lernen in ⟋ jahrgangsübergreifenden Klassen aus.
Der Anfangsunterricht hat folgende Merkmale:
Sicherheit vermitteln: Für die Schulanfänger ist das System Schule neu. Sie müssen erst ihren Platz in der Klasse, in der Schulgemeinschaft finden. Raum und Zeit sind anders strukturiert. Es gibt neue Kommunikationsformen und Regeln im Umgang miteinander. Es werden neue Anforderungen, vor allem bestimmte Leistungsanforderungen an die Kinder gestellt. Um diese Situation für die Kinder möglichst behutsam zu gestalten und ihnen ein Gefühl von Sicherheit zu geben, ist bei der Gestaltung des Anfangsunterrichts die Schaffung einer geeigneten Lernatmosphäre mit Regeln und ⟋ Ritualen, ein gut organisierter ⟋ Klassenraum sowie ein gemeinsamer Rundgang durch das Schulgebäude sowie das Kennenlernen der in der Schule tätigen Personen wichtig. So lassen sich Einschulungsprobleme auffangen oder man kann ihnen so vorbeugen.
An Bekanntes anknüpfen: Mit dem Beginn der Schulzeit treten die Kinder in eine neue Entwicklungsphase ein: Der „Ernst des Lebens" beginnt. Diese Situation löst bei vielen Kindern zwiespältige Gefühle aus: Freude, aber auch Ängste. Werden mich die Kinder in meiner Klasse mögen? Werde ich nette Lehrer haben? Werde ich die Sachen schaffen, die von mir verlangt werden? Für die Eltern ist der Schulbeginn ebenfalls mit solchen Gefühlen verbunden. Die meisten Kinder freuen sich jedoch auf den Schulanfang und sind hoch motiviert.
Aufgabe des Anfangsunterrichts ist es, in diesem Bereich an vorschulisches Lernen und Bekanntes aus dem Kindergarten (Lieder, freie Spiel- und Ar-

beitszeiten, Partner- und Gruppenarbeiten) anzuknüpfen. Dazu gehört auch der Besuch der Kindergartenkinder in der Grundschule vor den Sommerferien. Dem Autonomiebestreben der Kinder und der Förderung ihrer Selbstständigkeit sollte man durch Formen selbst organisierten Lernens wie ↗ Freiarbeit, Wochenplanarbeit, ↗ Lerntagebuch und andere offene Unterrichtsformen entsprechen (↗ Offener Unterricht).

Unterricht individualisieren: Kinder mit ganz unterschiedlichen Vorerfahrungen und Voraussetzungen lernen und arbeiten gemeinsam in der Klasse (↗ Heterogenität). Diese Bandbreite der Entwicklungsunterschiede der Kinder beim Eintritt in die Grundschule, die bis zu drei Jahre betragen kann, stellt hohe Anforderungen an die Unterrichtsgestaltung und an die Kompetenzen des Lehrers. Seine Aufgabe ist es, den Unterricht zu differenzieren, damit er jedes Kind entsprechend seinem individuellen Lernvermögen so fördert und fordert, dass es erfolgreich lernen kann (↗ Differenzierung, ↗ Individualisierung). Der Lehrer kann nicht von allen Kindern in der gleichen Zeit das Gleiche verlangen. Dazu muss er eine ausgewogene Mischung aus angeleitetem und selbstständigem Lernen finden.

Lernvoraussetzungen ermitteln: In der Grundschule wird der Grundstein für alle weiteren schulischen Lernprozesse gelegt. Neben tragfähigen, fachlichen Grundlagen in den Fächern muss die Schule auch Sozial- und Lernkompetenzen aufbauen (↗ Soziales Lernen, ↗ Standards). Das setzt voraus, dass Lernprozesse an vorschulische Kenntnisse anknüpfen und diese fortführen. Dazu ist eine detaillierte Erfassung der Lernausgangslage notwendig, beispielsweise durch eine Kooperation zwischen Eltern, vorschulischen Institutionen und Grundschule (↗ Kindertageseinrichtung). Werkzeuge zur Diagnostik von Lern- bzw. Entwicklungsstörungen werden immer bedeutsamer.

Was Eltern wissen sollten

* Eltern sollten ihrem Kind beim Übergang in die Schule Zeit zur Eingewöhnung in diese neue Situation lassen.
* Sie sollten frühzeitig mit der Klassenlehrerin über bereits bekannte Schwierigkeiten (Entwicklungsverzögerungen) sprechen.

Literatur

CHRISTIANI, R. (Hrsg. 2004): Schuleingangsphase: neu gestalten. Berlin: Cornelsen Scriptor
Verschiedene Themen zur Schuleingangsphase werden praxisnah beleuchtet.
HANKE, P. (2007): Anfangsunterricht. 2. Aufl. Weinheim: Beltz
Theorie- und praxisorientierte Darstellung der Inhalte, Formen und Gestaltungsmöglichkeiten des Lehrens und Lernens im Anfangsunterricht

Angst

- Welche Formen von Angst unterscheidet man?
- Wie wirken sich Ängste in der Schule aus?
- Welche Handlungsmöglichkeiten haben Lehrer im Umgang mit schulängstlichen Kindern?

Angst ist eine Grundemotion, die vor Gefahren warnt und Flucht oder Verteidigung ermöglicht. Von daher ist sie grundsätzlich eine nützliche Eigenschaft. Doch Angst kann auch dazu führen, dass man keine Kontrolle mehr über sich selbst oder eine Situation hat und damit handlungsunfähig wird. Bei Schulkindern kann Angst auf verschiedenen Ebenen Entwicklung verhindern und sie sozial isolieren. Frühzeitiges Erkennen der Symptome und rasches Agieren ist daher notwendig.

Angst vor Leistungsversagen: Dafür gibt es ganz unterschiedliche Gründe. Beispielsweise kann eine tatsächliche Überforderung beängstigend sein: Ein Kind kommt aus Gründen, die es nicht beeinflussen kann (Wahrnehmungsstörungen, motorische Probleme, Lernbeeinträchtigungen usw.), im Unterricht nicht mit. Es leidet unter seinem Unvermögen, versucht „gefährliche" Situationen und damit Misserfolgserlebnisse oder Demütigungen zu vermeiden und sieht sich doch immer wieder damit konfrontiert. So wird ein Kind mit Leseschwierigkeiten jede Situation, die lautes Lesen erfordert, als hochgradigen Stress empfinden und durch Störungen (↗ Unterrichtsstörungen) umgehen. Für ein übergewichtiges Kind kann bereits der Weg zur Sporthalle so angstbesetzt sein, dass es Bauchschmerzen bekommt. Ein Kind, das nicht gut kopfrechnen kann, wird keinen Spaß am Eckenrechnen haben und in einer solchen Situation lieber auf die Toilette „flüchten". Lehrer können durch ↗ Beobachtung im Unterricht und durch Förderdiagnostik ein aussagefähiges Schulleistungsprofil des Kindes erstellen. Dieses Profil ist dann die Basis für gezieltes Fördern und Unterstützen (↗ Förderplan) im Unterricht sowie eine effektive Schullaufbahnberatung (↗ Beratung).

Prüfungsangst: Auch eine bevorstehende Leistungssituation kann zu Angst vor Versagen führen – unabhängig davon, ob das Kind die Leistung erbringen kann oder nicht. Solche Prüfungsängste begründen sich im Selbstbild des Kindes: Mangelndes Vertrauen in die eigenen Fähigkeiten und unrealistische Selbsterwartungen blockieren die Leistungsfähigkeit. Hilfreich ist hier eine vertrauensvolle, offene Atmosphäre in der Klasse, in der den Kindern bewusst ist, dass jeder etwas gut und etwas weniger gut kann und dies so in Ordnung ist. Auch Entspannungstechniken (Traumreisen, Muskelentspannung, Körperübungen) vor Tests bieten sich an.

Überzogene Erwartungen: Wenn Eltern von ihren Kindern zu viel erwarten („Mein Kind geht aufs Gymnasium!") und erbrachte Leistungen zu wenig würdigen („Nur eine 3!"), erzeugen und steigern sie damit entsprechende Gefühle der Angst. Der Austausch mit Eltern und eine aufklärende Beratung können dann notwendig sein.

Soziale Angst: Auch die Angst vor dem Umgang mit Mitschülerinnen und Mitschülern kann entmutigend sein. Wenn ein Kind Schwierigkeiten in der Kontaktaufnahme zu anderen hat, wird eine soziale Situation wie eine Klassengemeinschaft ein beängstigendes Problem darstellen. Ein Kind kann Angst vor Konflikten haben, es kann sich vor Hänseleien und dem Ausgegrenztwerden fürchten. Mobbing und ↗ Gewalt sind selbst an Grundschulen nicht ausgeschlossen. Kinder reagieren darauf oft aggressiv, aber auch depressiv, oder sie entwickeln psychosomatische Symptome – auch um den Schulbesuch zu vermeiden. Lehrerinnen und Lehrer sollten achtsam im Hinblick auf das soziale Gefüge ihrer Klasse sein. Zudem muss man bei jedem Ausgrenzen, Auslachen, Verhöhnen und besonders bei Gewalt und jedem Anzeichen von Mobbing unmittelbar intervenieren.

Hilfreich ist es, wenn die Schule sich in ihrem ↗ Schulprogramm auf ein pädagogisches Konzept verpflichtet, das jedem Kind Sicherheit und Geborgenheit bietet. Dazu ist auch das Klima in jeder einzelnen Klasse so zu gestalten, dass Offenheit und Vertrauen gewährleistet sind.

Was Eltern wissen sollten

- Eine realistische Einschätzung der Leistungsfähigkeit des Kindes und eine gute Balance der erzieherischen Grundhaltungen (Akzeptieren; Fordern, Fördern) können Ängste beim Kind vermeiden helfen.
- Hat ein Kind Ängste im Kontext Schule entwickelt, ist eine enge, vertrauensvolle und offene Zusammenarbeit mit der Schule erforderlich.
- Wenn diese Ängste die Entwicklung des Kindes deutlich beeinträchtigen oder es sozial ausgrenzen, ist ein Einbezug externer Beratung anzuraten.

Literatur
OELZNER, W./LEHMKUHL, G. (2004): Schulangst erfolgreich begegnen. Ein Ratgeber für Eltern und Lehrer. München: dtv
Grundlagenliteratur mit vielen Fallbeispielen, Interventionsmöglichkeiten und Übersichten
MAUR-LAMBERT, S./LANDGRAF, A. (2003): Keine Angst vor der Angst! Elternratgeber bei Ängsten im Grundschulalter. Dortmund: Verlag modernes lernen
Allgemeine Übersicht über Angststörungen im Kindesalter mit Materialien und Kopiervorlagen sowie einer Auswahl von Kinderbüchern zum Thema

Arbeitsmaterial

* Was gehört auf die Bedarfsliste?
* Sind schulbuchbegleitende Arbeitshefte nötig?
* Was kann außerdem die Anschaffung lohnen?

Mit Arbeitsmaterial ist hier, im Gegensatz zum Unterrichtsmaterial, all das gemeint, was Schülerinnen und Schüler an Material zum Arbeiten brauchen.

Bedarfsliste: Die Lehrerinnen und Lehrer einer Jahrgangsstufe sprechen sich rechtzeitig ab, welches Arbeitsmaterial die Schüler benötigen. Dabei kann es von Klasse zu Klasse Variationen geben, ein gemeinsamer Grundfundus wäre allerdings wünschenswert. Idealerweise erhalten die Kinder gegen Ende des Schuljahres die Liste mit dem, was im kommenden Jahr an Heften usw. nötig ist. Sie ist wichtig, damit der Schulbetrieb der ersten Tage, der sowieso unter allzu viel Organisatorischem leidet, dadurch nicht zusätzlich belastet wird. Zudem haben so alle Kinder (und Eltern) vorab ausreichend Zeit für die Besorgungen.

Was die Anzahl von Heften und Ordnern betrifft, ist gerade in der Grundschule Zurückhaltung angezeigt. Die Einordnungsvorgänge komplizieren sich umso stärker, je mehr davon für ein Fach benötigt werden. Kinder müssen die grundlegenden Ordnungsstrukturen erst lernen! Hält man sich aktuelle lerntheoretische Entwicklungen und deren Äquivalente im Schulalltag (etwa das ⚡ Portfolio) vor Augen, beantwortet sich zudem so manche Frage, etwa die nach der Notwendigkeit von „Merkheften", eindeutig mit nein.

Heftgröße: Oft ist die Heftgröße ein Streitpunkt – DIN A4 oder DIN A5? Dem kindlichen Gestaltungsbedürfnis entsprechen eher große Hefte. Sie haben weiter den Vorteil, dass sie etwa im Bereich des ⚡ Texteschreibens sehr viel mehr Raum für direkte Überarbeitungen, Anmerkungen usw. bieten.

Nicht vergessen werden darf, dass linkshändige Kinder besondere Scheren, Spitzer, Stifte usw. brauchen.

An die Umwelt denken: Für viele der in der Schule benötigten Arbeitsmaterialien gibt es umweltfreundliche Produkte: Hefte aus Recyclingpapier, nachfüllbare Füller mit Tintentank, Radiergummi aus Kautschuk, Lineal aus Holz, Kleber ohne Lösungsmittel, unlackierte Buntstifte usw. Hier wäre ein Konsens im Kollegium wünschenswert, ob deren Anschaffung zumindest erwogen werden sollte.

Ganz verzichtet werden sollte auf „Tintenkiller" – auch aus erzieherischen Gründen ist das Durchstreichen zu bevorzugen.

(Schulbuchbegleitende) Arbeitshefte: Durchaus ambivalent ist die Frage nach (schulbuchbegleitenden) Arbeitsheften zu beantworten. Ihr Vorteil liegt selbstverständlich in der passgenauen Kompatibilität zum Lehrwerk. Allerdings sind solche Hefte nur dann sinnvoll, wenn sie zusätzliche „gute" ↗ Aufgaben präsentieren und sich nicht in ödem Übungsdrill erschöpfen, den nicht alle Kinder und in allen Bereichen brauchen. (Dann stellt sich aber automatisch die Frage nach dem Preis-Nutzen-Verhältnis!) Zudem können sie für Entlastung der Kopierkosten sorgen. Jedoch sind solche Arbeitshefte eben teuer; nicht alle Eltern können sich Hefte in jedem Fach ohne Weiteres leisten – gerade in den Bundesländern, in denen die Schulbücher ganz oder teilweise aus Eigenmitteln zu finanzieren sind. Nach einem grundsätzlichen Meinungsaustausch im Kollegium müssen vor der Bestellung enge Absprachen zwischen Klassenlehrer und Eltern stattfinden, um Irritationen zu vermeiden.

Eltern kaufen für teures Geld viele zusätzliche Arbeitsmaterialien von oft zweifelhafter Qualität (Arbeitshefte, ↗ Lernsoftware); grundsätzlich liegt das in deren Verantwortung. Allerdings wären im Sinne des gemeinsamen Auftrags sachkundige Vorschläge der Schule wichtig.

Lohnenswert: Zwei Anregungen, die – neben dem Üblichen – die Anschaffung lohnen könnten: Zum einen eine geeignete Mappe, in der Kinder selbstverantwortlich Arbeitsprozesse und -produkte dokumentieren (Portfolio, Tagesmappe); diese Mappe verbleibt in der Schule und kann so manchen Ordner ersetzen. Zum anderen ein Elternkontaktheft, mit dem man in einen ständigen (schriftlichen) Dialog mit den Eltern treten kann, auch geeignet für Nachrichten, die unterschrieben werden müssen (z. B. Schulschluss).

Was Eltern wissen sollten

• Beizeiten sollen die Kinder für ihre Arbeitsmaterialien selbst verantwortlich sein; das heißt: Irgendwann räumen nicht mehr die Eltern den Ranzen ein, spitzen Stifte usw.

• Gute Qualität zahlt sich auch bei den Arbeitsmaterialien aus – zumindest auf lange Sicht.

• Vor dem Kauf zusätzlicher Arbeitsmaterialien sollte die Schule oder die Klassenleitung mit der Bitte um qualitätsbezogenen Rat kontaktiert werden.

Literatur

Christiani, R./Metzger, K. (Hrsg.) (2006): Fundgrube Klassenführung. Das Nachschlagewerk für jeden Tag. Berlin: Cornelsen Scriptor
   Umfassender Reader zu verschiedenen Aspekten von Schule und Unterricht

Aufgabe

- Können „gute" Aufgaben zur Individualisierung beitragen?
- Welchem Zweck dienen „gute" Aufgaben?
- Was ist eine „gute" Aufgabe?

Immer schon saßen in unseren Klassen Kinder mit unterschiedlichen Begabungen, Fähigkeiten, Fertigkeiten, Erfahrungen. Das ist ebenso trivial wie nicht neu. Allerdings signalisieren Alltagsbeobachtungen, dass die ↗ Heterogenität der Kinder in allen Bereichen immer schneller und immer drastischer zu Tage tritt.

Mit einer wie auch immer gearteten ↗ Differenzierung kann dem nicht mehr immer hinreichend begegnet werden. Was nötig ist, ist ↗ Individualisierung: Jedem Kind einen, seinen Zugriff auf Themen, Inhalte und Aufgaben zu ermöglichen, damit es seine Kernkompetenzen ausbilden und erweitern kann.

Heterogenität nutzen: Ein momentan Erfolg versprechender und gangbarer Weg, solche Individualisierung im Alltag zu leisten, ist, Schülerinnen und Schüler mit Aufgaben zu konfrontieren, die es in ihrer Offenheit und ihrem Anspruchsniveau jedem Kind ermöglichen, Erfolgserlebnisse und Lernfortschritte zu erreichen. Nicht jedes Kind bekommt immer eine „eigene" Aufgabe; das scheint tendenziell unrealistisch. Nein, eine Aufgabe für alle – aber eben eine, die nicht nur die eine Lösung im Blick hat, die nicht durch engführende Fragestellungen und Hinweise eineindeutig auf ein vorher festgelegtes Ziel lenkt.

Erfahrungen aus dem SINUS-Transfer: In engem Konnex mit den Standard-Festlegungen hat gerade der SINUS-Transfer in Mathematik das Potenzial der „guten" Aufgaben in den Focus der Grundschule gerückt. Es ist dann von „guten" Aufgaben zu sprechen, wenn diese bei Schülerinnen und Schülern die Entwicklung individueller prozessbezogener Kompetenzen in Verbindung mit grundlegenden Begriffen und Verfahren unterstützen.

Zwei allgemeine Aspekte zu „guten" Aufgaben: Je komplexer und weiter eine Aufgabe ist, umso mehr wird bei den Kindern ein auf Mehrperspektivität zielender, fragender Zugriff provoziert. Diese Fragen strukturieren Denkprozesse, schulen also das Denken, und helfen bei der Informationsaufnahme und -verarbeitung. Unverzichtbar ist dann die je eigene Beantwortung der vielfältigen Fragen bzw. die je eigene Formulierung eines Phänomens, eines Sachverhaltes usw. Nur so wird folgend ein verstehendes Durchdringen ermöglicht, ein anhaltender Wissens- und Kompetenzzuwachs erreicht. Damit korreliert ein Befund, den u. a. die von BAUMERT geleitete COACTIV-Studie nachgewiesen hat: Die subjektiven Vorstellungen von Lehrerinnen und Lehrern, wie Kinder am besten lernen, sind höchst unterschiedlich, zumeist gespeist aus sogenannten „Alltagstheorien". Tendiert man zur Annahme, dass Wissen einfach und klar an Schülerinnen und Schüler weiterzugeben ist, führt das, im Gegensatz zur Annahme, dass Wissen aktiv und selbst gesteuert zu erarbeiten ist, zu einem engführenden, kognitiv wenig reizvollen Unterricht, der sich dann auch mit eher formalen Aufgaben (etwa „Rechenpäckchen") zufriedengibt und in der Regel zu geringeren Lernerfolgen führt.

Kriterien für „gute" Aufgaben:
Sie ermöglichen
- einen individuellen, freien, fragenden Zugriff,
- eine Vielfalt möglicher Lösungsstrategien,
- die Modellierung einer herausfordernden, komplexen Situation,
- Kontexterweiterung,
- Prozessorientierung,
- die Initiierung dialogischen Denkens und Anschlusskommunikation,
- Anschlussaufgaben und die Generierung eigener Aufgaben,
- einen kumulativen Ausbau strukturierten Wissens,
- eine Stärkung das Könnensbewusstseins durch erfolgreiches Bearbeiten und intensives Üben,
- die Schärfung des Problembewusstseins.

Was Eltern wissen sollten

- Die Heterogenität deutscher Klassen in allen Bereichen erfordert ein neues didaktisch-methodisches Instrumentarium, damit die Unterschiedlichkeiten nutzbar gemacht und produktiv werden können.
- „Gute" Aufgaben erlauben jedem Kind einen, seinen Zugriff auf Themen, Inhalte und Aufgaben, damit es seine Kernkompetenzen ausbilden und erweitern kann.
- „Gute" Aufgaben unterstützen bei Schülerinnen und Schülern die Entwicklung individueller prozessbezogener Kompetenzen in Verbindung mit grundlegenden Begriffen und Verfahren.

Literatur

HENGARTNER, E. u.a. (Hrsg.) (2006): Lernumgebungen für Rechenschwache bis Hochbegabte. Zug: Klett und Balmer
Lernumgebungen, die in hohem Maße unterschiedlichen Leistungsniveaus Rechnung tragen
METZGER, K. (Hrsg.) (2008): Gute Aufgaben Deutsch. Berlin: Cornelsen Scriptor
22 anregungsreiche Modelle aus der Praxis für die Praxis

Aufmerksamkeit

- Können Kinder heute überhaupt noch aufmerksam sein, also sich einer Sache zuwenden, ohne mehrere Dinge gleichzeitig zu tun?
- Welche Bedingungen muss ich als Lehrer im Unterricht bereitstellen?

Aufmerksamkeit ist eine wichtige Voraussetzung für schulisches Lernen. Nur wer aufmerkt, kann Informationen aufnehmen und gezielt weiterverarbeiten. Außerdem stören unaufmerksame Kinder oft durch andere Aktivitäten den Unterricht (↗ Unterrichtsstörungen).
Arten von Aufmerksamkeit: Zu unterscheiden sind: ▪ unwillkürliche Aufmerksamkeit (bei lauten Geräuschen aufmerken, den eigenen Namen hören), ▪ willkürliche Aufmerksamkeit (sich Reizen bewusst zuwenden und eigene Bedürfnisse vorübergehend ausschalten – wenn ein Kind sich gut steuern kann, schafft es dies über einen längeren Zeitraum und ist konzentriert), ▪ sachbezogene Aufmerksamkeit (von einer Situation oder einer Sache existentiell betroffen sein, Faszination entwickeln, neugierig werden). Sie gilt als der eigentliche Motor des Lernens und erleichtert auch Kindern, die als unaufmerksam gelten, ↗ Konzentration. Schulisches Lernen sollte dem einen hohen Stellenwert einräumen (bei den Interessen des Kindes ansetzen, den Unterricht öffnen, projektorientiert arbeiten) (↗ Offener Unterricht).
Aufmerksamkeit heute: Störungen in der Aufmerksamkeit haben offensichtlich zugenommen. Immer häufiger ist von Phänomenen wie Aufmerksamkeitsdefizitsyndrom (ADHS) die Rede (↗ Teilleistungsstörungen). Es ist jedoch zu beachten, dass unsere Umgebung insgesamt von einer Reizfülle und von der Versuchung geprägt ist, mehrere Dinge gleichzeitig zu tun: Kinder, die vor dem Computer sitzen, telefonieren und dabei Hausaufgaben machen, sind keine Seltenheit. Allerdings handelt es sich hier eher um schlechte Angewohnheiten als um ein Krankheitsbild. Oft machen es die Erwachsenen in ähnlicher Weise vor.
Umso wichtiger ist es, im Unterricht das eigene Verhalten immer wieder auf Ruhe und Gelassenheit zu überprüfen sowie klare und strukturierte Bedingungen zu schaffen. Diese werden im günstigen Fall vom ganzen Kollegium getragen, sodass daraus ein schulischer Standard entsteht.
Im Folgenden einige Beispiele und Anregungen für den Unterricht:
Voraussetzungen für Aufmerksamkeit schaffen: ▪ Lernumgebung klar strukturieren (Arbeitsbereich, Materialbereich, Ruhezone, Bereich für den Sitzkreis, für Präsentationen, Rückzugsbereich für ungestörtes Arbeiten) (↗ Klassenraum), ▪ überflüssige Reize reduzieren (nur aktuelle Dokumen-

tationen präsentieren, Bilder nach einem klaren Ordnungsschema aufhängen, Plakate und Hintergrundfarben in harmonierenden Grundtönen wählen), ↗ Störfaktoren antizipieren (z. B. Kinder, die Hunger haben, unausgeschlafen sind oder unter emotionalen Belastungen leiden), ▪ ↗ Lernstrategien vermitteln (als Selbstinstruktion: *Ich bereite den Arbeitsplatz vor. Ich besorge das Material. Ich beginne mit x, ich arbeite y Minuten, bevor ich eine Pause mache. Ich überprüfe, was alles geklappt hat; als Selbstüberprüfung: Wie sieht meine Schultasche, mein Mäppchen aus?*)

Aufmerksamkeit zentrieren: ▪ zu Beginn der Unterrichtsstunde Thema und zentrale Fragestellung nennen, dabei auch Lernziele und deren Bedeutung klären, ▪ einen Überblick über das zu Erwartende geben (Tagesplan; Übersicht über den Lernweg; Übersicht über den Ablauf der Stunde), ▪ Material bereitlegen und Arbeitsplatz vorbereiten lassen: Arbeitspensum festlegen (für jedes Kind gegebenenfalls unterschiedlich), ▪ Dauer der nächsten Arbeitsphase festlegen, ▪ erwartetes Verhalten konkret benennen; mit Regeln arbeiten *(Mein Handy bleibt in der Schultasche. Ich verhalte mich so, dass die anderen ungestört arbeiten können.)*, ▪ Arbeitsverhalten überprüfen lassen *(Das habe ich geschafft. Daran muss ich arbeiten.)*.

Sachbezogene Aufmerksamkeit ermöglichen: ▪ Problemorientierte Unterrichtseinstiege wählen, um die Kinder aufhorchen und aufmerken zu lassen (authentische Probleme statt Scheinfragen, die wieder in einem monotonen Unterricht enden), ▪ eigene Begeisterung an einem Inhalt nutzen, um die Kinder zu faszinieren, ▪ Kinder als Forscher ernst nehmen und Fragen sammeln (Plakat mit der Überschrift: *Unsere Forscherfragen* in die Klasse hängen und mit Karteikarten bestücken). Dies ist die Grundlage für die weitere Planung.

Was Eltern wissen sollten

- Elektronisches Spielzeug weckt zwar kurzfristig Aufmerksamkeit, führt jedoch nicht zu einer echten Auseinandersetzung.
- Kinder brauchen zu Hause klare Strukturen (z. B. Hausaufgaben möglichst zur gleichen Zeit; feste Rituale vor dem Schlafengehen).
- Sie brauchen ein Vorbild der Erwachsenen (z. B. zu Zeiten wie Abendessen ist der Anrufbeantworter eingeschaltet).

Literatur

Braun, D./Schmischke, J. (2006): Mit Störungen umgehen. Berlin: Cornelsen Scriptor
   Praxisnahe Tipps zur Unterstützung von Aufmerksamkeit und Konzentration
Liebertz, Ch. (2002): Das Schatzbuch des ganzheitlichen Lernens. München: Don Bosco/Spectra
   Viele Anregungen und Spiele für den Unterricht

Aufsicht

- Wie ist die Beaufsichtigung geregelt?
- Welche Pflichten hat eine Lehrerin, ein Lehrer?
- Wie sieht es mit Haftungsfragen aus?

Einerseits werden die Eltern durch die Schulpflicht „gezwungen", ihre Kinder der Schule anzuvertrauen. Damit übernimmt die Schule andererseits auf der Basis des Erziehungsauftrages die Verantwortung für die Beaufsichtigung der Schülerinnen und Schüler nicht nur während des Unterrichts, sondern beispielsweise auch während der Pause. Eine Erweiterung der Aufsichtspflicht betrifft die Zeiten vor und nach der Unterrichtszeit sowie besondere schulische Veranstaltungen.

Beaufsichtigung der Schüler: Aus den einschlägigen Schulordnungen der Länder lassen sich übergreifend gültige Aspekte herauszufiltern:

- Die Aufsichtspflicht der Institution Schule erstreckt sich auf die Zeit, in der die Schüler am Unterricht oder an sonstigen Schulveranstaltungen teilnehmen, inklusive einer angemessenen Zeit vor Beginn (in der Regel fünfzehn Minuten, die „pädagogische Vorviertelstunde") und nach Beendigung des Unterrichts oder der Schulveranstaltung (Faustregel: Zeit bis zum Weggang der Schüler aus der Schulanlage).
- Grundsätzlich hat die Schule für die Schüler, die sich im Schulgebäude aufhalten, eine angemessene Beaufsichtigung zu organisieren. Das gilt auch für die Freistunden.
- Die Entscheidung, ob man Aufsicht durch ständige Anwesenheit des Aufsichtsführenden oder in anderer Form ausüben kann, hängt von den Umständen des Einzelfalles ab.
- Als Passus, der dem Alter der Kinder Rechnung trägt, kann eine Formulierung wie diese bayerische Verordnung gelten: „Der Umfang der Aufsichtspflicht richtet sich nach der geistigen und charakterlichen Reife der zu beaufsichtigenden Schüler" (Bay VSO).

Haftung des Aufsichtspflichtigen: Wer zur Aufsicht über eine Person, die der Aufsicht bedarf – und das gilt fraglos für alle Kinder der Grundschule – verpflichtet ist, ist grundsätzlich im Schadensfalle ersatzpflichtig. Das gilt allerdings nur, wenn eine Verletzung der Aufsichtspflicht nachweisbar ist. Die Haftung ist nicht immer unbedingt an die Lehrperson gebunden, auch die Schulleitung kann mitverantwortlich sein. Von zentraler Bedeutung sind dabei die Begriffe der „Fahrlässigkeit" bzw. „groben Fahrlässigkeit", die dann greifen, wenn ein Fehlen der in der bestimmten Situation erforderlichen Sorgfalt nachweisbar ist.

Pflichten der Lehrerinnen und Lehrer: Allgemeingültige Regeln, wie sich ein Lehrer in jedem konkreten Einzelfall zu verhalten hat, sind nicht vorstellbar. Grundsätzlich aber sind alle Lehrer verpflichtet, ihren Beitrag zur Wahrnehmung der Aufsichtspflicht zu leisten. In besonderen Fällen kann ein anderer Personenkreis (Hausmeister, Eltern, ältere Schüler …) an der Aufsichtspflicht beteiligt werden (Situationen: Beaufsichtigung an der Schulbushaltestelle, Schülerlotsen …). Muss etwa wegen schlechten Wetters die Pause im Schulhaus stattfinden, kann die Aufsicht über Gruppen von Klassen oder Kursen, z. B. im gleichen Flur oder Stockwerk, zugelassen werden.

Die Aufsichtspflicht: Sie fordert eine kontinuierliche (ununterbrochene), präventive (vorausschauende) und aktive (umsichtige) Gestaltung durch den Lehrer. Er hat vor erkennbaren Gefahren zu warnen und einer Gefährdung der Schüler vorzubeugen.

Die Organisation der Aufsicht an der Schule sollte die Schulleitung schriftlich regeln. Diese ist, aus versicherungsrechtlichen Gründen nachvollziehbar, in den meisten Ländern der Schulaufsichtsbehörde vorzulegen.

Pflichten der Gemeinden: In einigen Bundesländern gilt: Muss die Gemeinde (der Schulverband), aus welchen Gründen auch immer, einen Schulbus einsetzen, dann obliegt die Aufsichtspflicht während der Wartezeiten der Gemeinde bzw. dem Schulverband.

Sinnvolle Regelungen: Das Aufsichtskonzept der Schule sollte den Eltern vorgestellt und gegebenenfalls nach Anregungen geändert werden. Vordringlich ist dabei die vollkommene Transparenz in allen Fragen, die die ganze Schule, einzelne Klassen oder Gruppen sowie besondere Situationen („Freistunden", Ausflüge, Mittagszeiten …) betreffen. Zu empfehlen ist die Aufnahme des Aufsichtskonzepts in die Schulordnung.

Was Eltern wissen sollten

- Der Schulweg ist nicht der unbedingten Aufsichtspflicht der Schule zuzurechnen.
- Für Schullandheimaufenthalte, Wanderungen, Mittagspause usw. sind besondere Regelungen einschlägig, die in den Verordnungen des jeweiligen Bundeslandes festgeschrieben sind.

Literatur

Böhm, Th. (2007): Aufsicht und Haftung in der Schule. Neuwied: Luchterhand
  Fallbeispiele aus der schulischen Praxis und der Rechtsprechung zur Aufsichtspflicht
Empfohlen wird auch ein Blick in die gesetzlichen Regelungen und Verordnungen des jeweiligen Bundeslandes oder auch in Kommentare zu den Bestimmungen.

Beobachtung

* Zu welchem Zweck beobachten Lehrer im Unterricht?
* Wie erfolgt eine effektive Beobachtung?
* Was ist bei der Beobachtung zu berücksichtigen?

Die Beobachtung ist eine Form der Datenerhebung im Unterricht: Durch gezieltes Wahrnehmen werden Situationen, Vorgänge und Ergebnisse erfasst, deren Bedeutung hinterfragt und verstehbar. Die Beobachtung ist eines der effektivsten Werkzeuge von Lehrern.

Funktionen der Beobachtung: ■ Beurteilung: Beobachtung spielt eine wichtige Rolle bei der Beurteilung von Schülerleistungen. Sie – und damit einhergehend auch die Beratung von Schülern – erfolgt auf der Basis verschiedener Daten. Die schriftliche Datenerhebung bildet einen wesentlichen Teil; die Beobachtung des Kommunikationsverhaltens, der Leistungsbereitschaft, der Kooperationsfähigkeit usw. sind weitere bedeutende Aspekte. ■ Analyse der Lehr- und Lernprozesse: Der Lehrer beobachtet das Kommunikations- und Handlungsgeschehen während des Unterrichts und gewinnt dadurch Einsichten über Effizienz und Auswirkungen der von ihm geplanten Prozesse (teilnehmende Beobachtung). Außerdem behält er durch genaues Beobachten die Übersicht über das Unterrichtsgeschehen und kann gegebenenfalls korrigierend eingreifen. ■ Instrument der Förderdiagnostik: Um Kinder individuell fördern zu können, ist es notwendig, deren genauen Lern- und Entwicklungsstand zu ermitteln. Hierzu bedient sich der Lehrer der Beobachtung des Lern- und Entwicklungsprozesses: An der Stelle, an der Können in Nicht-Können übergeht, gilt es anzusetzen. Dabei kann die Analyse von Fehlern eine große Hilfe sein.

Beobachtungsformen: Neben der teilnehmenden Beobachtung durch den Lehrer sind folgende Formen sinnvoll für die Schule: ■ Selbstbeobachtung: Lehrer sind heute zunehmend auf die Informationen und Erkenntnisse ihres eigenen Unterrichts durch Beobachtungen angewiesen (↗ Evaluation). Auch Kinder im Grundschulalter kann man bereits an die kritische Reflexion des eigenen Lernens heranführen (Beobachtungskriterien mit den Kindern gemeinsam formulieren). ■ Fremdbeobachtung: Besonders hilfreich ist die Beobachtung durch Dritte (z. B. durch Kollegen, auch durch Befragung der Schüler), denn als Lehrer kann man sich, um sich selbst zu beobachten, vom Unterrichtsgeschehen nicht distanzieren. Dazu sollte das Kollegium ein Konzept für gegenseitiges (auch gemeinsames) Hospitieren entwickeln. Wichtig dabei ist, Beobachtungsbögen vorher abzustimmen; sie müssen ohne größere Schwierigkeiten einsetzbar sein.

Kriterien: Beobachtung ist dann sinnvoll und gewinnbringend, wenn sie mehr als zufälliges Hinsehen ist. Sie muss absichtsvoll und geplant sein (systematische Beobachtung). Hier gelten die folgenden Kriterien, ■ zielgerichtet: Wen beobachte ich? Wozu beobachte ich? Neben einzelnen Schülern lassen sich auch kleinere Schülergruppen beobachten. Ziele der Beobachtung können sein: die Beratung von Schülern oder Eltern, das Angebot systematischer Unterstützung, das Arrangieren von Lernsettings. ■ differenziert: Die Beobachtung muss auf verschiedenen Ebenen und mehrperspektivisch erfolgen. So ist z. B. neben den fachlichen Fähigkeiten die Motivation und Leistungsbereitschaft mit zu bedenken. ■ Sachlichkeit: Der Beobachter muss sich seiner Erwartungen, Einstellungen und Interessen bewusst sein und diese weitestgehend ausklammern. Dabei muss er sich darüber klar sein, dass er in einer zwiespältigen Rolle ist: Er beobachtet und ist gleichzeitig (strukturierender, unterrichtender) Teil der Situation. Dadurch steht er der Situation nicht völlig neutral gegenüber, auch wenn Sachlichkeit gefordert ist. ■ Methode: Vorab muss man die jeweils geeignete Beobachtungsmethode auswählen. Es stehen hierzu Screenings, Testverfahren, Beobachtungsbögen usw. zur Verfügung. Zudem ist zu überlegen, wie man die Ergebnisse festhalten will (Mitschrift, Ergebnisprotokoll).

Beobachtungsfehler und -einschränkungen: Fehler wie den Halo- oder Hofeffekt (Tendenz, bei der Beobachtung von Personen von einzelnen, auffallenden Merkmalen auf andere Wesenszüge oder auf die Gesamtperson zu schließen) oder die Selffulfilling Prophecy (Entwicklung, Leistung und Verhalten sind auch davon abhängig, welche Erwartungen man in Personen setzt) muss man unbedingt vermeiden. Zu berücksichtigen sind zudem die Selektivität und Subjektivität von Beobachtung. ■ selektiv: Die Beobachtung zeigt nur einen kleinen Ausschnitt aus dem gesamten Handlungsrepertoire des Beobachteten. ■ subjektiv: Der Beobachter interpretiert die Situation auf seine eigene Weise; weitere Beobachter könnten zu anderen Ergebnissen kommen.

Was Eltern wissen sollten

• Eltern können durch gezieltes Beobachten ihrer Kinder – z. B. bei den Hausaufgaben – einen guten Einblick in das Lernverhalten bekommen (Beobachtungskriterien an die Hand geben).

Literatur

ALTRICHTER, H./POSCH, P. (1998): Lehrer erforschen ihren Unterricht. Bad Heilbrunn: Julius Klinkhardt
Das Buch führt in Methoden der Aktionsforschung ein und gibt viele Anregungen.

Beratung

- Welche Beratungsanlässe und -formen gibt es in der Schule?
- Wie muss ein erfolgreiches Beratungsgespräch strukturiert sein?
- Was ist unter kollegialer Fallberatung zu verstehen?

Die Beratungstätigkeit in der Schule ist grundsätzlich Aufgabe aller Lehrer. Beraten werden

- Schülerinnen und Schüler, um sie im Lernprozess zu unterstützen oder bei allgemeinen Lebensfragen zu helfen,
- die Eltern zur Schullaufbahn ihrer Kinder oder zur Unterstützung des häuslichen Lernens,
- die Kolleginnen und Kollegen, um Wissen und Können zu multiplizieren sowie bei fachlichen und persönlichen Problemen zu unterstützen.

Dabei kann Beratung bedeuten, bei der Bearbeitung von Problemen und bei der Entwicklung von Lösungen zu helfen, Informationen bereitzustellen und weitergehende Hilfen zu vermitteln.

Schulische Beratung kann in unterschiedlichen Organisationsformen erfolgen. Neben der Informationsübermittlung an Einzelpersonen oder Gruppen (Vortrag mit Möglichkeiten zur Fragenklärung, Diskussionen, Aushändigen von Materialien) sind das Beratungsgespräch und die kollegiale Fallberatung die sinnvollsten Formen. Im Kollegium sollte man sich auf ein Beratungskonzept verständigen. Dazu gehören die Themen Beratungsanlässe, Beratungsstrategien und Beratungskompetenz.

Organisation des Beratungsgesprächs: Man sollte, um erfolgreich zu sein, einige Voraussetzungen beachten. ▪ Vorbereitung: ein ruhiger Raum ohne Störungen; ausreichend Platz und genügend Zeit stehen zur Verfügung. ▪ Ablauf: Vor dem Gespräch wird festgelegt: Wie viel Zeit planen wir ein? Worum genau geht es? Was ist das Ziel des Gesprächs? Wer erwartet was von wem? ▪ Nachhaltigkeit: Das Ergebnis des Gesprächs wird in einem Gesprächsprotokoll kurz skizziert. Dabei wird festgehalten: Was ist zu tun? Wer übernimmt was? Wann treffen wir wieder zusammen?

Bedingungen für den Erfolg von Beratungsgesprächen: Sie gelingen, wenn folgende Grundeinstellungen gegeben sind: ▪ Beratungsgespräche sind freiwillig: Alle Beteiligten müssen im Vorfeld wissen, worum es in dem Gespräch gehen soll. Sie müssen Zeit haben, sich darauf vorzubereiten. Deshalb sollte der Lehrer in einem (eventuell telefonischen) Vorgespräch abklären, was der Gesprächsanlass ist und ob alle bereit sind, sich zu diesem Thema auszutauschen. Es ist dabei effektiver, einige wenige Themen gezielt zu besprechen, als über alles Mögliche einmal geredet zu haben.

■ Beratungsgespräche erfolgen auf Augenhöhe: Das Credo ist: „Wir beraten einander." Schülerinnen und Schüler aller Altersstufen haben in der Regel ein gutes Gespür für sich. Außerdem möchten sie im Sinne von Selbstständigkeit und Selbstwirksamkeit an Planungen und Interventionen sie selbst betreffend aktiv beteiligt sein. Eltern sind die Experten für ihre Kinder. Sie kennen ihre Kinder lange und vielfältig. Sie können hilfreiche Überlegungen im Hinblick auf das Verhalten des Kindes beitragen. Kolleginnen und Kollegen verfügen über vielfältiges Expertenwissen und über unterschiedliche Sichtweisen auf Situationen und Menschen. Ein Austausch ist immer bereichernd und sollte insbesondere im Kontext einer ↗ Beobachtung genutzt werden.

■ Beratung ist im besten Sinne „Klärungshilfe": Als Entscheidungshilfe oder Problemlösungshilfe ist Beratung nicht Belehrung, sondern ein Austausch von möglichen Handlungsalternativen. Die Suche nach Lösungen soll zielgerichtet im Mittelpunkt des Gesprächs stehen, Hintergründe sind nur relevant, soweit sie zur Lösungsfindung beitragen.

Die kollegiale Fallberatung: Dies ist eine Form der Supervision von Kolleginnen und Kollegen in Eigenregie. Sie beabsichtigt neben der beruflichen Selbstreflexion ein systemisches Verständnis von Schüler- und Lehrerverhalten. Zudem ermöglicht sie eine Erweiterung des professionellen Handlungsrepertoires durch den Austausch von Erfahrungswerten. Auch die gegenseitige Entlastung und Unterstützung in einer Atmosphäre der Akzeptanz ist ein wichtiger Aspekt dieses Vorgehens. Kollegiale Fallberatungen laufen nach einem festgelegten Schema ab, das in Nuancen variieren kann.

Was Eltern wissen sollten

● Eltern können jederzeit sowohl bei der Lehrerin als auch bei der Schulleitung um ein Beratungsgespräch ersuchen. Sie sollten diese Möglichkeit von sich aus nutzen – auch bevor es zu Problemen kommt.

● Im Beratungsgespräch sollten Eltern selbstbewusst ihre Position vertreten und gleichzeitig das Expertenwissen der Lehrerinnen und Lehrer nutzen.

Literatur

GUDJONS, H. (2003): Methodik zum Anfassen. Bad Heilbrunn: Klinkhardt
 Ein Kapitel des Buches bietet ein praktikables Konzept von schulischer Beratung mit sinnvollen Hinweisen für das methodische Vorgehen.
PALMOWSKI, W. (2007): Der Anstoß des Steins. Systemische Beratung im schulischen Kontext. Dortmund: Borgmann
 Ein praxisorientiertes Buch zur nachhaltigen Einführung in die systemische Beratung

Bewegung

* Warum brauchen Kinder Bewegung?
* Wie kann man Kinder „bewegen"?
* Welche Rolle spielen Eltern in der Bewegungserziehung?

Unsere Kinder leben zunehmend in einer bewegungsarmen Zeit. Häufig befördern Eltern ihre Kinder auch über kurze Strecken mit dem Auto. Der Grund dafür mag ein durchaus nachvollziehbares Sicherheitsdenken sein, jedoch steht, wie in vielen anderen Bereichen, allzu häufig allein die Bequemlichkeit im Vordergrund. Bewegungsarme erwachsene Vorbilder modellieren aber bei den Kindern den Eindruck, körperliche Bewegung sei weder lohnenswert noch gewinnbringend.

Faktoren der Bewegungserziehung: Für ihre ganzheitliche Entwicklung brauchen Kinder vielfältige Bewegung. Die geistige Entwicklung des Kindes steht in Zusammenhang mit der körperlichen Bewegung, denkt man etwa an Anstrengungsbereitschaft und Ausdauer. Bewegungserziehung muss daher nach FRANK/ECKERS von folgenden Faktoren bestimmt sein:

* Entfaltung elementarer Bewegungsbedürfnisse,
* Entwicklung und Schulung von sozialen Verhaltensweisen,
* Steigerung der individuellen Leistungsbereitschaft.

Sowohl in der Schule als auch in der Familie müssen Lehrer und Eltern dafür sorgen, dass den Kindern ein großes Maß an Möglichkeiten geboten wird, ihren Bewegungsdrang auszuleben und Bewegungsfantasie zu entwickeln. Durch gebundene Bewegungsaufgaben lernen die Kinder, motorische Lernprozesse zielgerichtet und planvoll zu steuern.

Bewegung in der Schule: Bewegungsanlässe in der Schule dürfen sich nicht auf den Sportunterricht beschränken. In diesem Bereich wird eine sinnvolle und strukturierte Bewegungserziehung vorausgesetzt. Deutlich mehr Augenmerk muss auf kontinuierliche Bewegungszeiten während des Schulalltags gelegt werden. Kinder brauchen Bewegung – auch zum Lernen und zur geistigen Leistungsfähigkeit. Gezielt eingesetzte Bewegungsphasen können Aufmerksamkeitsprobleme (➚ Aufmerksamkeit) verringern oder sogar vermeiden. Lehrer müssen allerdings von der Sinnhaftigkeit und Notwendigkeit des Sich-Bewegens überzeugt sein, um die Grundschulzeit für die körperliche und motorische Förderung der Kinder nutzen zu können. Folgende Bewegungsanlässe bieten sich in der Schule an:

* „Bewegungsgeschichten" in Zwischenphasen des Unterrichts,
* einen Pausenhof schaffen, der Bewegungsanreize bietet,
* Wandertage als Tage, an denen wirklich gewandert wird,

- Programme wie „Bewegte Schule" oder „Lerngymnastik" umsetzen,
- Sport- und Spielfeste als Chance, Kindern unterschiedliche Bewegungs-möglichkeiten anzubieten.

Bewegung im Familienalltag: Im familiären Alltag kommt der Vorbild-funktion der Eltern eine entscheidende Bedeutung zu. Alltagssituationen können Bewegung erfordern, Eltern sollten diese Situationen erkennen und entsprechend „bewegt" leben. Wer als Kind Eltern erlebt, die das eigene Bewegungshandeln als gewinnbringend und freudvoll empfinden, wächst in einer Welt auf, in der es den Verlockungen der zur Bewegungsarmut rei-zenden Umwelt nicht so schnell erliegt. Eltern sollten mit ihrem Kind die Bewegungsmöglichkeiten in der Natur entdecken und gemeinsam erleben. Den Bedürfnissen bewegungshungriger Kinder sollte man nachkommen, damit die Kinder als „bewegliche" Menschen heranwachsen können. Fol-gende Bewegungsanlässe bieten sich in der Familie an:

- den Schulweg – wenn möglich – zu Fuß bewältigen, auch bei ungünstiger Witterung,
- Einkäufe mit dem Kind zu Fuß erledigen; Kinder packen gerne die Waren in ihren Rucksack,
- an freien Tagen einen Abenteuerspaziergang unternehmen,
- das Kinderzimmer/den Garten mit „Bewegungsreizen" ausstatten,
- die Kinder ermuntern, sich mit Freunden zum Spielen im Freien zu tref-fen, den Kindern Sporttreiben in einem Verein ermöglichen.

Was Eltern wissen sollten

- Eltern können ihren Kindern die Freude am Sichbewegen vorleben. Der Vorbildfunktion kommt eine tragende Rolle zu. Sie und die Kinder sollten sich gemeinsam bewegen. Dies stärkt die sozialen Bindungen enorm.
- Bewegung fördert das Gesundheitsbewusstsein, trägt zu bewusster Ver-antwortung der Umwelt gegenüber bei und stärkt die Gesamtpersönlich-keit der Kinder – und auch der Eltern.
- Kinder müssen nicht gegen den Zeitgeist erzogen werden. Auch Compu-terspiele haben ihre Berechtigung. Zu achten ist jedoch auf ein ausgewo-genes Verhältnis zwischen „Sitzkind" und „Bewegungkind".

Literatur

FRANK, G./ECKERS, B. (2007): Erfolgreiche Bewegungsförderung für Kinder. Wiebels-heim: Limpert Verlag

MÜLLER, CHRISTINA u. a. (2005): Sportunterricht gestalten. Erproben, Üben, Spielen. Berlin: Cornelsen Scriptor
Beide Bände beinhalten Anregungen für eine schülerorientierte Bewegungsför-derung.

Computer

- Was spricht für, was gegen den Einsatz von Computern?
- Was kann die Schule zu einem sachgerechten Gebrauch beitragen?
- Welche Einsatzmöglichkeiten und Methoden bieten sich an?

Niemand wird heute ernsthaft bestreiten, dass Computer zum Alltag unserer Kinder gehören. Es geht um eine Zukunftstechnologie, mit der sich auch schon Kinder mit einer gewissen Medienkompetenz auskennen müssen, sollen sie nicht von elektronischen Medien beherrscht werden. **Gegen den Einsatz von Computern spricht:** ▪ Sie führen zum Verlust der Primärerfahrung, hindern die Entwicklung von Anstrengungsbereitschaft und Arbeitsdisziplin; ▪ überfordern Kinder, da sie kaum vorbereitet sind, unter der Informationsflut auszuwählen (unkritische Konsumhaltung; Computer-Suchtgefahr). ▪ Sie führen zu Vereinzelung. ▪ Schüler werden durch die Programme zu sehr gegängelt (kaum individuelle Rückmeldung). ▪ Spiele und Übungsprogramme machen Lehrer überflüssig.
Für den Einsatz von Computern spricht: ▪ Außerschulische Erfahrungen – also auch Computer – muss man in der Schule aufgreifen. ▪ Der Wissensdurst und die schnell erlernte Fähigkeit, den PC zu nutzen, bereichern den Unterricht. ▪ Der Unterricht wird erweitert mit Fotos, kleinen Filmsequenzen, Schriftzügen, gedruckten und gesprochenen Texten, Geräuschen und Tönen. ▪ Wissen wird fantasievoll angeboten, komplizierte Sachverhalte lebendig dargestellt. Außerdem können Kinder interaktiv damit umgehen. ▪ Beim Üben steht das Gerät zur Differenzierung zur Verfügung (in individuellem Tempo lernen, ohne Druck und Angst, keiner schimpft bei Fehlern, so viele Wiederholungen wie nötig). ▪ Die Kinder arbeiten sehr aufmerksam, die Konzentrationsfähigkeit wird nachhaltig gefördert, ▪ neue Formen des sozialen Lernens und kognitive Kompetenzen werden entwickelt.
Medienerziehung: Die Schule muss den sachgerechten und verantwortungsvollen Umgang mit Computern einüben (Chancengleichheit). Die Kinder sollten früh lernen, das technische Instrument zu beherrschen (sie haben häufig einen Vorsprung vor Erwachsenen). Pauschal-Verurteilung trägt nicht zum sinnvollen Umgang mit dem PC bei. Wichtig ist, an der Schule Kriterien zur Nutzung und Bewertung zu erarbeiten; Aspekte dabei sind: ▪ Gesundheitliche: gute Sitzhaltung am Computerarbeitsplatz bzw. Bildschirmentfernung und begrenzte zeitliche Belastung der Augen. ▪ Inhaltliche: Kritische Wertung von Spielen (Gewaltdarstellungen, Aussehen von Figuren, Einflüsse und Wirkungen auf Gefühle und Wahrnehmungen, Gründe für die Faszination). Die Kinder sollten ihre Software mitbringen, vorstel-

len und gemeinsam bewerten. ▪ Sachgerechte Nutzung des Internets: Hilfen zur richtigen Auswahl von Informationsquellen und Informationen (sinnvolle Stichwortwahl, gute Suchmaschinen für Kinder); Übungen zur Unterscheidung von glaubhaften und unglaubwürdigen Darstellungen (einseitige Darstellungen und Werbung als solche erkennen). ▪ Virtuelles Lernen: Unterscheidung der Zwecke von Spiel, Übung und Wiederholung, Information, Neulernen, Problemlösen, Gestaltung, Kommunikation.

Schwerpunkte für die Nutzung des Computers in der Schule: Der PC steht dazu am besten im Klassenraum (sinnvoll, weil schnell verfügbar). ▪ 1. Werkzeug für das Schreiben: Diese kreative Nutzung des Computers steht in der Schule im Vordergrund. Mithilfe geeigneter Text- und Grafikprogramme gestalten Kinder Briefe, Einladungen, Projektthemen. Korrekturen, Überarbeitungen, Ergänzungen sind dabei leicht einzufügen. ▪ 2. Internet: Hier geht es vor allem um den Gebrauch multimedialer Lexika im Sachunterricht oder bei Projekten. Voreinstellungen des Browsers führen direkt zu geeigneten Suchmaschinen (blinde-kuh.de, milkmoon.de, wasistwas.de). Textverarbeitungs- und Grafikprogramme lassen sich gut mit E-Mail-Kontakten zu Partnerklassen verknüpfen. Beides kann reformpädagogische Ansätze unterstützen und ist geeignet für die ↗ freie Arbeit. ▪ 3. Übung und Wiederholung: Softwareangebote ermöglichen in Mathematik und Deutsch individuelles Lernen (auch Spiele, Konzentrationstraining, ↗ Soziales Lernen). ▪ 4. Entdeckendes Lernen: Programme (Mathematik, Deutsch, Sachunterricht) bauen meist auf Vorwissen auf. ▪ 5. Projekte im Rahmen von Arbeitsgemeinschaften: Mehrere Kinder arbeiten an einem selbst gewählten Thema, das ihr Interesse findet. Dabei können sie Internet und Textverarbeitung sinnvoll miteinander verknüpft nutzen.

Was Eltern wissen sollten

- Eltern sollten mit Interesse und Aufmerksamkeit das Tun ihrer Kinder am Computer begleiten und mit ihnen darüber sprechen. Software sollte immer gemeinsam ausgesucht werden.
- Wer Angst hat, dass Kinder im Internet Dinge lesen und sehen, die nicht für sie geeignet oder gar schädlich sind, kann auf dem Browser „Kinder-Filter" installieren lassen (wichtig dabei: offen über solche Gefahren sprechen).

Literatur

BERGMANN, W. (2000): Computer machen Kinder schlau. München: Beust-Verlag
  Lernpsychologische Begründungen und wertende Analysen von Software sind gut
  lesbar verpackt.

Differenzierung

* Ist der Lehrer gerecht, der alle Kinder gleich behandelt? Oder besteht der Anspruch jedes Kindes auf Berücksichtigung seiner Individualität?
* Wie muss Unterricht gestaltet sein, der den unterschiedlichen Lerntypen, Stärken, Schwächen und Neigungen gerecht wird?
* Was müssen Kinder und Lehrer lernen, um die Voraussetzungen für das Gelingen einer inneren Differenzierung zu schaffen?

In der Schule findet man zwei unterschiedliche Formen der Differenzierung: ▪ Äußere Differenzierung: Um auf zu große ⟋ Heterogenität zu reagieren, „sortiert" man Schüler in vermeintlich homogene Lerngruppen (durch Sitzenbleiben oder Vorversetzen, Förderschulüberweisung, Zuweisung in die Schulformen der Sek. I). In der Grundschule ist äußere Differenzierung eine Maßnahme auf Zeit: Deutsch als Zweitsprache, Neigungsdifferenzierung in Arbeitsgemeinschaften, besondere Fördermaßnahmen (Lernangebote für Leistungsstarke oder für Kinder mit Lernschwächen). ▪ Innere Differenzierung (ID): Es gibt keine homogenen Lerngruppen und die Unterschiede zwischen Leistungsstarken und -schwachen nehmen nicht ab, sondern eher zu. Will man die Individualität des Kindes angemessen berücksichtigen, ist die schwierige Balance zu leisten, zwischen der individuellen Förderung bei Bejahung der ⟋ Heterogenität einerseits und der Vermittlung eines Basiswissens (Mindestanforderungen) bei Bejahung des gemeinschaftlichen Lernens und der sozialen Integration andererseits. Differenzierter Unterricht gelingt nur, wenn man nicht zu viel von sich selbst verlangt, d. h. so viel ID wie praktikabel und so gut wie irgend möglich umsetzt.

Unterschiede berücksichtigen: Kinder haben unterschiedliche Voraussetzungen und Fähigkeiten. Ihre Lernleistung wird durch ihr Arbeitstempo, ihre Konzentrations- und Abstraktionsfähigkeit sowie durch Neigungen, Interessen und Motivation beeinflusst. Sie nutzen individuelle Lernkanäle, gehen eigene Lernwege und benötigen mehr oder weniger Hilfe – also sollte man individuelle Lernziele, Lernwege und Lernhilfen zulassen, statt genormte Anforderungen in einer bestimmten Lernzeit festzulegen. Kein Lehrer wird sich einbilden, genau zu wissen, wie das einzelne Kind lernt. Auch bei ID darf das Lernen nicht in die Vereinzelung führen.

Zielsetzungen der ID: ▪ die unverzichtbaren Grundlagen individuell vermitteln: Zielerreichung für alle, ▪ passende Anforderungen setzen, ▪ Lerndefizite (Vorkenntnislücken) beheben, ▪ Integration ermöglichen, ▪ Neigungen, besondere Begabung fördern, ▪ Selbstständigkeit fördern.

Möglichkeiten der ID: Differenzierungen nach Quantität: mehr oder weniger Stoff/Aufgaben; unterschiedliche Arbeitszeit und Übungsdurchgänge; ▪ nach Qualität: unterschiedlicher Schwierigkeitsgrad, möglichst verschiedene Aufnahmekanäle, unterschiedliches Abstraktionsniveau; Offenheit der Aufgabenstellung, unterschiedlicher Medieneinsatz; ▪ nach Sozialform und Hilfe: Kleingruppen-, Partner- und Einzelarbeit, unterschiedlicher Grad der Hilfe durch Partner oder Lehrer, unterschiedlicher Grad der Selbstständigkeit.

Anforderungen: ID erfordert mehr ↗ Offenen Unterricht, ↗ Freiarbeit, Selbsttätigkeit und eigenständige ↗ Übung. Die entsprechenden Anforderungen an die Lehrerrolle und an die Schülerinnen und Schüler sind:

Lehrer	Schüler
• geben Freiräume für Eigenverantwortung • erstellen differenzierte Arbeits- und Wochenpläne • stellen geeignetes Material zusammen • strukturieren Stoff und Aufgaben • werden mehr Lernberater, Helfer und Lernbegleiter • vermitteln Arbeits- und Lerntechniken • beobachten, wo sie gebraucht werden • sind nicht länger einzige oder Erstkorrektoren	• arbeiten eigenverantwortlich • geben sich Regeln und halten sie ein • wählen Material und Aufgaben selbst • erproben eigene Lösungswege • teilen ihre Arbeitszeit selbst ein • lernen von und mit anderen • entscheiden, wenn sie Hilfe benötigen • nutzen Selbst- und Partnerkontrolle

Was Eltern wissen sollten

- Wer Kinder überfordert, hat deren Misserfolg zu verantworten. Wer sie unterfordert, lähmt ihre Kräfte, hemmt ihre Aktivität und macht sie lernunwillig. Wer sein Kind ständig mit anderen vergleicht, tut ihm Unrecht.
- Erwachsene wie Kinder müssen akzeptieren: Ich bin anders als der Mensch neben mir. Er hat andere Stärken und Schwächen, geht andere Lernwege, schafft mehr oder weniger. Das wiederum erfordert unterschiedliche Anforderungen, Aufgaben und Hilfen – schließlich auch eine unterschiedliche Würdigung der Leistung.

Literatur
FLURY, P. (2004): Unterricht nach Maß. Wege zur Differenzierung im Unterricht. Amt für Volksschule und Sport (AVS). Urs Grazioli, Quaderstr. 17, CH-7000 Chur
Der Autor zeigt gangbare Wege zur Differenzierung und gibt hilfreiche Beispiele.

Einschulung

* Welche rechtlichen Regelungen sind von Bedeutung?
* Welche Entwicklungsbereiche sind für die Schulfähigkeit wichtig?
* Was sind Einschulungsverfahren und Schulreifetests?

Der erste Schultag ist ein wichtiger Lebenseinschnitt, der für das Kind und die Eltern Veränderungen im Alltag mit sich bringt. Doch kann man den Begriff Einschulung nicht auf diesen Tag und den Aufnahmetag einschränken, sondern muss vielmehr das gesamte Vorfeld betrachten.

Rechtliche Regelungen: In Deutschland besteht eine allgemeine Schulpflicht: Alle Kinder müssen, unabhängig von ihrer körperlichen und geistigen Entwicklung, die Schule besuchen. Somit besteht für die Erziehungsberechtigten eine Anmeldepflicht und das in der Regel an der zuständigen Schule. Stichtag war jahrzehntelang der 30. Juni für Kinder, die bis dahin das sechste Lebensjahr vollendet hatten. 1997 beschloss die Kultusministerkonferenz eine zeitliche Ausdehnung, wodurch eine frühere Einschulung erleichtert ist. Grund dafür war eine Angleichung an andere europäische Länder mit dem Bestreben, dass auch in Deutschland Jugendliche jünger sind, wenn sie ihre Abschlüsse erreicht haben.

In den meisten Bundesländern ist für Kinder, die nach dem 31. Dezember geboren sind, ein schulpsychologisches Gutachten erforderlich, wenn sie im September des Vorjahres auf Antrag der Eltern eingeschult werden sollen. Über die Schulaufnahme entscheidet die Schulleitung, auch dann, wenn die Erziehungsberechtigten eine Zurückstellung wünschen. Vor der Entscheidung kann die Teilnahme an einem Verfahren zur Feststellung der Schulfähigkeit verlangt werden. Dabei sind auch ärztliche Gutachten zu berücksichtigen, ferner die Erziehungsberechtigten anzuhören und zu beraten.

Aufgaben der Eltern: Mit dem Beginn der Schulpflicht für das Kind beginnen auch neue Pflichten für die Eltern. Sie sorgen für einen regelmäßigen und pünktlichen Schulbesuch ihrer Kinder sowie die erforderliche Materialausstattung (↗ Arbeitsmaterial), sie entschuldigen Versäumnisse und Krankheitstage und halten die Kinder zur Erledigung ihrer Aufgaben an. Durch die gemeinsame Erziehungsaufgabe sind Schule und Erziehungsberechtigte zu einer vertrauensvollen Zusammenarbeit verpflichtet.

Feststellung der Schulfähigkeit: Zusammengefasst kann Schulfähigkeit in drei Entwicklungsbereichen untersucht werden: ▪ Die sozial-emotionale Entwicklung: Zuhören können, sich in einer Gruppe angesprochen fühlen, Regelbedeutungen erfassen und Regeln einhalten können, bei Konflikten konstruktive Lösungen finden, Belastbarkeit besitzen, Enttäuschungen ertragen können, neue, unbekannte Situationen angstfrei wahrnehmen, Zuversicht besitzen, Eigeninitiative zeigen ... ▪ Die körperliche Entwicklung: Auge-Hand-Koordination, Finger-Hand-Geschicklichkeit haben, Belastungen erkennen und von sich aus verändern, Gleichgewichts-, Tast- und Bewegungswahrnehmung haben ... ▪ Die kognitive Entwicklung: Fortschritt in der sprachlichen Entwicklung, Merkfähigkeit, Neugierdeverhalten und Lerninteresse, folgerichtig (logisch) denken, Beziehungen und Gesetzmäßigkeiten erkennen, Farben, Formen und Größenunterschiede richtig wahrnehmen und einschätzen, Interesse für Buchstaben und Zahlen, Unterschiede feststellen ...

Vor der Anmeldung: Es sollte unbedingt die U9 (zwischen dem 60. und 64. Monat) durchgeführt werden (das ist in vielen Bundesländern bereits Pflicht bzw. wird es demnächst sein). Hier kann zusätzlich geklärt werden, ob die nötigen körperlichen, geistigen, sprachlichen, aber auch emotionalen und sozialen Voraussetzungen für den Schuleintritt gegeben sind.

Wichtig ist auch die Kontaktaufnahme zur Erzieherin. Die Erziehungsberechtigten sollten sie als kompetente Ansprechpartnerin aufsuchen und Fragen bezüglich der Entwicklung des Kindes und seiner Schulfähigkeit gemeinsam mit ihr besprechen. In diesem Zusammenhang kann auch geklärt werden, inwieweit eine Kooperation der jeweiligen ↗ Kindertageseinrichtung mit der zuständigen Grundschule besteht.

Schulreifetests: Sie sind Bestandteil von Einschulungsverfahren und dienen vor allem dem Erkennen von Entwicklungsrückständen und möglichen Störungen. Im Gespräch lassen sich danach vor allem Tipps für Fördermöglichkeiten bis zum Schuleintritt klären.

Was Eltern wissen sollten

• Schlechte Anfangserfahrungen können die gesamte Schullaufbahn negativ beeinflussen. Deswegen sollten Eltern ihren Kindern keine Angst vor der Schule machen.

• Auch ist die Schule nicht als Reparaturanstalt zu missbrauchen ("Die werden's dir schon zeigen!"; "Nun beginnt der Ernst des Lebens!").

• Eltern sollten ihr Kind nicht bereits im Vorfeld festlegen, etwa auf Zurückstellung; letztendlich entscheidet darüber die Schulleitung.

Literatur

www.familienhandbuch.de
Grundlegendes zur Einschulung mit einschlägigen Literaturangaben
KNÖRZER, W. (2007): Den Anfang der Schulzeit pädagogisch gestalten. 6. überarb. Aufl. Weinheim: Beltz
Antworten zu den elementaren pädagogischen Fragen des Anfangsunterrichts

Elternabend

- Wie ist der Elternabend vorzubereiten?
- Welche Themen sind am Elternabend wichtig?
- Wofür sollte man Eltern gewinnen?

Die Elternarbeit ist ein zentrales Feld für Lehrer. Hier entscheidet sich, in welcher Atmosphäre ein Schuljahr verläuft. Geht man die Zusammenarbeit regelmäßig, partnerschaftlich und gegenseitig wertschätzend an, stärkt das die Identifikation mit der Schule. Eltern dürfen nicht den Eindruck gewinnen, dass Elternabende oder Elternsprechtage eine unangenehme Pflicht sind und alles, was darüber hinausgeht, eine zusätzliche Belastung darstellt. Gelingt das und werden sie konstruktiv eingebunden, beteiligen sich Eltern für alle Seiten gewinnbringend am ↗ Schulleben, am ↗ Schulprogramm und bei der Weiterentwicklung von Schule.

Den Elternabend vorbereiten: Das Feld Elternhaus – Schule ist teilweise in Gesetzen und Erlassen geregelt, von der Elternmitwirkung bis zur Elternmitarbeit im Unterricht, von den verschiedenen Gremien bis zum Elternsprechtag. Abgesehen von der Vorgabe, dass zeitnah zum Schuljahresbeginn ein Elternabend abzuhalten ist, bleiben dessen Gestaltung und die Organisation weiterer Treffen dem Lehrer überlassen. Eltern schätzen zu Recht zweierlei: Wenn sie mit einem freundlichen Schreiben, auf dem sich vollständig alle notwendigen organisatorischen Angaben finden, persönlich eingeladen werden, und wenn der Elternabend in angenehmer Atmosphäre stattfindet. Genau überlegen sollte man – am besten im Kollegium, zumindest aber gemeinsam mit den Lehrern der Parallelklassen:

- Stichpunkte zu Aussagen über das (eigene) pädagogische und didaktisch-methodische Konzept. Eltern merken, dass Schule völlig anders ist, als sie es noch erlebt haben; das schafft Irritationen, die im Laufe des Schuljahres problematisch werden könnten. Hier ist es nötig, gut zu argumentieren und seine Position klar zu vertreten. (Mögliche Einwände vorwegdenken!)
- Auskünfte über zentrale Themen: Notengebung, Klassenklima, Hausaufgaben, Entschuldigungspraxis, Nacharbeit, Konfliktpotenziale, Klassenfahrten, Kontaktmöglichkeiten, Vergleichsarbeiten usw. Ein Verweis auf einheitliche Praxis, gerade im Bereich der Notengebung (Übertritt!), nimmt viele Spitzen.
- Angaben zur Jahresplanung der Schule (Feste, Feiern, Wandertage), der Jahrgangsstufe (Projektwochen, gemeinsame Fahrten), der Klasse (Schullandheim, Termine von ↗ Vergleichsarbeiten).

* Listen (Adresse, Mithilfsmöglichkeiten, Expertenthemen), in die sich die Eltern eintragen können.

Schon beim ersten Elternabend sollten die Eltern erfahren, dass ihre Mitarbeit im Schulalltag ausdrücklich erwünscht ist.

Eltern gewinnen: Der Elternabend ist die große Chance, das einzuführen, was die KMK „Bildungs- und Erziehungspartnerschaft" zwischen Eltern und Schule nennt. Dazu gehören

* Hospitationen von Eltern im Unterricht,
* freiwillige Arbeitsgemeinschaften, in denen Schüler von der beruflichen Kompetenz, den Sprachkenntnissen oder den Hobbys der Eltern profitieren (⬀ Experten),
* Gestaltung von Lesenachmittagen und ähnlichen Veranstaltungen durch Eltern,
* Projektwochen mit von Eltern entwickelten und geleiteten Angeboten (etwa Musik-, Kunst- oder Theaterdarbietungen),
* Pausenbeköstigung oder Mittagstisch,
* unterstützende Fördervereine,
* Initiativen jeder Größenordnung, die von den Eltern ausgehen.

Was Eltern wissen sollten

* Beim Elternabend stellt der Lehrer fachliche Inhalte gemäß Lehrplan sowie Standards und Lehr- und Lernziele dar.
* Er gibt Auskunft über das eigene pädagogische und didaktisch-methodische Konzept sowie über wichtige, die Klasse betreffende Themen; klärende Nachfragen sind hier unbedingt erwünscht, um später mögliche Irritationen zu vermeiden.
* Die Linien der Kooperation auf allen Ebenen (Jahrgangsstufe, Experten, Beratungseinrichtungen …) werden partnerschaftlich mit den Eltern diskutiert und vereinbart.
* Eltern sollten nicht unbedingt warten, bis sie gefragt werden. Wer etwas Besonderes weiß und kann, was für die Kinder von Interesse ist, sollte sich nicht scheuen, es „anzubieten".

Literatur

CHRISTIANI, R./METZGER, K. (Hrsg.) (2007): Fundgrube Klassenführung. Das Nachschlagewerk für jeden Tag. Berlin: Cornelsen Scriptor
Orientierungshilfen zu allen zentralen Fragen des Schulalltags
BREHM, A. (2007): Elternabend. Modelle für die Praxis. Freiburg: Lambertus Verlag
In der Praxis erprobte Vorschläge für die Gestaltung von Elternabenden zu verschiedenen Themen

Elternhaus und Schule

- Warum ist eine Zusammenarbeit aus pädagogischen Gründen notwendig?
- Auf welche Erwartungen der Eltern müssen sich Lehrer einstellen?
- Was muss man bei Gesprächen mit Eltern beachten?

Da die Erziehung des Kindes in der Familie beginnt und sich dort während der Schulzeit weiter fortsetzt, muss die Schule mit den Eltern ins Gespräch kommen. Sie ist im Rahmen ihrer Erziehungs- und Bildungsarbeit auf die Kenntnis der Erziehungsvorstellungen der Eltern, aber auch der Lebensverhältnisse der Kinder angewiesen. Dieses Wissen schafft Voraussetzungen, um individualisierende Lehr- und Lernprozesse zu gestalten sowie vertrauensvolle Beziehungen zu Kindern und Eltern aufbauen zu können. Es ist wichtig, sich zum Wohl des Kindes vor allem in den Grundzielen von Erziehung miteinander abzustimmen.

Erwartungen der Eltern: Alle Eltern wollen, dass ihr Kind viel in der Schule lernt, damit es nach Abschluss der Grundschule möglichst gut in der Sekundarstufe zurechtkommt. Zudem soll es sich dort wohlfühlen und angstfrei den Schulalltag verbringen. Manche Eltern meinen auch, die Schule müsste ab Beginn der Schulzeit den Erziehungsauftrag allein übernehmen, sie könnten sich davon zurückziehen. Doch die Schulzeit bringt Rechte, aber auch Pflichten für Lehrer wie für Eltern mit sich. Von der Schule erwarten einige Eltern zudem, dass sie ihnen Angebote zur Erweiterung ihrer Erziehungskompetenz macht. So erhalten sie Sicherheit, auch schwierige Erziehungssituationen mit ihrem Kind zu meistern.

Erziehungsziele zwischen Elternhaus und Schule abstimmen: Die Schule hat einen eigenständigen Erziehungs- und Bildungsauftrag (Art. 7 Abs. 1 GG) wahrzunehmen; dieser ist aber dem Erziehungsrecht der Eltern nicht nach-, sondern gleichgeordnet. Diese gemeinsame Aufgabe ist nur durch ein sinnvoll aufeinander bezogenes und abgestimmtes Zusammenwirken zu erfüllen. Konflikte entstehen, wenn Eltern die Erziehung ihrer Kinder nach Auffassung der Schule nicht verantwortungsbewusst wahrnehmen.

Mitwirkung von Eltern: Der Einfluss der Erziehungsberechtigten auf die Schule ist durch Mitentscheidungen und Beteiligungen rechtlich geregelt. Das gemeinsame Gremium von Lehrern und Eltern entscheidet z. B. über Grundsätze zu Hausaufgaben und Leistungsüberprüfungen, über Vorschläge zur Behebung allgemeiner Erziehungsschwierigkeiten, Verwendung der Mittel, eine eigene Schulordnung. Die Eltern sind verpflichtet, die Schule bei deren pädagogischen Aufgaben zu unterstützen (für den Schulbesuch ausstatten, Unterrichtsbesuch gewährleisten; ihr Kind darin bestärken, die Hausaufgaben zu machen, die Ordnung in der Schule zu beachten).

Gespräche und Kontakte mit Eltern: Bestimmte Formen des Gedanken- und Informationsaustauschs mit Eltern haben Tradition: Sprechstunden und Sprechtage, Kurzmitteilungen und Briefe an die Eltern, Telefongespräche, Beratungsgespräche (↗ Beratung), ↗ Elternabende. Die Kommunikation mit Eltern funktioniert dann gut, wenn es gelingt, eine Beziehung aufzubauen, die auf Vertrauen und gleichwertiger Partnerschaft gründet. Hierzu die folgenden Leitgedanken:

■ Die Eltern möchten nicht nur Unangenehmes über ihr Kind in der Schule erfahren, sondern auch Erfreuliches (Lernfortschritte, verbessertes Arbeitsverhalten, geglückte Aufgaben, vorgesehene Aktivitäten der Klasse). ■ Sie möchten mit Eltern gleichaltriger Kinder Alltagserfahrungen und -sorgen austauschen, wobei sie erkennen, dass es viele ähnliche Probleme in den Familien zu bewältigen gibt. (Wie werden andere Eltern mit Schwierigkeiten fertig?) ■ Sie erwarten bei Erziehungsproblemen den fachlichen Rat der Lehrerin, dass ggf. Fachleute zur Information in die Elternversammlung kommen oder dass auf deren Beratungsangebote aufmerksam gemacht wird. ■ Wenn das Klima zwischen Schule und Elternhaus freundlich ist, fühlen sich alle wohl. Die Zusammenarbeit sollte angstabbauend sein, damit sich Eltern ohne Scheu mit ihrer Meinung zu Wort melden. ■ Es ist wichtig, einfühlendes Verständnis gegenüber den elterlichen Meinungen und Vorstellungen zu zeigen. Das heißt, auch ein sensibler Zuhörer zu sein; sich zu bemühen, Eltern in erzieherischen Bemühungen zu verstehen. ■ Vor dem Gespräch mit Eltern sollte die Lehrerin für sich klären, worum es geht, was erreicht werden soll, welchen Entscheidungsspielraum es gibt, wie sie persönlich involviert ist. Auch ein Perspektivenwechsel lohnt: Worum geht es den Eltern maßgeblich? Was möchten sie erreichen? Wie würde ich an ihrer Stelle wahrscheinlich denken und fühlen?

Was Eltern wissen sollten

• Ohne Unterstützung durch die Eltern ist die Schule weniger erfolgreich.
• Gerade wenn Kinder Schwierigkeiten haben, sollten Eltern sich vertrauensvoll an die Lehrerin wenden.
• Sie sollten die Einladung annehmen, im Unterricht zu hospitieren oder auch mitzuhelfen (z. B. Schulfest, Klassenfahrt).

Literatur

KNAPP, R. (2001): Elternarbeit in der Grundschule. Berlin: Cornelsen Scriptor
   Hinweise für die Beratung von Eltern und für die Durchführung von Seminaren

Englisch

* Warum Englischunterricht in der Grundschule?
* Was sind die Aufgaben und Ziele?
* Welche Grundsätze sind zu berücksichtigen?

Europaweit nimmt das Interesse am Fremdsprachenunterricht für Kinder im Grundschulalter zu. Alle deutschen Bundesländer planen oder praktizieren bereits Fremdsprachenunterricht ab Klasse 3, in den meisten Fällen ist dies Englischunterricht. Wie in Österreich schon üblich, soll jedoch auch in Deutschland vielerorts das Fremdsprachenlernen in Klasse 1 einsetzen.

Begründung frühen Fremdsprachenlernens: In der heutigen Welt ist die Erfahrung einer multikulturellen und mehrsprachigen Wirklichkeit alltäglicher als in der Vergangenheit, und eine Bereitschaft und Fähigkeit zur Kontaktaufnahme mit fremdsprachigen Menschen wird immer notwendiger. Für den Frühbeginn des Sprachenlernens sprechen vor allem Überlegungen, die mit der Integration Europas, zunehmender Globalisierung und den wachsenden interkulturellen Kontaktmöglichkeiten verbunden sind. Kinder lernen eine Fremdsprache umso leichter und ungezwungener, je früher sie damit beginnen können. Die besonders ausgeprägte Fähigkeit und Bereitschaft zum Imitieren und Reagieren, ein hohes Maß an Spontaneität und Sprechfreudigkeit, das Fehlen von Hemmungen und eine große Unbefangenheit gepaart mit der Neugier auf Fremdes sind gute Voraussetzungen für den Unterricht. Gleichzeitig schafft die Fremdsprache die Grundlage für eine positive Einstellung zur Vielfalt der Kulturen innerhalb und außerhalb des eigenen Landes.

Begründung für das Fach Englisch: Vor allem die englische Sprache nimmt einen festen Platz in der Lebenswelt der jetzigen Kindergeneration ein – man denke nur an die Bereiche Computer und Unterhaltungselektronik. Der Einstieg in das Sprachenlernen wird dadurch erleichtert. Zudem ist es im Englischen möglich, schon mit einem relativ kleinen Bestand an Strukturen und Wörtern effektiv zu kommunizieren. Englisch gilt als wichtigste und nützlichste Fremdsprache in unserer heutigen Welt. Auch innerhalb der Lehrerschaft sind Englischkenntnisse wesentlich weiter verbreitet und somit leichter zu erweitern als Kompetenzen in anderen Sprachen.

Aufgaben und Ziele: Der Englischunterricht soll die Grundlage für den Erwerb einer hohen Kompetenz in der englischen Sprache legen. Er soll die Lernmotivation der Kinder für das Sprachenlernen generell aufbauen und erhalten. Darüber hinaus soll er in Lerntechniken und -strategien des Fremdsprachenlernens einführen, die Kinder „fit" machen für das Lernen weiterer Sprachen. Auch für das interkulturelle Lernen stellt der Englischunterricht vielfach das Eingangstor dar, denn die Begegnung mit den englischsprachigen Kulturen erfolgt themengebunden und umfassend. Die Erfüllung dieser Aufgaben und Ziele mithilfe einer kindorientierten Methodik setzt ein hohes Maß an Sprachkompetenz und fachlicher Ausbildung bei den Lehrern voraus, um das erste und wichtigste Sprachvorbild zu sein.

Methodische Grundsätze: ▪ Lernen mit allen Sinnen: englische *tea time*, *sandwich-party*, ▪ Total Physical Response: konkrete Anweisungen ausführen *(actions: clap your hands)*, ▪ Arbeit mit authentischem Material: *storybooks, songs & rhymes* aus englischsprachigen Ländern, ▪ Erlebnis- und Ergebnisorientierung: verbindliche Ergebnisse durch kindgemäßen Unterricht, ▪ Kommunikativer Ansatz: natürlicher Sprachgebrauch in vielfältigen Situationen, ▪ Rituale: sprachliche Sicherheit durch wiederkehrendes Üben, ▪ Aufgeklärte Einsprachigkeit: Unterrichtssprache Englisch für den sprachvorbildlichen Lehrer (Ausnahme landeskundliche Themen), ▪ methodische Vielfalt.

Ein bereits in vielen Ländern eingeführtes verbindliches Wortschatz-Tableau macht eine gewisse Ergebnisorientierung unumgänglich. Vorwiegend mündliches Üben und Wiederholen sind dadurch Bestandteil eines effektiven Englischunterrichts in der Grundschule. Das Schreiben hat dabei eine unterstützende Funktion. Um Lernfortschritte der Schüler zu erkennen, kann auf eine Ermittlung des Lernstandes nicht verzichtet werden, unabhängig davon, ob eine Bewertung vorgesehen ist oder nicht.

Was Eltern wissen sollten

* Der Englischunterricht in der Grundschule verläuft kindgemäß und spielerisch und ist vor allem auf den Erwerb von Kommunikationsfähigkeit gerichtet.
* Es geht nicht um das Einüben von isoliertem Wortschatz oder das systematische Erlernen grammatikalischer Formen und Funktionen.
* Der Verzicht auf Leistungsbewertung (je nach länderspezifischer Regelung) ermöglicht eine entspannte und angenehme Lernatmosphäre. Dadurch begegnen die Kinder der fremden Sprache und Kultur ohne Notendruck und die damit verbundenen Ängste.

Literatur
CHRISTIANI, R./CWIK, G. (Hrsg.) (2008): Englisch in den Klassen 1 und 2. Berlin: Cornelsen Scriptor
    Didaktische Grundlagen, methodische Konzepte, Beispiele und Hilfen
KLIPPEL, F. (2000): Englisch in der Grundschule. Berlin: Cornelsen Scriptor
    Grundlegendes Handbuch mit Übungen, Spielen und Liedern, mit Hör-CD

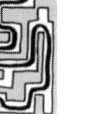

Erziehung

- Was unterscheidet Erziehung von Disziplinierung?
- In welcher Verantwortung steht die Schule bei der Erziehung der Kinder?
- Wie kann die Schule durch Unterricht erziehen?

Lehrer sind in der täglichen Arbeit mit den Kindern vor vielfältige, oft anspruchsvolle erzieherische Situationen gestellt. Sie müssen dabei unmittelbar und eindeutig antworten, handeln, entscheiden. Wer Erziehung als Beruf wählt, ist daher immer in Gefahr, bloße Routine gegenüber den Kindern zu entwickeln. Verhalten sie sich anders als man erwartet oder fordert, dann hätte man gerne „Rezepte" zur Hand, die genau angeben, „was zu tun ist, wenn...". Kinder sind aber kein Gegenstand, kein Material, das man nach eigenem Belieben zurechtstutzen und sich gefügig machen darf.

Erziehung als dialogisches Verhältnis: Erziehung unterscheidet sich klar von Disziplinierung. Die erzieherische Situation steht unter ethischem Anspruch und ist daher nicht willkürlich. Das erzieherische Verhältnis ist stets ein Verhältnis der Mitmenschlichkeit und des Dialoges. Die Erziehungssituation ist kein einseitiges Handeln des Erwachsenen am Kind, sondern eine Situation der Partnerschaft zweier Menschen. Mündigkeit und Freiheit sind nicht nur Ziele der Erziehung, sondern sie sind in jedem Moment schon enthalten. Das bedeutet, das Kind muss in der Erziehungssituation antworten, mitentscheiden, zustimmen können. Sicherlich gibt es Erziehungssituationen, in denen der Erwachsene Grenzen aufzeigen, setzen und gegenwirken muss. Aber auch in diesen Situationen bleibt der Bezug nur dann ein erzieherischer, wenn das Kind als ernsthaftes Gegenüber, als Partner im Dialog angesprochen wird (↗ Konsequenz). Wenn nicht auch Vertrauen und Wertschätzung hinter mahnenden, strafenden und gegenwirkenden Maßnahmen stehen, kann man nicht mehr von Erziehung sprechen. In schwierigen Situationen ist es dabei oft entscheidend, ob es dem Lehrer gelingt, deeskalierend auf die Situation einzuwirken (↗ Teilleistungsstörungen). Erziehen heißt vor allem Verstehen, vom anderen her zu denken, das eigene Tun auch von der anderen Seite aus zu erfahren. Dazu gehört die Bereitschaft des Erziehers, sein eigenes Handeln immer wieder neu zu reflektieren. Fremderziehung ist ohne Selbsterziehung nicht denkbar.

Erziehung und Persönlichkeitsentwicklung: Die für die Persönlichkeitsentwicklung des Kindes notwendige bedingungslose elterliche Liebe in der Erziehung zu Hause erfährt in der Schule eine Entsprechung. Kinder müssen erfahren dürfen: Mein Lehrer erkennt mich als unverwechselbare Person an, er nimmt mich an, so wie ich bin, unabhängig von meinem Aussehen, meiner Herkunft und meinem Können. Ich bin ihm wichtig. Er vertraut mir, er traut mir etwas zu. Ich kann ihm vertrauen.

Für nicht wenige Kinder ist die Schule heute oft der einzige Ort, an dem sie diese unverzichtbaren positiven Erfahrungen machen können, durch die ihr Selbstvertrauen und ihre Persönlichkeitsentwicklung gestützt werden. Über unsere Menschlichkeit, Aufrichtigkeit und Gegenwärtigkeit, aber auch über erzieherische Tugenden wie Geduld, Güte, Heiterkeit und Humor werden wir Lehrerinnen und Lehrer zu wichtigen Wegbegleitern des Kindes.

Auftrag der Schule: Schule ist nie nur Unterrichtsort, sondern sie steht in der Verantwortung für künftige Generationen, Stätte der Menschwerdung zu sein. Im Rahmen der Schulentwicklung sind Schulen aufgefordert, Leitbilder für ihre Arbeit zu entwerfen. Dazu gehört neben dem Unterrichtsverständnis auch ein gemeinsames Erziehungskonzept. Dieses darf sich aber nicht auf eine gemeinsam erstellte Schul- oder Hausordnung reduzieren! Es geht vielmehr um die Formulierung eines Leitbildes im ↗ Schulprogramm, das die Verantwortung der Erwachsenen in der Schule formuliert.

Erziehender Unterricht: Das Kollegium muss sich darüber verständigen, wie man mit der Vermittlung von Wissen zugleich Einstellungen und Haltungen erzeugt.

- Was brauchen die Kinder für ihre derzeitige und künftige Lebensbewältigung?
- Wie gestalten wir den Unterricht, damit die Kinder zu moralisch-mündiger Handlungsfähigkeit geführt werden?
- Wie können wir im Unterricht und auch im Schulleben Vorbild sein?
- Welche Kultur des Miteinanders pflegen wir an unserer Schule?
- Wo schaffen wir Räume, Freiräume, in denen Kinder ihre Persönlichkeit optimal entfalten können, wo brauchen sie unsere Führung und Unterstützung, wo müssen wir sie vor schädlichen Einflüssen beschützen?

Was Eltern wissen sollten

- Die Erziehung des Kindes als gemeinsame Aufgabe von Elternhaus und Schule wird zwar arbeitsteilig geleistet, sie ist aber unteilbar. Lehrer und Eltern müssen zum Wohl des Kindes zusammenarbeiten.
- Die Lehrerin kann auch einen Rat geben bei Erziehungsproblemen.

Literatur
RÖBE, E. (Hrsg.) (1988): Schule in der Verantwortung für Kinder. Perspektiven pädagogischen Denkens und Handelns. Langenau/Ulm: Vaas
Der Erziehungsauftrag wird beleuchtet und deutlich in den Mittelpunkt des schulischen Handelns gestellt.

Evaluation

• Welchen Sinn hat Evaluation? Was bringt sie der Schule?
• Was wird evaluiert? Mit welchen Methoden geschieht das?
• Worin unterscheiden sich externe und interne Evaluation?

Evaluation meint eine systematische Untersuchung und sachgerechte Bewertung mit der Absicht, Qualität weiterzuentwickeln. Evaluation untersucht Wirkung und Wirksamkeit einer Schule. Sie gibt der Schule Auskunft über Fragen wie: Was gelingt an unserer Schule? Wo liegen unsere Stärken? Wo gibt es Ressourcen, die wir noch nicht ausgeschöpft haben? Wo haben wir noch Entwicklungsbedarf? Um welche Bereiche sollten wir uns noch kümmern? Und vor allem: Wie steht es um den Unterricht an unserer Schule?

Schulische Evaluation gehört in den Zusammenhang von Schulentwicklung: Sie ist der Schritt der Bestandsaufnahme im Schulentwicklungsprozess. Damit ist sie unerlässlicher Bestandteil eines umfassenden schulischen Qualitätsmanagements. Evaluation ist für Schulen eine neue Aufgabe – und doch für viele täglich geübte Praxis, wenn auch nicht so konsequent und nicht mit diesem Begriff bezeichnet. Zu unterscheiden ist dabei zwischen interner und externer Evaluation.

Zweck: Die Ergebnisse der Evaluation können Grundlage für die weitere Arbeit der Schule sein, wenn diese daraus die notwendigen Konsequenzen zieht: Erfolgreiche Maßnahmen werden beibehalten, weniger erfolgreiche verändert. Evaluation stellt also keinen Selbstzweck dar, sondern zielt auf die Weiterentwicklung von Schule und Unterricht. Insofern ist sie Merkmal einer lernenden Organisation.

Gegenstand der Evaluation: Sie beurteilt nicht die Arbeit des einzelnen Lehrers, sondern untersucht und bewertet Bedingungen, Prozesse und Ergebnisse der gesamten Schule. Damit können verschiedene Bereiche Gegenstand der Evaluation sein:

• die Rahmenbedingungen: z. B. Standort der Schule, Zusammensetzung der Schülerschaft, Zusammensetzung des Lehrerkollegiums, materielle und finanzielle Ressourcen;
• die Prozesse in der Schule: z. B. Personalführung, ↗ Schulleitung, Schulmanagement, Zusammenarbeit des Kollegiums, Fortbildung, Schulklima, ↗ Schulleben, Mitwirkung von Schülern, Mitwirkung von Eltern, Öffnung der Schule, Schulentwicklungsprozess;
• die Prozesse im Unterricht: z. B. ↗ Unterrichtsqualität, unterrichtsbezogene Zusammenarbeit und Initiativen;

- die Ergebnisse der Schule: z. B. Niveau der Lernergebnisse bei ↗ Vergleichsarbeiten, Umgang mit den Ergebnissen, Versetzung/↗ Nichtversetzung/Vorversetzung.

Grundlage jeder Evaluation ist das systematische Sammeln, Auswerten und Interpretieren von Daten. Verschiedene Instrumente stehen dafür zur Verfügung: schriftliche Befragungen verschiedener Personengruppen, Gespräche mit den am Schulleben beteiligten Gruppen oder Personen, Analyse von Daten und Statistiken der Schule, Analyse des ↗ Schulprogramms, Schulhausrundgang sowie Unterrichtsbeobachtung (↗ Beobachtung).

Interne und externe Evaluation: Sie kann zum einen als interne Evaluation erfolgen, d. h., die Akteure an der Schule selbst initiieren die Evaluation und führen sie durch. Eine Möglichkeit sind einfache Feedbacks, die zu bestimmten Themen über Schüler- oder Elternbefragungen eingeholt werden können. Ein Beispiel dafür wäre eine Befragung zu dem Thema Hausaufgaben (Umfang, Art, Schwierigkeiten, Verbesserungsvorschläge). Regelmäßig und in kürzeren Abständen können so einzelne Maßnahmen einer Schule in ihrer Wirksamkeit überprüft werden.

Zunehmend etabliert sich zum anderen in Deutschland auch die externe Evaluation, bei der ein Team, das von der Schulaufsichtsbehörde eingesetzt ist, für einige Tage die Schule besucht und die Evaluation durchführt. Dies hat den Vorteil, dass eine umfassende Bestandsaufnahme des Gesamtsystems der Schule erfolgt und eine gewisse Objektivität und Vergleichbarkeit durch die Verwendung einheitlicher, valider Instrumente gesichert werden kann. Selbst- und Fremdevaluation ergänzen sich gegenseitig.

Was Eltern wissen sollten

- Evaluation richtet den Blick nicht auf die einzelne Lehrerin, den einzelnen Lehrer, sondern auf die Schule.
- Evaluation gibt wichtige Anregungen zur Weiterentwicklung und Verbesserung der Schule.
- Eltern sind wichtige Partner der Schule. Ihre Sichtweise und Meinung sollte daher in die Evaluation mit einfließen (z. B. über eine Befragung, ein Gespräch). Auch über die Ergebnisse der Evaluation sollten die Eltern informiert werden.

Literatur
BURKARD, C./EIKENBUSCH, G. (2000): Praxishandbuch Evaluation in der Schule. Berlin: Cornelsen Scriptor
Grundlegendes Standardwerk zum Thema, das alle Perspektiven, Prozesse und Instrumente vorstellt

Experten

- Warum Experten im Unterricht?
- Welche Möglichkeiten des Einsatzes gibt es für Experten?
- Schüler als Experten?

Lehrerinnen und Lehrer sind die „Experten" für Unterricht schlechthin. Ihr Expertentum gründet sich auf ihre Ausbildung, ihre Fort- und Weiterbildung, auf Berufserfahrung und die Fähigkeit, das eigene Tun kritisch zu reflektieren. Noch vor wenigen Jahrzehnten konnten Lehrer mit Fug und Recht behaupten, sie seien auch Experten für alle fachlich-inhaltlichen Komponenten der Ausbildung von Kindern und Jugendlichen. Angesichts der zunehmend komplexer werdenden Wirklichkeit und des sich explosionsartig vergrößernden, spezialisierten Weltwissens kann aber niemand mehr von sich behaupten, „Experte" auf allen (auch schulischen) Gebieten zu sein; beredtes Beispiel dafür sind Wissen, Fähigkeiten und Fertigkeit bezogen auf „neueste" Medien. Weil aber Schule und Unterricht auf den Fortschritt reagieren müssen, es Auftrag von Schule ist, Kinder auf das zukünftige Leben vorzubereiten, brauchen Lehrer Unterstützung – und sie sollten sich nicht scheuen, diese in Anspruch zu nehmen.

Rechtliche Regelungen: Lernen in der Schule orientiert sich an der Lebenswirklichkeit der Schüler, konkretisiert und vollzieht sich in der alltäglichen Umwelt. Eine Zusammenarbeit mit anderen Institutionen, mit Experten und außerschulischen Lernorten ist so eigentlich ein Muss. Unter der Formel „Öffnung der Schule" haben amtliche Verordnungen genau dafür den Weg frei gemacht. In allen Bundesländern ist es erlaubt, Experten in den Unterricht einzuladen. Allerdings muss zumindest die Schulleitung (am besten auch der Hausmeister – fremde Personen auf dem Schulgelände!) über Ort, Zeit und Thema informiert sein. Selbstverständlich dürfen Eltern bzw. Experten in der Regel nicht allein im Unterricht sein; die Anwesenheit des Klassenlehrers (↗ Aufsichtspflicht) ist unabdingbar.

Möglichkeiten des Einsatzes: Sich Gedanken über die konstruktive Einbindung möglicher Experten aus der Reihe der Schülereltern oder vor Ort zu machen, kann Thema einer kollegialen Konferenz sein. Vielleicht entstehen aus dieser Beratung auch neue Impulse für die grundsätzliche Zusammenarbeit mit Eltern und anderen „Externen". Man trägt zusammen, zu welchen Themen und Inhalten Experten bekannt sind, welche Erfahrungen man mit ihnen gemacht hat usw.

Beispiele für Bereiche, aus denen Experten gewonnen werden können, sind: ▪ Medien, Informations- und Kommunikationstechnik; ▪ Natur(wis-

senschaften), Umwelt, Technik; ▪ Berufswelt; ▪ Verkehr und Sicherheit; ▪ Gesundheitserziehung/Suchtprävention; ▪ musischer Bereich; ▪ sozialer Bereich.
Gerade Berufstätige haben nicht immer Zeit. Deshalb wäre ein zweiter Schritt, sich auf der Ebene der Jahrgangsstufen für ein Schuljahr ein Zeitmanagement zu überlegen, damit möglichst viele Klassen (nacheinander oder gemeinsam) zu einem Termin von einem Experten profitieren können; das gilt auch für den Besuch von Institutionen und Einrichtungen. Experten/Eltern, die das Bildungsangebot an Schulen erweitern, wollen eingeladen werden, ihr Wissen und ihre Kompetenzen einzubringen. Ein gemeinsam verfasstes Schreiben, vielleicht von der Schulleitung mitunterzeichnet, drückt Wertschätzung aus.
Schülerinnen und Schüler als Experten: Nicht zu vergessen sind die Kinder. Deren verborgene Talente in den Bereichen Medien, Sport, Film, Musik usw. zu nutzen, bereichert nicht nur den Unterricht, sondern stärkt vor allem deren Selbstbewusstsein und Motivation; davon wiederum profitieren der soziale Umgang und die Klassengemeinschaft als solche. Zudem trägt es dem Forschungsergebnis Rechnung, dass Kinder und Jugendliche von Gleichaltrigen mitunter besser lernen, weil deren Erklärungen „näher", also passgenauer zu den eigenen kognitiven Konzepten und Erfahrungen sind.

Was Eltern wissen sollten

- Das eigene Expertentum sollte nicht verborgen bleiben; Lehrerinnen und Lehrer sind dankbar, wenn Eltern signalisieren, dass sie in bestimmten Bereichen im Unterricht mitarbeiten würden.
- Eine Gemeinschaft „aktiver Eltern" bereichert nicht nur das Schulleben, sondern kann wertvolles, „externes" Wissen in die Klassen tragen.
- Experten bereichern den Unterricht und ermöglichen es den Schülern, Fragen zu stellen, neue Erfahrungen zu machen, Interessen aufzubauen und Kontakte zu knüpfen.
- Experten erreichen nicht nur einen hohen Aufmerksamkeitsgrad, sondern bewirken allein durch das Außergewöhnliche der Situation eine enorme, nachhaltig wirksame Aufnahmebereitschaft bei den Kindern.

Literatur
CHRISTIANI, R./METZGER, K. (Hrsg.) (2007): Fundgrube Klassenführung. Das Nachschlagewerk für jeden Tag. Berlin: Cornelsen Scriptor
BARTNITZKY, H. u. a. (2006): Eltern-Kursbuch: Grundschule. Berlin: Cornelsen Scriptor
Beide Reader beleuchten die Grundschule unter verschiedensten Aspekten und verdeutlichen, wie Schule und Eltern auf vielerlei Ebenen kooperieren können.

Fachlehrer

* Mit welchem Konzept kann ein Kollegium dem „Fachlehrer-Phänomen" begegnen?
* Auf welchen Feldern müssen Klassenlehrer und Fachlehrer unbedingt kooperieren?
* Wo ist wechselseitige Information zu leisten?

Im Schulalltag bekannt ist das „Fachlehrer-Phänomen": Klassen, die sich im Unterricht des ↗ Klassenlehrers tadellos verhalten und arbeiten, zeigen im Fachunterricht oft „ein anderes Gesicht". Aber auch die gegenteilige Situation, dass sich die Schüler im Fachunterricht positiv profilieren, kann vorkommen. Um diese Problematik zu entschärfen, ist eine kontinuierliche Kooperation zwischen den Lehrerinnen und Lehrern nötig, die geprägt ist von einer gemeinsam verabredeten, verantwortungsvollen pädagogischen Arbeit. So können Synergien für eine effektive Lehrtätigkeit genutzt werden, statt Energien in aufreibenden Kleinigkeiten zu verlieren.

Gemeinsam Erziehung und Unterricht weiterentwickeln: Zumindest in den Grundzügen müssen die Erziehungs- und Unterrichtskonzepte aller in einer Klasse unterrichtenden Lehrer übereinstimmen. Große Uneinheitlichkeit irritiert Kinder und kann zu Motivationsverlust und Störungen führen. Inhalte und Ziele der Kooperation könnten sein:

* Möglichkeiten der individuellen Förderung der Kinder erarbeiten,
* das Verständnis von Unterricht klären,
* langfristige Erziehungsziele gemeinsam planen und absprechen,
* Planung und Strukturierung fächerübergreifender Lerninhalte absprechen,
* Disziplinprobleme klären (↗ Unterrichtsstörungen),
* Rahmenbedingungen für angemessene ↗ Hausaufgaben schaffen,
* Projekte planen und durchführen.

Umsetzungsmöglichkeiten: Ganz konkret zu benennen sind einige Felder, in denen die gemeinsame Verantwortung für die Weiterentwicklung von ↗ Erziehung und Unterricht Raum greifen kann. Dazu gehören:

* fächerübergreifende pädagogische Arbeitsgruppen anbahnen,
* aktuellen Leistungsstand der Schüler besprechen,
* individuelle Förderkonzepte ausarbeiten und weiterentwickeln,
* Schülerbeobachtungslisten gemeinsam entwickeln und führen,
* kollegiale Hospitation pflegen (gegenseitiger Unterrichtsbesuch und kollegiale ↗ Beratung),
* Supervision innerhalb des ↗ Kollegiums praktizieren,

- gemeinsame Aktivitäten planen (↗ Wandertag, Besichtigungen usw.),
- Schulhauskodex entwickeln und gemeinsam einfordern,
- Regeln und ↗ Rituale anbahnen,
- Praktika gemeinsam besuchen und auswerten,
- Inhalte von Vertretungsstunden absprechen,
- Elternbriefe gemeinsam entwickeln,
- gemeinsame Beratung der Eltern/Elterngespräche (z. B. individuelle Förderungsmöglichkeiten, Übertritt an weiterführende Schule),
- Einbindung der Eltern oder außerschulischer Institutionen in die Schule,
- Zusammenarbeit/Vernetzung mit Kindergarten bzw. anderen Schulen,
- Terminabsprachen (Betriebspraktikum, Betriebsbesichtigungen, Ausflüge, Klassenarbeiten/Tests),
- Gestaltung von Schulgebäude und -gelände (Lernumgebung).

Gegenseitiges Informieren: Klassenlehrer und Fachlehrer arbeiten an Schulen oft nebeneinanderher. Dabei gibt es wesentliche Punkte, über die ein permanenter Informationsaustausch nötig ist:

- Schülerbiografie – Schülerbogen einsehen und Beobachtungen eintragen,
- Gespräche über den Leistungsstand einzelner Schülerinnen und Schüler,
- direkte Information über Unterrichtsausfall,
- Information und Dokumentation von Abwesenheiten,
- Austausch von klassenbezogenen Lehrplänen,
- Klassenarbeitsordner zur Information zur Verfügung stellen.

Was Eltern wissen sollten

- Die Lehrerinnen und Lehrer der Schule verwirklichen ein gemeinsames Erziehungs- und Unterrichtskonzept zur bestmöglichen Förderung jedes einzelnen Schülers.
- Es besteht ein permanenter Informationsfluss zwischen Klassenlehrer und Fachlehrer.
- Bewertung und Beurteilung (auch des Verhaltens) erfolgen, unbeschadet der fachlichen Zuständigkeit, in gemeinsamer Verantwortung.
- Das aktive Sicheinbringen der Eltern in den Fachunterricht ist ausdrücklich erwünscht.

Literatur

CHRISTIANI, R./METZGER, K. (Hrsg.) (2007): Fundgrube Klassenführung. Berlin: Cornelsen Scriptor
Grundlegende Informationen zu vielen, auch den Fachunterricht betreffenden praxisrelevanten Themen

Förderbedarf

- Was ist angesichts der Forderung nach individueller Förderung unter Förderbedarf zu verstehen? Hat jedes Kind einen Förderbedarf?
- Wie lässt sich Förderbedarf erheben und in der Grundschule begegnen?
- Wo ist die Grenze zu sonderpädagogischem Förderbedarf zu ziehen?

Individuelle Förderung strebt an, eine größtmögliche Übereinstimmung zwischen den Potenzialen eines Kindes und den Bedingungen, die es zum Lernen braucht, herzustellen. Damit ist sie in letzter Konsequenz nichts anderes, als individuelles – d. h. eigenaktives und sinnstiftendes – Lernen zu ermöglichen. Dabei bezieht sich Lernen nicht nur auf fachliche Inhalte, sondern auch auf entwicklungsbezogene Aspekte (↗ Motorik; ↗ Wahrnehmung, Kognition, Sprache, Sozialverhalten und Emotionalität). Dies gilt für alle Kinder – unabhängig davon, ob sie sich im unteren oder oberen Leistungsbereich befinden oder im breiten Spektrum dazwischen. Betrachtet man Fördern als reine Kompensation für Problemfälle, wird man der oben genannten Zielsetzung nicht gerecht. Dennoch haben nicht automatisch alle Kinder einen Förderbedarf im Sinne besonderer Programme oder Unterstützungsangebote. Individuelle Förderung kann gewinnbringend innerhalb der Lerngruppe stattfinden, indem alle Kinder an einem gemeinsamen Thema arbeiten, jedoch je nach Lernvoraussetzungen mit unterschiedlichen Zielsetzungen und entsprechend unterschiedlichen Niveaus. Formen von ↗ Differenzierung und ↗ Offenem Unterricht sind in einer Lernkultur, die Lernen vom Kind aus versteht und den lernpsychologischen Erkenntnissen auf der Spur bleibt, selbstverständlich.

Förderbedarf: Zusätzlich gibt es jedoch im Fall besonderer ↗ Lernschwierigkeiten oder ↗ Verhaltensauffälligkeiten die Notwendigkeit, weiterreichende Maßnahmen zu ergreifen. Hierzu ist ein Förderbedarf festzustellen, d. h., es ist zu konkretisieren, wo genau das Kind in seinem fach- oder entwicklungsbezogenem Lernprozess steht, und es sind Hypothesen aufzustellen, welche Ursachen den festgestellten Schwierigkeiten möglicherweise zugrunde liegen. Letzteres dient keinem Selbstzweck, sondern ist nur insoweit zu betreiben, wie es der Unterstützung und Förderung dient.

Feststellung des Förderbedarfs: Dazu bedient man sich der Mittel und Vorgehensweisen der Förderdiagnostik. Diese sieht verschiedene Möglichkeiten vor: Gespräche mit dem Kind, den Eltern und Kolleginnen, Fehleranalysen, vor allem aber die systematische ↗ Beobachtung im Unterricht. Inzwischen stehen hierzu zahlreiche Beobachtungsbögen und förderdiagnostische Inventare zur Verfügung. Hat man festgestellt, wo genau das

Kind in seinem fach- und entwicklungsbezogenen Lernprozess steht, bezieht sich der Förderbedarf dann auf die nächste Lernzone, die das Kind erreichen kann. Um diese Zone zu erreichen, werden konkrete, realistische Ziele abgeleitet und Konsequenzen in Form von Lern- und Unterstützungsangeboten entwickelt (↗ Förderplan). Neben der ↗ Beobachtung von Lehrerinnen und Lehrern im Unterricht gewinnt auch die Selbstbeobachtung der Kinder, z. B. durch die Arbeit mit einem ↗ Portfolio, ↗ Logbuch oder ↗ Lerntagebuch, zunehmend an Bedeutung. Die Kinder lernen dabei, ihren Lernprozess zunehmend selbstständig zu beobachten und ihn eigenverantwortlich und bewusst zu gestalten. Dabei beschäftigen sie sich auch damit, wie sie mit Fehlern oder Widerständen umgehen.

Konzept des Kollegiums: Hilfreich ist es für alle Lehrer der Schule, wenn das Kollegium für die lehrgangsbezogenen Fächer und für jedes Schuljahr diagnostisches Material (Tests, Übungsaufgaben usw.) hat, mit dem sich exakt die Vorkenntnisse bestimmen lassen. Sie sind nämlich die grundlegende Voraussetzung für erfolgreiches Weiterlernen.

Abgrenzung zu sonderpädagogischem Förderbedarf: Wenn sich die Schwierigkeiten eines Kindes als umfassend, schwerwiegend und andauernd darstellen und trotz Förderung keine Lernfortschritte erzielt werden, ist zu klären, ob sonderpädagogischer Förderbedarf vorliegt. Diesem kann dann durch die gezielten, differenzierten Angebote der Förderschulen für Hören und Kommunikation, für Sehen, für geistige Entwicklung, für körperliche und motorische Entwicklung, für Sprache, für Lernen und für emotionale und soziale Entwicklung oder durch die entsprechende sonderpädagogische Unterstützung im ↗ Gemeinsamen Unterricht begegnet werden. Hier sollte man nicht zu lange warten, denn dadurch kann viel wertvolle (Förder-)Zeit verloren gehen. Die Überprüfung erfolgt auf Antrag bei der zuständigen Schulaufsichtsbehörde in Kooperation mit der Förderschule.

Was Eltern wissen sollten

- Wenn ein Kind einen besonderen Förderbedarf aufweist, tut die Schule alles, um ihm zu helfen.
- Eltern sollten die schulische Förderung als Chance für ihr Kind sehen und die Schule so gut wie möglich unterstützen.

Literatur

BRAUN, D./SCHMISCHKE, J. (2008): Kinder individuell fördern. Berlin: Cornelsen Scriptor
Übersicht über Entwicklungsbereiche und Entwicklungsaspekte, Hilfen zur Beobachtung des Lernprozesses und Vorschläge für Unterstützungsangebote

Förderplan

* Was leisten Förderpläne?
* Wie sieht der Weg zu einer effektiven Förderplanung aus?
* Wie sieht eine mögliche Dokumentationsform aus?

Förderpläne stehen im Gefüge der Förderdiagnostik und dokumentieren ein systematisches Handeln in Fällen, in denen sich das individuelle Lernen als sehr komplex darstellt (Über- oder Unterforderung, keine Weiterentwicklung, Zurückbleiben hinter den Möglichkeiten). Lernen meint sowohl fachliche Aspekte (Inhalte der Unterrichtsfächer) als auch entwicklungsbezogene Aspekte (↗ Wahrnehmung, ↗ Motorik, Kognition, Sprache, Emotionalität, Sozialverhalten). Der Förderplan beruht auf einem festgestellten ↗ Förderbedarf und stellt eine Momentaufnahme des kindlichen Lernens dar. Er nennt auf der Grundlage individueller Lernvoraussetzungen konkrete Ziele der Weiterentwicklung sowie realistische Angebote zur Umsetzung. **Dialogisches Prinzip:** Diesem Prinzip folgt der Förderplan, denn Lehrer sind federführend, aber Eltern haben ein Recht auf Einsicht und Mitsprache und tragen Verantwortung! Auch ist er mit dem Kind abzusprechen, denn nur so kann es Verantwortung für sein Lernen übernehmen. **Zweck:** Förderpläne sind zweckgebunden: Als Basis für die verbindliche Umsetzung der Förderung unterstützen sie die Planung eines differenzierten Unterrichtes (↗ Differenzierung). Weiterhin sind sie Grundlage für Gespräche, ↗ Zeugnisse, Berichte oder Gutachten.

Wie sieht der Weg zu einer effektiven Förderplanung aus?

Den Lernprozess beobachten und beschreiben: Die Beobachtung ist bewusst und zielgerichtet. Hier helfen förderdiagnostische Inventare und Beobachtungsbögen: Ich beobachte Nadine beim Lesen: Welche Wörter liest sie ganzheitlich, welche Wörter synthetisierend? Nutzt sie Silben als Gliederungshilfe? Arbeitet sie mit Kontexterwartung? Hier ist es wichtig, die Kinder in mehreren Situationen zu beobachten: Wie verhält sich Nadine beim Lesen von Fibeltexten und beim Lesen von Arbeitsaufträgen? Ebenso wichtig ist, beobachtbares Verhalten so konkret wie möglich zu beschreiben: *Nadine nutzt bei mehrsilbigen ungeübten Wörtern nur selten Silben als Segmentierungshilfe.* Nicht: *Nadine ist beim Lesen unsicher.*

Fachlich begründet Ursachen vermuten und den Förderbedarf formulieren: *Vermutlich hat Nadine einen Förderbedarf in der phonologischen Bewusstheit (Silbensegmentierung).* Um fachlich argumentieren zu können, bedarf es fachdidaktischer Kenntnisse. Dabei helfen u. a. die in der Literatur zu findenden didaktischen Landkarten oder Lernfelder.

Konkrete Förderziele entwickeln: Oft scheint es, als seien viele Ziele gleichzeitig wichtig. Sinnvolle Schwerpunktsetzung ist effektiver als sich in unrealistischer Vielfalt zu verzetteln. Außerdem müssen Förderziele konkret beschrieben und überschaubar sein: *Nadine bearbeitet fünfzehn Minuten ihre Aufgaben, bevor sie eine Pause macht. Nicht: Nadine arbeitet während der Deutschstunde konzentriert mit.*

Ableitung unterschiedlicher Angebote: Hier ist es wichtig, in Orientierung an den Zielen breitgefächert zu planen. Das heißt auch, Neues zuzulassen, denn ein Vorgehen nach dem Prinzip: „Mehr desselben" ist ineffektiv. Dabei müssen die Angebote im Sinne der Ökonomie und Effizienz so konzipiert werden, dass sie „morgen" im Klassenunterricht einsetzbar sind.

Förderplan erstellen und regelmäßig überprüfen: Dafür gibt es viele Dokumentationsformen (s. u.). Wichtig ist, Zuständigkeiten festzulegen. Sinnvoll ist es auch, in überschaubaren Zeitabständen zu planen, denn ein guter Förderplan ist im Alltag präsent. So bewährt sich eine Terminierung von Ferien zu Ferien. Zudem ist eine regelmäßige ⤢ Evaluation nötig.

Förderplan für:	Klasse:	erstellt von:	Zeitraum:
Fach- bzw. Entwicklungsaspekt	Ausgangslage	Ziele	Angebote
Vereinbarungen mit dem Kind			
Vereinbarungen mit den Eltern			
Vereinbarungen im Team			
Außerschulische Maßnahmen			
Überprüfung am: Was ist erreicht? Woran arbeiten wir weiter? Was verändern wir?			

Was Eltern wissen sollten
- Eltern haben ein Recht auf Einsicht in den Förderplan. Damit verbunden ist aber auch eine Verpflichtung zur Mitgestaltung.
- Förderpläne garantieren nicht, dass z. B. jedes Kind eine weiterführende Schule besuchen kann. Es zählen die Lernvoraussetzungen des Kindes im Zusammenhang mit realistischen Leistungsanforderungen. Dabei ist das gemeinsame Ziehen an einem Strang zum Wohl des Kindes wichtig.

Literatur
ENGEL, A. (2005): Lernen erleichtern. Diagnose von Lernvoraussetzungen. Individuelle Förderung. Förderbeispiele. Offenburg: Mildenberger
Viele hilfreiche Beobachtungsbögen mit Vorschlägen zur konkreten Umsetzung

Freie Arbeit

- Was kennzeichnet Freiarbeit?
- Ist Freie Arbeit eine effektive Unterrichtsform?
- Wie behält man trotz Freier Arbeit den Überblick über Lernergebnisse und Leistungsstand?

Freie Arbeit (FA) meint neben Wochenplanunterricht, Werkstattunterricht, Stationenlernen, Projektarbeit ein Lernarrangement des ⟋ Offenen Unterrichts. Der Begriff FA wird oft unreflektiert gebraucht: Für vom Lehrer erstellte Tages- und Wochenpläne, bei denen lediglich die Reihenfolge der Bearbeitung und die ⟋ Sozialform frei zu wählen sind, bis zu einem wirklich selbstbestimmten, interessegeleiteten, individuellen Lernen und Arbeiten der Schülerinnen und Schüler – all das bezeichnet man als FA. Sie ist aber sehr unterschiedlich „frei". Ihr eigentlicher Wert wird durch die wachsende Eigenverantwortung für das selbstständige Lernen bestimmt.

Der Grad der Öffnung des Unterrichts hängt von den Vorgaben der Lehrerin ab, kann ein Fach oder mehrere Lernbereiche in festgelegten Wochenstunden (z. B. morgens von 8 Uhr bis 10 Uhr) einbeziehen. Nur selten wird sie für den gesamten Unterricht als durchgängiges Unterrichtsprinzip praktiziert. Wichtig ist: Im Kollegium muss es ein abgestimmtes, von allen getragenes Konzept geben.

Kennzeichen einer optimal gestalteten Freiarbeit:
- Die Schüler arbeiten auf individuellem Niveau eigenverantwortlich.
- Sie wählen und bearbeiten Themen und Inhalte nach eigenem Interesse oder sind bei der Auswahl beteiligt oder nehmen Impulse und Anregungen der Lehrerin auf.
- Sie setzen sich selbst Ziele und bearbeiten Stoffe eigenständig und bestimmen, wann, wo, wie schnell und mit wem sie etwas bearbeiten.
- Sie übernehmen Materialien aus dem vorhandenen Angebot oder besorgen sich selbst eigenes Material (Bücher, Internet, Befragungen).
- Sie sprechen verbindliche Regeln für das Arbeits- und Sozialverhalten ab.
- Sie entscheiden, welche Angebote der Forscher- und Experimentier- oder Werkecke sie nutzen wollen.
- Sie tragen zum Erfahrungsaustausch bei (Expertenvortrag, Schaubilder, selbst gestaltete Bücher, Werkstücke), fragen nach Hilfe oder bieten den Mitschülern selbst Hilfe an.

Voraussetzungen für das Gelingen von FA: Am Anfang werden Mischformen aus lehrerzentriertem und schülerbestimmtem Lernen die Regel sein.

Die Lehrerin nimmt jedes Kind ernst. Sie ist Ansprechpartnerin, die Hilfe-stellung und aktive Unterstützung gibt, die vor allem die verbindlichen In-halte anregt und anstößt sowie als Beraterin und Lernbegleiterin die Mate-rialien bereitstellt und Inhalte vorstrukturiert.

Die Kinder lernen in kleinen Schritten vom ersten Schultag an, „Spielräu-me" zu nutzen, Spiel oder Arbeit zu wählen und Begonnenes ordentlich zu beenden. Lehrerzentriert werden Grundlagen geschaffen: Arbeitsmetho-den und ⭧ Lernstrategien einüben (abschreiben, nachschlagen, erkunden, notieren, Partnerkontrolle), Regeln absprechen, Kooperationsformen um-setzen. Überforderung ist zu vermeiden: und zwar in Bezug auf die Länge der selbstverantworteten Arbeitsphasen sowie für die benötigte Hilfestel-lung. Es gibt Kinder, die durch ein (zu) freies Angebot verunsichert werden. Der ⭧ Klassenraum wird anregend gestaltet, überschaubar und mit sinnfäl-liger Ordnung. Nach und nach verändern die Kinder mit ihren Vorschlägen das vorgegebene Arrangement der Lehrerin.

Vorbehalte: Wenngleich die Richtlinien FA vorsehen, Kinder zu selbststän-digem Lernen zu erziehen, haben doch so manche Lehrer und auch Eltern Vorbehalte: Die Kinder könnten zu wenig lernen; sie bearbeiten nicht, was wichtig ist; sie strengen sich zu wenig an; gerade „schwache" Schüler könn-ten überfordert sein. Lehrer fürchten eine zu hohe Arbeitsbelastung und vor allem, dass der Überblick verloren gehen könnte. Jedoch: Auch im lehrer-zentrierten Unterricht weiß der Lehrer nicht, wie intensiv ein Kind mitar-beitet, sich anstrengt, behält oder vergisst. Forschungen und Erfahrungen zeigen: FA fordert Kinder heraus; sie sind motiviert, zielorientiert zu arbei-ten. Wer ihnen Gelegenheit gibt, das Gelernte zu präsentieren, kann sehen, wie intensiv sie lernen, wie sehr ihre Fähigkeiten sich entwickeln.

Was Eltern wissen sollten

- Für Befürchtungen, bei FA würde nicht genug gelernt, wird jeder Lehrer Verständnis haben. Klärend wirken Hospitationen und dann das Ge-spräch mit den Eltern.
- Kinder brauchen – auch zu Hause – viel Gelegenheit zur Selbsttätigkeit. Die Voraussetzung für Leistungsfähigkeit ist: sich Ziele zu setzen, seine Arbeit zu planen, die Lernzeit zu nutzen, sich durchzubeißen; kurz: das Lernen zu lernen.

Literatur

Bartnitzky, H./Christiani, R. (Hrsg.) (2005): Die Fundgrube für Freie Arbeit. 2. Aufl. Berlin: Cornelsen Scriptor
Eine Fülle von Ideen, Anregungen und Konzepten von erfahrenen Praktikern

Frühstück

- Wie steht es um die Bedeutsamkeit des Frühstücks?
- Gibt es Regelungen zur allgemeinen Ernährungserziehung?
- Was sind altersgemäße „Lebensmittelverzehrmengen"?

Kinder zu ernähren, ist eine verantwortungsreiche Aufgabe, die eigentlich in den Händen der Eltern liegt. Gesellschaftliche Entwicklungen wie z. B. Ein-Eltern-Familien, Notwendigkeit der doppelten Berufstätigkeit, Arbeitslosigkeit, Kinderarmut lassen jedoch auch in diesem Bereich der Schule neue Felder zuwachsen, die nicht zu ihren eigentlichen Aufgaben gehören. Zwar gibt es zunehmend mehr vernachlässigte Kinder, andererseits aber auch die Tendenz, dass prosperierende Gesellschaften in der Summe zu gut ernährt sind. Das Thema Fettleibigkeit gerade bei Kindern ist ein medialer Dauerbrenner, etwa jeder fünfte Erstklässler ist übergewichtig.

Statistisches: Während also die eine Gruppe von Kindern gänzlich ohne Frühstück das Haus verlässt (und auch während des restlichen Tages für ihre Mahlzeiten sorgen muss) und eine zweite Gruppe das Falsche frühstückt, wird lediglich für eine dritte Gruppe gesundheitsförderlich gesorgt. Weil es diese Kluft zwischen den Kindern gibt, ist in der Schule mit dem Thema und allen sich darum gruppierenden Maßnahmen behutsam umzugehen, um Stigmatisierungen zu vermeiden.

Bedeutsamkeit des Frühstücks: Aus ernährungsphysiologischer Sicht sind fünf Mahlzeiten (erstes und zweites Frühstück, Mittagessen, Nachmittagsimbiss, Abendessen) am Tag das Maß.

Mit der ersten Tagesmahlzeit, dem Frühstück, wird der Energiespeicher des Körpers aufgefüllt. Gerade Kinder haben einen hohen Energiebedarf, deshalb darf gerade darauf nicht verzichtet werden. Allerdings, siehe oben, kommen viele Kinder in die Schule, ohne etwas gegessen zu haben – und haben oft auch kein Pausenbrot dabei. Wird der Körper aber nicht regelmäßig mit Energie versorgt, können sich Müdigkeit, Konzentrationsprobleme und Leistungsabfall einstellen.

Es geht jedoch nicht nur um das Essen, sondern auch um das Trinken. Damit Stoffwechselvorgänge funktionieren, braucht der Körper ausreichend Flüssigkeitszufuhr: Für Kinder bis zwölf Jahre ist ein Liter das Minimum. Das beste Getränk ist nach wie vor Wasser, auch Leitungswasser, das strengen Kontrollen unterliegt und überall verfügbar ist.

Regelungen zur Ernährungserziehung im Unterricht: Alle bundesdeutschen Lehrpläne thematisieren mehr oder weniger verbindlich die Ernährungserziehung, zumeist in Verbindung mit einer Bewegungserziehung.

Vorgestellte Themenkreise sind: ▪ Nahrungsmittel, ▪ Wissen über gesunde Ernährung, ▪ Wissen über Ernährung und Körper, ▪ Zubereiten von gesunden Mahlzeiten, ▪ Umweltschutz, ▪ Hunger in der Welt. Um den sich aus sozialen Verwerfungen ergebenden Problemen zu begegnen, laden manche Schulen Kinder lange vor Unterrichtsbeginn zum gemeinsamen Frühstück ein, für das in der Regel engagierte Eltern sorgen. Natürlich sind auch Lehrer anwesend; wenigstens sollten sie es sein. Die Kinder merken, dass es jemanden gibt, der sich um sie kümmert, und haben einen guten Start in den Tag. Solche Maßnahmen sind vorbildlich und unterstützenswert. Empfehlenswert ist zudem eine enge Kooperation mit dem ↗ Fachlehrer.

Altersgemäße Lebensmittelverzehrmengen: Es macht wenig Sinn, Kinder (und oft auch Eltern) mit detaillierten Gramm-Angaben zu Lebensmittelmengen zu konfrontieren. Entscheidend für ein gesundheitsförderndes, abwechslungsreiches Ernährungsverhalten sind grobe, aber eindeutige Angaben.

	7 bis 9 J. (1800 kcal/Tag)	10 bis 12 J. (2150 kcal/Tag)
reichlich	Getränke, Brot/Getreide, Kartoffeln/Nudeln/Reis, Gemüse, Obst	
mäßig	Milch/Milchprodukte, Fleisch/Wurst, Eier, Fisch	
sparsam	Öl/Butter/Margarine, Zucker	

Was Eltern wissen sollten

- Auf das Frühstück darf keinesfalls verzichtet werden. Drängt morgens die Zeit, dann lieber früher aufstehen.
- Das Frühstück darf nicht allzu üppig, zu süß oder gar zu fett sein.
- Auf das Trinken Wert legen: ein Glas Milch, Tee oder Saft gehört zum Frühstück dazu.
- Softdrinks oder süße Snacks sind zu meiden – das gilt übrigens auch für das Pausebrot.
- Es gelten die Faustregeln: „Was satt macht, ist nicht unbedingt gesund" – „Besser essen, besser lernen". Eine ausgewogene Ernährung führt zu körperlichem Wohlbefinden, dies wirkt sich wiederum positiv auf die Konzentration aus; damit geht eine Steigerung der Lernfähigkeit einher.

Literatur
Empfohlen werden Materialien der Bundeszentrale für gesundheitliche Aufklärung (BZgA), der Landesämter für Gesundheit und Lebensmittelsicherheit sowie von *aid*.

Ganztagsschule

- Warum gibt es Ganztagsschulen?
- Was ist eine Ganztagsschule?
- Welche Qualitätskriterien gibt es für Ganztagsschulen?

Durch gesellschaftliche Veränderungen hat sich das Bild der Familie gewandelt. Eltern setzen nicht einseitig auf Familie oder Beruf, sie wünschen sich die Vereinbarkeit beider Lebensbereiche. Erwerbstätigkeit ist für zahlreiche Frauen eine ökonomische Notwendigkeit. Sie sind häufig gezwungen, zum Familienbudget beizutragen.

Ganztagsschulen als Antwort auf Veränderungen: Gesellschaftliche Veränderungen wirken sich aber auch unmittelbar auf Erziehung und Unterricht in der Schule aus. Darauf hat sich die Schule einzustellen und die entsprechenden Antworten – auch über den Unterricht hinaus – zu geben. Die Ganztagsschule soll Eltern und Familien entlasten. Sie bietet den Kindern mehr Zeit zum Lernen und die Möglichkeit, auch am Nachmittag pädagogisch sinnvoll betreut zu sein.

Charakteristika: Ganztagsschulen sind Schulen im Primar- oder Sekundarbereich I, in denen

- über den Vormittagsunterricht hinaus an mindestens drei Tagen in der Woche ein ganztägiges Angebot für die Schülerinnen und Schüler bereitgestellt wird, das täglich mindestens sieben Zeitstunden umfasst (also z.B. ein Angebot von 8:00 Uhr bis 15:00 Uhr),
- den teilnehmenden Schülerinnen und Schülern an allen Tagen des Ganztagsbetriebs ein Mittagessen bereitgestellt wird,
- die nachmittäglichen Angebote unter der Aufsicht und Verantwortung der Schulleitung organisiert und durchgeführt werden und die in einem konzeptionellen Zusammenhang mit dem vormittäglichen Unterricht stehen.

Verschiedene Modelle: Man unterscheidet drei Formen von Ganztagsschule:

- In der voll gebundenen Form steht die individuelle Förderung im Mittelpunkt. Die Schülerinnen und Schüler sind verpflichtet, an mindestens drei Wochentagen für jeweils mindestens sieben Zeitstunden an den ganztägigen Angeboten teilzunehmen; es gibt zusätzliche Lehrerwochenstunden.
- In der teilweise gebundenen Form verpflichtet sich ein Teil der Kinder, an mindestens drei Wochentagen für jeweils mindestens sieben Zeitstunden an den ganztägigen Angeboten der Schule teilzunehmen.

- In der offenen Form ist ein Aufenthalt verbunden mit einem Bildungs- und Betreuungsangebot in der Schule an mindestens drei Wochentagen von täglich mindestens sieben Zeitstunden für die Schülerinnen und Schüler möglich. Die Teilnahme an den ganztägigen Angeboten ist jeweils durch die Schülerinnen und Schüler oder deren Erziehungsberechtigte für mindestens ein Schulhalbjahr verbindlich zu erklären. Hier übernehmen vorwiegend außerschulische Partner (auch freie Träger) mit pädagogisch geschultem Personal etwa die Hausaufgabenbetreuung oder Angebote sinnvoller Freizeitgestaltung.

Qualitätskriterien: Egal ob offen oder gebunden – für die Struktur (und den Erfolg) ist das vom Kollegium in Absprache mit außerschulischen Partnern vereinbarte pädagogische Konzept entscheidend. Eine Steuer- oder Planungsgruppe übernimmt die wesentlichen Aufgaben, auch diejenige, für die Fortbildung des Kollegiums zu sorgen. Was das Konzept betrifft, ist vor allem auf folgende Aspekte Wert zu legen:

- der Förderaspekt steht im Vordergrund aller pädagogischen Angebote,
- eine zur Schule passende Rhythmisierung der schulischen und außerschulischen Angebote,
- Schülern Möglichkeiten der aktiven Mitgestaltung der schulischen Angebote eröffnen,
- die Lernzeit an den Bedürfnissen der Schüler ausrichten; „Schüler helfen Schülern" als Prämisse,
- Teamarbeit und Kommunikation prägen die Arbeit der Kollegen untereinander und die Arbeit mit den Schülern.

Was Eltern wissen sollten

- In der gebundenen Ganztagsschule besuchen die Kinder verbindlich für ein ganzes Schuljahr jeweils die Ganztagsklasse eines Jahrgangs.
- In der offenen Ganztagsschule buchen Eltern auf der Grundlage des Stundenplanes das Betreuungsangebot im Anschluss an den Vormittagsunterricht flexibel.
- Die Vorteile sind ein Mehr an Miteinander und Lernzeit, ein Tutorensystem (Schüler lernen von Gleichaltrigen), ein lernförderliches Klima.
- Die Lehrer haben die Chance, ihre Schüler besser kennenzulernen und können so gezielter helfen und fördern.

Literatur

APPEL, S./RUTZ, G. (Hrsg.) (2004): Handbuch Ganztagsschule. Konzeption, Einrichtung und Organisation. Schwalbach: Wochenschau Verlag
Das Standardwerk für alle Fragen rund um die Ganztagsschule

Gedächtnis

* Wie ist das Gehirn – kurz gesagt – aufgebaut?
* Wie funktionieren die Prozesse des Speicherns und Abrufens?
* Was heißt das für Lehren und Lernen?

Alle in ihrer Sicht auf das Lernen so höchst unterschiedlichen Lerntheorien wie der Behaviorismus, Kognitivismus und Konstruktivismus gehen davon aus, dass es eine Instanz geben muss, die die Lernprozesse und -ergebnisse (und mehr) speichert und zum Abruf bereithält: das Gedächtnis.

Aufbau des Gehirns: Um eine permanente Verarbeitung leisten zu können, bedarf es im Gehirn – als kleinster Einheit auf zellulärer Ebene – der fortwährenden Kommunikation zwischen Milliarden von Gehirnnervenzellen (Neuronen), über (messbare) elektrische Impulse, die sich durch die Ausschüttung von Transmitterstoffen im sogenannten postsynaptischen Spalt vollzieht. Durch Lernen (im weitesten Sinne) können neue Synapsen gebildet werden. Die Nervenzellen selbst sind zu größeren Einheiten, den neuronalen Netzwerken verbunden, welche sich wiederum zu noch größeren Einheiten vernetzen, etwa dem Langzeitgedächtnis.

Die Prozesse des Speicherns und Abrufens: Über unsere Sinne, deren Nervenbahnen ins limbische System münden, nehmen wir permanent Informationen auf (sensorische Aufnahme). Der in der Großhirnrinde gelegene Hippocampus beurteilt alle Informationen bezogen auf ihren Neuigkeitswert sowie ihre Relevanz. Je nach Beurteilung gelangen die einen Informationen nur in den Ultrakurzzeitspeicher, andere jedoch in das Kurzzeitgedächtnis oder das Langzeitgedächtnis. Das limbische System, mit der Amygdala zudem „Schaltstelle" der Emotionen, überprüft den Inhalt der Informationen, die abgespeichert werden sollen, und weist ihnen Speicherplätze in den vier über das ganze Gehirn verteilten und miteinander vernetzten Gedächtnissystemen zu: ▪ episodisches System (Erlebnisse), ▪ Wissenssystem, ▪ prozedurales Gedächtnis (etwa Bewegungsabläufe), ▪ Priming-System (unbewusste Informationen).

Über das Stirnhirn und die Schläfenlappen werden die gespeicherten Informationen abgerufen und verarbeitet, über die Systeme der Großhirnrinde und des Kleinhirns dann die Handlungen ausgelöst.

Gedächtnispsychologie und Lehren und Lernen im Unterricht: Auftrag des schulischen Lehrens ist, Lernprozesse mit dem Ziel anzuregen, zu fördern und zu überprüfen, neue Informationen mit vorhandenem Wissen zu vernetzen und im Langzeitgedächtnis zu verankern („nachhaltiges Lernen"). Dazu muss der Lernstoff durch das sensorische Register über das

Arbeitsgedächtnis, ohne dass dieses überlastet wird, in den Langzeitspeicher gelangen, und zwar so, dass der Stoff bei Bedarf auch wieder abgerufen werden kann. Das kann gelingen durch

- bewusstes Ansprechen der horizontalen Verarbeitung: breite, vielfältige Verankerung durch mehrere Sinneskanäle und Erlebnismodi; Verknüpfen mit Alltagsphänomenen; konkrete Sinneserfahrungen. Je mehr Repräsentationsformen einbezogen werden, umso „tiefer" ist die Spur im Gedächtnis.
- Anreicherung der vertikalen Verarbeitung: Assoziationen, Hierarchien, Strukturen. Damit wird die Verständnistiefe gefördert.
- Anwendung geeigneter ↗ Lernstrategien: einfaches Wiederholen, gezieltes Anwenden von Elaborationen (Anreicherung des Lerninhalts durch Vorwissen); Einsatz von Mnemotechniken (Loci-Methode, Gedächtnistafeln, Kennwortmethode oder Schlüsselwortmethode). Damit wird die Abrufbarkeit bzw. Rekonstruierbarkeit des Gelernten erleichtert.
- ↗ Übung und Wiederholung, denn „Informationsaufnahme" ist nicht gleich „lernen": wiederholtes Bewusstmachen; Herstellen von Verbindungen zu anderen Informationen; Anwenden des Wissens in verschiedenen Kontexten.

Was Eltern wissen sollten

- Kinder lernen und erfahren mehr, wenn die Umwelt abwechslungs- und anregungsreich gestaltet ist und das eigene Interesse im Vordergrund steht.
- Gehirn und Gedächtnis sind durch verschiedene Methoden trainierbar, jedoch nur bis zu einem gewissen Grad. Das Vergessen gehört zum Menschsein ebenso wie das Speichern.
- Üben und Wiederholen dürfen nicht als Drill verstanden (und angelegt) werden; beides ist für das nachhaltige Abspeichern bedeutsam.
- Höherwertige Lernprozesse (etwa Problemlösen) erfordern einen anderen Zugriff, ein anderes Setting. Das ist eine der lernpsychologischen Hauptbegründungen – neben didaktischen und pädagogischen – für die Notwendigkeit kognitivistischer und konstruktivistischer Ansätze im Unterricht.

Literatur
HELMKE, A. (2004): Unterrichtsqualität erfassen – bewerten – verbessern. 3. Aufl. Seelze: Kallmeyer
Konzepte, Ergebnisse und Werkzeuge aus der pädagogischen Psychologie und der empirischen Unterrichtsforschung

Gemeinsamer Unterricht

- Bekommen behinderte Schüler im GU die nötige spezifische Förderung?
- Beeinträchtigen die Behinderten das Lernen der Nichtbehinderten?
- Hat der GU auch Vorteile in pädagogischer Hinsicht?

Ende der 1970er Jahre kamen Zweifel an der These auf, die soziale Eingliederung behinderter Schüler sei durch die schulische Separierung gewährleistet. Eltern machten die Erfahrung, dass der Unterricht in Förderschulen ihre Kinder von anderen Gleichaltrigen isoliert und damit die notwendigen sozialen Kontakte behindert. Eine Integration würde auch dadurch erschwert, dass die Schüler der allgemeinen Schule das Anderssein der anderen gar nicht erst kennenlernen.

Förderort allgemeine Schule: Erst die 1980er Jahre brachten ein radikales Umdenken. Der Glaube an die Integrationsfähigkeit der allgemeinen Schule wuchs. Die Kinder sollten nicht auf Kontakte mit Kindern mit ähnlichen Defiziten reduziert sein. Die Kultusministerkonferenz von 1994 definierte die allgemeine Schule als Förderort. Bis dahin wurde die Behinderung mit Blick auf vorhandene Institutionen gleichsam kanalisierend festgestellt. Statt der einen Frage nach der Förderschulbedürftigkeit sind jetzt zwei Schritte erforderlich: zuerst die Feststellung des Förderbedarfs, dann die Entscheidung über den Förderort. Seitdem sind alle Träger staatlichen Handelns verpflichtet, Ungleichbehandlungen abzubauen – soweit möglich und soweit Betroffene dies vernünftigerweise von der Gesellschaft beanspruchen können (Bundesverfassungsgericht). Eine ungleiche Behandlung liegt vor, wenn Kinder gegen den Willen der Eltern wegen einer Behinderung vom Besuch der allgemeinen Schule ausgeschlossen werden. Noch heute ist der GU in den Ländern sehr unterschiedlich weit ausgebaut; und leider überhaupt nicht bedarfsgerecht.

Organisation: Stets wurde das Spannungsverhältnis von Spezialisierung und Wohnortnähe zugunsten der Spezialisierung entschieden. Einzugsbereiche für Förderschulen, die gerade für diese Kinder zu weiten Schulwegen mit langen Fahrzeiten führen, sind die Folge. Bessere Alternativen sind:
- Einzelintegration (Vorteil: Wohnortnähe, Problem: Versorgung mit Lehrern); ■ Integrationsklasse, in Bayern Kooperationsklasse: Hier werden mehrere Kinder (ca. fünf) mit sonderpädagogischem Förderbedarf in einer Grundschulklasse unterrichtet. Für diese Kinder ist ein Gutachten zum ⁊ Förderbedarf erstellt, sie waren aber nicht unbedingt schon in einer Förderschule. Sie werden (mit einem bestimmten Stundenbudget) von Förderschullehrern mitbetreut. Der Vorteil dabei ist: Zwei-Lehrer-System, sonder-

pädagogisches Know-how in der Grundschule; der Nachteil: evtl. längere Schulwege. Weitere Unterscheidung: ▪ zielgleiches Lernen (gemeinsamer Lehrplan der allgemeinen Schule); ▪ zieldifferentes Lernen (eigene Lehrpläne mit den Förderschwerpunkten Lernen und geistige Entwicklung).

Feststellungsverfahren: Über den Antrag auf Teilnahme am GU entscheidet die Schulaufsicht, oft gegen den Willen der Eltern; ggf. ist die Zustimmung des Schulträgers erforderlich. Dabei wirkt sich sozial schwache Herkunft häufig als Nachteil aus. Die Kriterien sind oft unscharf: Das Gutachtenergebnis läuft eher auf die vorgesehene Schule zu; die Entscheidung hängt vom Platzangebot in den Förderschulen oder im GU ab. Die Intelligenzdiagnostik spielt immer noch die entscheidende Rolle.

Erfahrungen mit dem GU: Sie sind durchweg positiv (nach ca. 20 Jahren Schulversuch). Die Nichtbehinderten werden im Lernen nicht beeinträchtigt, die Behinderten gefördert wie in der Förderschule. Das Sozialverhalten aller Kinder wird positiv beeinflusst. Die Leistungen der behinderten Kinder sind oft deutlich besser, als wenn sie eine Förderschule besucht hätten. Kein Wunder, da die gegenseitigen Verstärkungseffekte gravierend sind: Wenn man Schwache mit Schwachen oder Schwierige mit Schwierigen zusammenfasst, werden sie dadurch keineswegs weniger schwach bzw. weniger schwierig. Es zeigt sich aber auch: Je intensiver der Förderbedarf ist, desto schwieriger wird es, gemeinsames Lernen zu arrangieren.

Schulkonzept: Der Schlüssel zum Erfolg des GU liegt bei den Lehrern, die sich gemeinsam verantwortlich fühlen. GU sollte häufig Gegenstand von ↗ Konferenzen sein: Ohne Kontinuität in der Zusammenarbeit wächst kein Teambewusstsein. Besser als GU in nur einem Zweig ist GU in allen Klassen einer Schule: Dann leben alle mit den „anderen" zusammen. Vorbildhaft ist die Tradition in Finnland: In den Schulen ohne Separation (mit multiprofessionellen Teams) arbeiten alle nach einem individuellen Lernplan, der an dem allgemeinen orientiert ist. Das Wohlbefinden steht im Mittelpunkt, die Grundvoraussetzung für Lernmotivation und Lernerfolg.

Was Eltern wissen sollten

- Niemand wird durch GU in der Lernentwicklung benachteiligt.
- GU ist für die Arbeitsatmosphäre und für das soziale Klima förderlich.
- Gelegentlich muss man zwischen den Alternativen (Wohnortnähe – spezielle Fördermaßnahmen) Kompromisse eingehen.

Literatur
EBERWEIN, H./KNAUER, S. (2002): Integrationspädagogik. 6. Aufl. Weinheim: Beltz
Das Standardwerk für alle, die sich mit Theorie und Praxis des GU befassen

Gesundheit

• Was ist unter „Gesundheit" zu verstehen?
• Welche Schritte führen von der Gesundheitserziehung zur „Gesunden Schule"?
• Was kann ein Kollegium tun?

Gesundheit meint den Zustand eines persönlichen Wohlbefindens im Einklang eigener Lebensvorstellungen mit den jeweils gegebenen äußeren Bedingungen. Sie bedeutet mehr als die Abwesenheit von Krankheit. Deshalb rückt die schulische Gesundheitserziehung und -förderung die Erhaltung der Gesundheit aller an der Schule Beteiligten in den Mittelpunkt.

Gesundheitserziehung und -förderung: Sie geht von Gesundheitsproblemen (ungesunde Ernährung, Bewegungsmangel, Stress, Sucht) aus (↗ Bewegung). Unterrichtsprogramme, die auf den jeweiligen Entwicklungsbedarf zugeschnitten sind, sollen Kinder und Jugendliche zunehmend mit persönlichen Kompetenzen ausstatten, die ihnen – auch in der Zukunft – ein möglichst gesundes Leben ermöglichen.

Die gesundheitsfördernde Schule: Sie will im Rahmen der Schulentwicklung auf den verschiedenen Ebenen (z. B. Individuum, Gruppen, Organisation/Institution, Lebenswelt/Umwelt) Möglichkeiten gestalten und erproben, um Gesundheit in der Schule zu realisieren.

Kooperationen: Eine gesundheitsfördernde Schule zu gestalten, ist – spätestens sobald sie über die einzelne Person oder Gruppen hinausgeht – nur durch die gemeinsame Anstrengung von Schule, Eltern sowie die Aktivitäten von Initiatoren und Trägern zu bewältigen. Vielerorts gibt es „Netzwerke Gesundheitsförderer Schulen", die unterstützen können. Ihre Ziele sind: ■ Gesundheitsförderung in das Schulprogramm zu integrieren, ■ Gesundheitsprogramme und eine gesundheitsfördernde Praxis einzuführen, ■ die Gesundheitsrelevanz der Arbeitsbedingungen aller Beteiligten bewusst zu machen, ■ zwischenmenschliche Beziehungen in der Schule zu verbessern und ■ Kooperationsformen zwischen Schule und Umfeld zu fördern.

Ziele und Inhalte: Alle gesundheitlichen Aktivitäten sollten das Ziel verfolgen, dass die Schule ihren Kernauftrag, zu unterrichten und zu erziehen, besser und systematisch wahrnehmen kann. Themenbereiche können sein: ■ Identifikation mit der Schule: Die Schule als gestaltbarer Lebensraum stellt einen wichtigen Faktor für die physische, psychische und soziale Gesundheit dar. ■ Gute Beziehungen fördern: Angst, Unsicherheit, starker Leistungsdruck, Stress belasten den Schulalltag. Sie können gesundheitliche Probleme auslösen. ■ Positives Schulklima entwickeln: Wie entstehen

Schulregeln, wie werden sie kommuniziert und eingehalten? Die Einflüsse des Schulklimas wirken sich erwiesenermaßen auf die Gesundheit aus. ▪ Gestaltung der Räume und des Schulgeländes: Räumliche Gegebenheiten haben Einfluss auf das Wohlbefinden in der Schule. ▪ Gesundheitsfördernde Arbeits- und Lernorte: Es geht hierbei um die Verminderung von Unfall- und Verletzungsgefahren, außerdem um die Herabsetzung stressauslösender Arbeitsfaktoren bei Schülern und Lehrern. ▪ Gesundheitsförderndes Unterrichtsprinzip sichern: Die Interessenschwerpunkte der Schüler, die Kenntnis über den Sinn von Inhalten und Aufgaben, die Mitgestaltung von Unterricht können das Selbstwertgefühl der Kinder stärken. Die Förderung individueller Stärken und sozialer Kompetenz tragen zu einer positiven Einstellung zum Lernen bei. ▪ Elternarbeit entwickeln ▪ Reibungslose und gelungene Übergänge: Der Wechsel vom Kindergarten in die Grundschule und von der Grundschule in die weiterführende Schule wird von Kindern, Eltern und Lehrern oft als belastend empfunden.

Unterrichtsentwicklung und individuelle Förderung: Diese beiden Aufgaben stehen im Mittelpunkt der Aktivitäten. Deshalb sollte das Kollegium folgende Themen bearbeiten: ▪ Wie gestalte ich ein positives Lernklima? ▪ Wie verbessere ich den Lernerfolg? ▪ Wie kann ich Konflikte vermeiden oder lösen, wie ↗ Konfliktgespräche führen? ▪ Wie können wir die Kinder und Eltern professionell beraten? ▪ Wie kann man Lernen lernen? Dies verlangt von Lehrern eine differenzierte Wahrnehmung ihrer Rolle und einen professionellen Umgang mit den eigenen Belastungen. Der Focus liegt auf der Lehrergesundheit, einer kollegialen ↗ Beratung, Stress- und Zeitmanagement.

Was Eltern wissen sollten

- Zur Pflege und Erhaltung der Gesundheit der Kinder sind die Bindung an (zumindest) eine Bezugsperson, gute Ernährung, ausreichend Bewegung und Schlaf notwendig.
- Gesundheitsgefährdendes Verhalten zeigt die schädigende Wirkung oft erst später.
- Schulprobleme können mit dem Verlust sozialer Bindungen (auch in der Familie) zusammenhängen, mit sozialem Anpassungs- und Konsumdruck, mit sozialer Ausgrenzung.

Literatur
Gesund macht Schule – Gesundheitserziehung und Gesundheitsförderung in der Primarstufe: www.gesund-macht-schule.de
Projekt der Ärztekammer und der AOK mit informativen Arbeitsmappen für Lehrer

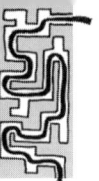

Gewalt

- Welche Gewaltformen gibt es in der Schule?
- Wie verbreitet ist Gewalt in der Schule?
- Wie kann der Gewalt in der Schule begegnet werden?

Gewalt ist in der ganzen Gesellschaft tief im Gewebe des sozialen Zusammenlebens verankert. So finden sich auch in der Schule alle Formen der Gewalt, individuelle wie kollektive. Zu beiden gehören psychische und physische Gewaltanwendungen, die in sexueller, geschlechterfeindlicher wie auch fremdenfeindlicher Weise zum Ausdruck kommen können. Daneben gibt es die Ausprägungsformen institutioneller Gewalt, die mit der Institution Schule, den hierarchischen Positionen von Amtsinhabern und deren Sanktionshoheit verbunden ist.

Physische Gewalt: Fast alle Formen der Gewalt, besonders die physische Gewalt, werden in der Schule eher von Jungen als von Mädchen ausgeübt, eine Erfahrung, die von Lehrern aller Schulformen bestätigt wird. Rangeleien und körperliche Auseinandersetzungen in den Klassen und auf dem Schulhof sowie auf dem Schulweg gibt es vor allem unter Jungen. Auch diejenigen, die den Unterricht stören und durch extreme motorische Unruhe, Zappeligkeit und mangelnde ⬈ Konzentration auffallen, sind überwiegend Jungen. Neben Erklärungsversuchen, die eine unterschiedliche genetische Disposition für Aggressionsbereitschaft nahelegen, werden in der aktuellen Forschung vor allem geschlechtsspezifische Sozialisations- und Erziehungseinflüsse betont. Auch wenn Aggressionsimpulse bei Mädchen und Jungen gleich stark sein können, werden sie doch unterschiedlich umgesetzt: Jungen agieren sie eher nach außen ab, Mädchen dagegen nach innen. In der Gesellschaft tradierte und fest verankerte unterschiedliche Männlichkeits- und Weiblichkeitsvorstellungen spielen hierbei eine große Rolle („happy slapping", hauptsächlich in weiterführenden Schulen).

Psychische Gewalt – Mobbing: Dazu zählt das gesamte Spektrum von scheinbar harmlosem Hänseln, Verspotten, Herabwürdigen, Demütigen, Abwerten, Ausgrenzen, Beschimpfen, Beleidigen und Ignorieren. Häufig tritt es in Kombination mit Komponenten physischer Gewalt auf, was zu großen Ängsten und starkem Leidensdruck, auch zu Ohnmachts- und Hilflosigkeitsgefühlen aufseiten der Opfer führt (weite Verbreitung, auch schon unter Grundschulkindern). Bei beiden Geschlechtern treten psychische Gewalthandlungen mit zunehmendem Alter häufiger auf.

Der typische „Mobber": Dies ist ein männlicher Schüler mit demonstrativ zur Schau gestelltem Selbstbewusstsein, der sich lautstark als Gruppen-

und Meinungsführer positioniert: Er weiß um die Schwächen seines Opfers, setzt seine Kenntnisse gezielt ein, um seine Position zu stabilisieren. Um ihn herum sind viele Schüler als „Zuschauer" oder auch „Assistenten" und „Mitläufer", die sich teils aktiv, teils passiv am Mobbinggeschehen beteiligen. Ohne fremde Hilfe kommt das Opfer aus dem Teufelskreis des „Systems" Mobbing nicht heraus. Das Besondere an der oft versteckten Gewaltform ist: Sie wird von Lehrern zu selten wahrgenommen; es wird wenig getan, um Einhalt zu gebieten.

Was kann und was sollte getan werden?

- Fokussierung auf eine Präventionsarbeit, in die alle Schüler einbezogen und in der Regeln vereinbart und durchgesetzt werden.
- Schaffung eines Unterrichtsklimas, das es ermöglicht, die Anwendung von Regeln zu „leben"; Ziel: die Verantwortung für eigenes Verhalten stärken und Mitschülern mit Rücksicht und Respekt begegnen
- Förderung von Schlüsselqualifikationen bei Kindern und Jugendlichen, insbesondere ihrer sozialen Kompetenz und emotionalen Intelligenz
- Vermittlung von Methoden zur Konfliktlösung (↗ Streitschlichter)
- Hinweis auf die hilfreiche und unterstützende Funktion von Bezugspersonen und positiven Vorbildern sowie die Einbettung, in eine tragende Peergroup von nicht-delinquenten Freunden
- Thematisierung jeglichen abweichenden Verhaltens in der Schule.
- Stets sollte das Opfer im Mittelpunkt stehen (über alle Maßnahmen informiert sein, darüber mitentscheiden) (vgl. OLWEUS 2006). Mobbing muss öffentlich gemacht werden (Betroffene in eine Anti-Mobbing-Strategie einbinden). Dadurch kann der versteckt ablaufende Teufelskreis unterbrochen und ihm der Boden für weitere Aktionen entzogen werden.

Was Eltern wissen sollten

Als wirkungsvoll hat sich folgende Vorgehensweise erwiesen:

- Das Opfer wird von Lehrern ermutigt, das schädigende Ereignis aus seiner Sicht schriftlich darzulegen.
- Der Täter muss sein Verhalten schriftlich niederlegen.
- Die Eltern des Opfers sowie des Täters erhalten jeweils beide Berichte. Die Schulleitung bittet dazu um schriftliche Stellungnahme.
- Die Schulleitung führt ggf. Gespräche mit den Beteiligten.

Literatur

HURRELMANN, K./BRÜNDEL, H. (2007): Gewalt an Schulen. Pädagogische Antworten auf eine soziale Krise. Beltz: Weinheim und Basel.
Kritische Bestandsaufnahme der Theorie nebst einer Fülle praktischer Hinweise

Händigkeit

* Was meint Händigkeit?
* Was sind mögliche Auswirkungen einer „Umschulung" der Händigkeit?
* Welche Hilfen brauchen linkshändige Kinder?

Mit Händigkeit wird das Phänomen der dominanten Hand bezeichnet, also der Hand, mit der ein Mensch von Geburt an die meisten Tätigkeiten ausführt. Dabei ist der zahlenmäßige Unterschied zwischen Links- und Rechtshändern wahrscheinlich gar nicht so überwältigend, wie landläufig angenommen. Im Alltag stellt sich das deshalb anders dar, weil es zu einer Vielzahl von, oft unbewussten, Umorientierungen der Händigkeit aufgrund von Modelllernen („Alle schreiben mit der rechten Hand!") kommt, da unsere abendländischen Gesellschaften funktional eigentlich auf Rechtshändigkeit konventionalisiert sind. Inzwischen gibt es jedoch in allen Bereichen besonderes Material, spezielle Werkzeuge, Arbeitsmittel usw. auch für Linkshänder.

Von Links- auf Rechtshändigkeit umschulen? Lange Zeit, mindestens bis in die 1970er Jahre hinein, hat man in der Schule die Linkshändigkeit („schlechte Hand") nicht akzeptiert und Kinder beim Schriftspracherwerb rigoros zur Rechtshändigkeit umgepolt. Die Hirnforschung wies nach, dass dies einen massiven Eingriff darstellt, denn die Händigkeit wird von der jeweiligen dominanten Hirnhemisphäre bestimmt.

Ergotherapeuten, Psychotherapeuten und Motopäden diagnostizieren bei einer erzwungenen Umschulung als Auswirkungen unter anderem

* Augen-Hand-Koordinationsschwierigkeiten,
* feinmotorische Störungen,
* Sprachunsicherheiten (Stammeln, Stottern),
* Konzentrationsprobleme,
* Kopfschmerzen, Schwindel, Übelkeit.

Auch Gedächtnisstörungen, Lese- und Rechtschreibschwierigkeiten oder Unsicherheit bzw. Minderwertigkeitskomplexe lassen sich feststellen.

Beidhändigkeit: Einige Kinder haben keine eindeutig dominante Hand; sie wechseln noch im Grundschulalter im Gebrauch der vorzüglichen Schreibhand. Kinder mit unklarer Händigkeit sollten keinesfalls aufgefordert werden, „einfach" mit rechts zu schreiben. Vielmehr ist abzuwarten, für welche Hand sich das Kind entscheidet. Die Diagnose, ob ein Kind rechts- oder linkshändig ist, kann von einem Fachmann mithilfe eines, allerdings ziemlich aufwändigen Tests festgestellt werden.

Welche Hilfen brauchen linkshändige Kinder? Grundsätzlich ist es wichtig, dass die Linkshändigkeit nicht als Defizit angesehen, sondern als ganz natürlich akzeptiert wird; das kann mit Kindern gut geklärt werden. Weil Linkshänder mit verbundenen Schriften oft Schwierigkeiten haben, sollte man sie so lange in Druckschrift schreiben lassen, bis sie eine individuelle Form der Schreibschrift gefunden haben. Weitere wichtige Punkte sind:

• Linkshändige Kinder brauchen links, rechtshändige Kinder rechts ausreichend Platz zum Schreiben. Das ist bei der Organisation der Sitzordnung mit zu bedenken; auch, wenn sich Kinder ihre Nachbarn selbst wählen dürfen. Entsprechend sollte auch der Standort der Lichtquelle am Arbeitsplatz gewählt werden.

• Nicht alle Stifte sind für eine bestimmte Händigkeit geeignet. Erfahrungsgemäß haben Linkshänder vor allem Schwierigkeiten mit Federfüllern. Sie schreiben oft mit viel Druck; zudem verschmiert das Geschriebene allzu leicht.

• Unabhängig von der Händigkeit sind gerade in der ersten Klasse ausreichend Phasen der Lockerung der beim Schreiben beanspruchten Muskulatur in Fingern, Hand und Arm einzuplanen. Das ist wegen des hohen Schreibdrucks noch sehr viel wichtiger für Kinder, die mit der linken Hand schreiben.

Nicht nur wegen der besonderen Hilfen, die Linkshänder brauchen, sollte sich ein Kollegium der Sache annehmen: Wie gehen wir damit um? Wer kann gute, praktische Tipps geben? Wer hat Erfahrungen, die im Umgang hilfreich sein könnten?

Was Eltern wissen sollten

• Kinder greifen automatisch mit der „richtigen" Hand. Die größte Hilfe für das Kind ist, die Händigkeit zu akzeptieren und es nicht zu drängen, mit der anderen Hand zu schreiben.

• Keinesfalls darf, wie früher üblich, eine angeborene Händigkeit (in den meisten Fällen von Links- auf Rechtshändigkeit) „umgeschult" werden.

• Bei unklarer Händigkeit ist zuerst ein Fachmann zu konsultieren, aber unbedingt ist auch ein Gespräch mit der Lehrerin oder dem Lehrer notwendig, um falsche Festlegungen zu verhindern.

Literatur
WEBER, S. (2008): Linkshändige Kinder richtig fördern. 3. Aufl. München: Ernst Reinhardt Verlag
Tipps zum Erkennen der Händigkeit und zur richtigen Förderung der Kinder
www.rechtschreibwerkstatt.de
Homepage von Norbert Sommer-Stumpenhorst mit vielen nützlichen Hinweisen

Hausaufgaben

- Was sollen und können Hausaufgaben leisten?
- Welcher Umfang ist empfehlenswert?
- Gibt es Möglichkeiten, Abläufe zu ritualisieren?

Hausaufgaben dienen je nach Art der Wiederholung, Vertiefung und Sicherung von Inhalten, dem Transfer, der Einübung von ⟋ Lernstrategien oder der Vorbereitung des Unterrichts. Ein Wechsel zwischen den Formen ist angebracht, um Methodenmonotonie zu vermeiden und Lernwiderständen vorzubeugen. Besonders die vorbereitende Hausaufgabe ist dazu geeignet, dass Kinder sich ihren Interessen, ihrem Lernpotential und Arbeitstempo gemäß auf eine Sache einlassen und sich so könnensorientiert in den weiteren Arbeitsprozess einfädeln.

Hausaufgaben dürfen nicht dazu missbraucht werden, Teile des Lernens gänzlich in die Verantwortung des Elternhauses abzugeben. Das wirkt sich besonders für Kinder mit bildungsferner Herkunft problemverstärkend aus. Es ist vielmehr zukunftsweisend, Selbstständigkeit und Verantwortungsbereitschaft als pädagogischen Hintergrund zu beachten. Das setzt voraus, dass dies auch Maximen des schulischen Lernangebots sind.

Feedback: Eine Rückmeldung auch zu den Hausaufgaben ist für die Kinder von elementarer Bedeutung; nur dann sind sie lernwirksam. Wichtig ist hierbei die ständige Korrektur von Fehlverständnissen, nicht das bloße Abarbeiten von Aufgaben. Bei bewusster Auswahl der Aufgaben ergibt sich die Gelegenheit, den Könnensstand des Kindes zu erkennen und gezielte Anschlüsse für die weitere Arbeit im Unterricht oder auch zu Hause herzustellen. Ein bloßes Abhaken und die pure Kontrolle der Vollständigkeit greifen hier zu kurz. Auch über die Hausaufgabe ist in den Klassen ein lebendiger Dialog zu kultivieren.

Umfang und Zeitaufwand: Für Grundschüler der 3. und 4. Klasse sollten die Hausaufgaben in einer Stunde zu erledigen sein. In der 1. und 2. Klasse sind 30 Minuten das geeignete Pensum. Diese eher pauschalen Angaben sind Richtwerte und können nur als Anhaltspunkt gelten.

Differenzierte Hausaufgabe? Um auf individuelle Gegebenheiten zu reagieren, empfiehlt sich auch bei den Hausaufgaben eine Differenzierung, eigentlich wären sogar individualisierte Aufträge angezeigt. Das lässt sich besonders gut in den Bereichen realisieren, wo eine Auswahl an Aufgaben zu einem „Thema" zur Verfügung steht, die die Beschäftigung auf unterschiedlichen Niveaus zulässt. Paradebeispiele wären Rechtschreiben, Texte verfassen, Grammatik, produktive Übungsformate in Mathematik. Der sachunterrichtliche Bereich bietet zudem die Möglichkeit, dass Kinder in Partner- oder Gruppenarbeit Aufgaben bearbeiten oder sich auf selbst gewählte Themen vorbereiten und diese im Unterricht präsentieren.

Ritualisierungen: Die Hausaufgabenpraxis sollte im Kollegium abgestimmt sein. Zur Vorentlastung des Problemfeldes Hausaufgaben für Kinder, Lehrer und auch die Eltern können ritualisierte Abläufe beitragen:

* feste Zeiten für das Aufschreiben einplanen,
* Symbole für bestimmte Tätigkeiten usw. vereinbaren,
* Rückmeldesysteme und gezielte Korrekturen pflegen,
* Umgang mit Versäumnissen klar regeln.

Arbeitsplatz: Der häusliche Arbeitsplatz der Kinder ist ein nicht zu unterschätzender Faktor für eine gelingende Hausaufgabenpraxis. Als Anforderungen wären zu nennen:

* rückenfreundlicher Schreibtisch und möglichst verstellbarer Stuhl, größenangepasst,
* gute Beleuchtung (Tageslicht oder Kunstlicht), Richtung entsprechend der Händigkeit des Kindes (für Rechtshänder Licht von links, für Linkshänder von rechts – wegen der Schatten),
* störungsarme Umgebung (kein Fernseher, keine Musik), wenn möglich, am eigenen Arbeitsplatz,
* Ordnung, um das Ablenkungspotenzial zu reduzieren,
* eine ästhetisch ansprechende Gestaltung, um die Motivation zu erhöhen.

Was Eltern wissen sollten

* Eltern sollten im Rahmen eines Elternabends über Sinn und Zweck der Hausaufgaben informiert werden.
* Hausaufgaben dürfen nicht als Erziehungsmittel missbraucht werden. Das Gelingende belohnen!
* Kinder brauchen auch zu Hause geregelte Arbeitsabläufe, Ruhe und einen geeigneten Arbeitsplatz.
* Interesse an der Arbeit der Kinder und Gespräche darüber sind wichtiger als die pure Kontrolle der Ergebnisse.
* Sind bei der Hausaufgabe „echte" Verständnisschwierigkeiten festzustellen, sollten Eltern sich zeitnah mit der Lehrerin oder dem Lehrer in Verbindung setzen (kurze Notiz, Telefonat).

Literatur
www.aktion-humane-schule.de
www.bildungsserver.de
Unter beiden Links sind wertvolle Informationen abrufbar.

Hausbesuche

- Welchen Wert haben Hausbesuche?
- Welche pädagogischen Erkenntnisse lassen sich durch sie gewinnen?
- Was sollte versicherungsrechtlich vor dem Besuch bedacht werden?

Hausbesuche durch die ↗ Klassenlehrerin oder den Klassenlehrer haben einen besonderen Wert, da sie eine wichtige Kontaktmöglichkeit darstellen. Gleich beim ersten ↗ Elternabend sollte diese Form des Meinungs- und Gedankenaustauschs vorgestellt werden. Erfahrungen mit Hausbesuchen besagen: Diese Form der Kontakte nimmt etwas von der „Schwellenangst" und baut Vertrauen auf. Die Eltern spüren, dass dem Lehrer an der Förderung ihres Kindes sehr gelegen ist; sie würdigen dieses Engagement und möchten es durch ihren persönlich Einsatz auch gern erwidern.

Akzeptanz: Viele Eltern empfinden das Kommen des Lehrers ihres Kindes als eine gute Idee. Sie fühlen sich mit diesem Besuch geehrt. Hier haben sie „Heimvorteil", sie fühlen sich sicherer als in der schulischen Atmosphäre. Andere möchten allerdings nicht gerne besucht werden, weil sie sich gehemmt fühlen und meinen, dafür keine angemessene Wohnung zu haben.

Anlass: Ein positiver Anlass ist sicher der bessere „Einstieg" in ein Gespräch. Das kann z. B. der bevorstehende Wandertag oder der Herbergsaufenthalt sein, der noch hinsichtlich der Regelung von Aufsicht und Unfallschutz erläutert werden soll: was mitgenommen werden muss, was man nicht mitnehmen darf, die Taschengeldfrage ... Oder auch die Bitte um Mithilfe bei einer schulischen Aktion (↗ Experten).

Gesprächsthemen: Zu Beginn wird der Zweck des Besuches angesprochen.

- Wichtig ist aktives Zuhören.
- Die vorbereitenden Fragen sollten nicht zu kompliziert formuliert sein.
- Unklug ist es, sofort etwas Negatives über das Kind aus der Schule zu erzählen.
- Die pädagogischen Vorstellungen sollten selbstbewusst geäußert werden.
- Beim Besuch einer muslimischen Familie sollte möglichst nicht über Kopftücher oder Koranschulen gesprochen werden. Es ist für dieses Thema jetzt nicht der richtige Ort. Gibt es bei rechtlichen Fragen der Eltern Unsicherheit, so sollte dies klar benannt werden.

Mögliche pädagogische Erkenntnisse: Wenn die Klassenlehrerin einen Hausbesuch vorhat, sollte er angekündigt werden. Zeitpunkt und Dauer sollte man so absprechen, dass beide Seiten sich darauf einstellen können.

Wünschenswert ist es, dass Mutter und Vater des Kindes anwesend sind. Beim Hausbesuch ist ein Einblick in die individuell gestaltete Lebenswelt der Familie, in den täglichen sozialen und räumlichen Kontext des Kindes möglich. Man erhält Informationen über Gebräuche und Vorlieben sowie über die Familienstrukturen (Rollenverständnis). Der Einbezug des Kindes in häusliche Aufgaben und Pflichten wird gegebenenfalls angesprochen. Meist wird auch der Platz des Kindes, wo es seine Hausaufgaben machen kann, gezeigt – wenn es denn einen hat. Wie die Eltern mit ihrem Kind umgehen, das zeigt die Qualität der Beziehung und die Bedeutung des Kindes in der Familie. Es lässt sich so ein Bild von seiner sozialen und psychischen Situation im häuslichen Umfeld gewinnen. Es kann sich dabei aber nur um einen ersten flüchtigen Eindruck handeln; deshalb: keine voreiligen oder gar für das Kind nachteiligen Schlüsse ziehen.

Bei Besuchen ausländischer Familien ist daran zu denken, dass Termine an deren nationalen oder religiösen Feiertagen in der Regel unpassend sind. Man sollte bei manchen Eltern auch mehr Zeit einkalkulieren. Sie möchten oft gern ihre ganze Wohnung zeigen, über ihre berufliche Tätigkeit, Fragen von ↗ Gesundheit u. A. sprechen. Ihre Gastfreundschaft ist oft sprichwörtlich. Eine angebotene Tasse Tee und Gebäck abzulehnen, könnten sie als Unfreundlichkeit auffassen.

Versicherungsrechtliche Aspekte: Von der Absicht, Eltern zu Hause besuchen zu wollen, sollte die Schulleitung informiert und der geplante Besuch aus versicherungsrechtlichen Gründen ins Fahrten- oder Wegebuch eingetragen werden. Über die Eindrücke vom Hausbesuch sollten ein paar wichtige Stichworte schriftlich festgehalten werden. Auf jeden Fall sollte man die in der Klasse tätigen Kolleginnen und Kollegen über die gewonnenen Eindrücke informieren.

Was Eltern wissen sollten

* Lehrer machen Hausbesuche nicht aus Neugier, sondern weil ihnen daran gelegen ist, das Kind in seinem Lebensumfeld zu sehen und seine Entwicklung zu verstehen, um es bestmöglich fördern zu können.
* Die Eltern können versichert sein, dass die Lehrerin oder der Lehrer mit den Erkenntnissen aus dem Hausbesuch vertraulich umgeht.
* Wer den Besuch nicht wünscht, soll das auch unmissverständlich äußern. Dem Kind entstehen dadurch selbstverständlich keine Nachteile.

Literatur

Knapp, R. (2001): Elternarbeit in der Grundschule. Berlin: Cornelsen Scriptor
    Über das Thema hinaus hilfreiche Anregungen zu vielen Aspekten der Elternarbeit

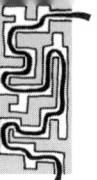

Heterogenität

- Heterogenität: Chance oder Belastung in der Schule?
- Lernen Schüler in heterogenen Gruppen weniger als in homogenen?
- Wie ist mit Heterogenität umzugehen?

Heterogenität, also Vielgestaltigkeit, ist an Grundschulen Realität und eine Herausforderung für die Lehrer: Die Schüler haben verschiedenartige familiäre, soziale, regionale und ethnische Herkünfte und ganz unterschiedliche Lern- und Leistungsdispositionen. Entsprechend andersartig sind ihre Vorerfahrungen, religiösen und ethischen Orientierungen, die häuslichen Lebensbedingungen, die geschlechtsspezifische Sozialisation und das Leistungsvermögen. Die Grundschule ist die gemeinsame Schule für alle Kinder sowie die Stätte grundlegender Bildung und Erziehung.

Das Bemühen um Herstellung von Homogenität: Der tradierten These entsprechend, dass am besten in leistungshomogenen Gruppen gelernt werden könne, versucht unser Schulsystem durch verschiedene Maßnahmen möglichst homogene Gruppen herzustellen. Bereits die Aufteilung der Kinder in Jahrgangsklassen suggeriert, dass Kinder gleichen Alters auch den annähernd gleichen Leistungsstand hätten. In der Realität finden sich in einer Klasse aber Leistungsunterschiede, die bis zu drei Schuljahren entsprechen können.

Über weitere strukturelle Maßnahmen wird immer wieder versucht, eine annähernde Leistungshomogenität herzustellen. In der Regel führt das dazu, dass leistungsschwächere Kinder, die nicht mehr Schritt halten können, aussortiert werden: Zurückstellung bei der Einschulung („nicht schulfähig"), Wiederholen einer Jahrgangsstufe (↗ Nichtversetzung), Überweisung an eine Förderschule, Verteilung auf das zwei- oder dreigliedrige Schulsystem nach der gemeinsamen Grundschulzeit. Diese Maßnahmen führen jedoch nicht zu besseren Leistungsergebnissen: Leistungshomogene Gruppen benachteiligen eher schwächere Schüler. Hinzu kommt: Schüler in schwächeren Gruppen haben infolge von Etikettierung und Negativtypisierung ungünstige Selbstmodelle, die das Lernen zusätzlich behindern. Homogenisierung erreicht man nicht durch eine Verbesserung der schwachen, sondern durch eine Verschlechterung der guten Schüler.

Verzicht auf „Selektion"? Viele Länder, die auf diese Selektionsinstrumente verzichten und die Leistungsheterogenität akzeptieren, konnten in den internationalen Vergleichsstudien bessere Ergebnisse als Deutschland erzielen. Zudem stellen die Versuche, Leistungshomogenität herzustellen, per se scharfe Selektionsinstrumente dar, die in ihrer Folge eine soziale und kulturelle Auslese und Benachteiligung bewirken (so etwa 2007 die Kritik des UN-Sonderberichterstatters Munoz am deutschen Schulsystem). Das Arbeiterkind mit Migrationshintergrund wird zum Verlierer. Es hat eine ungleich geringere Chance auf einen höheren Bildungsabschluss als ein Kind aus einer deutschen Akademikerfamilie. Ungleichheit wird durch diese Mechanismen verstärkt. Insofern sind die Bemühungen unseres Schulsystems, Homogenität herzustellen, zum Scheitern verurteilt.

Pädagogik der Vielfalt: Entscheidend ist die Haltung, die der Lehrer angesichts der Heterogenität einnimmt. Wenn Heterogenität ignoriert oder als besondere Belastung erlebt wird, dann sind Kinder, die nicht mithalten können, störend und „fehl am Platz". Das skandinavische Grundmotiv „Kein Kind zurücklassen" nimmt dagegen den Lehrer für jeden Schüler in die Verantwortung. Gerade auch die Förderung von schwachen oder auffälligen Schülern wird dann ein zutiefst pädagogischer Auftrag.

In einem Unterricht, der Heterogenität bejaht und bewusst aufgreift, kann diese zur Bereicherung und Lernchance werden: Kinder lernen von- und miteinander, sie werden durch Impulse und Anregungen, die von anderen – auch andersartigen – Kindern ausgehen, gefordert und gefördert. Die Vielfalt pädagogisch zu nutzen – darin liegt auch die besondere Chance von ⚹ jahrgangsübergreifenden Klassen oder von inklusiven Klassen, in denen behinderte und nichtbehinderte Kinder gleichberechtigt miteinander lernen (⚹ Gemeinsamer Unterricht).

Öffnung des Unterrichts: Um die unterschiedlichen Erfahrungen und Lernwege der Kinder für ein Lernen voneinander und miteinander nutzbar zu machen, muss sich der Unterricht öffnen (⚹ Offener Unterricht). Selbstständige Lernformen (⚹ Freie Arbeit, Wochenplanarbeit, Projekte) ermöglichen ⚹ Differenzierung, individuelle Förderung, interaktives und ⚹ soziales Lernen sowie gegenseitige Unterstützung.

Was Eltern wissen sollten

- Die Grundschule als gemeinsame Schule hat den Auftrag, jedes Kind zu fördern, jedem Kind bestmöglich gerecht zu werden.
- Kinder lernen gerne und erfolgreich von- und miteinander. Helfersysteme, Patenschaften und Lernen am Vorbild bieten dafür viele Möglichkeiten.
- Soziales Lernen wird in heterogenen Klassen besonders gefördert.

Literatur
BOLLER, S. u. a. (Hrsg.) (2007): Heterogenität in Schule und Unterricht. Weinheim: Beltz
Der Band spiegelt umfassend den aktuellen Stand der Diskussion.

Hochbegabung

- Wie können wir feststellen, ob ein Kind hochbegabt ist?
- Welche Möglichkeiten zur Förderung haben wir in der Schule?
- Was können Eltern darüber hinaus tun?

Eine Schule, die an alle Kinder, unabhängig von deren individueller Leistungsfähigkeit, dieselben Anforderungen stellt, wird die einen ständig überfordern, die anderen unterfordern. Hochbegabte Kinder müssen sich an Anforderungen messen können, bei denen sie ihre Fähigkeiten voll ausschöpfen und bei denen auch sie sich anstrengen. Sonst würden sie selbstgenügsam und hätten auf Dauer einen falschen Eindruck von ihren Fähigkeiten. Kein Wunder, dass Eltern hochbegabter Kinder die Grundschulzeit beim Lernen „im Gleichschritt" für eine „vertrödelte Zeit" halten.
Wer ist hochbegabt? Pragmatisch definiert sind dies „Personen mit hoher allgemeiner Intelligenz, erfasst über den Intelligenzquotienten" (HANY). Der IQ ist höher als 130 (bei ca. zwei Prozent der Bevölkerung). Noch immer hält sich der Mythos der Andersartigkeit: Hochbegabte brauchen wenig Schlaf, sind psychisch instabil, sehr musikalisch. Doch es gibt keinen Anlass für die „Genie-und-Wahnsinn-Hypothese" (ROST).
Wie wird Hochbegabung festgestellt? Im Unterricht fallen Hochbegabte auf durch großes Lernbedürfnis, hohes Lerntempo, überragendes Gedächtnis, gutes Denkvermögen, große Energie und Ausdauer sowie ungebremste Neugier, hohe Selbstständigkeit. Eigenschaftslisten und Verhaltenskataloge sollen hochbegabte Kinder identifizieren helfen, doch Vorsicht: Sie sind eher als Leitfaden geeignet, um Hochbegabte gezielt zu fördern und deren Entwicklung zu beobachten bzw. zu beschreiben (Intelligenztests durch Schulpsychologische Beratungsstellen).
Förderangebote: Man kann nicht davon ausgehen, eine spezifische schulische Förderung Hochbegabter sei nicht erforderlich, weil diese Kinder unabhängig von dem, was die Schule an Leistungen verlangt, außergewöhnliche Lernfortschritte machen. Jede Schule sollte ein Konzept für die Förderung hochbegabter Kinder haben (↗ Schulprogramm). Sinnvoll ist es, dass sich benachbarte Schulen zu einem „Förderverbund" zusammenfinden (Konzeptentwicklung, Austausch von Angeboten und Materialien).
Unterricht im Klassenverband: Hochbegabte brauchen zusätzliche Aufgabenstellungen, die über den Lehrplan hinausgehen, also Übungsmaterialien mit hohen Anforderungen. Es gibt viele Beispiele für erweiterte Lernangebote (CHRISTIANI 2003): Leseanreize für Neugierige, Anstöße zum kreativen Schreiben, arithmetische Anregungen; Schach (Steigerung von

Kreativität, Denk-, Konzentrationsfähigkeit), Spiele (Förderung der Neugier, Methoden der argumentierenden Auseinandersetzung), Philosophie (Steigerung der Fähigkeiten zum Staunen, Nachdenken und Zweifeln). **Möglichkeiten zur schulischen Förderung:** Unstreitig sind – bezogen auf die Grundschule – die Formen der inneren ↗ Differenzierung. Differenzierte Aufgabenstellungen allein jedoch dürften den Leistungsmöglichkeiten der Hochbegabten kaum gerecht werden. In vielen Fällen ist eine optimale Förderung nicht ohne äußere Differenzierung (Förderunterricht, Arbeitsgemeinschaften) möglich. Die Separierung hochbegabter Kinder in getrennte Klassen oder gar Schulen wird für den Grundschulbereich im Allgemeinen nicht diskutiert oder auch abgelehnt. Weitere Möglichkeiten zur schulischen Förderung sind: ▪ Drehtürmodell: Die besonders leistungsstarken Kinder arbeiten außerhalb der Klassen an einem Zusatzprojekt (abgestimmt mit dem Kontaktlehrer, mit Zertifikat). Sie besuchen den Unterricht in höheren Klassen, um an bestimmten Themen mitzuarbeiten (fachspezifisches Überspringen). So können sie den Unterrichtsstoff in bestimmten Fächern beschleunigt lernen. ▪ Überspringen: Die vorzeitige Einschulung ist so selten wie das ↗ Überspringen. Dabei kann eine kürzere Verweildauer sinnvoll sein (leicht organisierbar bei ↗ jahrgangsübergreifenden Klassen). Überspringen hilft jedoch nur vorübergehend, denn schon bald, wenn das Kind den Unterrichtsstoff aufgeholt hat, ist es wieder unterfordert.

Außerschulische Förderung: Zu den Enrichment-Angeboten (inhaltlich angereicherte Curricula) zählen die außerschulischen Maßnahmen: Nachmittagskurse, schulübergreifende Arbeitsgemeinschaften, Schülerzirkel, Angebote im Stadtteil, Wochenendseminare, Sommerakademien, Wettbewerbe (z. B. Mathematik-Olympiade).

Was Eltern wissen sollten
* Nicht jedes Kind, das schon früh herausragende Leistungen zeigt, ist auch hochbegabt. Auskunft geben die Schulpsychologischen Beratungsstellen.
* Hochbegabte Kinder machen in der Regel keine anderen Probleme als jedes andere Kind in diesem Alter.
* Die Schule gibt bereitwillig Auskunft über außerschulische Angebote für Hochbegabte.

Literatur
CHRISTIANI, R. (Hrsg.) (2003): Auch die leistungsstarken Kinder fördern. 2. Aufl. Berlin: Cornelsen Scriptor
Beispiele aus den Unterrichtsfächern zur Förderung Hochbegabter

Individualisierung

* Wie ist Individualisierung im Unterricht leistbar?
* Führt sie nicht zu größerer Ungleichheit?
* Wird durch Individualisierung das soziale Lernen beeinträchtigt?

Individualisierung leitet sich aus dem pädagogischen Grundanliegen der bestmöglichen Förderung jedes Schülers ab und gewinnt an Bedeutsamkeit und Dringlichkeit aufgrund der zunehmenden ↗ Heterogenität der Schülerschaft: Jedes Kind hat einen in der Verfassung verankerten Rechtsanspruch auf bestmögliche Förderung seiner Fähigkeiten. Da die Kinder verschieden sind und jedes Kind einzigartig ist, muss Schule dieser Unterschiedlichkeit Rechnung tragen und möglichst optimale Lernbedingungen schaffen. Diese Lernbedingungen sind demgemäß grundständig verschieden. Individualisierung bedeutet ein „Jedem das Seine!" statt eines „Allen das Gleiche".

Qualitätsmerkmal eines guten Unterrichts: Individualisierung ist eine Forderung an jeglichen Unterricht. Alles pädagogische Handeln muss von einer Förderabsicht getragen sein. Keinesfalls kann dieser grundlegende Auftrag der Schule auf Förderstunden reduziert oder an die Arbeit des Förderlehrers delegiert werden. Individuelle Förderung geschieht über verschiedene pädagogische, didaktische und methodische Maßnahmen: Alle Formen der inneren ↗ Differenzierung, wie das Bereitstellen unterschiedlicher Lernmaterialien, das Einräumen unterschiedlicher Arbeitszeit, die Öffnung im Aufgabenumfang unterstützen Kinder in ihren individuellen Lernprozessen. Darüber hinaus geben offene Unterrichtsformen (↗ Offener Unterricht) Freiräume bei der Wahl der Lerninhalte und der Lernwege. Persönliche Zuwendung und Geduld bei der Unterstützung von Schülern mit individuellen Problemen müssen eine selbstverständliche pädagogische Grundhaltung sein.

Kinder stärken: Individualisierung bedeutet vor allem auch, Kinder zu stärken, ihr Selbstwertgefühl, ihr Selbstvertrauen, ihre Leistungsfreude und ihren Leistungswillen aufzubauen. Dies wird möglich, wenn man Lernmöglichkeiten und Leistungsgrenzen realistisch einschätzt, entsprechende Aufgaben stellt und so jedem Kind Könnenserfahrungen ermöglicht. Um passgenaue Hilfen geben zu können, werden individuelle Lernstandsdiagnosen erstellt, die das Arbeiten an eigenen Fehlerschwerpunkten und mit abgestimmten ↗ Förderplänen ermöglichen. Aufgaben in verschiedenen Schwierigkeitsstufen oder offene ↗ Aufgaben, die eine Bearbeitung auf unterschiedlichem Niveau zulassen, sichern eine erfolgreiche Bewältigung der Anforderungen.

Förderung nach den individuellen Möglichkeiten: In der Konsequenz führen diese Maßnahmen zu differenzierten Lernzielen. Wesentlich ist die Unterscheidung zwischen einem Basiscurriculum mit grundlegenden und einem Aufbaucurriculum mit erweiterten Lernzielen. Für alle Schülerinnen und Schüler muss die Schule das Fundament sichern: Lernschwache Schüler erhalten intensive Unterstützung (remediales Lernen), damit sie die grundlegenden Lernziele auch tatsächlich erreichen, also auch Wissenslücken konsequent beseitigt werden. Leistungsstarke können an weiterführenden Aufgaben arbeiten und so ebenfalls einen Zuwachs an Wissen, Können und an Lernmotivation erfahren. Individualisierung führt aber nur bei spezifischen Aufgabenstellungen und bei – für anspruchsvolles Lernen – geeigneten Übungsmaterialien zu besseren Leistungen.

Differenzierte Lernziele: Das bedeutet zu akzeptieren, dass die Kinder unterschiedlich und unterschiedlich viel lernen. Verschiedene Lernvoraussetzungen führen zu unterschiedlichen Ergebnissen, gerade wenn der Unterricht dies zulässt, weil er individualisiert. Chancengleichheit in diesem Verständnis bedeutet nicht das künstliche Nivellieren von Leistungen, womöglich auf Kosten der Förderung leistungsstarker Schüler, oft aber zum Preis des Abhängens und der Selektion schwacher Schüler. Den Anspruch auf Chancengleichheit kann ein Kollegium dadurch realisieren, dass es sich verpflichtet, individualisierend zu unterrichten, und damit Schwache wie Starke optimal zu fördern: Möglichst viele Kinder sollen möglichst große Lernfortschritte erreichen. Dass sich dadurch in der Art des Schereneffektes die Unterschiede eher vergrößern, lässt sich nicht empirisch belegen. Individualisierung führt zur Verbesserung der Leistungen aller Schüler, jede Leistungsgruppe erzielt einen Lernzuwachs – das ist wesentlich.

Was Eltern wissen sollten

• Durch Individualisierung versucht der Lehrer, jedem Kind gerecht zu werden. Dies bedeutet: Nicht immer lernen alle Kinder das Gleiche, sondern Kinder lernen genau das, was jeweils für sie wichtig und förderlich ist.

• Individualisierung führt nicht zur Vereinzelung beim Lernen. Sie bedeutet immer auch soziales Lernen: zusammen mit anderen Kindern zu lernen, durch diese und von ihnen.

Literatur
BARTNITZKY, H./SPECK-HAMDAN, A. (Hrsg.) (2004): Leistungen der Kinder wahrnehmen – würdigen – fördern. Frankfurt/M.: Arbeitskreis Grundschule
Der Band zeigt auf, wie individuelle Förderung in der Grundschule möglich ist.

Jahrgangsübergreifende Klassen

- Welche Begründungen gibt es für jahrgangsübergreifende Klassen?
- Welche Vorteile hat eine jahrgangsübergreifende Lerngruppe?
- Welche Organisationsform sollte man einführen?

Vielfach synonym werden die Begriffe „jahrgangsübergreifende", „jahrgangskombinierte" oder „jahrgangsgemischte Klasse" verwendet. Allen ist gemeinsam: Das aus einem festgelegten Einschulungstermin entspringende Konstrukt, etwa gleich alte Kinder mit gemutmaßtem gleichem Lern- und Entwicklungsstand seien durch einheitlichen Unterricht („kollektive Linearität") bestens zu fördern, wird infrage gestellt.

Neue Herausforderungen für die Grundschule:

- Veränderungen im Aufwachsen der Kinder wirken sich auf den Unterricht aus. Die Schule sieht sich mit neuen Erziehungsaufgaben konfrontiert.
- Das Leistungsspektrum selbst innerhalb einer Jahrgangsklasse wird heterogener (↗ Heterogenität).
- Die Abstimmung zwischen Kindertageseinrichtung und Grundschule, zwischen Primar- und Sekundarbereich („bridging the gap") bedarf vermehrter Aufmerksamkeit.
- Der sich fortsetzende Geburtenrückgang („demographischer Faktor") gefährdet die wohnortnahe Schule.

Begründungen für jahrgangsübergreifende Klassen:

- Ein-Kind-Familien mindern oft den Erwerb von sozialen Kompetenzen wie Kommunikations- und Gemeinschaftsfähigkeit.
- Altershomogenität bedeutet zunehmend weniger Lernstandshomogenität.
- Individuelle Fördermöglichkeiten, verbunden mit der Erziehung zum selbstständigen Lernen, werfen die Frage auf, inwieweit sich Kinder auf ihren Lernwegen gegenseitig unterstützen können.

Die Möglichkeiten der „Vielfalt" werden wieder stärker betont. Es geht darum, die unterschiedlichen Erfahrungen und Lernniveaus der Kinder für ein Lernen voneinander und miteinander nutzbar zu machen.

Vorteile jahrgangsübergreifender Lerngruppen:

- Sie entsprechen in mancher Hinsicht dem Lernen in nichtschulischen Bereichen.
- Sie bieten Verschiedenheit von Wissen und Erfahrungen als Chance.
- Sie fordern und fördern das Lernen am Modell und das Lernen in Helfer- und Tutorensystemen, Patenschaften und Tandems.

- Sie erlauben – weil es altersunabhängige Lern- und Wissensniveaus gibt – eine flexible, allein am Lernstand orientierte Zusammensetzung.
- Sie „zwingen" zu ↗ Differenzierung und ↗ Individualisierung (statt Auslese bereits ab Schulbeginn).
- Sie fordern Lernen im Sinne des Konstruktivismus: selbsttätiger Wissens- und Kompetenzaufbau statt normierte Anforderungen.
- Sie lassen Unterstützungsmöglichkeiten besonders gut in „offenen Lernformen" (↗ Frei-, Wochenplan-, Projektarbeit) realisierbar erscheinen.
- Sie bieten die Chance, (gar nicht mehr so neue) Erkenntnisse der Lernpsychologie stärker zu berücksichtigen.

Die Erfahrungen zeigen, dass auch Lehrer, die jahrgangskombinierte Klassen skeptisch beurteilten, nun das pädagogische Potenzial anerkennen, weil sich die Vorteile in der täglichen Praxis beweisen.

Organisationsformen: Es gibt im Wesentlichen zwei: Kombiniert man die Klassen 1 und 2, hat die Lerngruppe nur ein Jahr Bestand. In jedem Schuljahr wechselt die Hälfte der Lerngruppe; die jeweils neue Gruppe (ca. 12 Erstklässler) ist zu groß, um schnell integriert zu werden. Pädagogisch wirksamer scheint, die Klassen 1 bis 3 (mit ca. 8 Kindern je Jahrgang) zu kombinieren; das ist der Lehrpläne wegen allerdings (noch) nicht in allen Bundesländern möglich. Die Erstklässler wachsen dann nahtlos in Klassenleben und Lernkultur hinein (weniger Fluktuation, mehr Kontinuität, größere Lernanreize). Jede Umstellung muss gründlich vorbereitet sein; das Kollegium muss sich über geplante Veränderungen im Klaren sein (und an Best-Practice-Beispielen sehen, wie es funktionieren könnte).

Was Eltern wissen sollten
- Jahrgangskombinierte Klassen bieten sowohl die Möglichkeit, eine Klasse zu überspringen, als auch die Chance, ein Jahr länger in einer sich nicht vollständig ändernden Gruppe zu lernen.
- Kinder lernen, bei entsprechendem Arrangement, gut von anderen Kindern.
- Lernen ist nachhaltig, wenn Kinder anderen Kindern erklären, was sie lernen sollen – diese Chance bieten jahrgangskombinierte Klassen in hohem Maße.

Literatur
CHRISTIANI, R. (Hrsg.) (2005): Jahrgangsübergreifend unterrichten. Berlin: Cornelsen Verlag Scriptor
Der Band beleuchtet verschiedene Aspekte des jahrgangsübergreifenden Unterrichts (z. B. Ziele, Erfahrungen, Organisationsformen, Differenzierungsmöglichkeiten).

Kindertageseinrichtungen

* Was meint „Kooperation zwischen KiTa und Grundschule"?
* Wie kann der Übergang durch Kooperation gelingend bewältigt werden?
* Mit welchen Schwierigkeiten ist bei der Kooperation zu rechnen?

Die Forderung nach Kooperation zwischen Kindertageseinrichtung und Grundschule besteht bereits seit drei Jahrzehnten. Sie gelingt aber vor Ort häufig nur mit schwankendem Erfolg. Denn genannt werden die beiden Institutionen, doch durchgeführt werden muss Kooperation von zwei Personenkreisen, nämlich den Erzieherinnen und den Grundschullehrern. Dies erfordert ein partnerschaftliches Grundverständnis und vor allem Teamfähigkeit auf beiden Seiten.

Organisatorische Voraussetzungen: In kleineren Gemeinden sind die räumlichen Voraussetzungen meist günstiger, da Grundschule und Kindertageseinrichtung sich häufig in unmittelbarer Nähe befinden. Zudem sind die jeweiligen Kooperationspartner zahlenmäßig begrenzt und bleiben über mehrere Jahre hinweg auch personell konstant. Durch die örtliche Nähe ist es für die Beteiligten wesentlich leichter, die Gruppen zu einem gemeinsamen Vorhaben zusammenzuführen. Grundschulen in größeren Städten müssen teilweise mit bis zu zehn Kindertagesstätten verschiedener Träger zusammenarbeiten, wodurch die Kooperation schon rein organisatorisch erschwert wird.

Gemeinsame Vorhaben – Kooperationskultur: Die Kooperation muss nicht mit großartigem organisatorischem Aufwand betrieben werden, sondern sollte vielmehr in alltäglichen, dafür aber regelmäßigen Situationen erfolgen: eine gemeinsame Sportstunde in der Schulturnhalle, eine Vorlesestunde durch die Schulkinder in der Kindertageseinrichtung usw. Die Möglichkeiten sind vielfältig und sollten von den Tandems (Erzieherin und Lehrerin) in einem jährlichen Kooperationskalender gemeinsam geplant werden. Dadurch erhalten sie jeweils auch Einblick in die Arbeit und Pläne der anderen Bildungsinstitution, können pädagogische Konzepte aufeinander abstimmen und Materialien wie z. B. Elternbriefe austauschen.

Ein Minimalkonzept beschränkt sich auf kooperative Möglichkeiten im Rahmen der ↗ Einschulung. Die Lehrer informieren sich bei den Erzieherinnen über die zukünftigen Schulanfänger (dabei sind u. U. datenschutzrechtliche Aspekte und der Elternwille zu beachten), diese nehmen mit ihren Gruppen an „Schnupperstunden" in der Schule teil. Dies reicht aber nicht aus, um die beiden Institutionen sinnvoll zu vernetzen und Synergieeffekte zu nutzen. Unabhängig vom Einschulungsprozess sollten regelmäßige Treffen der Tandems zum Erfahrungs- und Informationsaustausch, Beraten von Fördermöglichkeiten und zur Organisation der Zusammenarbeit stattfinden. Darüber hinaus bieten sich gegenseitige Einladungen zum Schul- bzw. Kindergartenfest, zu Festen im Jahreskreis und zu Projektpräsentationen an. Auch können gemeinsame Veranstaltungen wie Theaterbesuche, Wanderungen, Projekte u. Ä. organisiert werden. Sehr bewährt haben sich vor allem für beide Gruppen relevante Fortbildungen.

Zu einer positiven Kooperationskultur gehört, dass am Ende eines Schuljahres die gemeinsamen Arbeitspläne und die Zusammenarbeit vertrauensvoll reflektiert und evaluiert werden: Welche Vorhaben sind gelungen? Was ändern wir für die Zukunft? War die Zusammenarbeit vertrauensvoll?

Übergang: Kinder müssen schwierige Übergänge bewältigen, z. B. von der frühkindlichen Betreuung in der Familie zur Kindertageseinrichtung und von dieser zur Grundschule. Je besser alle Beteiligten diese Übergänge pädagogisch gestalten und dabei miteinander kooperieren, umso besser sind die Voraussetzungen für die Kinder. Möglichst früh sollte man dadurch und gegebenenfalls durch die Unterstützung externer Fachkompetenz, z. B. der Frühförderung oder der Kinderärzte, Defizite und Probleme bei Kindern erkennen und richtig einordnen, um durch spezielle Förderangebote Kindern mit Bedarf helfen und ihnen Chancengerechtigkeit bieten zu können.

Kooperation bei der Sprachförderung: Hier ist eine Kooperation mit dem Ziel der Integration von Kindern mit nichtdeutscher Erstsprache unabdingbar. Sprachförderung ist bedeutsam für den Erfolg der Integration und die zukünftige schulische Entwicklung der Kinder – denn sowohl Integration als auch Schulerfolg werden durch mangelnde Sprachfähigkeit behindert.

Was Eltern wissen sollten

• Den Übergang zur Schule dürfen Kinder nicht als Bruch erleben. Deshalb ist eine Kooperation von Kindertageseinrichtung und Grundschule für deren Entwicklung förderlich.

• Ein intensiver Austausch (auch im Beisein der Eltern) über die Entwicklung der Kinder ist hilfreich, um Beobachtungen zu vergleichen und daraus Schlüsse für erfolgreiches Fördern zu ziehen. Daher sollten die Eltern den fachlichen Austausch unterstützen und nicht durch fehlende Einwilligung wohlmeinende pädagogische Bemühungen verhindern.

Literatur

FTHENAKIS, W. E. (Hrsg.) (2006): Der Bayerische Bildungs- und Erziehungsplan für Kinder in Tageseinrichtungen bis zur Einschulung. Berlin: Cornelsen Verlag Scriptor
Hier findet man viele praktische Hilfen und Ideen.

Klassenarbeiten

- Welche Funktion und welchen Stellenwert haben Klassenarbeiten?
- Sind sie ein zuverlässiger Gradmesser für erbrachte Leistungen?
- Auf welche Eckpunkte sollte sich ein Kollegium verständigen?

Klassenarbeiten sind das traditionelle Instrument, den Lernstand und die Lernentwicklung zu überprüfen. Der Lehrer formuliert die Aufgaben selbst, legt die Bearbeitungsdauer fest und entscheidet, ob und welche Hilfsmittel benutzt werden dürfen. Die Arbeiten sind ohne empirische Gewissheit bezüglich Schwierigkeitsgrad und Objektivität; sie haben auch keine über die Klasse hinausgehende Gültigkeit.

Kollegium: Im Kollegium sollte man über die Beurteilungspraxis der Schule Konsens herbeiführen. Das schafft Verlässlichkeit, Transparenz – und erspart unnötige Konflikte mit Eltern. Über Eckpunkte wie Art und Umfang der Arbeiten, Fehlerkennzeichnung und Berichtigungspraxis empfiehlt sich ein Konferenzbeschluss (↗ Konferenz). Hierzu gehört z. B.: ▪ klare Formulierung der Leistungserwartungen; ▪ nachvollziehbare Erklärungen zur Notengebung; ▪ nur zu überprüfen, was auch durchgenommen und gründlich geübt ist; ▪ in entspannter, nicht rivalisierender Atmosphäre und in störungsfreier Umgebung schreiben zu lassen; keinen Druck zu erzeugen, keine zu enge Zeitbegrenzung vorzunehmen; ▪ keinen Notenspiegel auszugeben; ▪ in Fachkonferenzen Ziele, Anforderungen und Hilfsmittel sowie praktikable Kriterienkataloge für die Beurteilung abzusprechen; ▪ aus wenigen Noten keine Durchschnittwerte für das Zeugnis zu errechnen; ▪ Arbeiten gemeinsam vorzubereiten (Parallelarbeiten), nach Korrektur auszutauschen und zu besprechen; ▪ Klassenarbeiten differenziert zu stellen: Leistungsschwache können die grundlegenden Anforderungen erfüllen, Leistungsstarke fühlen sich herausgefordert.

Korrekturen und Bewertung: Nicht alle Fehler haben dasselbe Gewicht. Punkte gibt es auch für Teilleistungen. Von der roten Tinte macht man gar nicht oder nur sparsam Gebrauch. Unverzichtbar ist ein kurzer förderlicher Kommentar unter jeder Arbeit. Tipps zur Bewertung: ▪ Nicht jede Arbeit nach demselben Maßstab zensieren (also nicht: 7 Fehler – immer ausreichend); ▪ nicht kleinlich beurteilen (also nicht: sehr gut nur bei 0 Fehlern); ▪ auch einmal keine Note geben; ▪ statt nach klasseninternem nach anforderungsbezogenem Maßstab zensieren (Notendefinition gemäß KMK); nicht nach der Gaußschen Normalverteilung zensieren; ▪ Beurteilungskriterien vor der Arbeit in etwa festlegen – nicht aber, welche Note man wofür gibt; ▪ erst zensieren, wenn alle Arbeiten durchgesehen sind.

Rückgabe: Kinder erwarten eine prompte Rückmeldung (Rückgabe am nächsten Tag, Arbeiten nicht übers Wochenende zurückhalten). Es muss genügend Zeit eingeplant sein, um – während einer Stillarbeitsphase – mit jedem Kind zu besprechen, was es geleistet hat, warum ihm die Arbeit nicht gelungen ist, wo die Fehler stecken, was der Lehrer mit ihm noch nachholen, wo es weiter üben muss. Wichtig ist zu erfahren: Ein Fehler ist kein Mangel, vielmehr eine Chance, es besser zu machen. Auch bei Misserfolgen gilt: Jedes Kind soll sich angenommen, verstanden fühlen. Also sollten keine Vergleiche mit den anderen vorgenommen werden. Notenspiegel geben keine Information über den Leistungsstand des Kindes oder seine Anstrengungsbereitschaft: Die eigene ↗ Leistung lässt sich nicht über den Rangplatz definieren. Kinder vergleichen sich ohnehin täglich. Eltern können sich in der Schule informieren.

Stellenwert und Anzahl: Arbeiten sind nur ein Instrument, die Leistungen zu beurteilen. Den Ergebnissen sollte kein Übergewicht gegeben, sondern besser das tägliche Arbeiten gewürdigt werden. Bei zu vielen Arbeiten wird der Unterricht zur Teststrecke (mehr Prüf- als Lernsituationen); bei zu wenigen (z.B. nur drei im Halbjahr) bekommen sie eine zu herausgehobene Bedeutung. Wegen ihres begrenzten Stellenwerts ist es wichtig, Klassenarbeiten durch kurze Übungen z.B. in Form von Tests (vom 1. Schuljahr an) zu ergänzen: Selbstkontrolle der Schüler mit Rückmeldung zeigt, ob die Vorkenntnisse „sitzen". So lassen sich auch vor Einstieg in eine neue Lerneinheit die angemessenen Lernziele entwickeln. Begleitende Tests greifen früher in den Lernprozess ein und wirken korrigierend. Zudem kann man damit besondere Mängel diagnostizieren. Es ist auch wichtig, sich in Übungssituationen zu erproben. Bei Elterngesprächen ist der Ordner des Kindes mit dessen gesammelten Arbeiten, kleinen „Prüfungen" und Übungen mit Kommentaren, eine gute Grundlage für die ↗ Beratung.

Was Eltern wissen sollten

* Wer vor einer Klassenarbeit – oder danach aufgrund des Ergebnisses – seinem Kind Druck macht, erreicht eher das Gegenteil.
* Langfristig zahlt es sich nicht aus, nur für die nächste Arbeit zu üben.
* Klassenarbeitsnoten sollte man nicht überbewerten. Ebenso wichtig sind die täglichen Leistungen, die Lernfortschritt und Anstrengung anzeigen.

Literatur
BARTNITZKY, H./CHRISTIANI, R. (Hrsg.) (2002): Berufseinstieg: Grundschule. Berlin: Cornelsen Scriptor
Viele hilfreiche Anregungen nicht nur zum Thema Klassenarbeit

Klassenfahrt

* Was ist das Ziel einer Klassenfahrt?
* Was ist bei der Planung und Vorbereitung zu beachten?
* Worüber müssen Eltern informiert werden?

Eine Klassenfahrt ist eine mehrtägige schulische Veranstaltung außerhalb des Schulortes. Sie ermöglicht Schülern und Lehrern einen umfassenden Rahmen der Begegnung und die Erfahrung von möglicherweise bisher unbekannten Fähigkeiten und Begabungen. So kann das Vertrauen zwischen Schülern und Lehrern wachsen und das Gemeinschaftsgefühl in einer Klasse gestärkt werden. Auf Klassenfahrten können Kinder primäre Erfahrungen handlungsorientiert, in überschaubaren und ganzheitlichen Zusammenhängen ohne Zeitdruck gewinnen. Dazu gehören neben dem Erleben von Natur, Spiel- und Sportaktivitäten auch musische und kreative Vorhaben.

Informationen: Je nach Lage, Region und Ausstattung bieten die einzelnen Einrichtungen wie Jugendherbergen oder Schullandheime unterschiedliche Programme und Schwerpunkte an. Aktuelles Informationsmaterial ist über die Internetseiten vom Deutschen Jugendherbergswerk oder vom Verband der deutschen Schullandheime zu beziehen. – Die rechtlichen Vorgaben, die bei einer Klassenfahrt zu beachten sind, sind den jeweiligen Richtlinien zu Schulwanderungen und Schulklassenfahrten zu entnehmen.

Planung und Vorbereitung: Die Organisation der Klassenfahrt ist Aufgabe des Lehrers. Er sollte sich frühzeitig, etwa ein Jahr im Voraus, über Reiseziel, An- und Abreisemöglichkeiten, Art der Unterbringung und über mögliche Ausflüge informieren. Bei der An- und Abreise ist zu beachten, dass Fahrten mit dem Fahrrad aufgrund des hohen Gefahrenpotentials in aller Regel nicht genehmigt sind. Je nach Alter der Kinder kann man mit öffentlichen Verkehrsmitteln, einem gemieteten Reisebus oder in von Eltern organisierten Fahrgemeinschaften an- und abreisen.

Erster Informationsabend: Der ⚐ Klassenlehrer teilt den Eltern erste Informationen mit: Sinn und Zweck der Klassenfahrt, Ort und Dauer des Aufenthalts, Beschreibung der Unterkunft sowie entstehende Kosten. Durch eine frühzeitige Planung haben die Eltern rechtzeitig die Möglichkeit, die voraussichtlich anfallenden Kosten anzusparen. Dabei sollte die Obergrenze möglichst niedrig sein, um Eltern nicht unzumutbar zu belasten. Der finanzielle Aufwand darf kein Grund sein, dass ein Kind nicht teilnehmen kann. Bei einkommensschwachen Familien kann die entstehenden Kosten auch das Sozialamt oder der Förderverein der Schule übernehmen.

Einverständniserklärung: Die Erziehungsberechtigten geben eine schriftliche, rechtsverbindliche Einverständniserklärung zur Teilnahme und Kostenübernahme. Dabei ist auf die Möglichkeit hinzuweisen, eine Reiserücktrittsversicherung oder eine private Schülerzusatzversicherung abzuschließen.

Genehmigung: Die Genehmigung als Schulveranstaltung wird vom Schulleiter aufgrund eines rechtzeitig gestellten Antrags erteilt. Er genehmigt die Dienstreise der teilnehmenden Lehrer sowie die Teilnahme weiterer Begleitpersonen. Die Reisekosten für den Lehrer und die Begleitpersonen werden aus den Reisekostenmitteln des Schulträgers bezahlt. – Die definitive Buchung der Klassenfahrt sollte erst nach erfolgter Genehmigung als Schulveranstaltung und erteilter Dienstreisegenehmigung erfolgen. Verträge mit Beförderungs- und Beherbergungsunternehmen werden im Namen der Schule abgeschlossen.

Zweiter Informationsabend: Hier werden einige Wochen vor der Klassenfahrt die Details besprochen: ▪ Übersicht über den Programmablauf (Abfahrt, Rückkehr, Tagesablauf), ▪ Besprechung der Packliste, ▪ Klärung der Mahlzeiten (Sonderverpflegung für Muslime, Allergiker, Vegetarier), ▪ Höhe des Taschengeldes, ▪ Regelungen von Elternbesuchen und Telefonaten, ▪ Folgen bei Fehlverhalten. Im Einzelfall sind schriftliche Erklärungen zu Ge- und Verboten sowie Angaben zu besonderen gesundheitlichen Umständen von den Eltern einzuholen.

Vorbereitung und Nachbereitung im Unterricht: Der Lehrer macht die Klassenfahrt zum Thema, indem er Ziel, Unterkunft und Tagesablauf vorstellt, Zimmereinteilung und Verhaltensregeln festlegt und die Packliste bespricht. Für die Nachbereitung können die Kinder z.B. ein Buch mit Fotos erstellen, in dem jedes über ein Erlebnis oder einen Programmpunkt berichtet (Anregungen hierzu in vielen Schulbüchern).

Was Eltern wissen sollten

- Kinder sind zur Teilnahme an einer Klassenfahrt verpflichtet.
- Die Eltern entscheiden über Ziel, Programm, Dauer und Kosten der vorgeschlagenen Klassenfahrt.
- Eltern sollen den Lehrer über individuelle Ge- und Verbote sowie über besondere gesundheitliche Umstände ihres Kindes informieren.

Literatur

Laning, J. (2005): Wandertage und Klassenfahrten ohne Stress. Mülheim a.d. Ruhr: Verlag an der Ruhr
50 Ideen und Projekte für sinnvolle Ausflüge und Exkursionen

Klassenführung

- Worin zeigt sich, ob eine Lehrerin oder ein Lehrer über Klassenführungskompetenz verfügt?
- Genügt es nicht, dass man sein Unterrichtsfach gut beherrscht?
- Kann in einer Schule nicht jeder unterrichten und erziehen, wie er es für erforderlich hält?

Eine Schilderung aus der Praxis: Lehrersein sei ein schwerer und zugleich wunderbarer Beruf. Manchmal sei man Dompteur. Man müsse eine Klasse führen können und führen wollen! Pausenlos sei man unter Beobachtung. – Umso wichtiger ist als Voraussetzung für gute Arbeit, dass das Kollegium an einem Strang zieht. Doch häufig fehlt es am Konsens über das Selbstverständliche – nicht nur im Schulleben, sondern auch im Unterricht. An einer Schule sollten eindeutige Regeln gelten, auch für das Verhalten im Klassenraum. Jeder Lehrer muss konsequent darauf achten, dass seine Schüler die Regeln einhalten und dass Verstöße auch bei ihm mit Konsequenzen verbunden sind. Kinder wollen selbst, dass sich alle an die grundlegenden Verhaltensregeln halten. Sie werden eher akzeptiert, wenn sie nicht einfach vorgegeben, sondern mit ihnen besprochen und begründet werden.

Effiziente Klassenführung: HELMKE hat in seinen Untersuchungen zu den Optimalklassen festgestellt, was für erfolgreiches Unterrichten von Bedeutung ist: Für ihn ist die effiziente Klassenführung die Grundlage für konzentriertes Lehren und Lernen und damit auch die Vorbedingung für erfolgreichen, anspruchsvollen Unterricht. Hier nutzt der Lehrer optimal den zur Verfügung stehenden zeitlichen Rahmen: So kommt es gar nicht erst zu ⌕ Unterrichtsstörungen oder gar zu Chaos. Dadurch können die Schüler über einen längeren Zeitraum intensiv arbeiten. Die Folge: Die tatsächliche Lernzeit nimmt zu, denn was nicht zum Unterricht gehört („Zeitdiebe"), wird vermieden. Hinzu kommt: Die Informationen müssen klar und verständlich sein, das Material muss gut strukturiert sein. Der Lehrer soll anregend sein. Die Kinder sollen spüren, dass er sich für ihr Fach begeistern kann – der ideale Fall, denn Schüler lernen an Vorbildern.

Techniken der Klassenführung: KOUNIN, Klassiker der 1970er Jahre und immer noch aktuell, zeigt mit seinen „Techniken der Klassenführung", wie sich Störungen im Unterricht von vornherein vermeiden lassen. Er nennt folgende zentrale Prinzipien (vgl. HELMKE), die man auch durch Selbstbeobachtung und durch Hospitation trainieren kann (⌕ Beobachtung):

- Allgegenwärtigkeit, dabei sein: alles sehen, Augen und Ohren auch „hinten" haben, keinerlei störende Aktivität tolerieren, ▪ Überlappung: gleichsam nebenbei und ohne das Unterrichtsgeschehen zu unterbrechen, auf Störungen reagieren; gleichzeitig kann er an verschiedenen Problemen arbeiten, ▪ Zügigkeit, Reibungslosigkeit, Bewegung im Unterricht, Schwung: vermeidet Hektik und Langeweile, Weitschweifigkeit und Umständlichkeit, ▪ Geschmeidigkeit: unterrichtet ohne Brüche, ohne sprunghaft zu sein, keine „Engführung" des Unterrichts, ▪ Gruppenaktivierung: auch im Lehrgespräch mit einem Schüler die ganze Klasse mitarbeiten lassen, ▪ Übergangsmanagement: gestaltet die Unterrichtsphasen mit eindeutigen Überleitungen; dabei entsteht kein Zeitverlust, ▪ Vermeidung vorgetäuschter Teilnahme: sensibel für scheinbare Aufmerksamkeit.

Klassenmanagement: HELMKE führt zum Thema weitere Punkte an, die Beachtung verdienen. In Stichworten: ▪ ↗ Klassenraum vorbereiten (übersichtlicher Raum, leicht zugängliches Material), ▪ Regeln und Verhaltensweisen planen (präzise Regeln entwickeln, auch unzulässiges Verhalten benennen), ▪ Konsequenzen für Verhalten festlegen (↗ Konsequenz), ▪ Unterbindung von unangemessenem Schülerverhalten (sofort und konsequent), ▪ Regeln und Prozeduren unterrichten (direkt zu Beginn des Schuljahres), ▪ Aktivitäten zum Schulbeginn (den Zusammenhalt der Klasse fördern), ▪ Strategien für potenzielle Probleme (rechtzeitig planen, wie man mit Störungen umgehen wird), ▪ Beaufsichtigen, Überwachen, Verhalten beobachten (z.B. wo sind Missverständnisse bei der Aufgabenerteilung), ▪ Unterricht vorbereiten (für differenzierte Aufgabenstellungen sorgen), ▪ Verantwortlichkeit der Schüler (Verantwortung für ihre Arbeit verdeutlichen), ▪ Unterrichtliche Klarheit (gut strukturierte Informationen).

Was Eltern wissen sollten
- Freundlichkeit, Wärme, Unterstützung und gegenseitiger Respekt begünstigen das Lernklima, das Eltern durch ihre häusliche Erziehung mitprägen.
- Konsequentes Festhalten an Regeln verstehen Kinder keineswegs als lästige Disziplinierung oder als unzumutbare Einengung.
- Kinder brauchen Orientierung; das gibt ihnen Halt und Sicherheit.

Literatur
HELMKE, A. (2007): Unterrichtsqualität erfassen – bewerten – verbessern. 5. Aufl. Seelze: Kallmeyersche Verlagsbuchhandlung
Ein Standardwerk: Es informiert über die Theorie ebenso fundiert wie über Praktisches.
CHRISTIANI, R./METZGER, K. (Hrsg.) (2007): Fundgrube Klassenführung. Berlin: Cornelsen Scriptor
Tipps von Lehrern für Lehrer – zu allem Wichtigen, um eine Klasse zu führen

Klassenlehrerin, Klassenlehrer

* Hat die Schule ein Leitbild für die Bedeutung der Klassenlehrerin?
* Welche Aufgaben und Zuständigkeiten werden der Klassenlehrerin zugeschrieben?
* Sollten die Kinder während der gesamten Grundschulzeit dieselbe Klassenlehrerin haben?

In der Schulrealität überwiegen zwei Sichtweisen zur Funktion der Klassenleitung, die folgendermaßen umschrieben werden können: „Meine Klasse und ich" und „Kooperative Klassenführung". Im ↗ Schulprogramm sollte verankert sein, wie die Schule die Aufgabenfelder definiert. Ein Konsens über das Leitbild ist Grundlage einer transparenten Arbeit und trägt zur Profilbildung nach außen bei.

Aufgabenfelder: Die Klassenlehrerin ist Vorsitzende der Klassenkonferenz, beratendes Mitglied in der Klassenpflegschaft; dazu hat sie verwaltungsrechtliche Aufgaben: Führung des Klassenbuches, der Versäumnisliste, des Lehrberichtes; Vorbereitung der Klassen- und Zeugniskonferenzen; Erstellung von ↗ Förderplänen; Beratungsgespräche mit Eltern (↗ Beratung); Zeugnisse und in Klasse 4 die Empfehlung für die weiterführende Schule; schließlich Tagesausflüge und ↗ Klassenfahrten.

Über eine vertrauensvolle Elternarbeit schafft sie eine gute Basis für die gemeinsame erzieherische Arbeit, die für das Lernen der Kinder wichtig ist. Hierzu gehören Gespräche mit den Eltern zur Lern- und Leistungsentwicklung der Kinder, Kontakte zu anderen beratenden Institutionen wie dem Schulpsychologischen Dienst, dem Jugendamt und, wenn von den Eltern erlaubt, Gespräche mit Therapeuten.

In der Regel unterrichtet die Klassenlehrerin die meisten Fächer in der Klasse. So ist sie für die Kinder die wichtigste Bezugsperson. Sie erarbeitet die Regeln und ↗ Rituale für ihre Klasse und mit ihr.

Kooperation: Mit den ↗ Fachlehrern ist eine enge Kooperation wichtig. Wenn alle Lehrer an einem Strang ziehen, stärkt das Verlässlichkeit und vermeidet Reibungsverluste in der kollegialen Arbeit. Eine klare gemeinsame Linie erleichtert auch die Zusammenarbeit mit den Eltern.

Die Klassenlehrerin ist oft die erste Ansprechpartnerin für die Eltern. So entstehen nicht selten Forderungen der Eltern, die in dem erwarteten Umfang nicht zu erfüllen sind. Dem persönlichen Zugriff von Kindern und Eltern muss man professionell begegnen: Also Distanz wahren, Grenzen ziehen zwischen schulischer Verantwortung für die Kinder und der emotionalen Zugewandtheit einerseits, dem Bildungsauftrag andererseits.

Schulkonzept: Der Klassenlehrerwechsel ist ein konfliktbeladenes Thema. Ein Konzept ist daher wichtig. Zwei Vorgehensweisen sind üblich: 1. Klassenführung von Klasse 1 bis 4; Begründungen dafür: Die Kinder sollen insgesamt nur eine Bezugsperson haben, um emotionale Stabilität zu gewährleisten. Die Lehrerin kennt jedes Kind gut, hat es in der schulischen Entwicklung gefördert, weiß über die Lebenssituation Bescheid, kann also gut beraten. Die geschaffenen Grundlagen in den ersten beiden Jahren können in Klasse 3 und 4 kontinuierlich weiterentwickelt werden. 2. Wechsel in der Regel nach Klasse 2; Begründungen dafür: Wichtig ist, dass die Schüler verschiedene Lehrer und Unterrichtskonzepte kennenlernen; nur eine Lehrerin vier Jahre – das kann nur in seltenen Fällen vetretbar sein.

Lehrerteams: Es gibt Schulen mit Lehrerteams für die Klassen 1 und 2 sowie für die Klassen 3 und 4. Sie spezialisieren sich hinsichtlich der jeweiligen Anforderungen. In Teamsitzungen werden die Inhalte abgestimmt und parallel durchgeführt. Die lückenlose Fortsetzung der Arbeit, z.B. bei der Erkrankung von Lehrern, wird dadurch garantiert. Doch Vorsicht: Man sollte nicht auf nur zwei Jahrgangsstufen fixiert bleiben. Ein Wechsel in die anderen Jahrgangsstufen dient auch der Kompetenzerweiterung. Hinzu kommt: Das Modell der stellvertretenden Klassenleitung oder des Klassenlehrerteams entlastet die einzelne Lehrerin. Die Kinder sind daran gewöhnt, dass verschiedene Lehrerinnen verlässliche Ansprechpartnerinnen sind. Ein Klassenlehrerwechsel bedeutet für sie keine große Umstellung mehr.

Klassenlehrerwechsel: Die Schule sollte Möglichkeiten schulorganisatorischer Maßnahmen, z.B. Versetzung einer Lehrerin, Pensionierung, im Laufe einer Grundschulzeit antizipieren und in ihrem Konzept Grundsätze zum Klassenlehrerwechsel festlegen.

Was Eltern wissen sollten

- In Informationsveranstaltungen für die Eltern der Schulneulinge stellt die Schulleitung das Konzept der Schule zum Klassenlehrereinsatz vor.
- Zuständigkeiten von Klassenlehrerinnen und in der Klasse unterrichtenden Fachlehrerinnen müssen für Eltern transparent sein.
- Die Schule verankert die Grundsätze zum Klassenlehrerwechsel im Schulprogramm und verdeutlicht die Bedingungen, die vom Konzept abweichend zu einem Wechsel führen können.

Literatur

Bartnitzky, H./Christiani, R. (Hrsg.) (2007): Die Fundgrube für jeden Tag. 5. Aufl. Berlin: Cornelsen Scriptor.
Praktische Hinweise zum Aufgabenfeld der Klassenleitung

Klassenrat

- Sind Kinder im Grundschulalter nicht überfordert, wenn sie schon mitentscheiden und mitverantworten sollen?
- Wie funktioniert ein Klassenrat und welche Aufgabe hat er?
- Wie wird ein Klassenrat Instrument demokratischer Lernkultur?

Schon im Kindergartenalter können Kinder lernen, sich mitzuteilen, einander zuzuhören, eigene Gefühle auszusprechen und die anderer wahrzunehmen. Das sind Voraussetzungen, um Streit und Probleme untereinander zu lösen und Toleranz gegenüber anderen, das heißt, demokratische Tugenden und Methoden, einzuüben. Das gehört zum Erziehungsauftrag jeder Grundschule. Eine Pseudo-Demokratie, die den Schülerinnen und Schülern nicht auch zumutet, schrittweise Verantwortung zu übernehmen, wird keine Selbst- und Sozialkompetenz entwickeln helfen. Das beginnt jedoch im Klassenrat vom ersten Schultag im 1. Schuljahr an, wenn die Kinder lernen, dass immer nur eine oder einer redet und alle anderen zuhören.

Funktion: Der Klassenrat ist eine Versammlung aller Schülerinnen und Schüler einer Klasse, in der jedes Kind seine Meinung äußern, Kritik oder Vorschläge einbringen oder zu Fragen des Zusammenlebens Stellung nehmen kann. Mehr und mehr werden die Kinder in der Lage sein, auch über Inhalte und Methoden des Lernens mitzusprechen und zu entscheiden.

Voraussetzung: Der Klassenrat ist ein im ⤷ Schulprogramm ausgewiesenes und an der Schule eingeführtes Instrument, das jede Klasse nutzt und dafür eigene Regeln (⤷ Konsequenz) und ⤷ Rituale entwickelt. Das Ernstnehmen und Ermutigen der Kinder zur Mitbestimmung muss von allen Lehrern gewollt und mitgetragen sein.

Themen und Inhalte: Alles, was die Kinder im Klassenrat thematisieren möchten, kann Inhalt werden, z. B.: Streit und Konflikte (hier sucht – anders als bei der Mediation – die ganze Klasse nach einer Lösung); Regelungen, Vorhaben der Klasse (u. a. Wandertag, Spielnachmittag, Klassenfest); Ämter und Dienste und – nach und nach – Gestaltung der Arbeit (Projekte, Unterrichtsmethoden und -inhalte).

Organisatorisches: Der Klassenrat trifft sich in der Regel einmal pro Woche. Als positiv hat sich der Wochenanfang – unter Einschluss der Wochenplanung – herausgestellt. Die meisten Klassen wählen jedoch den Wochenschluss, verbunden mit einem Rückblick auf Ereignisse und Probleme der abgelaufenen Woche. Die Sitzordnung im Kreis und ein Gesprächsstein erleichtern das Einhalten der Gesprächsregeln. Im ersten Schuljahr übernimmt die Lehrerin die Gesprächsführung, später ein Kind. Das gilt auch für die Führung eines Protokolls, das am Anfang von der Lehrerin diktiert wird. Alle Teilnehmenden sind gleichberechtigt.

Der Ablauf/die Tagesordnung: Schon bald wird sich ein bestimmtes Ritual mit verschiedenen Phasen herausbilden: Die „positiven Runden" (KIPER), in denen sich die Kinder emotional positiv einstellen und formulieren, was sie in der abgelaufenen Woche oder zum jetzigen Zeitpunkt „gut oder schön" finden, stehen am Anfang. Der „Rückblick" auf das letzte Protokoll macht sichtbar, ob Beschlüsse oder Lösungsvorschlage der Sitzung der Vorwoche realisiert worden sind. Den Mittelpunkt bildet die „Diskussion ungelöster Probleme", in der die Kinder erfahren, dass Auseinandersetzung zum menschlichen Miteinander gehört, ihre Anliegen ernst genommen werden. Ein Klima gegenseitigen Respekts entsteht. Oft sind die Probleme im Laufe der Woche bereits im Klassenratsbuch, für den Klassenbriefkasten oder auf einer Wandzeitung notiert worden. Wichtig ist, dass zunächst das Problem klar erkannt wird, die jeweiligen unterschiedlichen Sichtweisen ausgesprochen werden konnten. Gemeinsam wird nach einer Lösung gesucht. Beschlüsse werden im Klassenratsbuch kurz und knapp protokolliert.

Die Rolle der Lehrerin: Sie muss sich zurücknehmen und ebenfalls die Regeln einhalten. Es besteht jedoch ein Vetorecht bei Beschlüssen gegen Regeln der gesamten Schule. Ihre wichtigste Aufgabe ist: die Kinder zu ermutigen, ihre Probleme selbst zu lösen, also ihnen etwas zuzutrauen, dabei kaum merklich Hilfestellung zu geben. So wächst ihre Eigenverantwortung, die auch das eigene Lernen betrifft. Je selbstbestimmter sie sich eigenverantwortlich entwickeln können, desto erfolgreicher lernen Kinder – und nicht nur „Demokratie". Dann geht es weiter: Jede Klasse wählt Mitglieder (Klassensprecher) auf Zeit für den Schülerrat. Er hilft, Probleme zu lösen, die alle, das ganze Schulleben betreffen.

Was Eltern wissen sollten

- Eltern nehmen wahr, wenn Kinder durch mehr Mitsprache in der Schule dieses Recht auch zu Hause selbstbewusst einfordern und dort auch ihr Verantwortungsbewusstsein wächst.
- Mitbestimmung in Schule *und* Elternhaus lässt Kinder leichter eigenes und fremdes Fehlverhalten erkennen.

Literatur

KIPER, H. (2003): Mitbestimmen lernen im und durch den Klassenrat. In: PALENTIEN, CH./HURRELMANN, K.: Schülerdemokratie-Mitbestimmung in der Schule. München, Neuwied: Luchterhand
Theoretische Ansätze, empirische Befunde und Auswertung von Praxisbeobachtungen geben wertvolle Hilfen und Tipps.

Klassenraum

- Was ist ein kindgemäßer Klassenraum?
- Welcher Zusammenhang besteht zwischen Klassenraum und Lernen?
- Wie wird ein Raum vielfältig methodenkompatibel und multifunktional?

In Finnland wird der Klassenraum als dritter Pädagoge bezeichnet: Die Gestaltung des Klassenraums hat großen Einfluss auf das Wohlbefinden, welches Grundvoraussetzung für jedes Lernen ist. Nur ein sauberer und aufgeräumter Raum, der sich in gutem Zustand befindet, weckt Wertschätzung und positive Assoziationen. Schmutzige Wände, abgeblätterte Farbe und verklebte Fenster wirken abschreckend. Eine anregende farbliche Gestaltung verleiht dem Raum Atmosphäre. Auch Details signalisieren dem Kind, welcher Wert ihm und schulischer Arbeit beigemessen wird. Waschbecken und Spiegel müssen für Kinder benutzbar sein. Handtücher sind wohnlicher als Papiertuchhalter. Außerdem sollten Wände nicht flächendeckend mit Bildern tapeziert werden. Vor allem Kinder mit Konzentrationsschwächen brauchen visuelle Ruhepunkte.

Auswirkungen auf den Unterricht: Dass die Struktur des Klassenraums unmittelbare Auswirkungen auf den Unterricht hat, verdeutlicht die schematische Darstellung möglicher Sitzordnungen. Sitzordnung 1 eignet sich hervorragend für Lehrervorträge. Das Arbeiten in Gruppen ist allerdings – im Gegensatz zu Sitzordnung 2 – nur eingeschränkt möglich (↗ Sozialformen). Bild 3 zeigt eine Anordnung, die besonders die Schüler-Schüler-Kommunikation im Klassenverband unterstützt. Bei allen Raumanordnungen dieses Typs ist das Bilden eines Sitzkreises möglich, aber mit einem gewissen Aufwand verbunden.

Bild 4 zeigt ein Raumschema, das methodische Vielfalt gestattet. Einzel- und Gruppenarbeit sind ebenso möglich wie Frontalunterricht.

Funktionelle Teilbereiche: Im Einzelnen weist ein derart strukturierter Raum folgende funktionelle Teilbereiche auf: Im Zentrum befindet sich das zur Tafel ausgerichtete *Forum*. Die Sitzbänke sind umgeben von Regalen

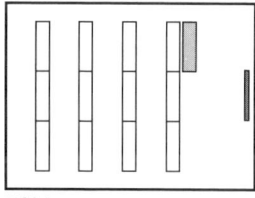

Bild 1

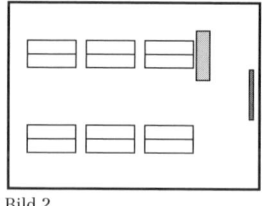

Bild 2

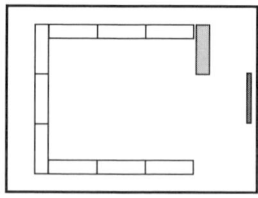

Bild 3

(grau), deren mittleres etwa zwei Meter hoch ist, damit es eine raumteilende Funktion und außerdem positive Auswirkungen auf die Raumakustik hat. Das Forum hat die Funktion der Kommunikation mit der gesamten Klasse – Arbeitsaufträge, Präsentationen, Diskussionen.

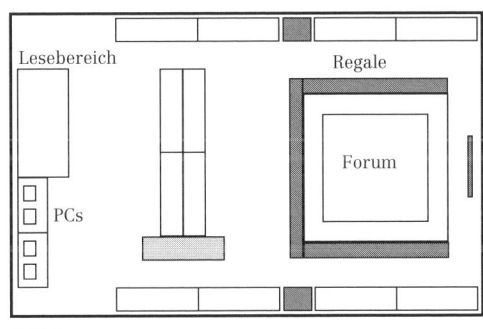

Bild 4

An der Wand angeordnet sind *Einzel-* und in der Mitte *Gruppenarbeitsplätze.* Die kleinen Regale an der Wand zwischen den Einzelplatztischen schaffen weitere Nischen, in denen die Schüler konzentriert arbeiten können. Integriert sind außerdem *Computerarbeitsplätze*, die idealerweise seitlich zum Tageslicht stehen. Wenn der Lesebereich aus einem Etagenbett besteht, verdoppelt sich die nutzbare Lesefläche. Der *Lehrertisch* ist so positioniert, dass der Lehrer in der Nähe der Rechner sitzt und gleichzeitig einen größtmöglichen Gesamtüberblick hat. Die *Regale* erfüllen eine Doppelfunktion: Neben der erwähnten Funktion der Raumstrukturierung werden dort Medien deponiert (↗ Arbeitsmaterialien). Diese sind möglicherweise in erhöhtem Maße notwendig, wenn offene Unterrichtsformen oder jahrgangsübergreifendes Unterrichten praktiziert werden (↗ Freie Arbeit, ↗ Individualisierung, ↗ Jahrgangsübergreifende Klasse, ↗ Offener Unterricht). Bei einer solchen Raumaufteilung sind feste Plätze wenig sinnvoll. Kinder sollten die Möglichkeit bekommen, sich ihren Arbeitsplatz je nach Bedürfnis und Notwendigkeit eigenständig auszusuchen.

Was Eltern wissen sollten

* Klassenräume sind ein Spiegel dessen, was die Lehrer einer Schule unter Lernen verstehen. Eltern sind an vielen Schulen eingeladen, sich an der Gestaltung zu beteiligen.
* Kinder, die sich in ihrer Schule und in ihrer Klasse wohl fühlen und sich gern dort aufhalten, lernen gern und sind bereit, etwas zu leisten.

Literatur

AURAS, T. (2005): Raumgestaltung und offenes Lernen. In: CHRISTIANI, R. (Hrsg.): Jahrgangsübergreifend unterrichten. Berlin: Cornelsen Scriptor
Weitere Details zur Ausgestaltung des zuletzt vorgestellten Klassenraumtyps

Kollegium

- Wie äußert sich eine förderliche Kultur des Umgangs im Kollegium?
- In welchen Formen sollte ein Kollegium kooperieren?
- Wie wirkt sich gute Zusammenarbeit im Kollegium aus?

Das Kollegium ist verantwortlich für die abgestimmte Gestaltung des Unterrichts und des Schullebens. Regelmäßig tritt es in der Lehrerkonferenz (↗ Konferenz) zusammen und tauscht sich über interne Angelegenheiten der Schule aus. Darüber hinaus gibt es (abhängig von den Schulgesetzen der Länder) verschiedene Themen, über die es entscheiden muss (z. B. Anträge auf freiwillige Wiederholung, Anschaffung von Lehrmitteln, Ordnungsmaßnahmen).

Kollegiumskultur: Ein positives Entwicklungsklima macht sich dadurch bemerkbar, dass gegenseitiges Vertrauen herrscht und die Lehrerinnen und Lehrer unkompliziert aufeinander zugehen. Aufgabe der Schulleitung ist es, zu einer Atmosphäre von Wertschätzung, Vertrauen und Partizipation beizutragen. Wichtig ist dabei: Arbeiten und Ideen offen zu präsentieren, sich ehrlich zu äußern, auch Schwierigkeiten zu benennen und Belastungen nicht zu verschweigen. Auch sollte sich das Kollegium – als zentrale Aufgabe – die Frage stellen, wie man sich gegenseitig entlasten kann. Dabei geht es im Wesentlichen um Akzeptanz, Rückhalt und Unterstützung. Feste Absprachen und verbindliche Regeln schaffen Orientierung und Verlässlichkeit. Jede Form von Hektik wirkt letztlich überfordernd.

Kollegiale Kooperation: Die Schule entwickelt sich vor allem dann weiter, wenn die Lehrer gut zusammenarbeiten – und zwar kontinuierlich, am besten in Jahrgangs- und Klassenteams, die als Lernteams konstituiert sind. Die in einer Klasse unterrichtenden Lehrerinnen und Lehrer müssen sich regelmäßig austauschen (z. B. ↗ Beobachtungen vergleichen, erzieherische Probleme beraten, Fördermaßnahmen abstimmen). Auch die inhaltlich abgestimmte Planung und enge Verzahnung des Unterrichts muss Gegenstand der Arbeit im Lehrerteam sein. Dadurch lassen sich Synergieeffekte erzielen, spezielle Fähigkeiten einzelner effektiv einsetzen und mögliche Probleme gezielter lösen.

Jahrgangsteam: Hier bietet sich vor allem die gemeinsame Planungsarbeit an (Stoffverteilung, Wochenplan). Hilfreich kann auch die konkrete gemeinsame Unterrichtsvorbereitung sein. Wichtig ist hierbei, dass man nicht bloß Arbeitsblätter austauscht. Eine Unterrichtsvorbereitung in guter Kooperation kann die Möglichkeit eröffnen, klassenübergreifende Lerngruppen einzurichten, Kinder gezielt zu fördern (↗ Förderplan), den Unterricht methodisch zu öffnen, gemeinsame Projekte zu realisieren. Oft gelten gemeinsame Klassenarbeiten als „Gütesiegel" der Kooperation. Doch damit muss man behutsam umgehen: Unterschiedlich sind nicht nur die Kinder der Parallelklassen, auch die Lehrer, deren Klassenführung und deren Unterrichtsmethoden unterscheiden sich. Hilfreich sind solche Arbeiten dann, wenn sie Anlass zur Überprüfung des eigenen Unterrichts, zu gegenseitiger Hospitation und schließlich zu gemeinsamer Unterrichtsplanung sind.

Aktive Hospitation: Gerät eine Kooperation ins Stocken, kann diese – sehr ertragreiche – Form der Zusammenarbeit positiv wirken. Kollegen hospitieren gegenseitig im Unterricht (persönliches Vertrauen ist Voraussetzung), auch mit gezielten Aufträgen, und beraten anschließend gemeinsam in einem Feedback-Gespräch ihre Eindrücke. Hierbei kommt es zu einem wertvollen Austausch über einzelne Kinder, aber auch über das Lehrerverhalten und über pädagogisch-didaktische Entscheidungen.

Jahrgangsübergreifende Zusammenkünfte: Typische Themen sind hier
• Grundsätze und Leitbilder der pädagogischen Arbeit,
• Fragen der Übergänge,
• spezielle Maßnahmen wie Lesepatenschaften, Klassenpatenschaften und Tutorensysteme,
• Übereinkünfte „technischer Art" wie Farbsysteme für die Kennzeichnung von Fächern, Heften.

Kooperation im Kollegium ist die tragende Säule der Schulentwicklung. Wird dann der Fokus auf kooperative Unterrichtsentwicklung gelenkt, wird es gelingen, die Lernentwicklung der Kinder in den Mittelpunkt zu rücken und damit die Qualität der schulischen Arbeit erheblich zu steigern.

Was Eltern wissen sollten
• Wenn die Lehrer einer Klasse eng zusammenarbeiten, kommt das der bestmöglichen Förderung aller Kinder dieser Klasse zugute.
• Zieht ein Kollegium spürbar an einem Strang, können Eltern sicher sein, dass Kinder sich an der Schule wohl fühlen und auch gern lernen.
• Förderlich ist ein Erziehungskonzept, das Kollegium und Eltern vereinbaren.

Literatur
PHILIPP, E./ROLFF, H.-G. (2004): Schulprogramme und Leitbilder entwickeln. Ein Arbeitsbuch. Weinheim: Beltz
PHILIPP, E./RADEMACHER, H. (2002): Konfliktmanagement im Kollegium. Weinheim: Beltz
Beide Bücher bieten eine Vielzahl von Anregungen, wie man als Kollegium effektiv und vertrauensvoll zusammenarbeiten kann.

Konferenz

* Welche Konferenzen gibt es in der Grundschule?
* Wie sieht eine ansprechende Konferenzgestaltung aus?
* Wie können Eltern sich in Konferenzen an der Schulentwicklung beteiligen?

Durch die selbstständige Schule gewinnen Konferenzen für die Schulentwicklung zunehmend an Bedeutung. Sie können entscheidende Beschlüsse für die Zukunft der Schule fassen, etwa bei der Entwicklung eines ↗ Schulprogramms. Konferenzen sollten regelmäßig, nach einem vorab vereinbarten Rhythmus stattfinden. Dadurch ist für alle Beteiligten eine Verlässlichkeit und Transparenz gewährleistet. Dazu kann im Rahmen einer Jahres- oder Halbjahresplanung ein Konferenzplan mit den Konferenzthemen und -terminen ausgehängt werden.

Arten von Konferenzen (in den Ländern teils unterschiedlich benannt, teils unterschiedliche Funktion): ▪ Lehrerkonferenz: Mitglieder sind alle Lehrer. Die Lehrerkonferenz berät und entscheidet über alle wichtigen Angelegenheiten der Schule. Dazu kann sie Anträge an die Schulkonferenz richten. Der Vorsitzende ist der Schulleiter. ▪ Klassenkonferenz: Mitglieder sind alle in dieser Klasse unterrichtenden Lehrer. Den Vorsitz führt der ↗ Klassenlehrer. Die Klassenkonferenz entscheidet über die Bildungs- und Erziehungsarbeit einer Klasse. ▪ Zeugniskonferenz: In diesem Rahmen berät die Klassenkonferenz über den Leistungsstand der Schüler und trifft Entscheidungen über Zeugnisse und Versetzungen. ▪ Pädagogische Konferenz: Wird eine Klassenkonferenz für einen Schüler einberufen, um z. B. über erzieherische Maßnahmen zu beraten, sind zusätzlich der Klassenpflegschaftsvorsitzende sowie ein gewählter Elternvertreter eingeladen. Die Klassenkonferenz kann dann in dieser Funktion Ordnungsmaßnahmen verhängen. ▪ Die Fachkonferenz: Mitglieder sind alle Lehrer, die das Fach unterrichten. Die Fachkonferenz wählt aus ihrer Mitte einen Vorsitzenden. Mit beratender Stimme nehmen Elternvertreter teil. Die Fachkonferenz berät über alle das Fach betreffenden Angelegenheiten. ▪ Die Schulkonferenz: Hier sind je nach Größe der Schule zu gleichen Teilen von der Lehrerkonferenz gewählte Lehrer sowie von der Schulpflegschaft gewählte Eltern vertreten. Der Vorsitzende ist der Schulleiter. Die Schulkonferenz ist das höchste Mitwirkungsgremium der Schule, in dem alle an der Erziehungs- und Bildungsarbeit Beteiligten zusammenarbeiten.

Vorbereitung: Für eine erfolgreiche Konferenz sind neben einer guten Vorbereitung auch eine sach- und personenorientierte Moderation sowie eine geeignete Ergebnissicherung von Bedeutung. Denn gerade Lehrer- und Schulkonferenzen werden durch einen gleichförmigen Ablauf oft als lästige Verpflichtung erlebt, bei der ein geringes Interesse und eine geringe Beteiligung festzustellen ist. Daher hat es sich als günstig erwiesen, Konferenzen gemeinsam vorzubereiten, z. B. mit einer Steuerungsgruppe oder einem Konferenzteam. Dies fördert auch Identifikation und Verantwortung bei allen Beteiligten. Im Rahmen der Vorbereitung sollte man besprechen, was das Ziel der Konferenz ist, wer die Moderation einzelner Teile übernimmt, welche Arbeitsformen und Methoden gewählt werden, ob eine Tischvorlage erstellt wird, wie der zeitliche Ablauf organisiert ist. Für die Moderation ist eine ansprechende Form der Gesprächsführung wichtig.

Durchführung: Hierfür gelten festgelegte Formalien. Der Vorsitzende lädt eine Woche vorher alle Beteiligten schriftlich ein. In der Einladung müssen neben Datum, Zeit und Ort auch die Inhalte der Konferenz als Tagesordnungspunkte aufgeführt sein. Es ist von Vorteil, wenn auch das Ende der Konferenz mitgeteilt wird. Änderungs- bzw. Ergänzungswünsche zur Tagesordnung kann man rechtzeitig vorher schriftlich einbringen. Tagesordnungspunkte, die nicht besprochen wurden, sind in einer nächsten Konferenz zu besprechen. ▪ Protokoll: Die Inhalte und die Konferenzbeschlüsse werden schriftlich festgehalten. Nur auf Konferenzen lassen sich Beschlüsse per Abstimmung fassen. Bei gleicher Stimmenzahl entscheidet der Vorsitzende. Sollte ein Konferenzteilnehmer verhindert sein, ist er verpflichtet, sich durch das Protokoll über den Inhalt der Konferenz zu informieren. ▪ Beschlüsse: Es muss sichergestellt sein, dass sie umgesetzt werden. Daher sollten Verbindlichkeiten geschaffen werden, die z. B. in einem Handlungsplan mit einer Zeitleiste visualisiert werden. Er sollte die Umsetzung auch dadurch sicherstellen, dass er mit bestimmten Personen oder Teams verknüpft wird, die dafür verantwortlich zeichnen. ▪ Auswertung: Bei der Evaluation kann man die Konferenzgestaltung reflektieren, die Ergebnisse auswerten und Konsequenzen für die nächste Konferenz festlegen.

Was Eltern wissen sollten

- Eltern können sich im Rahmen ihrer Mitwirkungsmöglichkeiten in Konferenzen an der Bildungs- und Erziehungsarbeit in der Schule beteiligen.

Literatur

PHILIPP, E.: Teamentwicklung in der Schule. 4. Aufl. Weinheim: Beltz 2005
  30 Methoden zur Teambildung in der Schule sind so aufbereitet, dass sie auch ohne Beratung von außen in der Schule eingesetzt werden können.

Konfliktgespräche

* Wie kann man ein Konfliktgespräch vorbereiten und durchführen, damit sich die Chance für eine Lösung erhöht?
* Wie kann man Konfliktgespräche nachbereiten und reflektieren, damit sich die Gesprächsführungskompetenz kontinuierlich weiterentwickelt?

Konflikte wechseln oft von der Sach- auf die Gefühlsebene. Dort angekommen, versprechen aktives Zuhören und einfühlendes Verstehen Erfolg. Gleichzeitig gilt es, die eigene Sichtweise klar und aggressionsfrei zu vertreten. Die meisten Reibungen und Spannungen liegen darin begründet, dass zwei Parteien einen Sachverhalt unterschiedlich einschätzen (beide fühlen sich im Recht). Will jede Partei nur ihre Sichtweise durchsetzen, entstehen schnell Konflikte auf der emotionalen Ebene. Der erste Schritt bei der Bearbeitung von Konflikten ist das konstruktive Gespräch.

Vorbereitung des Konfliktgesprächs: ▪ Einen Gesprächsleitfaden als Stütze in Konfliktsituationen (vgl. Philipp/Rademacher 2002) erarbeiten: Er dient zunächst der eigenen Klärung und sorgfältigen Vorbereitung auf das Gespräch. ▪ Klarheit über die eigene Zielsetzung gewinnen: Was will ich erreichen: mich durchsetzen, jemanden überzeugen, klare Grenzen setzen, eine neue Lösung finden? ▪ Positive Einstellung zum Gesprächspartner finden: Dazu muss ich für mich klären, wie ich den Konflikt erlebe und was mich verärgert. Es hilft, das störende Verhalten einzugrenzen und sich die positiven Seiten der Persönlichkeit des anderen ins Gedächtnis zu rufen. ▪ Sich auf ein Gespräch verständigen: Hier ist es wichtig, dem Gesprächspartner gegenüber Wertschätzung zu zeigen und gleichzeitig bei der Vertretung des eigenen Anliegens klar und authentisch zu sein: Dazu sollten Wahrnehmungen, Schwierigkeiten und Erwartungen offen angesprochen werden. „Ich-Botschaften" statt „Du-Aussagen" sind gute „Türöffner".

Verlauf des Konfliktgesprächs: ▪ Zu Beginn sollte man den geplanten Ablauf darlegen und sich das Einverständnis dazu beim Partner einholen. Den Partner bittet man, seinerseits zu schildern, wie er den Konflikt erlebt (dabei aktiv zuhören). Das Ziel ist, zu verstehen, worum es dem Gesprächspartner geht und welche Emotionen bei ihm angesprochen sind (Ärger, Kränkung, Hilflosigkeit). Kommunikationshilfen sind: aufmerksam zu sein, seine Darstellung nach dem eigenen Verständnis zu paraphrasieren, Körpersprache zu beachten, die eigenen Wahrnehmungen zu beschreiben, Verstandenes zusammenzufassen, Gesprächspausen zuzulassen. ▪ Dann formuliert man gemeinsam die Konfliktstruktur, indem man Gemeinsamkeiten und Unterschiede, vor allem Interessen und Bedürfnisse herausarbeitet. Das Feilschen um Positionen führt häufig nicht weiter oder nur zu instabilen Kompromissen, während man auf der Ebene von Interessen eher einen für beide Seiten tragfähigen und nachvollziehbaren Ausgleich erzielen kann.

▪ Ein gemeinsames Ziel festlegen: Beide Seiten verständigen sich darauf, was sie gemeinsam erreichen können oder gegebenenfalls auch müssen. Um ein gemeinsames Ziel handelt es sich dann, wenn beide Seiten darin einen Gewinn sehen („Win-win-Strategie"). ▪ Lösungsvorschläge erarbeiten: Viele verschiedene, auch zunächst aussichtslos erscheinende Lösungsvorschläge sammeln und diese gemeinsam unter verschiedenen Aspekten gewichten. Dieser offene Abwägungsprozess ist für die Tragfähigkeit eines Konsenses entscheidend. ▪ Daraus eine Maßnahme entwickeln: Sie sollte für beide Parteien einen Fortschritt darstellen und verbindlich festgelegt werden. Wenn keine Lösung gefunden werden kann, sollte man zumindest klären, in welchen Punkten bereits eine Übereinkunft erzielt wurde und wie mit dem noch vorhandenen Dissens umzugehen ist – dies stabilisiert die Beziehung.

▪ Die Maßnahme realisieren: Notwendige Bedingungen für ein erfolgreiches Durchführen der vereinbarten Maßnahmen schaffen; gegebenenfalls Dritte informieren oder einbeziehen. Verantwortlichkeiten festlegen: Wer macht was – mit wem – bis wann? ▪ Überprüfen: Man sollte direkt einen Termin festlegen, wie der Erfolg der getroffenen Maßnahmen überprüft oder wann eine erste Zwischenbilanz vorgenommen werden soll.

Nachbereiten und Reflektieren: Um die eigene Gesprächskompetenz kontinuierlich zu verbessern, ist die Reflexion geführter Gespräche die beste Lernquelle. Fragen können sein: Konnte der Gesprächspartner Bedürfnisse einbringen, sich an der Lösungsfindung beteiligen? Wurden Anliegen oder Kritik klar und vorwurfsfrei formuliert? Wie war die Körperhaltung, die Beziehung zu dem Gesprächspartner?

Was Eltern wissen sollten

- Gerade in schwierigen Situationen ist es das Wichtigste, miteinander ins Gespräch zu kommen (Vertrauen fassen, tragfähige Lösungen finden).
- Eltern können sich darauf verlassen, dass Lehrer mit ihnen um die besten Lösungsmöglichkeiten ringen, auch wenn ein Dissens besteht.

Literatur

KLOFT, C./KRELL, J. (2003): Konfliktmanagement im Schulbereich. Bausteine 1 – 4 . In: SchulVerwaltung HRS Heft 9 ff.
Methoden der konstruktiven Gesprächsführung und weitere Strategien der Konfliktbearbeitung werden mit konkreten Umsetzungshilfen erläutert.

Konsequenz

- Warum ist Eindeutigkeit notwendig?
- Wie verbindlich sind Regeln?
- Welche Entwicklungsräume können durch konsequentes Handeln eröffnet werden?

Die Bedingungen für eine gelungene emotionale und soziale Entwicklung bei Kindern sind: die Befriedigung der Grundbedürfnisse nach Nahrung und Pflege, aber auch die Erfüllung des Bedürfnisses nach Beachtung und Zuwendung. Beachtung durch andere dient der Bestätigung des Daseins, der Annahme des Wesens wie es ist – nicht, wie es vielleicht sein sollte. Die Erwachsenen sollen sich auf die – entsprechend der Entwicklung sich ändernden – Bedürfnisse der Kinder sensibel einstellen, damit das Kind zu einer zunehmenden Selbstständigkeit gelangen kann. Es handelt sich um eine Balance, die die notwendige Beachtung und Bedürfnisbefriedigung sicherstellt und gleichzeitig durch klare Signale und Regeln das Leben in der Gemeinschaft regelt.

Eindeutigkeit und Zuverlässigkeit der Signale: Dazu müssen zunächst Mimik, Körperhaltung, Tonfall und Sprache eine stimmige Einheit bilden. Erwachsene müssen klar und eindeutig ausdrücken und auch meinen, was sie sagen. Unklarheiten verunsichern die Kinder. Wenn Kinder nicht wissen, was von ihnen erwartet wird, werden sie selbst aktiv. Die Aktivitäten entsprechen häufig nicht den Erwartungen der Erwachsenen.

Ebenso eindeutig und zuverlässig und damit vorhersagbar sollen die Reaktionen der Erwachsenen auf das Verhalten der Kinder sein. Wie kann bei den Kindern Sicherheit durch Vorhersagbarkeit entstehen? Wie können Disziplinschwierigkeiten, Nichtbefolgen und Widerstand gegen Anweisungen, später Zerstörung und ↗ Gewalt untereinander und gegen Sachen vermindert werden?

Klare Regeln und Konsequenzen vorgeben: Unklare Regeln (Was genau ist gemeint?), Unklarheit über die Gültigkeit (Gilt die Regel immer und für alle?), willkürliche Ausnahmeregelungen (Unter welchen Bedingungen gilt die Regel nicht?) kosten erhebliche Aufmerksamkeit und Energie für alle Beteiligten: In jeder Situation muss über Versuch und Irrtum erneut probiert werden, welche Regel denn heute gelten mag.

Durch eine annehmende Einstellung der Erwachsenen gegenüber den Kindern werden Regeln und Konsequenzen nicht als Einengung und Strafe empfunden, sondern als hilfreiche Entlastung. Wenn Regeln durch konsequentes Anwenden, durch Automatisierung und durch zunehmende Eigensteuerung verinnerlicht sind, brauchen sich die Erwachsenen nicht mehr mit der Durchsetzung der Regeln und Kinder nicht mehr mit dem Widerstand gegen diese Regeln zu befassen. Die Aufmerksamkeit kann sich in der Schule dem Lernen und dem Lehren zuwenden.

Das Schulprogramm zur Umsetzung von Regeln: Lehrerinnen und Lehrer sollten im Rahmen der Schulprogrammarbeit (↗ Schulprogramm) gemeinsam erarbeiten, welche Regeln der Umsetzung eines Erziehungsziels am besten dienen. Auch die schrittweise Umsetzung und mögliche Konsequenzen werden verbindlich verabredet. Die Eltern sollen in die Überlegungen und Verabredungen einbezogen werden. Ein abgestimmtes Verhalten der Erwachsenen vermittelt den Kindern die größte Orientierung und Sicherheit. Auch die Kinder können über ihr eigenes Verhalten und die Konsequenzen entscheiden. Dies sind Schritte zur Eigenverantwortung. Dazu geben wir ihnen Regeln anstelle von Verboten.

Im Kollegium muss geklärt werden: Welche Regel ist so wichtig, dass sie von allen Beteiligten zu jeder Zeit angewandt wird? Welche (wenigen) Regeln wählen wir zunächst aus? Sind diese Regeln auch ohne zusätzliche organisatorische Maßahmen jederzeit durchführbar? Sind die verabredeten Konsequenzen von jedem einzelnen Kollegen jederzeit umsetzbar?

Die an der Erziehung Beteiligten sollten Bedeutungen klar ausdrücken können. Zu dieser Klarheit gehört wesentlich der reife Umgang mit den eigenen Gefühlen: die Selbstwahrnehmung der Emotionen, der gelungene Ausdruck angenehmer und unangenehmer Gefühle, die Kommunikation über Gefühle in verbaler und nonverbaler Form. Professionell Erziehende benötigen diese Kompetenzen als Handwerkszeug.

Überprüfung: Ebenso sind Lehrerinnen und Lehrer verpflichtet, das Ergebnis der Erziehungsbemühungen zu überprüfen. Dies kann gelingen, wenn das Ziel definiert ist und die Indikatoren, an denen das Erreichen des Ziels erkannt wird, zuvor festgelegt werden.

Was Eltern wissen sollten

- Kinder lernen am Verhalten der Erwachsenen. Werden Regeln „mal so, mal so" eingesetzt, verhält sich das Kind nach seinen eigenen Regeln.
- Regeln gelten für alle und zu jeder Zeit, auch für die Erwachsenen. Das ist zu Beginn oft anstrengend. Aber die Anstrengung lohnt sich.

Literatur

Bergsson, M./Luckfiel, H. (1998): Umgang mit „schwierigen" Kindern. Berlin: Cornelsen Scriptor
Vorschläge für die diagnostische Arbeit, Förderpläne und Handlungskonzepte

Konzentration

* Ist Konzentrationsfähigkeit eine allgemeine, unveränderliche Eigenschaft? Oder bedingt sie sich durch inhaltliche und situative Faktoren?
* Was sind Gründe für Konzentrationsstörungen? Welche Angebote sind sinnvoll?

Konzentration ist eine wichtige Bedingung des Lernens, da dadurch die Art der Informationsaufnahme und -verarbeitung gesteuert wird: Genauigkeit, Umfang, Dauer. Störungen beeinträchtigen nicht nur das individuelle Lernen, sondern führen auch im Verhalten zu Problemen, die den gesamten Unterrichtsverlauf beeinträchtigen können.

Die Begriffe ↗ Aufmerksamkeit und Konzentration werden oft synonym verwendet. Aber Aufmerksamkeit meint: Ein Mensch wendet sich bewusst bestimmten Reizen zu, Konzentration: Diese Hinwendung gelingt über einen längeren Zeitraum (z. B. bis ein Arbeitsvorgang beendet ist).

Sachbezogene Aufmerksamkeit und Konzentration: Sie gelten als eigentlicher Motor des Lernens. Damit wird die Auffassung infrage gestellt, es gäbe eine allgemeine Fähigkeit der Konzentration, unabhängig von der Aufgabenstellung oder der Motivation. Ein Kind, von einer Aufgabe wirklich fasziniert, kann erstaunlich lange daran verweilen – außer es ist sehr müde, hat großen Kummer oder leidet unter anderen Belastungen.

Konzentrationsstörungen: Ein wichtiger Grund dafür kann das Fehlen von sachbezogener Konzentration sein, gegebenenfalls verbunden mit einem langweiligen Unterricht (wenig Rhythmisierung, monotone Aufgaben). Weitere Gründe sind: Müdigkeit, Bewegungs- und Sauerstoffmangel, Hunger und Durst, falsche Ernährung, zu hoher Fernseh- und Computerkonsum; akute Sorgen, Belastungen, Ängste, Schwierigkeiten in der Gruppe, nicht geklärte Konflikte, Entwicklungsverzögerungen in ↗ Wahrnehmung und ↗ Motorik; fehlende Vorkenntnisse, Über- oder Unterforderung. Gründe können auch in der Lernumgebung liegen: fehlende Anregungen, Reizüberflutung. Immer mehr Kinder erhalten heute eine Diagnose wie ADHS (↗ Teilleistungsstörungen). Damit sollte man aber vorsichtig sein, da die Zahl der betroffenen Kinder viel geringer ist als angenommen.

Konzentration unterstützen: Hier geht es darum, eine lebendige, konstruktive Arbeitsatmosphäre zu bieten, bei der die Kinder ein Gefühl für das Hier und Jetzt mit seinen momentanen Erfordernissen bekommen, ohne ziellos und hektisch Reizen und Impulsen ausgesetzt zu sein. Dabei hilft:

▪ Voraussetzungen für Konzentration schaffen: eine anregungsreiche, störungsfreie Lernumgebung und positive Arbeitsatmosphäre (↗ Klassenraum); mögliche Störungen antizipieren; gemeinsam überlegen, wie damit verfahren wird; Arbeitsplatz vorbereiten und Materialien bereitlegen. ▪ Gedanken und ▪ Gefühle ordnen: persönlichen Bezug zu den Aufgaben bedenken; Ziele bekanntgeben, zwischen Pflicht- und Küraufgaben unterscheiden; gemeinsam überlegen, was stört und wie damit zu verfahren ist. ▪ Sachbezogene Konzentration ermöglichen: Inhalte an den Interessen orientieren; spezifische Lebenssituation berücksichtigen; Schülerwünsche aufgreifen; handlungs- und projektorientiertes Arbeiten berücksichtigen; Interesse durch problemorientierte Fragestellungen wecken (↗ Offener Unterricht). ▪ Vernetztes Lernen anregen: vielfältige Methoden anbieten; Eigenaktivität in den Vordergrund stellen; in Sinnzusammenhängen lernen; Problem- und Fragestellungen von mehreren Perspektiven aus untersuchen lassen. ▪ Wahrnehmung und Motorik ansprechen: etwas fühlen, sich bewegen, sich spüren – sich zwischendurch rittlings auf den Stuhl setzen, auf einem luftgefüllten Sitzkissen (Sitzball) sitzen; Hand- und Fingerübungen machen; sich gegenseitig über eine geklebte Tesakrepp-Linie ziehen. ▪ Energie mobilisieren: Sauerstoffzufuhr ermöglichen – Fenster öffnen und sich bewegen lassen; Rhythmus von Spannung und Entspannung beachten, Lernpausen anbieten (spätestens nach 30 Minuten); ermutigen und oft gemeinsam lachen. ▪ Hilfen zur Eigensteuerung geben: sich selbst instruieren: – *Ich arbeite jetzt zehn Minuten, ohne aufzuschauen ... Ich bearbeite fünf Aufgaben und dann mache ich eine kleine Pause ... Ich suche nach Entlastung, wenn ich mich nicht mehr konzentrieren kann.*

Was Eltern wissen sollten

- Mehr Bewegung an der frischen Luft ist sinnvoller als Trainingsprogramme zur Konzentrationsförderung am Computer.
- Obst und Mineralwasser sind als Pausensnack besser geeignet als Schokoriegel und Softdrinks (Angebot in der Klasse, wenn Eltern dies organisieren oder finanzieren).
- Kinder, die Kummer haben oder chronisch unausgeschlafen sind, können nicht konzentriert arbeiten. Hier ist nach Abhilfe zu suchen.

Literatur
BRAUN, D./SCHMISCHKE, J. (2006): Mit Störungen umgehen. Berlin: Cornelsen Scriptor
    Praxisnahe Empfehlungen, wie sich Aufmerksamkeit und Konzentration unterstützen lassen
LIEBERTZ, CH. (2002): Das Schatzbuch des ganzheitlichen Lernens. München: Don
    Bosco/Spectra
    Viele Anregungen und Spiele, die gut in den Unterricht zu integrieren sind und auch
    als Lernspiele umfunktioniert werden können

Kopfnoten

- Sind Kopfnoten geeignet, Schülerverhalten zu beurteilen?
- Lässt sich Schülerverhalten in einer Note zusammenfassen?
- Wie kann man im Kollegium zu einem Konzept kommen, das einigermaßen verlässliche Urteile gewährleistet?

Der staatliche Erziehungsauftrag ist nicht auf Wissensvermittlung beschränkt; vielmehr soll die Schule auch zur Persönlichkeitsentwicklung beitragen und Schüler zu einem selbstverantwortlichen Mitglied der Gesellschaft heranbilden (Beschluss des Obersten Verwaltungsgerichts). Deshalb darf die Schule auch das Verhalten beurteilen. Die Beurteilung darf man allerdings nicht mit der Beurteilung der Leistungen in den Fächern vermengen. Deshalb sind also eigene Kopfnoten sinnvoll.

Bobachten, beurteilen und Noten geben: ▪ Ohne professionelles ↗ Beobachten werden Kopfnoten eher „aus dem Bauch heraus" gegeben. Deshalb ist zu empfehlen: Beobachtungsstichproben vorzunehmen (langfristig und gezielt einzelne Schüler beobachten); zu hospitieren (bei gutem Vertrauensverhältnis, vorab über die Beobachtungsrichtung verständigen); Teambesprechungen durchzuführen (eigene Beobachtungen austauschen, sich auf blinde Flecken aufmerksam machen, über Konsequenzen verständigen). Für das ▪ Notieren ist das persönliche Unterrichtstagebuch ein praktikables Instrument (wenig zeit- und arbeitsaufwändige Form) ▪ Beurteilen: Versucht man die Fülle der Informationen auf Ziffern (möglichst gerechte Noten) und Worte (möglichst zutreffende Beschreibungen) zu verdichten, treten zwangsläufig Irrationalitäten und Denkfehler auf (Dollase). ▪ Noten und Beschreibungen: Man kann die Kopfnoten gegebenenfalls durch Texte begründen, veranschaulichen und relativieren. Texte und Noten dürfen sich dann jedoch nicht widersprechen, man muss sie in Passung bringen. Statt solcher Beschreibungen eignet sich auch das persönliche Gespräch mit dem Kind im Rahmen der Zeugnisausgabe oder das Gespräch mit den Eltern (besser zusammen mit ihrem Kind) z. B. am Elternsprechtag.

Beurteilungsmaßstab der Schule: Will man beurteilen, wie sich jemand verhält (ob er sich anstrengt oder sich durchmogelt, hilfsbereit ist oder egoistisch), dann muss man ein Kriterium haben, einen Maßstab, an dem man das Verhalten misst. Dazu muss sich die Schule auf Indikatoren einigen: Beobachtungs- und Beurteilungsaspekte lassen sich weder aus der Verfassung, noch aus dem Schulgesetz oder den Richtlinien linear deduzieren. Die Konkretisierung der erzieherischen Aufgabe kann nur die einzelne Schule selbst vornehmen. Was nicht in der Schule vorgelebt und was nicht konsequent realisiert wird, kann keinen erzieherischen Erfolg versprechen. Insofern sind Urteile über andere immer auch Urteile über sich selbst. Wünschenswertes Verhalten, Einstellungen und Haltungen lassen sich nur in einem erziehenden Unterricht vermitteln; dieser muss hierfür selbst ein Übungsfeld sein. Denn Tugenden und Einstellungen erwachsen nicht aus Worten, sie müssen in der Schule täglich erlebt, erprobt und erfahren werden (↗ Konsequenz).

Ihre erzieherischen Ziele wird die Schule in ihr ↗ Schulprogramm aufnehmen, als Ausweis dessen, welche Vorstellungen sie von Unterricht und Erziehung hat und welche Erwartungen damit an Eltern und Schüler geknüpft sind. Amtliche Verhaltenskataloge verbieten sich allein schon aus Achtung vor der Erziehungsfähigkeit von Schule und Elternhaus.

Selbstüberprüfung: Um Verhalten verlässlich beurteilen zu können, sollte man eine möglichst breite Palette von Informationsquellen nutzen und dabei auch die Qualität des eigenen Unterrichts und der erzieherischen Arbeit auf den Prüfstand stellen. Dazu dienen Selbstaussagen und Metakommunikation über Unterricht und über Lernen. Auch sollte man den Schülern Gelegenheit geben, sich zur Beurteilung durch ihre Lehrer zu äußern. Sie sind schon früh in der Lage, sich selbst realistisch einzuschätzen (Beispiele für Beurteilungskategorien zur Unterrichtsqualität aus Schülersicht, für Übersichten und Listen zu Kurzbefragungen bei HELMKE 2003).

Koordinierungsaufgabe des Klassenlehrers: Die Kopfnoten müssen – wie die Texte auch – mit den in der Klasse unterrichtenden Lehrern abgestimmt sein. Der ↗ Klassenlehrer schlägt die Noten vor, die anderen Lehrer bestätigen; dann sind Diskrepanzen im Urteil zu klären (Ursachen für Abweichungen: Unterrichtskonzept, Klassenführung, andere pädagogische Wertvorstellungen). Eventuell sind ergänzende Beschreibungen für ein bestimmtes Fach erforderlich. Auf keinen Fall sollte man aus mehreren Noten die Durchschnittsnote errechnen.

Was Eltern wissen sollten

- Es ist sehr schwer, Verhalten zutreffend zu beurteilen. Die Beurteilung hängt auch von der Einstellung und den Erwartungen des Lehrers ab.
- Schlechte Kopfnoten sollten Anlass zum Gespräch mit dem Lehrer sein.

Literatur

DOLLASE, R. (2005): Von der Arroganz der Beurteilungssicherheit. Gegen die Arroganz der Beurteilungssicherheit – die mehrperspektivische Beurteilung. In: SchulVerwaltung NRW Nr. 11 und Nr. 12
Dollase zeigt sehr anschaulich die Probleme auf, die sich beim Beobachten und Beurteilen von Verhalten ergeben.

Lehrerpersönlichkeit

* Was macht den „guten Lehrer" aus?
* Ist man die „geborene Lehrerpersönlichkeit" – oder wird man sie?
* Wie kann man sich im Unterrichtsalltag weiterentwickeln?

Wenn Kinder gefragt werden, wie sie sich ihre Lehrer wünschen, so stehen oft an oberster Stelle Humor und Freundlichkeit. Ebenso wünschen sich Kinder gerechte Lehrer, die durchaus auch einmal streng sein dürfen. **Der Lehrer als Erzieherpersönlichkeit:** Wenn sich Erwachsene an eine besonders positiv nachwirkende Lehrerpersönlichkeit aus der eigenen Schulzeit zurückerinnern, so sind es, neben der Begeisterungsfähigkeit für ein bestimmtes Fach, in erster Linie menschliche Qualitäten wie Geduld, Freundlichkeit, Humor sowie eine natürliche, humane Autorität und Authentizität, die einen guten Lehrer auszuzeichnen scheinen. MARTIN BUBER hat formuliert, dass der Lehrer durchaus „kein sittliches Genie sein muss", er müsse aber wahrhaftig sein. Kinder nehmen sensibel wahr, ob es die Erwachsenen ehrlich meinen, und sie merken genau: Von diesem Lehrer kommt Gutes, auch wenn er vielleicht manchmal streng ist, er nimmt uns an und ernst, er fordert etwas von uns, aber er lässt uns auch Freiräume. **Natürliche Autorität:** Eine natürliche Autorität erwirbt sich ein Lehrer vor allem durch sein menschliches und authentisches Wirken. Die Echtheit ist damit ein entscheidendes Kriterium für eine positiv wirkende Lehrerpersönlichkeit. Ob es gelingt, in der Klasse ein positives, angst- und stressfreies sowie lernförderliches Lernklima herzustellen, hängt ganz entscheidend von der Lehrerpersönlichkeit ab. Das soziale Miteinander wird wesentlich durch seine Vorbildwirkung geprägt: Wie begegnet der Lehrer den Kindern? Ist sein Umgangston reversibel? Wie verhält er sich in Konfliktsituationen? Ist er ebenso höflich zu den Kindern, wie er es auch von ihnen erwartet? Grüßt er z. B. auf dem Gang? Kann er Fehler eingestehen, um Verzeihung bitten? **Die Lehrerpersönlichkeit im Unterricht:** Auch wenn der Lehrer heute in vielen Unterrichts- und Lernphasen „zurücktritt", weil eben das eigenaktive Lernen und selbstständige Arbeiten der Kinder in den Vordergrund rücken, bleiben sein persönliches Wirken, sein Vorbild sowie seine Führungskompetenz im Unterricht entscheidende Kriterien dafür, ob Freude am Lernen und Leisten, wache Orientierungsbereitschaft und Interesse bei den Kindern aufgebaut werden. Gute Lehrerpersönlichkeiten können die Kinder begeistern und mitreißen. Sie zeigen, dass sie selbst Freude und Interesse an den Lerngegenständen haben, und sie schaffen klare und strukturierte

Lernsituationen. Sie können gut erzählen und erklären (auch das wünschen sich die Kinder). Ein guter Lehrer muss dazu sicherlich über professionelle fachliche Kompetenz verfügen, aber er muss nicht alles wissen. Vielmehr gehören gerade das eigene Neugierigsein und -bleiben, das eigene Fragen zu wichtigen Qualitäten eines Lehrers in jeder Form von Unterricht. Auch in den selbstgesteuerten Lernphasen ist die Lehrerpersönlichkeit wirksam: Gute Lehrer sind vor allem gute Beobachter und aktive Zuhörer. Sie sind darum bemüht, die Lernwege und Denkweisen ihrer Kinder zu verstehen. Sie können sich an den richtigen Stellen zurücknehmen, sind aufmerksame und kompetente Berater, wenn Kinder individuelle Lernhilfen oder Rückmeldung brauchen.

Die Lehrerpersönlichkeit im Kollegium und in der Öffentlichkeit: Lehrer sind in ihrem Berufsfeld im vielfältigen Austausch und Kontakt mit zahlreichen Partnern: Eltern und Erzieherinnen der ⟋ Kindertageseinrichtungen, ⟋ Kollegium und ⟋ Schulleitung, weiteren außerschulischen Ansprechpartnern. Hier sind immer wieder professionelles, kompetentes Auftreten, fachlich reflektiertes Argumentieren gefordert, ebenso Gesprächsoffenheit, Dialogfähigkeit, Konflikt- und Vereinbarungsfähigkeit, aber auch Abgrenzungsfähigkeit. Schließlich sind Lehrer immer auch – im Wortsinne – Anwälte der Kinder, die sich für deren Wohl und Zukunft einsetzen.

Kritische Selbstreflexion und professionelle Weiterentwicklung: Beides sind weitere wesentliche Aspekte des Lehrerberufes. Dazu gehören die Bereitschaft und Fähigkeit, neue Ideen zu entwickeln und innovativ im Rahmen der Unterrichts- und Schulentwicklung zu wirken. Darüber hinaus ist Evaluationskompetenz als die Fähigkeit, sein eigenes Handeln kritisch zu hinterfragen, zu analysieren und zu optimieren, heute von jedem Lehrer gefordert. Dazu gehört auch die Bereitschaft, sich selbst an objektiven Kriterien zu messen und Fremdevaluation zu akzeptieren (⟋ Evaluation).

Was Eltern wissen sollten

• Vor allem menschliche Qualitäten wie Geduld und Gerechtigkeit, Freundlichkeit und Humor, natürliche Autorität und Authentizität zeichnen Lehrerpersönlichkeiten aus – natürlich neben fachlichem Know-how.

• Die Lehrer einer Schule sind sehr unterschiedliche Persönlichkeiten. Gleichwohl kann man von ihnen verlangen, dass sie in den Kernfragen von Unterricht und Erziehung „an einem Strang" ziehen.

Literatur

MILLER, R. (2007): Lehrer lernen. Weinheim: Beltz
Ein Arbeitsbuch, das gelingende kommunikative Situationen in den Blick nimmt

Lehrplan

* Was sind wesentliche übergeordnete Aspekte in Lehrplänen?
* Wie konkretisiert sich ein Lehrplan im tagtäglichen Unterricht?
* Wie ist das Verhältnis Lehrplan – Standards?

Lehrpläne sind, neben fixierten Stundentafeln und schulischen Rahmenbedingungen im weiten Sinn, die zentral steuernden Vorgaben für den Unterricht in Schulform, Klassenstufe und Fach. Ziele und Inhalte von Lehrplänen sind verbindlich, nicht jedoch die oft vorfindbaren didaktisch-methodischen Empfehlungen. In jedem Fall eröffnet ein Lehrplan ausreichend Möglichkeiten, um den pädagogischen Freiraum – passgenau auf die einzelne Klasse abgestimmt – voll ausschöpfen zu können.

Lehrplangenese: Lehrpläne unterliegen einer Verfallszeit, denn aktuelle Tendenzen der Fachwissenschaften und der Didaktik sind ebenso enthalten wie Entwicklungen der Erziehungswissenschaften, der pädagogischen Psychologie oder allgemeinpolitische Entscheidungen. Sind die Veränderungen und Paradigmenwechsel nicht mehr ignorierbar, wird von Fachkommissionen ein neuer Lehrplan konzeptioniert und vom zuständigen Ministerium genehmigt.

Jeder Lehrplan beachtet drei verfassungsrechtliche Aspekte: ▪ 1. Leistungsprinzip: Er muss den aktuellen allgemeinen und fachbezogenen wissenschaftlichen Stand präsentieren und der Schulart oder Schulform angemessen sein. ▪ 2. Neutralitätspflicht – Indoktrinationsverbot: Schüler sind über verschiedene Standpunkte so zu informieren, dass sie sich ihre eigene Meinung bilden können. Eine Kultusverwaltung darf keine Vorfestlegungen treffen. ▪ 3. Verbindlichkeit: Es ist klar zu benennen, was verbindlich ist und wo (begründete) Abweichungen möglich sind (pädagogischer Freiraum).

Der Lehrplan in der tagtäglichen Arbeit: Jeder Lehrer plant seinen Unterricht auf der Basis des gültigen Lehrplans – und nicht etwa nach Schulbüchern und Arbeitsheften. Dabei sind mehrere, unterschiedlich konkrete Umwandlungen der amtlichen Vorgaben möglich und nötig:

* Ein Lehrplan für eine Jahrgangsstufe an der Schule: Diesen sprechen die Kollegen am besten gemeinsam ab; sie verteilen Themen über das Jahr mit Blick auf Besonderheiten des Schulumfeldes (Wohin führen sachkundliche Exkursionen? Wann ist es günstig? Muss man dafür Klassen zusammenlegen? Wann finden ↗ Klassenfahrten statt?) und schulinterne Verabredungen (Zeitpunkt von gemeinsamen Leistungsfeststellungen; Veranstaltungen …). Das Kollegium hat hier einen großen Gestaltungsspielraum.

- Ein Klassenlehrplan, der auf die Bedürfnisse der eigenen Klasse abgestimmt ist und Stoff sowie Vorhaben vorab grob so verteilt, wie es für die Kinder günstig und sinnvoll ist: Was ist am Schuljahresbeginn zu wiederholen? Wie verteilen sich die verbindlichen fachlichen Schwerpunkte über das Jahr? Welche übergreifenden Vorhaben (Klassenzeitung, Theaterprojekt ...) muss man mitbedenken? An welchen Stellen und in welcher Form nutzt man seinen Gestaltungsspielraum?
- Ein Wochenlehrplan mit konkreten Planungen für jeden Tag und jede Einheit: Hier sollte nicht nur die fachlich und sachlich logische Sukzession von Zielen und Inhalten Platz haben, sondern auch Vorüberlegungen zu differenzierenden und individualisierenden Maßnahmen, zu Gruppenbildungen, zu freien Lesephasen, Freiarbeitsphasen usw. Es empfiehlt sich, in Einheiten, nicht in Schulstunden zu denken. Ein Wochenlehrplan sollte nicht als starre Vorfestlegung betrachtet werden, sondern möglichst flexibel handhabbar sein, um auf all die unplanbaren Dinge im Lernen der Kinder und im Schulalltag reagieren zu können.

Verhältnis Lehrplan – Standards: Die KMK-Standardvereinbarungen ersetzen keinesfalls die Lehrpläne, sondern ergänzen sie. In Lehrplänen sind Ziele und Inhalte festgeschrieben, die ↗ Standards lenken den Blick auf sachbezogene Kompetenzen, die ein Kind am Ende eines Ausbildungsabschnittes verbindlich erreicht haben sollte. Die Standards sind die Grundlage für jährliche ↗ Schulleistungstests.

Was Eltern wissen sollten

- Lehrpläne haben Rechtscharakter; sie sind die Grundlage für die Unterrichtsgestaltung. Sie enthalten verbindliche Vorgaben (Ziele und Lerninhalte, übergreifend und fachbezogen), aber auch Anregungen/Beispiele (Themen und Methoden).
- Jeder Lehrer hat einen pädagogischen Freiraum, den er innerhalb des vorgegebenen Rahmens nutzen kann.
- Lehrpläne werden durch die Kompetenzfestlegungen der Standards ergänzt und erweitert. Die Standards sind in allen Bundesländern gleichermaßen verbindlich.

Literatur
Bartnitzky, H. u.a. (2006): Eltern-Kursbuch Grundschule. Kinder fördern, fordern und erziehen. Berlin: Cornelsen Scriptor
Grundlegende Beiträge zu Hauptthemen und ein Lexikonteil zu Detailfragen
Roth, L. (Hrsg.) (2001): Pädagogik. Handbuch für Studium und Praxis. 2. Aufl. München: Oldenbourg
Umfassendes Kompendium mit namhaften Autoren aus allen Bereichen

Leistung

- Welche pädagogischen Aspekte enthält der Leistungsbegriff?
- In welchem Zusammenhang steht die Leistungserziehung mit Lernqualität und Aufgabenkultur?
- Wie erfolgt eine pädagogische Leistungserziehung?

Leistung als pädagogischer Begriff: Der Begriff Leistung ist im Bereich der Schullandschaft ein vieldiskutierter „Schlüsselbegriff". Noch zu häufig steht er dabei leider im alleinigen Zusammenhang mit Bewertung, Klassenarbeiten oder Noten und damit mit der Auslesefunktion der Grundschule. Leistungserziehung bedeutet aber weit mehr, als Schüler zu prüfen und zu bewerten. Leistungserziehung in der Schule ist in erster Linie eine pädagogische Aufgabe: Es geht im Kern darum, jedes Kind in seiner individuellen Leistungsfähigkeit bestmöglich zu fördern und seine Lern- und Leistungsfreude zu entwickeln oder überhaupt erst zu entfachen. Diesen Anspruch hat jedes Kind, unabhängig von seinen individuellen Voraussetzungen, seiner Begabung, seiner Sprache und seiner sozialen Herkunft. Leistungserziehung in der Grundschule ist auf Lernen, Fördern und Können gerichtet, nicht auf Auslesen oder gar Versagen. Kinder wollen lernen und etwas leisten, erst über Könnenserfahrungen wachsen sie und entwickeln ein positives Selbstwertgefühl und ihre Identität.

Gute Aufgaben: Obliegenheit aller Lehrerinnen und Lehrer ist es, über gestellte Aufgaben und Anforderungen Leistungen zu fördern und grundlegende Kenntnisse, Einsichten und Fähigkeiten bei allen Kindern nachhaltig zu sichern. Gute ↗ Aufgaben sind dabei der entscheidende Schlüssel für gute Leistungen. Wer „Leistungsqualität fördern will, muss Lernqualität fördern" (E. RÖBE) – und damit Aufgabenqualität.

Leistungserziehung: Sie kann nur in angstfreien Lernsituationen erfolgen. Kinder müssen dabei erfahren, dass Fehler als Zwischenschritte selbstverständlich zum Lernen gehören, sie erbrachte Leistungen verbessern und überarbeiten können und ihnen ihre Lehrerin oder ihr Lehrer dabei hilft, zu guten Leistungen zu gelangen. Dazu brauchen Kinder individuell passgenaue Rückmeldungen. In diesem Zusammenhang sind auch die Leistungsbewertungen zu sehen.

Neben der Arbeit an gemeinsamen Aufgaben erfolgen ganz wesentliche Prozesse der Leistungserziehung in selbst gesteuerten Lernphasen, z. B. in der ↗ Freien Arbeit, der Wochenplanarbeit oder bei Projekten (↗ Offener Unterricht). In diesen Lernsituationen erproben und erfahren die Kinder, sich selbst Ziele zu setzen, Arbeiten zu planen, die Zusammenarbeit mit anderen Kindern zu organisieren, Ergebnisse zu präsentieren. Schließlich geht es in der Leistungserziehung darum, dass Kinder bereit und fähig werden, sich aus eigenem Antrieb heraus Aufgaben und Ansprüchen zu stellen, Interessen nachzugehen, auftretende Schwierigkeiten zu überwinden und die eigene Leistung selbstkritisch einschätzen zu können.

Soziales Lernen: Leistungserziehung heißt zugleich ↗ soziales Lernen: Im Zusammenleben und Miteinanderlernen erfährt das individuelle Leistenkönnen des Kindes eine wichtige Bereicherung: Leistungen werden über vielfältige Formen der Kooperation und im Dialog mit anderen erbracht. Gegenseitige Hilfe und Unterstützung sind dabei selbstverständliche Aspekte.

Pädagogischer Leistungsbegriff: Er hat sich in den Richtlinien und Lehrplänen seit langem etabliert. Konzeptionen, die entsprechende Konsequenzen für die ↗ Leistungsbewertung vorsehen, liegen ebenfalls vor. Die Schulpraxis dagegen ist noch von vielen längst überholten Leistungsritualen durchzogen, die sich hartnäckig halten und die in Diskrepanz zu den pädagogischen Zielsetzungen stehen: Lernen in Wettbewerbssituationen, unnötiger Notendruck, klasseninterne Rennen um die schnellste Rechenlösung, das beste Diktat, die vortrefflichste Hausaufgabe. Auch wenn in vielen Ländern Noten- und Zeugnisvorgaben den Lehrer in das Spannungsverhältnis zwischen „Fördern und Auslesen" bringen, so liegt es in der Verantwortung des Einzelnen, in welchem erzieherischen Klima die Leistungserziehung in seiner Klasse erfolgt und welche Kultur des Umgangs mit Schülerleistungen er in seiner Klasse pflegt.

Was Eltern wissen sollten

• Die Grundschule will Leistungen fördern – allerdings nicht einseitig als Vorbereitung für weiterführende Schulen. Jedes Kind hat Anspruch auf bestmögliche, individuelle Förderung seiner gesamten Persönlichkeit, und damit auch seiner Leistungsfähigkeit.

• Als Leistungen zählen nicht nur abprüfbare Ergebnisse, sondern auch der Prozess, der zum Produkt führt, ebenso vielfältige soziale und praktische Bereiche.

Literatur

BARTNITZKY, H./PORTMANN, R. (Hrsg.) (1992): Leistung der Schule – Leistung der Kinder. Frankfurt/M.: Arbeitskreis Grundschule e.V.

BARTNITZKY, H./SPECK-HAMDAN, A. (Hrsg.) (2004): Leistungen der Kinder wahrnehmen – würdigen – fördern. Frankfurt/M.: Arbeitskreis Grundschule e.V.
Beide Bände zeigen auf, wie individuelle Förderung und eine pädagogische Leistungserziehung in der Grundschule möglich sind.

Leistungsbewertung

*   Was hat Leistungsbewertung mit Lernen, Beraten und Fördern zu tun?
*   Welche Möglichkeiten der Leistungsbewertung gibt es?
*   Warum lösen Klassenarbeiten den pädagogischen Auftrag nicht ein?

Der in den Lehrplänen für die Grundschule im Mittelpunkt stehende pädagogische Lern- und Leistungsbegriff (➚ Leistung) erfordert ein Pendant in unserer Kultur der Leistungsbeachtung und Leistungsbewertung.
Leistungsbewertung als pädagogische Aufgabe: Das Bewerten der Leistungen von Kindern ist eine pädagogische Aufgabe, sie ist in den Prozess des Lernens, Beratens und Förderns eingebunden:
Unsere Rückmeldungen an das Kind müssen stets im pädagogischen Dialog mit ihm, dabei durchaus sachlich-kritisch, erfolgen:

*   Wie ist deine Leistung zustande gekommen?
*   Was ist gelungen an der Arbeit?
*   Was fehlt deiner Arbeit noch für eine wirklich gute Leistung?
*   Was sind deine nächsten Lernschritte?

Kinder sind auf diesen klärenden Austausch mit dem Erwachsenen angewiesen, sie benötigen Qualitätskriterien und Orientierung für ihre weiteren Anstrengungen sowie die Anerkennung und das Vertrauen des Erziehers, damit sie auch die nächsten Schritte mit Zuversicht bewältigen können.
Problem Klassenarbeit: Die ➚ Klassenarbeit – heute noch an vielen Schulen die gängigste und oft einzige Form der Leistungsbewertung – wird diesen pädagogischen Ansprüchen in keiner Weise gerecht. Sie ist durch andere Formen zumindest zu ergänzen, wo möglich, zu ersetzen. In der Literatur sowie in der Schulpraxis liegen dazu vielfältige Erfahrungen vor, z.B. mit Fertigkeitsbescheinigungen, Leistungszertifikaten, Arbeit mit ➚ Lerntagebüchern, ➚ Portfolios usw.
Transparenz: Durch diese pädagogischen Formen der Leistungsbeachtung und -bewertung treffen Lehrerinnen und Lehrer mit den Lernenden eine Leistungsvereinbarung und legen die Bewertungskriterien und den zu erreichenden Qualitätsstandard offen. Auch mit den Kindern gemeinsam erarbeitete Gütekriterien für die Bewertung einer Leistung sind denkbar. Dies fördert den Blick für Qualität und gelungene Leistungen.
Verbesserung: In jedem Fall sollten Kinder die Möglichkeit der Überarbeitung und der Verbesserung erbrachter Leistungen haben, schließlich geht es bei der Leistungserziehung um Leistungssteigerung. Leistungsbewertung umfasst demnach immer sowohl die Prozesse als auch die Ergebnisse erbrachter Leistungen.

Vielfalt: Pädagogische Leistungsbewertung erkennt die Vielfalt des Leistungsspektrums von Kindern an. Dazu gehören auch Leistungen, Ergebnisse und Werke der Kinder, die in selbstständigen Lernphasen und kooperativen Lernsituationen erbracht werden. Auch besondere individuelle Leistungen eines Kindes bedürfen der Würdigung, z. B. in Form eines Diploms für eine übernommene Patenschaft, einer Bestätigung über einen gehaltenen Vortrag, einer Urkunde für einen Forscher usw.

Punktuelle Leistungsfeststellung: Sicherlich geht es immer auch darum, zu überprüfen, was ein Kind zu einem bestimmten Zeitpunkt kann und welche Kenntnisse und Fähigkeiten bei ihm noch nicht gesichert sind. Aber auch hier darf die Leistungsbewertung nicht mit dem Test und dem Ergebnis enden: Das Noch-nicht-Können bei einem Kind signalisiert in erster Linie einen Auftrag an den Lehrer, individuelle Lernhilfe für dieses Kind zu leisten. Jedes Kind in der Grundschule hat Anspruch auf bestmögliche Förderung und gesicherte Grundlagen (↗ Förderplan).

Mündliche Leistungen bewerten: Was das Mündliche betrifft, besteht oft eine große Unsicherheit, ob und was zu bewerten ist. Gut wäre es, wenn sich ein Kollegium auf der Basis der Standardformulierungen ein Konzept geben würde. Denn nur dann über den Daumen gepeilte Leistungen heranzuziehen, wenn eine Note schwankt, wird dem überragenden Gewicht des Mündlichen im Alltag nicht gerecht – das gilt für alle Fächer.

Was Eltern wissen sollten

* Leistungsbewertung in der Grundschule kann in vielfältigen Formen erfolgen. Nicht nur über Klassenarbeiten werden die Leistungen der Kinder festgestellt.
* Das Wichtigste für Kinder ist, dass der Lehrer gerecht ist. Das Kollegium setzt durch Absprachen und Kontrolle alles daran, das zu erreichen.
* Es gibt eine Reihe gut erprobter Formen der Leistungsdokumentation, die zu einer individuell objektiveren Leistungsbewertung beitragen.
* Kinder sollten zu der Leistungsbewertung selbst Stellung nehmen dürfen.

Literatur
BARTNITZKY, H./SPECK-HAMDAN, A. (Hrsg.) (2004): Leistungen der Kinder wahrnehmen – würdigen – fördern. Frankfurt/M.: Arbeitskreis Grundschule e.V.
Das Buch zeigt individuelle Möglichkeiten der Leistungserziehung auf.
WINTER, F./VON DER GROEBEN, A./LENZEN, K.-D. (Hrsg.) (2002): Leistung sehen, fördern, werten. Neue Wege für die Schule. Bad Heilbrunn: Klinkhardt
25 Artikel zu einer neuen Leistungsbewertungskultur in der Schule

Lernschwierigkeiten

* Wie lassen sich verschiedene Perspektiven zur Beschreibung von Lernschwierigkeiten gelungen miteinander verbinden?
* Welche Aufgaben hat die Grundschule bei Lernschwierigkeiten? Wo sind Grenzen zu ziehen?
* Wie lassen sich Lernschwierigkeiten feststellen und beheben?

Die Aufgabe der Grundschule besteht einerseits darin, Lernschwierigkeiten rechtzeitig zu erkennen, zu beschreiben, einen ↗ Förderbedarf zu formulieren und geeignete Mittel der Förderung zu ergreifen. Andererseits soll sie im Bewusstsein ihrer Grenzen einen eventuellen sonderpädagogischen Förderbedarf in Betracht ziehen.

Beschreibung von Lernschwierigkeiten: Sie erfolgt häufig aus verschiedenen Perspektiven heraus: aufgabenbezogen (Aufgaben mit Zehnerübergang gelingen nicht), aufgabenübergreifend (Probleme bei fachspezifischen Arbeitstechniken), prozessbezogen (Unsicherheiten beim Übergang von der alphabetischen zur orthographischen Strategie), funktionsbezogen (visuelle Wahrnehmungsstörung) und führt zu Diagnosen wie Dyskalkulie (↗ Rechenschwäche), ADHS (↗ Teilleistungsstörungen) oder ↗ Lese-Rechtschreib-Schwäche. Vorsicht ist bei letzterer geboten: Hier werden gegebenenfalls Schwierigkeiten festgeschrieben, ohne die Chance zu nutzen, unter Beachtung aller Bedingungsfaktoren nach vielfältigen Wegen der Förderung zu suchen.

Die verschiedenen Perspektiven sollten jedoch sinnvoll miteinander verbunden werden: Zuerst werden aufgabenbezogene Schwierigkeiten beobachtet: *Das Kind kann die gestellten Aufgaben nicht oder im Vergleich zu seiner Altersgruppe nur unzureichend erfüllen.* Dabei wird prozessbezogen analysiert, an welcher Stelle des Lernprozesses das Kind steht und wo die Schnittstelle von Können und (Noch-)Nichtkönnen ist. Um nach geeigneten Abhilfen zu suchen, ist es wichtig, Hypothesen über verschiedene Ursachen aufzustellen, wobei aufgabenübergreifende und funktionsbezogene Erklärungsansätze helfen können. All dies geschieht vor dem Hintergrund eines konstruktivistischen Verständnisses von Lernen: Lernprozesse sind eigenaktiv, individuell und gelingen am besten, wenn die subjektive Bedeutsamkeit geklärt ist.

Feststellung von Lernschwierigkeiten: ▪ Lernvoraussetzungen: Welche Kenntnisse, Fähigkeiten, Fertigkeiten und Einstellungen sind für den jeweiligen Lerninhalt nötig? Was sind Kriterien für das gelungene Bearbeiten von ↗ Aufgaben? Bringt das Kind diese Voraussetzungen mit? An welcher Stelle lassen sich Brüche feststellen? ▪ Lernprozessanalyse: Lernen ist ein Aneignungsprozess in verschiedenen Etappen. Hier ist zu fragen: Wo genau in diesem Prozess steht das Kind? Was kann es, was kann es (noch) nicht? ▪ Lernverständnis: Haben die Lerninhalte eine subjektive Bedeutung für das Kind? Oder bemüht es sich nur, sich formale Schemata einzuprägen, die schnell vergessen werden? ▪ Aufgabenverständnis: Versteht das Kind den Sinn und Zweck der Aufgaben? Hat es genügend Strategien und Arbeitsroutine, um effektiv und ökonomisch vorzugehen? ▪ Vermeidungsverhalten: Zeigt das Kind Trotzreaktionen, Clownerien, aggressives Verhalten oder auch Rückzug? ▪ Schulunlust oder Schulangst: Äußern sich Symptome wie Teilnahmslosigkeit, Erschöpfung, Kopf- oder Bauchschmerzen? ▪ Kumulierende Schwierigkeiten: Lassen die Leistungen auch in Bereichen nach, in denen es ursprünglich keine Schwierigkeiten gab?

Behebung von Lernschwierigkeiten: ▪ Individuelle Aufgabenstellungen im Rahmen von ↗ Differenzierung, ▪ Unterstützungsangebote im Rahmen eines ↗ Förderplans. ▪ Besondere Maßnahmen im Rahmen des Förderunterrichts: So kann die – zeitlich und inhaltlich genau umrissene – Teilnahme an einer speziellen Fördergruppe hilfreich sein. ▪ Gespräche mit den Eltern, um Anregungen zur häuslichen Förderung zu geben (z. B. tägliches fünfminütiges Kopfrechnentraining). ▪ Externe Experten: Wiederum in Absprache mit den Eltern können Sprach-, Ergo-, Psychotherapie u. Ä. hinzugezogen werden. Auch sonderpädagogische ↗ Beratung kann wertvoll sein.

Das Kollegium listet in einem Arbeitsplan (Bestandteil des ↗ Schulprogramms) seine Maßnahmen zum Verhindern von Schulversagen auf (Erfolg der Maßnahmen am Ende des Schuljahres im Arbeitsbericht der Schule).

Was Eltern wissen sollten

* Lernschwierigkeiten sind kein Grund, in Panik zu verfallen oder das Kind abzulehnen. Umgekehrt nützt es auch nichts, Schwierigkeiten zu verdrängen oder sogar zu leugnen. Das Beste für das Kind ist, wenn die Eltern in ihrer Haltung eine ausgewogene Balance von Akzeptieren und Anerkennen sowie Fordern und Fördern einnehmen.
* Wichtig ist es, mit allen Beteiligten nach Lösungen zu suchen. Dazu ist der konstruktive und regelmäßige Austausch mit den Lehrern nötig.

Literatur
ENGEL, A. (2005): Lernen erleichtern. Diagnose von Lernvoraussetzungen. Individuelle Förderung. Förderbeispiele. Offenburg: Mildenberger
Hier findet man viele Anregungen zur gezielten Beobachtung und zur Umsetzung von Lernhilfen.

Lernsoftware

- Wann ist der Einsatz von Lernsoftware tatsächlich lernförderlich?
- Welche Typen von Lernsoftware gibt es?
- Welche Kriterien sind bei der Auswahl von Software hilfreich?

Seitdem der Computer seinen festen Platz in den Kinderzimmern hat, ist der Software-Markt an Lernhilfen für alle Schularten, jedes Fach und jedes Teilgebiet kaum noch zu überblicken. Sogar auf Mini-Spielkonsolen gibt es inzwischen „Lernsoftware". Große Verlage konkurrieren mit kleinen Medienwerkstätten um Anteile an einem Markt, der weiter explosionsartig wächst. Gerade Eltern sehen in Lernsoftware eine – im Vergleich zur Nachhilfe – günstigere Möglichkeit, um Defizite ausgleichen und zusätzlich üben zu können. Sie geben Unsummen aus, denn Qualität muss wohl seinen Preis haben. Der Hauptmangel vieler Programme ist aber einfach benannt: Die Übungen lassen sich oft genauso gut mit Papier und Bleistift erledigen.

Lernförderlich? Die zentralen Fragen für Lehrerinnen und Lehrer sind: Lohnt sich der Einsatz von Software im Unterricht überhaupt? Wie, wo und wann ist Software einzusetzen? Einige Aspekte:

- Die Lernautonomie wird gestärkt.
- Mit guter Lernsoftware kann individualisiert und differenziert werden: Durch die Variierung von Schwierigkeitsgraden können leistungsstarke und -schwache Kinder auf ihrem Niveau relativ effizient arbeiten; eine ↗ Individualisierung entsprechend den Interessen und Fähigkeiten der Lernenden kann eher gelingen; Lernschwächen lassen sich individuell ausgleichen.
- Leistungsstarke Schülerinnen und Schüler erhalten Zusatzangebote.
- Schulisches Lernen kann flexibler und damit oftmals nachhaltiger organisiert werden; in allen unterrichtlichen Phasen kann Lernsoftware eingesetzt werden – nicht nur in der „Vorviertelstunde".
- Lernende gewinnen an Erfahrung und an Sicherheit im Umgang mit Informationstechnik.
- Manche Inhalte lassen sich durch die Multimedialität nachhaltiger lernen.

Software-Typen: Grob sind drei Arten von Lernsoftware unterscheidbar:

- Office-Programme – die alltäglichen Anwendungen am ↗ Computer;
- Edutainment-Programme – verknüpfen Lerninhalte mit spielerischen Elementen (die allerdings oft allzu sehr dominieren);
- Lernsoftware im eigentlichen Sinn; hier ist zu differenzieren zwischen Kurssoftware (Einführung in neue Wissensbereiche), Übungssoftware

(ein begrenzter Lernstoff wird geübt), multimedialen Informationssystemen (umfassendes Informationsangebot mithilfe von Ton, Standbild, Animation, Videosequenzen, Tabellen und Texten; „Lexikon") und Simulationsprogrammen (Erfahrungen über meist komplexe Prozessabläufe, die in der Realität kaum zu sammeln sind).

Auswahlkriterien: Schulen haben wenig Geld und Lernsoftware ist teuer. Ein Kollegium sollte daher vor der Anschaffung genau prüfen, welche Lernsoftware die Anschaffung lohnt. Das geht nur, indem sie wirklich gemeinsam evaluiert wird. Zwar braucht das etwas Zeit, lohnt sich aber, weil damit auch sichergestellt ist, dass in einer Jahrgangsstufe die gleiche Software eingesetzt wird; das ist für Eltern wichtig. Zudem weisen etliche Programme fachliche und sachliche Mängel auf, die kontraproduktiv wirken können. Auch sind sie nicht immer auf aktuellem fachdidaktischem Stand. (Die überwiegende Zahl der Lernsoftwareprogramme bedient ausschließlich das drill & practice-Prinzip.) Kriterien für die Auswahl können sein: ■ Programmstandard: grafische Qualität; übersichtliche Menüführung; Programmführungshilfen; Demonstrationen; angemessene Wartezeiten; Anschlussmöglichkeiten von Peripheriegeräten (Drucker usw.). ■ Fachdidaktischer Standard: Zusammenhang zwischen Ziel, Inhalt und Methode ausgewiesen bzw. erkennbar; entspricht dem Wissensstand der Fachdidaktik; Darstellungsform und Programmabfolge frei von unnötigen Tricks, Spielereien; ermöglicht wünschbare Lernerfahrungen oder Lehrformen, die ohne Computer nicht oder kaum zu verwirklichen sind. ■ Interaktiver Standard: verschiedene Schwierigkeitsstufen und inhaltliche Schwerpunkte wählbar; variables Antwortverhalten; Fehleranalyse vorhanden; Anregung zu weiteren, nicht direkt mit dem Computer verbundenen Aktivitäten; Förderung der Zusammenarbeit zwischen Schülerinnen und Schülern.

Was Eltern wissen sollten

- Gute Lernsoftware muss bestimmte Kriterien erfüllen. „Gütesiegel" werden jedoch oft nicht auf der Basis sachlicher Richtigkeit vergeben.
- Was teuer ist, ist nicht automatisch gut.
- Verlage bieten Demoversionen an, in vielen Büchereien kann Software entliehen werden; das sind gute Möglichkeiten, vorab zu probieren und dann erst eine Kaufentscheidung zu treffen.

Literatur

SACHER, W. u. a. (2003): Medienerziehung konkret. Konzepte und Praxisbeispiele für die Grundschule. Bad Heilbrunn: Klinkhardt
Zu allen Bereichen der Medienerziehung knappe Theorie und viele Beispiele

Lernstrategien

- Lernen Kinder heute anders als früher?
- Was müssen Kinder für möglichst selbstständiges Lernen können?
- Wie kann Schule die erforderlichen Lernstrategien vermitteln?

Früher galt, alle Kinder müssen auf gleiche Weise lernen. Heute hingegen gilt: Jedes Kind lernt anders, jedes auf seine Art. Die Grundschule muss eine möglichst breite Palette von Lernstrategien vermitteln, damit jedes Kind die für sein eigenes Lernen passenden auswählen kann. Um das Lernen zu lernen, müssen mehrere Felder „beackert" werden: ▪ Lerntechniken sind systematisch einzuüben. ▪ Das Kind muss sich der Wege bewusst werden, wie es am besten Wissen und Informationen aufnehmen, verarbeiten und speichern, Gelerntes abrufen und anwenden kann. ▪ Das Kind muss Stützstrategien kennenlernen (↗ Konzentration, Entspannung, Selbstmotivierung) und etwas über den Einfluss von Zeitdruck, ↗ Angst, Wut und anderen Stressauslösern wissen. Um das „Lernen lernen" erfolgreich einzuüben, ist es wichtig, die Gesetzlichkeiten der ↗ Übung und Wiederholung zu kennen, den Einfluss der Sinne auf das Behalten und die emotionalen Einflüsse auf die Lernqualität. Da wir nicht wissen, wie das einzelne Kind am besten lernt, welche Eingangskanäle ihm besonders bedeutsam sind, müssen wir ermöglichen, dass es seinen eigenen Lerntyp (VESTER) kennenlernt und auch entwickeln kann: Nur Gelesenes haftet zu ca. 10 %, nur Gehörtes zu 20 %. Gehörtes und zugleich Gesehenes behalten wir zu 50 %, Vorgetragenes oder jemandem Erklärtes zu 70 %. Doch was wir ausgeführt, getan und erklärt haben, haftet bis zu 90 %. Alle **Lernstrategien** sind nach und nach einzuüben:

- aufmerksam zuhören: Geräusche, Musik, Stimmen, Argumente, Fakten; Gesprächsregeln einhalten, sich auf die Sache konzentrieren;
- konzentriert lesen: in Leseabschnitte einteilen, Wichtiges markieren oder unterstreichen, exzerpieren, zusammenfassen, etwas auswendig lernen, zu Lernendes verteilen und nach Pausen wiederholen (in Sinnabschnitten, stehend, gehend oder sitzend memorieren);
- Texte schreiben: Stichwörter zu Vorträgen oder Lesetexten verarbeiten, unbekannte Wörter nachschlagen, Tafelbild, Plakat oder Schaubild erstellen, ein Thema sinnvoll darstellen (z. B. Flyer, Wandzeitung, kleines „Buch");
- Ideen sammeln und ordnen: Informationen beschaffen, etwas erkunden, etwas entdecken, eine Bücherei aufsuchen; Fragen stellen, Befragungen oder Interviews durchführen, im Internet surfen, Notizen machen, laut

denken, etwas zeichnen, Mindmapping oder Networks bzw. Skizzen bei umfangreicheren Vorhaben nutzen;
* Arbeitsergebnisse präsentieren: Vortrag halten, Experimente vorführen, Gebautes oder Konstruiertes präsentieren, Schaubilder erklären, Fotos oder Videos nutzen, etwas in Szene setzen oder bildhaft gestalten;
* Organisationsstrategien anwenden: Arbeitsplan aufstellen, Lernpensum aufteilen, Arbeitsplatz herrichten (Wo kann ich mich gut konzentrieren? Wo bin ich wenig abgelenkt? Habe ich alles griffbereit?);
* Kontrollstrategien einsetzen: sich Klarheit verschaffen (Bin ich auf dem richtigen Weg?), Kontrollfragen ausdenken, Planung überdenken.

Ziel: Die Kinder werden zu möglichst selbstständigem Lernen geführt.
↗ Hochbegabte haben ein starkes Bedürfnis nach Selbststeuerung des Lernens. Aber für alle gilt es, die Lernkompetenz zu steigern, indem die eigenen Möglichkeiten und Erfolge sichtbar gemacht und neu herausgefordert werden. Lernen mit Erfolg motiviert immer wieder zu neuer Anstrengung. „Feed-back", ↗ Lerntagebücher, ↗ Logbücher oder ↗ Portfolios, Reflexion in der Gruppe und für sich verdeutlichen: Was habe ich gelernt? Was weiß ich oder kann ich jetzt? Welche Zusammenhänge kann ich darstellen? Wie bin ich zu meinen Ergebnissen gekommen? Neue Ziele und Anstrengungen können daraus erwachsen.

Die Schule kann die benötigten Lerntechniken nur vermitteln, wenn sie offene Unterrichtsformen, z. B. ↗ Freie Arbeit und Projektunterricht, praktiziert bzw. gezielt alle selbstständigen Arbeitsformen fördert. Lernstrategien und Fachwissen (solides, gut organisiertes Wissen) darf man nicht gegeneinander ausspielen: Kinder erwerben beides erfolgreich im Zusammenhang. Darum dienen alle Fächer und somit alle Lehrer dieser Aufgabe.

Was Eltern wissen sollten
* Jedes Kind braucht – auch zu Hause – einen ruhigen, möglichst aufgeräumten Arbeitsplatz. Es sollte früh an Aufgaben, an die Planung und ein sorgfältiges Beenden eigener Arbeit gewöhnt werden, jedoch auch ermutigt werden, zu erproben, wie und wann es am besten lernen kann.
* Wer möchte, dass sein Kind selbstständig arbeitet, muss früh Selbstständigkeit, Selbstverantwortung und Selbstkontrolle zulassen bzw. fördern.

Literatur
Cwik, G./Risters, W. (2007): Lernen lernen von Anfang an. Band I und II. 3. Aufl. Berlin: Cornelsen Scriptor
Beide Bände sind eine wahre Fundgrube für alle, die systematisch individuelle Methodenkompetenz einüben wollen.

Lerntagebuch

- Sind Lerntagebücher nur eine pädagogische Modeerscheinung?
- Welche Formen und Einsatzmöglichkeiten von Lerntagebüchern gibt es?
- Welche Vorteile hat ein Lerntagebuch für die Kinder?

In der Literatur und in der Schulpraxis werden für das Lerntagebuch verschiedene Begriffe verwendet: Lernjournale, Lernwegebücher, Reisetagebücher, Arbeitsjournale. Ihre Gemeinsamkeit liegt in dem Grundgedanken, dass es beim Lernen nie nur um Produkte und Ergebnisse, sondern immer auch um Prozesse, individuelle Lernwege sowie um die Reflexion und Kommunikation dieser Prozesse geht. Dementsprechend unterscheiden sich die Lerntagebücher vom herkömmlichen Schülerheft dadurch, dass sie persönliche Gedanken, eigenständige Ideen, Pläne oder Lösungsstrategien der Lernenden enthalten. Für den Lehrer geht es hier nicht um Korrektur oder Beurteilung, sondern um ein Verstehen der Lernwege und Gedanken der Kinder und um einen dialogischen Austausch darüber. **Modeerscheinung?** Die Arbeit mit Lerntagebüchern ist also mehr als eine pädagogische Modeerscheinung. Sie findet ihre Sinnstruktur im pädagogischen Leistungsverständnis und im konstruktivistischen Lernbegriff. Im Kern geht es darum, das Lernen des Kindes als individuellen, eigenaktiven Prozess zu begreifen und dies in der unterrichtlichen Praxis auch wirklich zu realisieren. Ein solches Unterrichtskonzept steht im klaren Gegensatz zum Instruktionskonzept, bei dem alle zur gleichen Zeit im Gleichschritt lernen und es vor allem um Lernprodukte und deren Beurteilung über Richtig oder Falsch geht. In Lerntagebüchern werden die individuellen Erfahrungs- und Lernspuren jedes einzelnen Kindes wichtig und ernst genommen. **Aufgabe der Lehrerin und des Lehrers:** Sie müssen sich ein genaues Bild vom Lernen ihrer Schüler machen und dabei folgende Fragen beantworten: ▪ Welchen Lernweg beschreitet dieses Kind? ▪ Welche Gedanken macht es sich? ▪ Wo liegen seine besonderen Stärken? ▪ Wo braucht das Kind individuelle Hilfen? Lerntagebücher haben so für den Lehrer einen wichtigen diagnostischen Wert: Das Aufschreiben eigener Gedanken, persönlicher Dispositionen und Standpunkte ist bei der Arbeit mit Lerntagebüchern ein zentraler Aspekt. Ruf und Gallin sprechen davon, dass sich beim Schreiben Gefühle und Gedanken verlangsamen, klären, Gestalt annehmen und zur Stellungnahme herausfordern. Durch das Schreiben übernimmt man in besonderer Weise Verantwortung für seine Position.

Einsatz: Eine Vereinbarung des Kollegiums zum Einsatz von Lerntagebüchern, in welcher Form auch immer, wäre sinnvoll – gerade mit Blick auf die Eltern. Der Einstieg in die Arbeit kann mit einfachen Formen beginnen: So können die Kinder z. B. in einer Vor- oder Rückschau zu einer Sequenz, einer Thematik oder einem Projekt in ihrem Lerntagebuch ihre Gedanken und Eindrücke formulieren, z. B.: *Das interessiert mich am Thema: …; Das weiß ich schon: …; Darüber möchte ich mehr erfahren: … ; Darauf freue ich mich: … ; Das kann ich jetzt: …; Das habe ich noch nicht verstanden, daran möchte ich noch weiterarbeiten: …* Wichtig auch bei einfachen Formen des Lerntagebuches ist in jedem Fall der Dialog mit dem Kind.

Inhaltlich differenzierte Formen von Lerntagebüchern dienen vor allem der Dokumentation von Eigenproduktionen. Die Kinder schreiben ihre Gedanken zu Lösungsstrategien oder ganz persönliche Gedanken, Bewertungen, Einschätzungen auf, z. B.: individuelle Strategien beim Lösen offener Aufgaben in Mathematik; persönliche Assoziationen zu einem Gedicht, einer Geschichte, einem Thema oder einem Ereignis.

Lerntagebücher in der dialogischen Didaktik: Konsequent ist der pädagogische Einsatz von Lerntagebüchern im Konzept der dialogischen Didaktik von RUF und GALLIN verwirklicht. Die „Reisetagebücher" oder „Arbeitsjournale" der Kinder und Jugendlichen sind quasi die geistige Werkstatt der Lernenden. Eine Vielfalt von Lösungs- und Lernwegen wird über offene, weit gefasste, interessante Aufträge geradezu herausgefordert. Das individuelle Lernen erfährt damit in diesem Konzept eine besondere Beachtung.

Was Eltern wissen sollten

* Kinder freuen sich und sind stolz, wenn die Eltern an ihrem Lernen regen Anteil nehmen.
* Lerntagebücher sind eine gute Möglichkeit, den individuellen Lernweg eines Kindes besser zu verstehen.
* Die rechtschriftliche Richtigkeit der Dokumentation der Kinder in den Lerntagebüchern ist nicht der entscheidende Aspekt, es geht vor allem um die Gedankenwege und Lernspuren der Kinder.

Literatur

RUF, U./GALLIN, P. (1999): Dialogisches Lernen in Sprache und Mathematik. Band 1 und Band 2. Seelze/Velber: Kallmeyer
Wichtiges Grundlagenwerk, aus der Praxis für die Praxis
BARTNITZKY, H./SPECK-HAMDAN (Hrsg.) (2004): Leistungen der Kinder wahrnehmen – würdigen – fördern. Frankfurt/M.: Arbeitskreis Grundschule e.V.
Gehaltvolles Buch zu den wichtigen Fragen der Förderung und der Leistungsbewertung

Logbuch

- Welche Ziele kann man mit dem Einsatz des Logbuches ereichen?
- Wie ist das Logbuch gegliedert?
- Welche Informationen soll das Logbuch bieten?

Lehrer möchten gerne wissen, wie Kinder lernen, wie sich Lernwege transparenter gestalten lassen und wie alle an der Förderung der Kinder beteiligten Personen einbezogen werden können. Antworten darauf kann das Logbuch geben.

Ziele: Im Logbuch ist der Lernweg des Kindes dokumentiert. So werden seine Lernentwicklung und der Lernstand sowie die pädagogische Arbeit der Schule insgesamt für die Eltern transparent. Das Kind wird angeregt, selbstständig und eigenverantwortlich den Lernweg zu planen und ihn zu dokumentieren. Das Logbuch ist Kommunikationsmittel zwischen den beteiligten Personen bei der Erledigung der täglichen Aufgaben, es öffnet den Blick für individuelle Stärken und Fähigkeiten des Kindes, fördert eigenverantwortliches Handeln und stärkt die Verantwortung für den eigenen Lernweg (z. B. Entscheidung über Arbeitstempo, Auswahl der Arbeitsblätter).

Aufbau: Jedes Kind hat sein eigenes Logbuch – angelegt jeweils für ein halbes Schuljahr. Es gibt eine Ausgabe für die Eingangsstufe und eine weitere für die Klassen 3 und 4. Jede Ausgabe hat eine eigene Einbandfarbe; sie zeigt jedem, in welcher Lerngruppe sich das Kind befindet. Mithilfe einer Piktogrammlegende können alle Kinder selbstständig Eintragungen vornehmen. In einem Vorwort wird zunächst geklärt, wozu das Logbuch dient. Das Kind kann sich mit einem Steckbrief vorstellen. Weitere Kapitel dienen der Klärung der an der Schule vereinbarten Regeln, der Arbeitsplanung, der Dokumentierung von Lernreihen und der Kenntnisnahme bzw. Bewertung der eigenen Arbeit.

Arbeitsplanung: ▪ Lern- und Freizeit organisieren: In diesem Kernstück, dem Terminkalender, stehen bereits alle wichtigen Termine für das Halbjahr, die nach Bedarf zu ergänzen sind. Damit haben die Familien eine langfristige Übersicht über die schulischen Planungen. So können sie z. B. bewegliche Ferientage, pädagogische Tage oder Schulfeste in ihre eigenen Planungen mit einbeziehen und nachsehen. Die allseits bekannte Schutzbehauptung „Das habe ich nicht gewusst" ist damit hinfällig. ▪ Stundenpläne: Die Stundenplanformulare umfassen die Zeit von 8.00 Uhr bis 18.00 Uhr von montags bis freitags (also nicht nur den Unterricht). Damit sind auch feste Termine in der Freizeit sowie feste Kurse im Ganztag dokumentiert. So erfahren die Bediensteten in der Schule etwas über das außerschulische

Tun der Kinder. Die Eltern können nachlesen, welche Kurse im Nachmittagsbereich belegt sind. Außerdem wird dokumentiert, wie umfangreich eine Woche des Kindes ist. Kann oder muss man vielleicht im Interesse des Kindes das eine oder andere reduzieren? ▪ Wochenplanung: Dafür gibt es eine Seite mit den Wochendaten. Darunter befindet sich ein Feld, in das die Schüler (fachliche, sozial-emotionale) Ziele für ihre Schulwoche schreiben oder malen können (am Ende der Woche hinterfragen und überprüfen). ▪ Tagesplan: Danach folgt für die Eingangsstufe pro Woche eine Seite für die tägliche Planung (für die Klassen 3 und 4 sind es zwei Seiten). Hier notieren die Kinder die vom Lehrer und die sich selbst gestellten Aufgaben (ähnlich dem üblichen Hausaufgabenheft).

Arbeit an Unterrichtsreihen dokumentieren: Dazu dienen die Lotuspläne in Form von Lotusblüten. In der Mitte (Blütenstempel) steht das Thema der Reihe (z. B. „Wir schreiben einen Bericht"). Um die Mitte herum sind je nach Teilbereichen Blütenblätter angeordnet. Die Schüler können diese Pläne selbstständig bearbeiten. Allerdings gehen sie nur zum nächsten „Blütenblatt" weiter, wenn dem Lehrer nachgewiesen ist, dass sie den vorherigen Bereich beherrschen. Dann malen die Kinder diesen Teil der Blüte aus. So ist für alle sichtbar: An diesem Punkt des Lernprozesses befinde ich mich.

Arbeitsstand zeigen und bewerten: ▪ Nachrichten: Sie dienen dem Austausch zwischen Schule und Elternhaus. Eltern, Lehrer und Erzieher müssen sie am Ende jeder Woche unterschreiben. Sie bestätigen damit, dass sie die Eintragungen gelesen haben. ▪ Wochenabschluss: Auf diesen zwei Seiten bewerten die Schüler ihre Woche (Vormittag und Nachmittag). Sie vervollständigen dazu einen Smiley, bei dem nur die Augen eingezeichnet sind. So können alle Kinder emotional anzeigen, wie ihre Woche verlaufen ist. Auf weiteren Zeilen schreiben die Schüler ihre Gedanken auf oder stellen einen Bezug zu ihrem Wochenziel her.

Was Eltern wissen sollten

* Eltern sollten bereit sein, sich regelmäßig im Logbuch zu informieren.
* Sie können mithilfe des Logbuchs Anteil nehmen am Lernen des Kindes. Das beflügelt seine Lernbereitschaft.
* Das Logbuch stärkt die vertrauensvolle Zusammenarbeit von Schule, Schülern und Eltern.

Literatur

www.schulen-ans-netz.de/presse/themendienst/themen01_06_schweden.php
www.eineschulefueralle.de/futurum-schule
Informationen über die Futurum-Schule, die das Logbuch erfolgreich einsetzt

Motorik

• Welche Bedeutung hat die Motorik für das Lernen in der Schule?
• Wie lassen sich Bewegungsangebote in den Unterricht integrieren?

Motorik ist die Grundlage jedes Verhaltens. Laufen, sprechen, schreiben – alle Bewegungen werden vom zentralen Nervensystem gesteuert. Dabei stehen Motorik und ↗ Wahrnehmung in engem Zusammenhang. Um sich sicher bewegen zu können, bedarf es vielfältiger Informationen aus dem Gleichgewichtssinn (vestibuläre Wahrnehmung), des Gefühls für die Muskeln und die Stellung der Gelenke (kinästhetische Wahrnehmung) sowie der Kontrolle durch die visuelle Wahrnehmung. Die zunehmende Ausdifferenzierung von Motorik und Wahrnehmung vollzieht sich im Zusammenspiel von Reifen und Lernen. Immer komplexer werdende Leistungen werden automatisiert. Ein Kind, das schreiben lernt, muss sich noch sehr darauf konzentrieren, mit einer Hand das Papier und mit der anderen den Stift festzuhalten; dann die Handmuskeln so anzuspannen, dass es nicht zu fest oder zu leicht auf das Papier drückt. Es muss die Bewegungen mit den Augen steuern, damit der Stift koordiniert über das Papier fährt. Dabei muss es aufrecht auf dem Stuhl sitzen, ohne zusammenzuklappen oder herunterzufallen. Ein geübter Schreiber macht dies, ohne dabei nachzudenken.

Voraussetzungen für motorische Leistungen: Tonus (Muskelspannung), Kraft, Ausdauer, Reaktionen auf Gleichgewichtsveränderungen, Augenmuskelkontrolle, Überkreuzen der Körpermittellinie, Bilateralintegration (koordinierte Bewegungen beider Körperhälften), Seitigkeit (bevorzugte Hand usw.), Auge-Hand-Koordination, Praxie (Fähigkeit, Bewegungsfolgen zu planen und koordiniert auszuführen), Graphomotorik (die Begriffe Grob- und Feinmotorik sind zu wenig aussagekräftig). Störungen können in allen o. g. Bereichen auftreten. Die Folgen sind Leistungsbeeinträchtigungen, große Mühe, vorschnelles Ermüden. Das Kind empfindet sich im Gegensatz zu anderen als inkompetent. Dies wiederum kann zu Auffälligkeiten (Vermeidungsverhalten, Überkompensationen wie Clownerien usw.) führen.

Bewegungsangebote während des Unterrichts: Sie werden oft skeptisch betrachtet, denn oft gelten nur kognitive Tätigkeiten als eigentliches Lernen. Doch über Bewegungserfahrungen erhalten gerade Kinder, auch die mit Entwicklungsverzögerungen, viele Informationen. Darum brauchen sie viele Angebote zu einem „bewegten" Lernen und auch Bewegungspausen:

■ Muskeltonus – ganzer Körper: sich steif machen und sich auf einem Rollbrett schieben oder ziehen lassen, als Roboter gehen, sich mit gegeneinander gelegten Handflächen über eine Linie drücken, sich Rücken an Rücken rückwärts über eine Linie schieben. ▪ Arme/Hände/Finger: sich gegenseitig mit den Handflächen über ein Wort, eine Rechenaufgabe, eine Linie weg-drücken (wer „gewonnen" hat, darf lesen oder rechnen), Fingerhakeln, Armdrücken, Hand- und Fingergymnastik (Handflächen so lang aneinan-derreiben, bis sie ganz warm sind, dann die Augen bedecken, beidhändig „Klavier" spielen), einen kleinen Softball zusammendrücken, kneten. ▪ Bei-ne/Füße: springen (Seilchenspringen, dabei Rechenaufgaben rechnen las-sen: *Sabrina springt 26-mal, Thorsten 13-mal, wie viel ist das zusammen?*), hüpfen (z. B. zur Tafel hüpfen, anstatt zu gehen), auf Zehenspitzen durch den Raum gehen, dann auf den Fersen. ▪ Nacken: mit dem Kopf Buchstaben und/oder Zahlen in die Luft schreiben.

Förderung der Gleichgewichtsreaktionen: Verschiedene Positionen auf dem Balancierkreisel einnehmen, dabei ausgelegte Aufgabenkärtchen be-arbeiten; „verrückter Leser": auf dem Bauch liegen und ein Leseblatt mit erhobenen Armen vor sich halten, dabei lesen, „Flugzeughaltung" (auf dem Bauch liegen, Arme und Beine ausstrecken und gleichzeitig anheben).

Die Körpermittellinie kreuzen: Beidhändig eine große liegende Acht ma-len: in die Luft, an die Tafel, auf einem großen (festgeklebten) Packpapier, dabei weiche Wachsmalkreiden verwenden und die Acht mehrfach nach-spuren; im Scherenschritt über eine Tesakrepp-Linie gehen, dabei im Takt der Schritte z. B. eine Einmaleins-Reihe aufsagen; Klatschspiele (Rhythmus-fähigkeit ist wichtig für die phonologische Bewusstheit).

„Bewegte" Schule: Das Konzept kann im ✐ Schulprogramm festgeschrie-ben werden. Dazu gehören: in der Pause Bewegungsangebote (Spiele mit und ohne Kleingeräte), mindestens zwei vereinbarte Bewegungstage im Schuljahr, Schulhof mit Gelegenheit zum Klettern, Hüpfen, Ballspielen, Ba-lancieren (✐ Bewegung, ✐ Gesundheit).

Was Eltern wissen sollten

• Ein Kind braucht Bewegungserfahrungen. Bei umfasseneren Störun-gen ist zusätzlich Mototherapie oder Ergotherapie empfehlenswert.

• Es braucht für die Graphomotorik weiche Bleistifte mit rutschfestem Griff und genügender Griffdicke.

• Es darf Hausaufgaben auch im Liegen erledigen; zwischendurch sind Spiele zur Entlastung der Handmuskulatur sinnvoll.

Literatur
BRAUN, D./SCHMISCHKE, J. (2006): Mit Störungen umgehen. Berlin: Cornelsen Scriptor
Übersicht über elementare motorische Funktionen, Beobachtungsbogen zur Diag-nostik von Wahrnehmung und Motorik, Ideen für eine Bewegungsförderung

Nachhilfe

- Wann ist Nachhilfe angebracht?
- Welche Voraussetzungen sind bei Nachhilfe zu beachten?
- Wie und wann lässt sich der Erfolg von Nachhilfe evaluieren?

Aufgabe der Grundschule ist die Förderung der Gesamtpersönlichkeit des Kindes. Diese Aufgabe ist nicht ohne konsequente individuelle Förderung leistbar (↗ Individualisierung, ↗ Differenzierung). Dazu muss die Schule die sehr heterogenen Lernvoraussetzungen berücksichtigen und den Unterricht so gestalten, dass er bei jedem einzelnen Schüler – auch bei dem besonders leistungsschwachen – eine lernfördernde Wirkung erzielt (↗ Förderplan). Wenn ein Kollegium diesem Auftrag voll gerecht wird, sollte – zumindest in der Grundschule – Nachhilfe in aller Regel entbehrlich sein.

Nachhilfe als Ergänzung zum Unterricht: Erforderlich kann Nachhilfe werden, wenn – z. B. infolge längerer Krankheit – Lücken entstanden sind, die auch individuelle Förderung nicht beheben kann. Denkbar sind auch äußere Umstände – z. B. ein familiärer Konflikt –, die das Kind zeitweilig in seiner Leistungsfähigkeit und seinem Lernwillen stark beeinträchtigen. Dann kann auch die Versetzung oder der angestrebte Übergang in die weiterführende Schule gefährdet sein – Ziele, die das Kind unter regulären Bedingungen erreichen würde. Wenn also schon Nachhilfe, dann soll sie eine stützende, helfende Wirkung haben. Sie kann dazu beitragen, vorhandenes Leistungspotential zur Entfaltung zu bringen. Auf keinen Fall darf die Nachhilfe das Kind zu Leistungen veranlassen oder zwingen, die es aufgrund seiner Möglichkeiten nicht erbringen kann.

Nachhilfe im Kontext zielgerichteter Förderung: Fragen zur Nachhilfe sollten immer in den Kontext der Elternarbeit (↗ Elternhaus und Schule) eingebunden sein. Die Klassenlehrerin sollte mit den Eltern absprechen, ob Nachhilfe erforderlich ist, über welchen Zeitraum sie sich erstrecken soll und – vor allem auch – wer die Nachhilfe erteilt. Hier sollte man die Inhalte und die Zielsetzungen der Nachhilfe konkret benennen.

Vereinbarungen: Individuelle Förderung setzt kontinuierliche ↗ Beobachtungen zum Lernstand des Kindes voraus. Damit kann die Lehrerin mit den Eltern Vereinbarungen zur Nachhilfe treffen. Grundsätzlich gilt, dass sie immer auch Teil einer ganzheitlichen Betrachtung des Kindes sein sollte.

Nachhilfe durch Eltern? Oft können Eltern Nachhilfe auch selbst erteilen. Dies setzt allerdings eine gewisse Kompetenz und eine zumindest ungefähre Kenntnis unterrichtlicher Zusammenhänge voraus. Hier sind gepflegte Kommunikationsstrukturen und eine angemessene Einbindung der Eltern in die Arbeit der Schule hilfreich. Auf keinen Fall darf elterliche Nachhilfe beim Kind zu Druck und Überforderung führen; dann wirkt Nachhilfe kontraproduktiv.

Dauer: Nachhilfe soll – dem Anlass entsprechend – zeitlich begrenzt sein. Eine auf Dauer angelegte Nachhilfe offenbart Problemstrukturen, die einer anderen Herangehensweise bedürfen. Entweder bedarf die Durchführung des Unterrichts einer besonderen Reflexion oder es sind andere, familienbezogene Unterstützungen erforderlich. – Eventuell kann eine intensive Nachförderung auch im Rahmen eines nachmittäglichen Betreuungsangebotes stattfinden.

Kenntnis über Netzwerke: Die Aufgabe von Schule ist es darüber hinaus, Kenntnis über vor Ort bestehende Netzwerkstrukturen zu haben und Eltern beraten zu können, wo innerhalb eines solchen Netzwerkes qualifizierte Nachhilfe – auch zu günstigen Konditionen – angeboten wird, z.B. von Kirchen, gemeinnützigen Vereinen oder einem kommerziellen Nachhilfeinstitut bzw. im Rahmen von Nachbarschaftshilfe.

Schule muss auch beurteilen können, ob das Instrument der Nachhilfe das geeignete Mittel ist oder ob es ratsam ist, Kooperationspartner aus bestehenden Netzwerken für zusätzliche, weitergehende Hilfen und Beratung in Anspruch zu nehmen. Für alle Beteiligten muss die Zielsetzung, der Zeitrahmen und die Durchführung einer Nachhilfemaßnahme eindeutig sein.

Evaluation: Auch Nachhilfe muss – wie jeder Unterricht – auf Wirksamkeit hin überprüft werden. Lernstand und Lernfortschritt, die aktive Mitarbeit in der Lerngruppe, die freiwillige Präsentation von Arbeitsergebnissen und die Erfolge bei Leistungsüberprüfungen geben Auskunft über die Wirksamkeit von Nachhilfe. Erforderlich ist, das Kind während des Nachhilfeprozesses aufmerksam zu beobachten, um zwischendurch demjenigen, der die Nachhilfe erteilt, eine Rückmeldung zu geben; gegebenenfalls muss „nachgesteuert" werden. Die vertrauensvolle Zusammenarbeit mit den Eltern ist eine wesentliche Voraussetzung für den Erfolg.

Was Eltern wissen sollten

* Nachhilfeunterricht sollte mit der Schule abgestimmt werden (Ziele, Inhalte), er soll zeitlich begrenzt sein, verbindliche Strukturen haben und er darf keinen Druck erzeugen.
* Nachhilfe muss auf ihre Wirksamkeit hin überprüft werden.

Literatur

Birkenbihl, V. F. (2007): Eltern-Nachhilfe. Kreuzlingen, München: Hugendubel Elternratgeber zu Schule und Lernen

Naturwissenschaftlicher Unterricht

* Was versteht man unter naturwissenschaftlichem Unterricht?
* Wie kann naturwissenschaftlicher Unterricht gefördert werden?

Naturwissenschaftlicher Unterricht ist ein Teil des Faches Sachunterricht (auch Heimat- und Sachunterricht o. Ä.). Er sollte in der Grundschule nicht losgelöst von gesellschaftlichen, sozialen oder historischen Fragestellungen unterrichtet werden. Nicht zuletzt aufgrund der (vergleichsweise schlechten) Ergebnisse der großen internationalen Vergleichsuntersuchungen wird nun auch dem frühen naturwissenschaftlichen Lernen in Deutschland eine große Bedeutung zugewiesen. Die Konsequenzen reichen bis zur Gestaltung naturwissenschaftlichen Lernens im Kindergarten. Gefordert wird zudem die gesonderte Berücksichtigung von Kindern nicht-deutscher Erstsprache inklusive der Verwendung dieser Erstsprache im Unterricht.

Scientific Literacy: Als Ziel des naturwissenschaftlichen Unterrichts hat sich die Entwicklung von „scientific literacy" etabliert. Orientiert am sprachlichen Literacy-Konzept versteht man darunter naturwissenschaftliche Kompetenz, die – ähnlich wie lesen, schreiben oder rechnen – als Kulturtechnik in unserer durch Naturwissenschaften und Technik geprägten Welt erforderlich ist. Folgende Teilkompetenzen sind in dieser Zielvorstellung enthalten:

* Verständnis naturwissenschaftlicher Begriffe und Prinzipien,
* Verständnis von Untersuchungsmethoden und Denkweisen,
* Verständnis der „Nature of Science" (Was kann man durch Naturwissenschaften erfahren und was nicht?),
* Verständnis der Beziehungen der Naturwissenschaften zur Gesellschaft (insbesondere die Frage: Welche Auswirkungen haben der naturwissenschaftliche und technische Fortschritt?).

Standards: Es gibt für den naturwissenschaftlichen Unterricht in Deutschland für die Grundschule noch keine Bildungsstandards. In manchen anderen Ländern existieren sie. Hier werden für die Grundschule üblicherweise sowohl inhaltliche Aspekte formuliert (wie z. B. Wissen um und Verständnis von Licht, Elektrizität, Wärme oder Magnetismus) als auch verfahrensbezogene Fähigkeiten (z. B. die Fähigkeiten, Fragen an die Welt zu stellen, Vermutungen aufzustellen, einfache Untersuchungen zu planen und durchzuführen sowie auf der Grundlage von Daten Erklärungen zu formulieren).

Experimente: Schülerexperimente sollten eine zentrale Rolle spielen. Dabei ist zu unterscheiden zwischen einfachen Versuchen, bei denen die Kinder vorgegebene Schritte durchführen, und Experimenten, bei denen zu

Beginn eine echte Fragestellung und Vermutung steht. Die Kinder müssen sich dabei bemühen, diese Fragestellung selbstständig zu bearbeiten und zu beantworten. Letztere sind von großer Bedeutung für das Entwickeln von Wissenschaftsverständnis; erstere dienen vor allem dazu, Phänomene zu präsentieren, Motivation und Interesse zu fördern, grundlegende naturwissenschaftliche Verfahren (wie z. b. Beobachten, Messen oder Dokumentieren) einzuführen sowie, ausgehend von diesen Versuchen, weiterführende Fragen zu stellen. Solche Versuche sind für den Unterricht wichtig. Abzulehnen ist jedoch, wenn Kinder nur vorgegebene Versuche durchführen, ohne eigenständige Fragen und Ideen zu entwickeln.

Mädchen und Naturwissenschaften: Es hat sich gezeigt, dass Mädchen im Durchschnitt und in der Summe weniger Interesse an naturwissenschaftlichen Themen haben, was schließlich in weiterführenden Schulen zu deutlich schwächeren Leistungen führt und auch Konsequenzen für die Berufswahl hat. Allerdings gibt es verschiedene naturwissenschaftliche Themen, die für Mädchen besonders interessant sind (z. B. die Gefahren von Strom), und als Ausgangspunkt für den Unterricht genutzt werden können. Wichtig ist der Verzicht auf stereotype Behandlungen von Mädchen und Jungen sowie zusätzliche Zeit für Mädchen bei Experimenten, da sie hier häufig langsamer arbeiten, dafür häufig aber auch gründlicher und genauer.

Was Eltern wissen sollten

- Für die naturwissenschaftlichen Fähigkeiten sind außerschulische Anregungen für Kinder sehr wichtig.
- Mädchen können naturwissenschaftliche Interessen entwickeln, wenn man zu Hause und in der Schule Stereotypen entgegenwirkt.
- Wichtiger als große Experimentierkästen o. Ä. ist, Kinder zu ermutigen, Fragen an die Natur zu stellen und ihnen nachzugehen.
- Als Eltern (und als Lehrer) muss (und kann) man nicht alles wissen. Entscheidend ist die Bereitschaft, sich gemeinsam mit den Kindern auf die Suche nach Antworten zu machen.

Literatur

GDSU (2002): Perspektivrahmen Sachunterricht. Bad Heilbrunn: Klinkhardt
Darstellung von zentralen naturwissenschaftlichen Kompetenzen für die Grundschule, inhaltliche und verfahrensbezogene Beispiele sowie Vernetzungsbeispiele
PRENZEL, M. u. a. (2004). Naturwissenschaftliche Kompetenz am Ende der Grundschulzeit. In: Bos, W. u. a. (Hrsg.): IGLU. Einige Länder der Bundesrepublik Deutschland im nationalen und internationalen Vergleich. Münster: Waxman, S. 93–115
Befunde im internationalen Vergleich und die Konzeptionierung von Scientific Literacy

Nichtversetzung

- Welche Folgen hat das Sitzenbleiben?
- Wie lässt sich die Zahl der nicht versetzten Schüler verringern?
- Sollte man Nichtversetzung abschaffen?

Bis zum Ende der Sekundarstufe I bleibt ca. ein Viertel aller Schüler mindestens einmal sitzen. Hohe Wiederholerquoten sind allerdings keineswegs ein Zeichen von hohem Leistungsniveau. Das Beispiel eines bei PISA erfolgreichen Landes wie Baden-Württemberg zeigt: Dort gibt es weniger Wiederholer als in anderen Ländern – und trotzdem gute Gesamtleistungen. Die Quote der Wiederholer schwankt erheblich – von Land zu Land, auch regional, von Schule zu Schule, und selbst innerhalb einer Schule. Das heißt: Ob ein Kind versetzt wird oder nicht, hängt nicht nur von seinen ↗ Leistungen ab, sondern auch vom Profil der Schule, von ihrem Förderkonzept. Immer noch gibt es aber eine breite Zustimmung zum Sitzenbleiben.

Was spricht für, was gegen Nichtversetzung? ▪ Pro: Lern- und Leistungsprobleme ließen sich überwinden, wenn das Kind die Chance erhält, den Stoff in einem zusätzlichen Schuljahr zu wiederholen. Große ↗ Heterogenität in einer Klasse behindere das Lernen im Klassenverband; hier beeinträchtigten die Leistungsschwachen den Lernerfolg der anderen. Schwache Schüler würden unter der Situation leiden, fühlten sich permanent als Versager. Erst in der unteren Klasse lösten sich die Lernprobleme. ▪ Kontra: Sitzenbleiben gelte als „seelischer K.O.-Schlag". Das Kind gerate in eine Misserfolgsspirale; sein Selbstbewusstsein werde stark beeinträchtigt. Das und die Eltern seien Anlass zur Einrichtung des Sorgentelefons. Lernprobleme würden durch die Nichtversetzung nicht gelöst. Zudem: Sitzenbleiben führe zur Überalterung (gravierende Probleme in der Hauptschule und in der Förderschule) und verstärke die soziale Auslese.

Die Wiederholung einer Klasse wird auch in der Forschung überwiegend negativ eingeschätzt: Es würde keine dauerhafte Leistungsangleichung, kein zusätzlicher Lerneffekt erzielt. Die Sitzenbleiber bringen keine besseren Leistungen. Vielmehr gehört die Nichtversetzung – so die Analyse im Anschluss an PISA – zu den leistungsmindernden Faktoren (TILLMANN).

Mögliche Alternativen: Im Folgenden eine kurze Übersicht: ▪ Rücktritt: Statt einer Nichtversetzung kann ein Kind – auf Vorschlag der Schule oder auf Wunsch der Eltern – auch wieder die untere Klasse besuchen. Wenn überhaupt, dann sollte man dies im Lauf des Schuljahres veranlassen, z.B. wenn sich abzeichnet, dass das Kind trotz optimaler Förderung aufgrund seiner mangelnden Leistungen jegliche Anstrengungsbereitschaft vermissen lässt (z. B. längere Krankheit, belastende familiäre Verhältnisse). Dies ist weniger stigmatisierend und weniger belastend als die bürokratische Prozedur des Sitzenbleibens am Ende des Schuljahres. ▪ Probeweise Versetzung: Statt die Klasse zu wiederholen, steigt das Kind zunächst mit auf. Man ist optimistisch: Das Kind werde schon wieder Mut fassen, um dann doch mit einigem Erfolg weitere Lernfortschritte zu machen. ▪ ⤳ Jahrgangsübergreifende Klassen: Hier lässt sich das Problem des Sitzenbleibens gut „abfedern". Sitzenbleiben verliert den stigmatisierenden Charakter, weil das Kind seine Lerngruppe nicht wechseln muss.

Nichtversetzung vermeiden: Aber muss man überhaupt Nichtversetzungen aussprechen? In anderen europäischen Ländern ist es Tradition, alle Kinder, auch die leistungsschwächsten, unter allen Umständen in ihrem Klassenverband zu belassen. Und warum sollte es nicht auch oberstes Ziel sein, dass alle Kinder in ihrer angestammten Klasse verbleiben? Die Konsequenz müsste sein: sich auf die Mindestanforderungen zu konzentrieren, Wissenslücken konsequent zu beseitigen (⤳ Förderplan) und wirksame ⤳ Lernstrategien zu vermitteln. Gegebenenfalls muss es wegen der hohen Heterogenität der Schülerschaft unterschiedliche Sockelniveaus geben, also niedrigere Mindeststandards im Lehrplan für sehr leistungsschwache Schüler. Schließlich kommen Kinder mit besonderen Leistungsschwächen nur bei zieldifferentem Lernen zu Könnenserfahrungen und machen dann auch weiter Lernfortschritte (⤳ Individualisierung).

Wünschenswert wäre es, wenn die Schule in ihrem ⤳ Schulprogramm (oder im jährlichen Arbeitsbericht) zum Thema Nichtversetzung – wie auch zum Überspringen – die Schulöffentlichkeit informierte. Wie verändert sich die Sitzenbleiberquote? Wie ist das Verhältnis von Jungen und Mädchen? Welche Konzepte bietet das Kollegium an, um Sitzenbleiben zu vermeiden?

Was Eltern wissen sollten

* Lehrer sind darum bemüht, Nichtversetzung ganz zu vermeiden.
* Durch frühzeitige Zusammenarbeit mit den Lehrern der Klasse kann es gelingen, die Lernrückstände aufzuholen, sodass das Kind die Mindestanforderungen erreicht und ihm Versagenserlebnisse erspart bleiben.
* Nichtversetzung hilft in aller Regel nicht, die Lernprobleme lösen.

Literatur

TIETZE, W./ROSSBACH, H.-G. (2006): Sitzenbleiben. In: ROST, D. H. (Hrsg.): Handwörterbuch pädagogische Psychologie. 6. überarb. und erw. Aufl. Weinheim: Beltz, S. 465–468
Grundlagenbeitrag zum Thema

Noten

• Sind Noten nützlich und sinnvoll?
• Wie hoch ist der Aussagewert von Noten?
• Wie kann Notengebung pädagogisch gestaltet werden?

Ziffernnoten sind in unseren Schulen die gebräuchlichste Form der Leistungsbewertung. Ihnen wird eine überaus große Bedeutung zugemessen, gerade auch von Eltern.

Noten haben in unserem Schulsystem eine selektierende Funktion und entscheiden über die Schullaufbahn und damit die Lebenschancen des Kindes.

Noten sind, weil auf eine Ziffer reduziert, scheinbar leicht verständlich, deshalb werden sie auch von vielen Eltern geschätzt. Noten suggerieren, mit ihnen sei das Können eines Kindes genau erfasst. Tatsächlich aber sind sie informationsarm. „Die Durchschnittsnote Drei kann gleichermaßen einen hochbegabten Nichtstuer, einen fleißigen Durchschnittskopf, einen guten Denker, der aber flüchtig arbeitet, einen unselbstständigen Routinier und noch vieles andere kennzeichnen" (ANDREAS FLITNER).

Aussagewert von Noten: Wie wenig objektiv Noten sind und wie gering daher ihr Aussagewert ist, zeigen die Ergebnisse von IGLU (Internationale Grundschuleseuntersuchung 2003). Aus der erreichten Kompetenzstufe im Lesen konnte nicht auf die Schulnote des Schülers geschlossen werden und umgekehrt, d. h., Leseleistung und Lesenote korrelierten wenig. Eine Ursache dafür ist, dass Lehrer die Leistungen ihrer Schülerinnen und Schüler nicht nur nach inhaltlichen Maßstäben beurteilen, sondern auch nach dem Klassendurchschnitt. Die gleiche Leistung eines Kindes kann bei einem Lehrer eine 2 sein und beim anderen eine 4. Damit sind Noten von der Klassenzugehörigkeit abhängig.

In diesem Zusammenhang fast schon legendär sind die Untersuchungen zur Bewertung von Texten von Kindern („Aufsätzen"), die zeigten, dass unterschiedliche Beurteiler denselben Text höchst verschieden benoten – die Skala wird fast ausgeschöpft. Hinzu kommt: Selbst eine Lehrerin oder ein Lehrer kann über einen mittleren Zeitraum hinweg kaum stabil bewerten; und immer fließen Erwägungen mit ein, die weder auf vorangegangenen Unterricht noch auf anderweitige Zielsetzungen zu beziehen sind.

Noten sind also weder vergleichbar noch objektiv, haben daher nur eine verhältnismäßig geringe Aussagekraft. Auch führen Noten nicht zu besseren Leistungen. Dies zeigen die internationalen Vergleichsstudien, deren Spitzenplätze von Ländern ohne Ziffernnoten belegt werden.

Alternativen: Obwohl andere Möglichkeiten einer kindgerechten und leistungsfördernden Bewertung längst vorliegen (⌐ Leistung, ⌐ Leistungsbewertung), sind in Deutschland, bei unterschiedlichen Regelungen in den Bundesländern, Noten schulrechtlich vorgeschrieben. Lehrer im Regelschulsystem können sich der Notengebung nicht entziehen. Sie können aber dafür sorgen, in welchem Kontext dies geschieht und sich bemühen, den Prozess so pädagogisch wie möglich zu gestalten (⌐ Klassenarbeit). Nötig ist, die Notenbewertung durch eine verbale Rückmeldung zu ergänzen, die den momentanen Leistungsstand beschreibt, dabei auf den individuellen Lernfortschritt eingeht, konkret Stärken und Schwächen benennt und Hinweise auf Lern- und Fördermöglichkeiten gibt. So rückt die individuelle Förderung des Schülers mehr in den Mittelpunkt.

Selektionsrituale: Keinesfalls darf die Notenvergabe mit weiteren Selektionsritualen verbunden werden. So sind die Angabe einer Durchschnittsnote oder gar ein „Notenspiegel" (Notenverteilung innerhalb der Klasse) pädagogisch fragwürdig, da sie den Fokus noch stärker auf das Vergleichen von Kindern richten. Verbindliche Punkteschlüssel für die Notengebung, das verpflichtende Schreiben paralleler Klassenarbeiten, vorgeschriebene Gewichtungsverhältnisse von mündlichen/schriftlichen Noten, das rein arithmetische Berechnen einer Gesamtnote und Ähnliches, missachten die pädagogische Verantwortung des Lehrers, seiner Klasse und jedem einzelnen Kind gerecht zu werden.

Was Eltern wissen sollten

- Noten greifen zu kurz, sie beschreiben die Leistungsfähigkeit des Kindes nur einseitig. Keinesfalls wird damit die Persönlichkeit des Kindes erfasst.
- Schlechte Noten motivieren sicherlich kein Kind. Noten bewirken daher in vielen Fällen keine Steigerung der Leistungsbereitschaft des Kindes, sondern oft das Gegenteil, nämlich Leistungsdruck bis hin zu Leistungshemmung und Versagensangst.
- Noten dürfen niemals als Druckmittel eingesetzt werden oder zu Bestrafung führen. Auch materielle Belohnungen sind unangemessen.

Literatur
WEINERT, F. E. (Hrsg.) (2002): Leistungsmessungen in Schulen. Weinheim: Beltz
  Grundlegender, umfassender Reader
BRÜGELMANN, H. u. a. (2006): Sind Noten nützlich und nötig? Ziffernzensuren und ihre
  Alternativen im empirischen Vergleich. Frankfurt/M.: Arbeitskreis Grundschule e. V.
  Kritische Bestandsaufnahme der gängigen Praxis an Schulen

Offener Unterricht

- Wie lässt sich die Öffnung des Unterrichts organisieren und planen?
- Offener Unterricht, verbindliche Standards und Leistungsmessung?
- Wie verändert sich die Rolle der Lehrerin und des Lehrers?

Der Umgang mit den individuellen Voraussetzungen der Kinder bei gleichzeitigem Anspruch, verbindliche Ziele zu erreichen, ist eine große Herausforderung. Schule muss individuelles und gemeinsames Lernen so gestalten, dass der Umgang mit ↗ Heterogenität bereichert und auf das Leben in einer demokratischen Gesellschaft vorbereitet.

Öffnung von Unterricht inhaltlich: Aufgabe des Lehrers ist es, den Spielraum zwischen dem verpflichtenden Fundament für alle und einem Additum für Begabte oder Interessierte auszuloten. In der Praxis möglich sind Angebote z.B. in Form von Thementischen, Forscherecken im Sachunterricht, Aufgabenkarteien, materialgeleiteten Angeboten in Mathematik, Leseecken, Schreibwerkstätten in Deutsch. Als Kriterien für die Angebote können gelten: Wecken sie Interesse? Reichern sie den Alltagslernstoff auf höheren Kompetenzebenen an? Fördern und fordern sie individuell?

Öffnung auf der kognitiven Ebene: Die Aufgabenangebote unterscheiden sich in ihren Kompetenzniveaus, bieten verschiedenen Lerntypen unterschiedliche Zugriffe (auditiv/visuell, konkret/abstrakt) und verbinden fächerübergreifend je spezifische Arbeitsweisen. Der Weg des Lernens und sein Resultat werden gleichwertig. Kriterien für ↗ Aufgaben können sein: Stützen sie aktives, einsichtiges Lernen? Eröffnen sie kreative, unerwartete Lösungen? Sind sie zu variieren? Wie ist ihr Forderungsgehalt? Welche Fördermöglichkeiten stecken in ihnen? Die Bewertungen gewinnt der Lehrer hier aus individuellen ↗ Beobachtungen.

Öffnung auf der organisatorischen Ebene: Unabdingbare Voraussetzung ist Methodenkompetenz auf Seiten der Kinder. Offen sind der individuelle Umgang mit der Zeit, die Wahl der Arbeitsform, die Entscheidung für oder gegen einen Arbeits- oder Interaktionspartner. Kriterium ist hier die Art der Vorordnung, die ein Maximum effektiver Lernzeit garantieren möchte. Außerdem gelten die folgenden Kriterien: Sind Abläufe ritualisiert? Gibt es Verhaltensvereinbarungen? Sind Lernzeiten und Lernräume strukturiert und verlässlich verfügbar? Sind Zeiträume angeboten, in denen das Erarbeitete in der Gemeinschaft eingebracht werden kann?

„Klassische" Formen: Projektarbeit, ↗ Freie Arbeit, Lernen an Stationen (richtig praktiziert) und Lernen mit einem Wochenplan sind inzwischen „klassische" Formen offenen Unterrichts.

Stationenlernen: An jeder Station finden die Kinder didaktisch aufbereitetes Material vor. Eine Übersicht auf dem „Laufzettel" stützt selbstverantwortliche Planung und Selbsteinschätzung. Freiwillige Zusatzstationen oder Spielraum bei der Aufgabenerledigung bieten zusätzliche ⬈ Differenzierung; Selbstkontrollmöglichkeiten geben unmittelbar Rückmeldung. Der Rhythmus von Spannung (Arbeitsphase) und Entspannung (Wechsel der Stationen) fördert die Konzentration. Das Gefühl der Könnenserfahrung nach jeder Station garantiert eine hohe Motivation. Gewährt man individuelle Arbeitszeit, verbietet sich ein gemeinsamer Stationenwechsel. Wegen des hohen Arbeitsaufwandes sind die Inhalte sorgfältig zu bedenken.

Arbeit mit einem Wochenplan: Zu Wochenbeginn erhalten die Kinder den Arbeitsplan, der ein Pflichtpensum und ein Wahlpensum beschreibt. Auch individuelle Ausprägungen sind möglich. Die Inhalte sind eng am Unterricht der Woche angelehnt oder sichern Grundlagen (z. B. Rechenfertigkeit, Leseübung, Rechtschreiben). Das Pflichtpensum muss von langsamer arbeitenden oder leistungsschwächeren Kindern bei konzentrierter Nutzung der Arbeitszeit bewältigt werden können. Jeder entscheidet frei über den Zeitpunkt der Erledigung und lernt, Zeit verantwortlich einzuteilen. Fertiges wird in einer Übersicht dokumentiert. Zu vereinbaren ist, was mit Unerledigtem passiert.

Zur Lehrerrolle: Selbstverständlich ist der Lehrer auch hier mitverantwortlich für die optimale Förderung der Kinder. Er strukturiert die Situation, ist Ansprechpartner, Berater. Das bereitgestellte Material muss abwechslungsreiche Lernaktivitäten ermöglichen. Aufgrund der Entlastung durch Materialsteuerung und ritualisierte Abläufe ist er präsent und frei für ⬈ Beobachtung sowie individuelle Förderung. Er hält die einzelnen Arbeitsprozesse in Gang und greift notfalls ein. Vor allem Prozesse der Kommunikation und Reflexion über die Arbeit und die Verständigung über Maßstäbe und Gütekriterien müssen vom Lehrer angeleitet und begleitet sein.

Was Eltern wissen sollten

- Offener Unterricht unterstützt Selbstständigkeit und Eigenverantwortung.
- Die Lehrerin oder der Lehrer gewinnt Zeit für das einzelne Kind, lernt es besser kennen und kann deshalb individuell reagieren.

Literatur

WALLRABENSTEIN, W. (2000): Offene Schule – offener Unterricht. 8. Aufl. Reinbek bei Hamburg: Rowohlt
Klassiker; praxisorientiertes, sehr aspektreiches Buch

Pausen

- Welche Bedeutung kommt den Pausen zu?
- Wie werden Pausen mehr als lediglich „Ausruhen" vom Lernen?
- Müssen etwa auch Pausen eingeübt werden?

An jedem Arbeitsplatz sind Pausen vorgeschrieben und erforderlich. Das gilt für Erwachsene, mehr aber noch für Kinder – umso mehr, je jünger sie sind. Pausen in der Schule wird gemeinhin nicht die Bedeutung zugemessen, die ihnen zukommt. Sie bestimmen nicht nur, wie erholt, ausgeruht und lernbereit ein Kind nach ca. 20 Minuten Spielzeit in den Unterricht zurückkommt, sie haben auch nachhaltig auf das Klima einer Schule Einfluss. Repression und ↗ Gewalt auf dem Schulhof können die Einstellung zur Schule lebenslang negativ beeinflussen. Schulhöfe sind Orte des ↗ sozialen Lernens, über das auch ein ↗ Schulprogramm Auskunft geben sollte.

Viele Schulen haben in den letzten Jahren den „45-Minuten-Takt" mit entsprechenden akustischen Zeichen weitgehend durch jeweils einen zweistündigen Block mit einer längeren Pause ersetzt. In der ersten, der „Großen Pause", wird auch gefrühstückt. Ganztagsschulen rhythmisieren den Schultag zusätzlich durch Spiel-, Bewegungs- und Ruhepausen vor und nach dem gemeinsamen Mittagessen. Richtig Pause machen muss eingeübt werden.

Die Frühstückspause: Von vielen heiß ersehnt, ist sie für andere lästige Wartezeit, bevor man sich endlich bewegen kann. In manchen Schulen ist es üblich, vor der Spielpause die Plätze für das Frühstück mit Platzdeckchen, Wasserflaschen, Trinkbechern, Obst oder Gemüse herzurichten. Wer Hunger hat, „beißt schon mal ab"; aber dann geht es zuerst in die Hofpause, ohne Brot oder Obst, weil es sich sonst im Abfallkorb wiederfindet. Das macht ebenso Sinn wie das gemeinsame Frühstück vor der Entspannung draußen. Der Rahmen für das gemeinsame Essen sollte abgesprochen und zu einem gewissen Grad ritualisiert sein: gedeckter Tisch, ruhige Gespräche, sinnvoller Umgang mit Essen und Trinken. Für viele Kinder ist das Schulfrühstück die einzige Mahlzeit am Tag in Tischgemeinschaft; manche lernen Tischmanieren erstmals dort. Nach dem Frühstück wird abgeräumt, ein Tischdienst säubert die Tische für die Arbeit nach der Pause.

Die Hofpause: Sie beginnt bereits in der Klasse. Wer Kinder hinausstürmen lässt, darf sich nicht über Unfälle bereits auf dem Flur oder an der Ausgangstür wundern. Im 1. Schuljahr empfiehlt es sich, vor dem Hinausgehen an vereinbarte Pausenregeln (möglichst wenige) zu erinnern.

Ein noch so anregend gestalteter ↗ Schulhof mit Zonen für Ruhe, Spiel und Bewegung bedarf der Vereinbarungen und Regeln mit ↗ Konsequenzen, wenn sie nicht eingehalten werden. Im Kollegium muss Einigkeit über unverzichtbare Forderungen für das Miteinander bestehen. Für bestimmte Spielgeräte (z. B. Rutsche, Korbschaukel, Tischtennisplatte) sind klassenweise Nutzungsvereinbarungen zu treffen. Anregungen für gemeinschaftliche Partner- oder Gruppenspiele lassen sich im Klassenunterricht vermitteln. Die Drei-F-Hofpause – fit, friedlich, fair – wird in Ruhe beendet: Alle Klassen versammeln sich an einem Treffpunkt und gehen gemeinsam mit der Lehrerin möglichst diszipliniert in ihren Klassenraum.

Die aktive Pause: Die Grundschule muss dem Bewegungshunger der Kinder viel Spielraum gewähren: Bälle, Tischtennisschläger, Springseile, Pedalos, Stelzen, Jojos, Roller u. Ä. sollte zur Ausleihe bereitstehen. Immer eine 3. oder 4. Klasse übernimmt für eine Woche die Verantwortung. Wenn Kinder ihre Geräte nicht zurückbringen, wird das Problem an den Klassenrat gegeben (ggf. Ausschluss von der Ausleihe). Bei „durchwachsenem" Wetter sperrt man vielleicht nur die Wiese. Bei stärkerem Regen gehören die Kinder „unter Dach", falls eine Pausenhalle vorhanden ist. Manche Schulen öffnen die Turnhalle für Spiele oder andere Aktivitäten unter Leitung eines Lehrers. Streitigkeiten und Probleme sollten die Kinder untereinander austragen. Häufig bieten Schulen den nahegelegenen Sportplatz als zusätzliche Fläche für Ballspiele an (meist zusätzliche Aufsicht erforderlich).

Die Regenpause: Sie ermöglicht das Spielen und Erholen im Klassenraum, weshalb sie auch so beliebt ist. Es genügt eine Aufsicht pro Flur, die von Klasse zu Klasse „pendelt", sodass die Kinder sich beaufsichtigt fühlen. Geeignete Brettspiele, die Bücherecke, der ↗ Computer laden dann zu unterschiedlichen Aktivitäten ein. Auch diese müssen geregelt und eingeübt sein. Da die körperliche Bewegung zu kurz kommt, empfehlen sich nach der Pause gymnastische Bewegungsspiele bei geöffnetem Fenster und mit Musik. Ertönt der Gong für das Pausen-Ende, wird aufgeräumt.

Was Eltern wissen sollten

* Kinder im Grundschulalter können sich kaum länger als ca. 30 Minuten auf eine Arbeit konzentrieren. Das gilt auch am Nachmittag. Vor allem Pausen sind für den Lernerfolg mitentscheidend.
* Manche Schulen suchen für die große Spielpause Unterstützung am Spielewagen oder „Animateure" für neue Spiele. Auch so lässt sich das Schulleben verantwortlich mitgestalten.

Literatur
MÜLLER, CHR. (2003): Bewegte Grundschule. St.-Augustin: Academia
Über Pausen hinausgehende Anregungen für mehr Bewegung in der Schule

Portfolio

- Was ist ein pädagogisches Portfolio und welche Typen gibt es?
- Welche pädagogischen Ziele lassen sich mit Portfolioarbeit erreichen?
- Was ist bei der Portfolioarbeit zu beachten?

Ein pädagogisches Portfolio ist wie das Tagebuch ein Selbstreflexionsinstrument, d. h., Schülerinnen und Schüler werden durch die Portfolioarbeit angehalten, ihr Lernen selbst zu beobachten und zu reflektieren. Das Portfolio dient der Dokumentation der Lernentwicklung sowie der Lernergebnisse eines Schülers. Ausgewählte Arbeiten und Dokumente verschiedenster Art (Arbeitsblätter, Berichte, Skizzen, Fotografien, Filme, Tonaufnahmen usw.) werden vom Lernenden gesammelt. Ein Portfolio kann auch zur Beurteilung und Bewertung von Lernleistungen herangezogen werden. **Welche Typen gibt es?** Es werden verschiedene Portfoliotypen unterschieden: 1) Das Arbeitsportfolio oder Entwicklungsportfolio dient der Diagnose des Lernprozesses. Es kann Dokumente aller Art enthalten, die den Lernprozess beschreiben. Dieser Portfoliotyp eignet sich auch als unterstützendes Instrument bei Beratungsgesprächen.

2) Das Vorzeigeportfolio enthält die besten Arbeiten eines Lernenden. Diese können aus einem oder mehreren Fächern stammen oder auch über einen längeren Zeitraum hinweg gesammelt worden sein.

3) Für das Beurteilungsportfolio sind bereits in der Planungsphase verbindliche Angaben über Zielsetzungen und Beurteilungskriterien notwendig. Dieser Portfoliotyp dokumentiert die Leistungen eines Schülers und wendet sich an Lehrkräfte, Mitschüler, Eltern und weiterführende Schulen. Unzulänglichkeiten der traditionellen Beurteilung, wie z. B. die mangelnde Rückmeldung über Stärken und Schwächen des Lernenden, können so vermieden werden.

4) Das Bewerbungsportfolio betont die Bedeutung der Präsentation von Lernprozessen und -ergebnissen. Wie in einem Ausweis werden nachfolgende Bildungseinrichtungen und Unternehmen über besondere Qualifikationen des Lerners informiert.

In der Praxis finden sich diese Typen natürlich nicht in Reinform, sondern in Mischformen. Wichtig ist, sich vorab zu überlegen, welche Zielsetzung mit der Portfolioarbeit im Unterricht verfolgt werden soll. **Welche pädagogischen Ziele lassen sich mit Portfolioarbeit erreichen?** Das Portfolio kann den sich allmählich vollziehenden Wandel von der Lehr- zu einer Lernkultur unterstützen. Dieser Wandel markiert eine Abkehr von der Orientierung an Lehrmodellen und wendet sich hin zu einer konsequenten Berücksichtigung der Lernenden, und er betont weniger Lehrziele als vielmehr Lernziele. Mit Portfolioarbeit soll ein größerer Anteil selbstgesteuerten und selbstbestimmten Lernens im Unterricht erreicht werden. Lernende bestimmen selbst über Inhalte, Bearbeitungsdauer, Lernwege und -lösungen. Sie werden an der Portfolioarbeit beteiligt, indem Ziele, Lerninhalte und Bewertungskriterien gemeinsam mit der Lehrerin oder dem Lehrer festgelegt werden. Schließlich ist die Selbstbeobachtung und -reflexion (↗ Beobachtung) der eigenen Fähigkeiten ein wesentliches Lernziel. Portfolios lassen sich auf allen Klassenstufen und in allen Schularten einsetzen.

Was ist bei der Portfolioarbeit zu beachten? Portfolios müssen auf die Bedingungen der Schüler, der Lernumgebung und der Lerninhalte angepasst werden. Der Unterricht muss entsprechend verändert werden, z. B. indem den Lernenden die Möglichkeit und die Zeit zum Erwerb der erforderlichen Kompetenzen gegeben wird, insbesondere zur Selbstbeobachtung und -reflexion sowie zum Einsatz von ↗ Lernstrategien. Dies geht auch mit einer veränderten Lehrerrolle einher, die eher moderierend ist. Bei der Beurteilung der Portfolios ist eine Orientierung sowohl an der individuellen (am Lernfortschritt) als auch an der inhaltlich-kriterialen Bezugsnorm sinnvoll. Der Einsatz von Portfolios erfordert viel Zeit und muss daher sorgfältig überlegt und vorbereitet sein. Für die Einführung sollte man sich ebenfalls genügend Zeit lassen, damit die Portfolioarbeit von den Lernenden gut angenommen und als bereichernd erlebt wird.

Was Eltern wissen sollten

• Portfolios bieten einen detaillierten Einblick in die individuellen Lernfortschritte des Kindes und zeigen etwaige Lernschwierigkeiten auf.
• Auf dieser Grundlage gelingt eine gezielte und effektive Lernförderung.
• Sie bieten sich als alternatives Instrument zur Leistungsbeurteilung an, da sie nicht nur auf kognitive, sondern auch affektive, kreative und soziale Fähigkeitsbereiche eingehen.

Literatur

BRUNNER, I./HÄCKER, T./WINTER, F. (Hrsg.) (2006): Das Handbuch Portfolioarbeit. Seelze: Kallmeyer.
Handbuch mit theoretischer Einführung und vielen praxisorientierten Beispielen aus verschiedenen Schularten und Klassenstufen sowie der Lehrerbildung
GLÄSER-ZIKUDA, M./HASCHER, T. (Hrsg.) (2007): Lernprozesse dokumentieren, reflektieren und beurteilen. Bad Heilbrunn: Klinkhardt.
Sammelband zum Lerntagebuch- und Portfolioansatz in Schule und Lehrerbildung; theoretische Einführung, vielfältige Beispiele und Ergebnisse empirischer Studien

Psychohygiene

- Was bedeutet Psychohygiene für den beruflichen Alltag? Wodurch trägt sie zu einem professionellen Selbstverständnis und Handeln bei?
- Welche Möglichkeiten der Entlastung gibt es?

Psychohygiene ist ein Sammelbegriff für Hilfen, die im Berufsalltag dazu dienen, die Fähigkeit zur Berufsausübung zu erhalten und nach Grenzsituationen (Gewalterfahrung, Burnout-Syndrom) wiederzuerlangen. Dies beinhaltet nicht nur eine handwerklich-technische, sondern auch eine emotionale Seite (innere Einstellung, Motivation, Freude am Beruf). Diese bedingen sich u. a. durch das Erleben eigener Kompetenzen, das Wahrnehmen von Erfolg und Anerkennung, durch die Möglichkeit, im Rahmen der Gegebenheiten selbstbestimmt und wirksam zu sein, sowie durch die Chance auf kreative und innovative Gestaltung.

Aufgaben: Somit hat Psychohygiene neben einer wichtigen Nachsorgefunktion auch eine präventive Aufgabe und gilt als Baustein eines professionellen Selbstverständnisses und Handelns. Dies lässt sich so formulieren: Lehrer nehmen die Anforderungen des Lehrerberufs aktiv an, sie sind sich dabei ihrer Kompetenzen und auch des Entwicklungsbedarfs bewusst. Sie bringen prinzipiell hohe Leistungen, ohne sich jedoch systematisch zu überfordern oder auszubeuten. Sie erkennen möglichst rechtzeitig die Diskrepanz zwischen Einsatz und Ertrag, um bewusst ein abgestuftes System von Entlastung und Hilfen in Anspruch zu nehmen. Dazu bedarf es der regelmäßigen Selbstreflexion sowie der Reflexion im Kollegium.

Möglichkeiten der Selbstreflexion: Die folgenden Fragen dienen der Selbsterforschung. Werden zu viele Fragen mit nein beantwortet, muss man nach Entlastung und (Ab-)Hilfe suchen, z. B.: innerlich einen Schritt zurücktreten, um die Gedanken für die Lösungssuche frei zu bekommen (dies kann eine Situationsveränderung oder eine Änderung der inneren Einstellung sein); mit einer vertrauten und fachkundigen Person sprechen, um ein Problem loszuwerden oder um ein kritisch-orientierendes Feedback oder eine Klärungshilfe zu erhalten; eine gezielte Fortbildung machen; kollegiale Fallberatung oder weitergehende professionelle Beratung in Anspruch nehmen. Achtung: Nach massiven Grenzsituationen (in Form biografischer oder von außen einbrechender Krisen) ist eine professionell angeleitete Aufarbeitung erforderlich. Fragen zur persönlichen Reflexion sind: ▪ Kompetenzen kennen: Kenne ich meine Stärken? Nehme ich meine Erfolge wahr? Habe ich genügend Handlungsmöglichkeiten, um mit Herausforderungen umzugehen? In welchen Bereichen brauche ich Fort- und Weiterbildung? ▪ Für sich selbst eintreten: Sage ich deutlich, was ich will? Grenze ich mich klar ab, ohne den Kontakt zum anderen zu verlieren? Kann ich Verantwortung abgeben oder teilen? Korrigiere ich mich, weil ich wieder in „Fallen gerate"? ▪ Chronische Überbelastung vermeiden: Setze ich mir realistische Ziele? Prioritäten bezogen auf die zeitliche und qualitative Erledigung von Aufgaben setzen: Was zuerst? Wie gründlich und perfekt? (In Zeiten hoher Belastungen reicht es, manche Arbeitsbereiche 80-prozentig zu erledigen, wissend, dass später wieder 100 Prozent angestrebt werden.) Habe ich ein sinnvolles Zeitmanagement (z. B. einen Plan, in dem Eckdaten und Zeitabläufe so koordiniert sind, dass nicht alles auf einmal kommt)? Nehme ich mir genügend Freiräume, um Distanz zu meinen Aufgaben zu erhalten? ▪ Veränderungen wollen: Bin ich bereit, etwas zu verändern? Gehe ich dabei lösungsorientiert vor? Vermeide ich Reaktionen wie: „Mehr desselben" (dies kann ebenso wie pausenloses Durcharbeiten ein häufiges Flüchten vor der Arbeit sein) oder „Ja – aber ...". (Es finden sich immer Gründe, warum man etwas nicht verändern kann, aber dies hilft nicht weiter.) ▪ Sich helfen lassen: Erkenne ich Anzeichen körperlicher oder emotionaler Erschöpfung? Habe ich soziale Unterstützungssysteme? Kann ich Rat annehmen und in mein Tun integrieren? Rege ich Unterstützungssysteme in der Schule an? Gestehe ich mir Hilfe z. B. in Form von Supervision zu? **Fragen zur kollegialen Reflexion:** ▪ ↗ Kollegium: Haben wir eine Atmosphäre der Akzeptanz und Solidarität? Haben wir eine Kollegiumskultur (z. B. Rituale, um etwas zu feiern)? Reichen die vorhandenen Formen aus? ▪ Kollegiale Entlastung: Gibt es informelle Entlastungsformen („Tür- und Angelgespräche", pädagogische Gespräche, ↗ Konfliktgespräche)? Gibt es institutionalisierte Formen wie kollegiale Fallberatung (eine Form der Supervision in Eigenregie; Erweiterung des professionellen Handlungsrepertoires durch den Austausch von Erfahrungswerten; Ablauf nach einer festgelegten Struktur)? Suchen wir rechtzeitig Hilfe von außen, wenn wir nicht mehr weiterwissen?

Was Eltern wissen sollten

• Eltern haben einen großen Einfluss auf die Art, wie Lehrer ihren Beruf ausüben können. Folgende Haltungen unterstützen die Arbeit: Anerkennung, vertrauensvolle Zusammenarbeit, sachbezogene Anregung.

Literatur

BLÜLLE-GRUNDER, T. H. (2006): Jahresspiegel: das pädagogische Tagebuch. Berlin: Cornelsen Scriptor
Fragen zur Selbsterforschung und Hinweise zur Weiterarbeit im Kollegium

Rituale

*   Welche Aufgabe haben Rituale im gelebten Alltag der Grundschule?
*   Gibt es für die Grundschule Rituale von besonderer Bedeutung?
*   Wie lassen sich Regeln und Rituale nachhaltig einführen?

Gute Gewohnheiten, klare Vereinbarungen und Ordnungssysteme sind noch lange keine Rituale. Diese besitzen immer einen Sinnhintergrund und üben mit ihrer Symbolkraft einen gewissen Druck aus, dem Kinder gerne folgen. Manche lehnen Rituale mit dem Argument ab, sie würden die Interessen und Bedürfnisse der Kinder unterdrücken.

Die wichtige und positive Bedeutung von Ritualen:

*   Rituale sind ein wichtiger Teil des Schullebens. Auf Gemeinschaft hin geordnet, signalisieren sie Normen, Werte und Einstellungen und fördern im praktischen Vollzug erwünschtes Verhalten.
*   Rituale stellen, wenn sie nicht zu stark vom Lehrer ausgehen oder auf ihn fixiert sind, einen Handlungsrahmen dar, der das soziale Miteinander entlastend regelt, weil nicht ständig neue Absprachen und Entscheidungen erforderlich werden.
*   Wie vereinbarte Regeln bieten Rituale verlässliche, akzeptierte Ordnungen und machen den Unterrichtsalltag durchschaubar, wenn sie unter Beteiligung der Kinder entstehen und nicht zu einem Mittel der Disziplinierung verkommen.
*   Wenn man Rituale von Zeit zu Zeit auf Zielsetzung und Sinn hinterfragt, nötigenfalls ändert oder abschafft, wird der Freiraum der Kinder nicht unangemessen eingeschränkt; diese empfinden vielmehr Sicherheit und Geborgenheit.
*   Rituale sind wie Regeln Teil des an der Schule vereinbarten und im ↗ Schulprogramm dokumentierten Erziehungskonzepts. Sie geben dem Alltag Farbe und Leben, rhythmisieren ihn und stiften Tradition. Ein Zuviel würde die positive Wirkung mindern und verflachen lassen.

Rituale für das Schulleben: Schulanfang, Einschulung, Verabschiedung der Viertklässler oder die Feier zum Beginn der großen Ferien sind Gelegenheiten, Freude miteinander zu teilen und die Zusammengehörigkeit zu pflegen: Du bist uns wichtig. Wie Frühlings- oder Herbstfeste können jährlich religiöse oder nationale Feste gestaltet werden (z. B. Ostern, Ramadan, Passah und Pongal; Erntedankfest, Weltkindertag). Bedeutsamer sind Feiern, die in kürzeren Abständen stattfinden: wöchentliche Schulfeier, Forum, Schulversammlung, Adventsfeiern. Hier präsentieren Kinder Unterrichtsergebnisse, szenisches Spiel und individuelle Fähigkeiten in einem Rah-

men, der Spannung und Vorfreude auslöst sowie Lob und Wertschätzung für den Einzelnen ermöglicht.
Rituale für die Klasse: Auch hier sei vor einer inflationären Häufung gewarnt. Jede Klasse entwickelt eigene Strukturen. Dabei fließen die Ideen aller Kinder ein; sie werden diskutiert, führen zu Vereinbarungen, die allen wichtig sind, und werden eingeübt. Nachhaltig wirken Rituale, die aus dem Bedürfnis der Kinder erwachsen. Einige Beispiele: Begrüßung am Morgen (Begrüßungslieder), der offene Beginn, der Morgenkreis und die Planungsrunde für den Tag, durch den dieser einen gesunden Rhythmus von Anspannung, Konzentration und Arbeit, Entspannung und Stilleerfahrungen (z. B. Gedankenreisen, Mandala-Malen mit Musik) und Pausen erfährt; Gesprächskreis (mit Erzählstein oder -ball), in dem man sich gegenseitig mitteilt, Gemeinsames plant, Bücher vorstellt, Konflikte gemeinsam löst (⬈ Klassenrat), von Gelerntem berichtet, das individuelle Lernen reflektiert, Dienste regelt. Das gemeinsame Frühstück, die Verabschiedung nach Schulschluss, der Wochenschluss, die Lesezeit und ⬈ die Freie Arbeit, das „ 3-Minuten-Aufräumen" mit immer dem gleichen Lied dazu; die „Kummerkiste", Vereinbarungen über den Umgang mit kranken Kindern, der „Nachdenkstuhl", auf dem Kinder über ihr störendes Verhalten nachdenken.
Zur Einführung eines neuen Rituals dienen am besten ein aktueller Anlass oder die Anregung der Lehrerin oder eines Kindes: „ Ich habe festgestellt … Wollen wir …? Wie könnte das bei uns aussehen?" Sinn, Ziel und Bedeutung müssen allen klar werden. Danach erst werden Verfahren und Wege gemeinsam überlegt und festgelegt. Unverzichtbar: Die Vereinbarungen sind konsequent zu befolgen, soll nicht jede erzieherische Wirkung schnell verpuffen.

Was Eltern wissen sollten
* Rituale sind keine „Modeerscheinung". Durch sie werden Werte vermittelt; sie tragen zum Erlernen demokratischen Verhaltens und zu aktiver Mitverantwortung bei.
* Rituale entlasten den Alltag – nicht nur in der Schule. Sie können auch in der Familie das Gemeinschafts- und Zusammengehörigkeitsgefühl stärken. Schule und Eltern müssen deshalb an einem Strang ziehen.

Literatur
PETERSEN, S. (2007): Rituale für kooperatives Lernen in der Grundschule. 2. Aufl. Berlin: Cornelsen
Überzeugend dargestellte Gütekriterien und Rahmenbedingungen für Rituale, ausgewählte Praxisbeispiele

Schulbuch

* Wie entsteht die Verbindlichkeit von Schulbüchern?
* Welche Bedeutung hat das Schulbuch für den Unterricht?
* Was soll ein gutes Schulbuch leisten?

Genehmigungsverfahren: Über die Veröffentlichung verbindlicher Lehrpläne und die amtliche Zulassung von Schulbüchern nehmen die Länder Einfluss auf Erziehung und Unterricht. Bevor ein Schulbuch verwendet werden darf, muss es ein Genehmigungsverfahren durchlaufen. Vom Ministerium beauftragte Gutachter prüfen in der Regel, ob der Inhalt des Buches verfassungs- und gesetzeskonform ist, ob er den Standardfixierungen und den gültigen Lehrplänen der betreffenden Schulart und Jahrgangsstufe entspricht, ob er altersgemäß und schulartspezifisch aufbereitet ist und die ausgewählten Inhalte die Ziele des betreffenden Lehrplans umsetzen und schließlich, ob es in seiner Konzeption den aktuellen fachwissenschaftlichen Forschungsstand berücksichtigt. Auch ganz pragmatische Aspekte spielen bei der Zulassung eine Rolle: Haltbarkeit, Größe, Gewicht, Preis.
Schulbuch als Arbeitsmittel: Ein Schulbuch ist speziell für den Unterricht konzipiert. Es ordnet die Lerninhalte eines Faches systematisch an und bereitet sie didaktisch auf. Es ist eine gut verständliche Informationsquelle in Text und Bild und gleichzeitig Arbeitsbuch. Durch seine Konzeption macht es Lernziele an ausgewählten Inhalten fest, gewichtet und gibt der Beschäftigung mit den Unterrichtsgegenständen eine Richtung. So unterstützt es die Planung und Realisierung von Unterricht in erheblichem Maße. An jedem didaktischen Ort des Unterrichts kann das Buch zum Einsatz kommen: zur Motivation, zur Problemfindung, in der Orientierungsphase, in der Arbeitsphase oder auch zur Vertiefung und Wiederholung. Problematisch wird es, wenn sich Lehrerinnen und Lehrer ausschließlich am Schulbuch orientieren.
Entscheidung des Kollegiums: In der Regel wählt das Kollegium Schulbücher gemeinsam aus und verwendet sie dann über Jahre hinweg. Das Schulbuch ist für den Schüler immer verfügbar. Wenn es ansprechend gestaltet und gut strukturiert ist, kann es ein positives Verhältnis zum Buch erzielen, Methodenkompetenzen stärken und damit selbstständigen Wissenserwerb ermöglichen – eine unverzichtbare Voraussetzung für lebenslanges Lernen. Der harte Wettbewerb auf dem Schulbuchmarkt hat zur Folge, dass eine geradezu überbordende Vielfalt von Schulbüchern auf dem Markt zu finden ist. Mehr denn je ist hier eine sorgfältige Prüfung und eine Auswahl gemäß dem eigenen pädagogischen und didaktischen Konzept vonnöten.

Kriterien – das „gute" Schulbuch: Gute Schulbücher haben klare Strukturen, nehmen Basiskompetenzen in den Blick und lassen bei angemessener Progression Arbeiten auf unterschiedlichen Leistungsniveaus zu. Illustrationen sind gut gewählt, die gesamte Gestaltung genügt hohen ästhetischen Ansprüchen. So wie die Schule in der Regel unter mehreren Büchern auswählen kann, steht es selbstverständlich frei, einzelne Themen mit dem Buch, andere wiederum mit anderen Medien zu bearbeiten. Äußerst fragwürdig unter dem Anspruch eines einsichtigen Lernens ist es jedoch, sich generell aus den verschiedensten Büchern nur Stückwerk herauszunehmen, da dies auf Kosten des in sich stimmigen Gesamtkonzeptes geht. Außerdem ist unbestreitbar, dass aus einem Buch in der Regel nachhaltiger und mit höherer Motivation gelernt werden kann als aus einer Ansammlung grau kopierter Blätter unterschiedlichster Güte. Da ins Schulbuch selbst nicht hineingearbeitet werden kann, sind immer häufiger ganze „Lernprogramme" im Angebot, die das Buch mit persönlichen Verbrauchsmaterialien in Form von Arbeitsheften, Aufgabensammlungen, unterschiedlichsten Übungsmaterialien, zunehmend auch in digitaler Form ergänzen.

Schulbuch als Spiegel seiner Zeit: Immer spiegelt ein Schulbuch aktuell gültige gesellschaftliche Werte und didaktisch-methodische Tendenzen. Außerdem gibt es Aufschluss über das momentane Verständnis des kindlichen Lernens. Gegenstand der Schulbuchforschung sind im Wesentlichen Werke aus dem Bereich Geschichte und Sozialkunde, wo auch internationale Vergleiche angestellt und historische Entwicklungen beobachtet werden. Als das erste Sprache und Sache verbindende Buch für Lernende gilt der „Orbis sensualium pictus" von Johann Amos Comenius aus dem Jahre 1658.

Was Eltern wissen sollten

- Das Schulbuch, ein Lernmittel neben anderen, gewährt Einblick in die Unterrichtsarbeit.
- Es wird in der Regel zum Gebrauch kostenfrei verliehen (Lernmittelfreiheit in den Ländern unterschiedlich) und sollte pfleglich benutzt werden, ansonsten fallen zusätzliche Kosten an.
- Es dient auch der Wiederholung und Sicherung des Lernstoffes zu Hause.

Literatur

MATTHES, E./HEINZE, C. (Hrsg.) (2005): Das Schulbuch zwischen Lehrplan und Unterrichtspraxis. Klinkhardt: Bad Heilbrunn
Beiträge zur historischen Schulbuchforschung
www.gei.de – Homepage des Georg-Eckert-Institutes für internationale Schulbuchforschung in Braunschweig

Schulhof

- Was geschieht auf unseren Schulhöfen?
- Wie lässt sich ein Schulhof zu einem sinnvoll gestalteten Lebensraum verändern, der Anreize zu unterschiedlicher Nutzung bietet?
- Welche Phasen muss die Neugestaltung eines Schulhofs durchlaufen?

Schulhöfe waren lange Zeit lediglich Aufenthaltsräume mit viel Beton- und Asphaltflächen für die Pausen. Sie sind auch heute noch oft Orte der ⚹ Gewalt und von Unfällen. Immerhin 50 Prozent aller Schulunfälle in der Grundschule ereignen sich auf dem Schulhof. Grund genug, sich Gedanken über Schulhof- und Pausengestaltung zu machen (⚹ Pause). Wohlbefinden, Lernatmosphäre und Sozialverhalten lassen sich nachweislich verbessern und tragen dazu bei, zahlreiche Unfälle zu vermeiden.

Veränderung eines Schulhofs: Dies erfordert ein durchdachtes Projekt mit vielen Beteiligten: Lehrer und Kinder, Hausmeister und andere hier Tätige, Eltern, Schulträger, Gemeindeunfallverband, Förderverein, Nachbarn der Schule und eventuell auch Vereine im Schulbezirk. Schon das gemeinschaftliche Planen verbessert das Miteinander. Die Umsetzung führt dann zu einer starken Identifizierung mit der eigenen Schule und später zu einem rücksichtsvolleren Umgang mit den selbst geschaffenen Einrichtungen.

Erste Phase – Bestandsaufnahme: Es geht darum, die räumlichen Gegebenheiten sorgfältig aufzulisten: Bewegungsflächen, Zufahrten, öde und versiegelte Bereiche, graue Fassaden und gegebenenfalls Säulen, Grünflächen, Sträucher- und Baumbestand. Ebenso wichtig ist die Beobachtung der derzeitigen Nutzung des Schulhofs. Alle können dabei helfen: Wie spielen die Kinder? Was tun sie in den Pausen? Wo halten sie sich besonders gern auf? Wo liegen Unfallschwerpunkte?

Zweite Phase – Wunsch- und Ideensammlung: Unabhängig von der Realisierbarkeit gilt es, Anregungen und Ideen zu sammeln. Die Kinder können befragt werden (Fragebogen, Klassenrat): Was möchtest du auf dem Schulhof gerne tun können? Was findest du gut an unserem Schulgelände, was soll unbedingt so bleiben? Wo ist dein Lieblingsplatz? Was stört, was findest du unangenehm? Hast du Spielgeräte- oder Spielflächenwünsche? Die Erwachsenen sehen sich Schulhöfe an, ziehen Literatur und Fachleute zu Rate. Planungsgruppen (auch Kinder) listen Vorschläge und Ideen auf, bauen vielleicht Modelle.

Dritte Phase – Diskussion der gesammelten Vorschläge in allen Gremien: ▪ Ruhezonen für ungestörte Kommunikation und Rückzugsmöglichkeiten, Schatten- und Sonnenplätze (Sitzgruppen, Kunstobjekte als Treffpunkt,

Malwände, Sandfläche); ■ Spiel- und Bewegungszonen für verschiedene Spiele (Ballspiele, Tischtennis, Klettergerüste, Balanciergeräte, Seilhüpfen, Gummitwist, Reckstangen und Reifen-Schaukeln), Basketballkörbe, Hangelanlagen, Kriechröhren; auch am Nachmittag zu nutzen. Bei aufzumalenden Spielfeldern lassen sich Vorschläge von Kindern aus anderen Ländern aufgreifen. ■ Naturnahe Zonen: Wände begrünen, Fühlpfade oder Mulchwege, Hügellandschaften und Weidentunnel oder -zelte anlegen. Kräuterspiralen oder Hochbeete eignen sich eher als ein Schulgarten. Er benötigt Fachleute, und die Haupterntezeit fällt meist in die großen Ferien. ■ Wunschträume: Ein Brotback- oder Pizzaofen, ein Freiland-Klassenraum bzw. eine kleine „Arena", Versteckspielzonen mit Büschen und Hecken, von Kindern gestaltete Wände.

Vierte Phase – Entscheidungen: Klassen und Planungsgruppen wählen Vorschläge aus. Entscheidungen fällt die ↗ Schulkonferenz, nachdem ermittelt ist, wie viel Eigenleistung möglich und nötig ist, wie viel zusätzliches Know-how, welche Materialien und Geräte und vor allem wie viel Finanzmittel erforderlich sind. Infrage kommen Träger, Förderverein, Städtebauförderung, Entsiegelungsprogramme, Unfall- und Krankenkassen, Paten oder andere Sponsoren.

Fünfte Phase – Umsetzung der Pläne, Einweihung: Es ist unverzichtbar, die Kinder in der Bauphase aktiv einzubeziehen; nur dann wird es „ihr" Schulhof. Dazu gehört auch, dass Regeln für die Nutzung und für die ↗ Pausen mit den Kindern im ↗ Klassenrat vereinbart werden. Natürlich sollte der neue Schulhof mit einem zünftigen Schulfest eingeweiht werden.

Was Eltern wissen sollten
• Es gibt Bereiche des Schullebens, in die sich Eltern gemeinsam mit ihren Kindern besonders einbringen können. Die Umgestaltung eines Schulhofs gehört dazu. Ideen und Tatkraft sind willkommen, die eigenen Kinder macht es stolz.
• Erholsame und aktive Pausen auf sinnvoll gestalteten Schulhöfen sind für erfolgreiches Lernen in der Schule Voraussetzung und unverzichtbar.

Literatur
Hoff, M./Kaup, H./Röhr, A. (2007): Schulhöfe – planen, gestalten und nutzen. Münster: Gemeindeunfallverband
Praktische Anregungen und konkrete Beispiele durchgeführter Projekte für eine Neu- bzw. Umgestaltung von Schulhöfen
Pappler, M./Witt, R. (2001): NaturErlebnisRäume. Neue Wege für Schulhöfe, Kindergärten und Spielplätze. Seelze: Kallmeyer
Hilfreiche und konkrete Anregungen mit vielen realistischen Projektbeispielen

Schulleben

- Welche Bedeutung hat ein gestaltetes Schulleben für das Lernen?
- Welche Gestaltungsbereiche müssen besonders bedacht werden, um ein positives Schulklima zu erreichen?
- Welche Rolle übernehmen Lehrer bei der Gestaltung des Schullebens?

Ob Schule von Kindern positiv erlebt und dadurch ihre Einstellung zum Lernen auf Lebenszeit förderlich geprägt wird, hängt in hohem Maße eher vom Schulleben als vom Unterricht ab. Beides ist jedoch untrennbar miteinander verbunden, weil letztlich das Leben in der Schule, die Beziehungen aller Beteiligten – Kinder, Lehrer, nicht lehrendes Personal, Eltern –, Lehren und Lernen, Erziehung und äußere Bedingungen die Entwicklung der Kinder beeinflussen.

Schulleben ist also mehr als ein Einzelaspekt zur Verschönerung des Schulalltags und hat auch nichts mit „Kuschelpädagogik" zu tun. Wie „Kette und Schuss" bei einem Gewebe bedingen sich das Unterrichts- und Erziehungskonzept sowie das gestaltete Schulleben gegenseitig. Durch das Schulleben werden Normen und Werte vermittelt, an denen Kinder sich orientieren und Wege zu Selbstverantwortung und demokratischer Handlungsbereitschaft erfahren können.

Schulleben – Gestaltungsbereiche: Wer möchte, dass Kinder gute Leistungen erbringen, muss für guten Unterricht und für das Schulklima förderliche Bedingungen schaffen.

- Gestaltungsbereich 1 – Äußere Voraussetzungen: Dazu gehören von Kindern mitgestaltete Flure und ↗ Klassenräume, in denen sie sich wohlfühlen können, eine sinnvolle ↗ Pausen- und ↗ Schulhofgestaltung mit Spielkultur und Freizeitanregungen und, falls gemeinsam gegessen wird, ein entsprechendes geeignetes Raumangebot.
- Gestaltungsbereich 2 – Eingeübte Formen des Zusammenlebens: Rücksichtnahme und Respekt der Lehrer, Eltern und nicht lehrenden Mitarbeiter untereinander sowie zwischen Erwachsenen und Kindern, ein Klima der Geduld und der Hilfsbereitschaft, vor allem für die Schwächeren, entstehen nicht von allein. Die Gestaltung der Elternmitwirkung (↗ Experten), der Kinder-Eltern-Sprechtage, fröhlich und traurig sein miteinander, ↗ Streitschlichterkonzepte und Klassenratssitzungen, vereinbarte Regeln und ↗ Rituale: Das alles trägt zu einer sichtbaren und unsichtbaren Lebenskultur in der Schule bei.
- Gestaltungsbereich 3 – Feste und Feiern, Spiel und Theater: Die regelmäßige Schulfeier, in der Schüler ihre Arbeitsergebnisse präsentieren können,

kleine Stücke aufführen, Gelerntes anwenden können, die musischen Arbeitsgemeinschaften und das Bewegungsangebot sind in der Regel für das Schulleben bedeutsamer als die großen Feste zur Schulaufnahme und -entlassung oder das jährliche Sommerfest.

▪ Gestaltungsbereich 4 – Einbettung des Unterrichts: Selbst- und mitbestimmtes Lernen, ↗ Offener Unterricht, Erkundungs- und Unterrichtsgänge, Wanderungen und Schullandheimaufenthalte, Projekte sowie gemeinsam geplante und durchgeführte Aktionen (z. B. Energiesparen, Einsatz für ein Blindencamp in Afrika u. a.) schaffen ein Wir-Gefühl, das sich positiv auf den Schulalltag auswirkt. Die kleinen Maßnahmen des Unterrichts haben oft große Wirkung: Vereinbarte Schweigezeiten, Entspannungsübungen, das gesunde ↗ Frühstück oder die ↗ Bewegung zur rechten Zeit, der Verkehrsunterricht im Stadtteil, der Karton mit Lesestoff für das kranke Kind, die Rücksichtnahme auf die Kollegin, der es gerade nicht so gut geht. Lehrerinnen und Lehrer übernehmen dabei Vorbildfunktion. Kinder orientieren sich an den Erwachsenen, denen sie vertrauen. Sie wünschen sich Sicherheit, Zuwendung, Lob, aber auch, dass ihnen etwas in Eigenverantwortung zugemutet und abverlangt wird. Das stärkt ihr Selbstvertrauen.

Gutes Schulklima: Das kann nur entstehen, wenn jedes Kind und jeder Erwachsene in seinen Bedürfnissen ernst genommen wird. Lehrer müssen über die sozialen und emotionalen Hintergründe der Kinder informiert sein, um ihnen eine offene und sichere Atmosphäre zu bieten, in der sie ohne Angst auftreten, sich Fehler und Schwächen „leisten" dürfen.

Was Eltern wissen sollten

• Wenn Lehrer möchten, dass die Kinder sich in der Schule wohl fühlen, ist das kein pädagogischer Luxus, keine Kuschelpädagogik, sondern eine Maßnahme zur Erhöhung der Leistungsfähigkeit der Kinder.

• Abfällige häusliche Gespräche über die Schule und die Lehrer vergiften das Lernklima und demotivieren. Das Einzelgespräch mit der Lehrerin bzw. dem Lehrer oder die offene Diskussion innerhalb der Mitwirkungsgremien ist auf jeden Fall der bessere Weg, um Kritik zu äußern.

Literatur
HASCHER, T. (2004): Schule positiv erleben. Ergebnisse und Erkenntnisse zum Wohlbefinden von Schülerinnen und Schülern. Bern, Stuttgart, Wien: Haupt
Die Sorge um das Wohlbefinden der Kinder durch ein gesundes, positiv gestaltetes Schulklima wird – ausgehend von empirischen Forschungsergebnissen – als bedeutsame leistungsfördernde pädagogische Aufgabe von Schule mit praktizierbaren Anregungen dargestellt.

Schulleistungstest

- Wozu ist es sinnvoll, Schüler zu testen?
- Ist der Schulleistungstest ein unbestechliches Instrument, wenn es darum geht, den Leistungsstand eines Schülers festzustellen?
- Spielt der Test bei Entscheidungen die ausschlaggebende Rolle?

Die Grundschule verwendet verschiedene Verfahren, um die Lernentwicklung zu beobachten und die Lernergebnisse zu beurteilen. Nur ein breites Spektrum von Informationen kann Grundlage für rationale Entscheidungen sein. Den gebräuchlichsten Verfahren der schriftlichen Überprüfung mangelt es oft an Auswertungsobjektivität.

Objektive Verfahren: Hierzu zählen die Schulleistungstests. Dabei handelt es sich um „Verfahren der pädagogischen Diagnostik, mit deren Hilfe Ergebnisse geplanter und an Curricula orientierter Lernvorgänge möglichst objektiv, zuverlässig und gültig gemessen und durch Lehrende (z. T. auch durch Lernende) oder Beratende ausgewertet, interpretiert und für pädagogisches Handeln nutzbar gemacht werden können" (INGENKAMP).

Formen von Schulleistungstests: ▪ Bezugsgruppenorientierte Tests: Hier wird das individuelle Ergebnis mit den Ergebnissen einer Bezugsgruppe (relevante Stichprobe) verglichen. Diese Tests sind curriculum-unspezifisch und erfassen also eher allgemeine Ziele, die über die Ziele von Lehrplänen hinausgehen. Das ist zugleich ihr Nachteil: Denn die Aufgaben sind nur ungenügend an den tatsächlich erteilten Unterricht angepasst. Hinzu kommt, dass sie nur eine punktuelle Kontrolle der Schülerleistung bieten. ▪ Kriteriumsorientierte Tests: Hier setzt man individuelle Testergebnisse zu vorher gesetzten Kriterien in Beziehung: Wird das Lehrziel erreicht? Wie gut ist das Ergebnis? Es werden also die Lernergebnisse überprüft, man gewinnt Aufschluss über die erworbenen Kompetenzen. Die Bezugsgruppe spielt keine Rolle. ▪ Informelle Schulleistungstests: Diese konstruieren Lehrer selbst. So wollen sie die Lernergebnisse möglichst objektiv testen, vor allem auch, um daraus Konsequenzen für den weiteren Unterricht abzuleiten. Sie zu konstruieren, erfordert einen hohen zeitlichen Aufwand. Da sie nur für eine begrenzte Zahl von Klassen entwickelt sind, sind sie nicht überregional einsetzbar, also auch nur von beschränkter Aussagekraft.

Gerecht und unbestechlich? Gewiss, mit einem Schulleistungstest kann man – im Idealfall – den Lern- und Leistungsstand jedes einzelnen Schülers erfassen, und zwar objektiv. Doch ist der Test deswegen ein gerechtes, ein unbestechliches Instrument? Stets muss man die jeweiligen Umstände, unter denen der Schüler seine Leistung erbracht hat, in seine Beurteilung mit einbeziehen: Ein Kind lebt unter wenig förderlichen häuslichen Verhältnissen, ein anderes bringt eine objektiv schlechte Leistung z.B. nur deshalb, weil es im Unterricht nicht angemessen gefördert wurde. **Eine wichtige Entscheidungshilfe?** Gleiche Leistungen kann man also nicht immer gleich bewerten – dies entspräche einem naiven Gerechtigkeitsbegriff. Deshalb gilt: Um aus Testergebnissen sinnvolle Konsequenzen zu ziehen, muss man stets die individuellen Bedingungen berücksichtigen, darf sie also nicht kritiklos anwenden. Sie sind eine – nicht die einzige – Grundlage für verlässliche Entscheidungen. Auch wenn sie dem Lehrer die Entscheidung nicht abnehmen können, sie bleiben eine wichtige Orientierungs- und Entscheidungshilfe (z.B. bei der Vergabe von Berechtigungen). **Die Lehrerleistung messen:** Testergebnisse sind auch zum Feststellen des Unterrichtserfolgs wichtig, d.h. auch, um die Unterrichtsqualität zu überprüfen. Die Ergebnisse ermöglichen einen überregionalen Vergleich bei der Beurteilung des Leistungsstands, sie geben verlässliche Rückschlüsse darüber, wo es noch an gesichertem Wissen fehlt. Die Tests sind also gut eingesetzt, wenn sie der Verbesserung des Lernens und des Unterrichts dienen. Hier einige Beispiele: Diagnostischer Rechentest und Rechtschreibtest; Hamburger Leseprobe und Schreibprobe; Bielefelder Screening zur Früherkennung von Lese-Rechtschreibschwierigkeiten; Deutscher Mathematiktest; VERA als einziger Ansatz, in der Grundschule den Lernstand mit Blick auf die Bildungsstandards zu beurteilen (siehe: www.testzentrale.de). **Abstimmung im Kollegium:** Die Schule sollte sich auf ein Gesamtkonzept für den Einsatz von Tests verständigen und die Ergebnisse transparent machen (z.B. im jährlichen Arbeitsbericht zum ⚲ Schulprogramm). Dabei verdienen auch die bisher weniger gebräuchlichen Alternativen Beachtung, z.B. ⚲ das Portfolio als eine systematisch angelegte und strukturierte Sammlung von Lernergebnissen und Schülerarbeiten. Und auch schon Grundschüler können Lernergebnisse selbst einschätzen (Selbsteinschätzung, ⚲ Lerntagebücher, Partnereinschätzung).

Was Eltern wissen sollten

* Tests dienen in erster Linie dazu, jeden Schüler bestmöglich zu fördern.
* Die Lehrer wollen damit zugleich ihre Beurteilungspraxis überprüfen und ihre Beurteilungen auf eine möglichst breite Grundlage stellen.

Literatur

JÄGER, R. S. (2007): Beobachten, beurteilen und fördern! Landau: Verlag Empirische Pädagogik
Didaktisch hervorragend aufgebauter Band mit den wichtigsten Informationen

Schulleitung

* Wie wird man Schulleiter?
* Welches sind die zentralen Aufgaben, die ein Schulleiter zu erfüllen hat?
* Verändert sich Schule durch die Bildung schulischer Steuerungsgruppen?

Die Auflistung der Aufgaben eines Schulleiters liest sich wie ein unerfüllbarer Wunschkatalog von Qualifikationen in den Bereichen Pädagogische Leitung, Personalführung, Organisation, Qualitätsentwicklung und -sicherung, Information und Kommunikation. Auf Schulleiterstellen kann sich bewerben, wer die entsprechende Lehrbefähigung besitzt. In einem Bewerbungsverfahren werden Voraussetzungen, Kenntnisse und Fähigkeiten überprüft. Je nach Rechtslage der Länder entscheiden dann Schulkonferenz (und Kollegium), Schulamt, Rat einer Gemeinde und Bezirksregierung, ob eine Bewerbung Erfolg hat. Je selbstständiger eine Schule geführt werden kann, desto höher ist die Verantwortung der Schulleiterin bzw. des Schulleiters. Heute kann man „Pädagogische Führung und Schulmanagement" im Fernstudium (Master oder Zertifikat) studieren.

Aufgabenbereich „Pädagogische Leitung": In enger Kooperation mit dem Kollegium sind Leitvorstellungen für Unterricht- und Erziehung im Rahmen bestehender Schulgesetze zu erarbeiten, die ihren Niederschlag in einem ⌐ Schulprogramm finden. Schulleiter verantworten die Umsetzung des Programms, sorgen für regelmäßige Evaluierungsverfahren und auch für die schulinterne Weiterbildung der Lehrerinnen und Lehrer.

Aufgabenbereich „Personalführung": Neben der Mitentscheidung bei der Einstellung von Lehrpersonal und anderen Mitarbeitern (Hausmeister, Sekretärin, Erzieherin usw.) gilt es, diese in ihre Arbeit einzuführen, zu betreuen und zu beraten – mit möglichst geringer Kontrolle. Konflikte zwischen Mitarbeitern werden oft unter Vermittlung der Schulleitung ausgetragen. Ein „offenes Ohr", die erkennbare Bereitschaft zur Unterstützung aller Mitarbeitenden und Offenheit bei zu erstellenden Beurteilungen sorgen für ein positives Arbeitsklima.

Aufgabenbereich „Organisation": Ohne Kooperation und ohne Teamarbeit können Unterricht und Versorgung der Schule nicht sichergestellt werden. Die Haushaltsmittel für Lehr- und Lernmittel, für Bauunterhaltung u. a. müssen sinnvoll verausgabt werden, eine Schulordnung ist zu erstellen und für die Einhaltung Sorge zu tragen. Die Bildung der Klassen, Verteilung der Lehrerinnen und Lehrer auf die Klassen, die Zuteilung der Räume, Stundenplan, Aufsichts- und Vertretungsplan verantwortet die Schulleitung, wenngleich solche Aufgaben besser delegiert werden; das gilt auch für Veranstaltungen wie Sportfest, Schulversammlung, Schulfest u. a.

Aufgabenbereich „Qualitätsentwicklung und -sicherung": Das Bild der Schule nach außen wird von den erkennbaren Leistungen geprägt: Gelungene Übergänge zu ↗ weiterführenden Schulen, Differenzierungsmaßnahmen, individuelle Förderung (↗ Individualisierung). Dafür müssen im ↗ Kollegium Konzepte zur Qualitätsentwicklung und -sicherung genutzt werden. Festgestellte Qualitätsdefizite müssen schnell durch geeignete Maßnahmen abgestellt werden. Das gehört entscheidend mit zur Schulentwicklungs- und Schulprogrammarbeit in Verantwortung der Schulleitung.

Aufgabenbereich „Information und Kommunikation": Je besser der Informationsfluss zwischen allen Beteiligten gestaltet wird (Mitarbeitern, Eltern, Schülern, vorgesetzten Stellen, Kommunen), desto besser klappt die Kommunikation. Das gilt zunächst vor allem in der Zusammenarbeit mit dem Kollegium und in der Planung und Durchführung der ↗ Konferenzen. Viele Entscheidungsprozesse gilt es vorzubereiten und zu leiten: Schulkonferenzen, Sitzungen mit dem Schulträger, Gespräche mit dem Schülerrat, mit Elternvertretern, mit dem Personalrat, mit Sponsoren, mit Beschwerdeführern, bei Problemen und Schulunfällen, Verhältnis zur Presse, Repräsentation der Schule, zu haltende Reden. All das erfordert ein geschicktes Gesprächsverhalten und offene Kommunikation.

Eine gute Schule ist immer auch eine demokratische Schule. Die Erziehungsziele, die für Kinder aufgestellt werden, müssen auch für die Schulleitung gelten. So kann das Führungsverhalten des „primus inter pares" eine Schule verändern: teamgeleitet statt abhängig von Einzelanweisung, gesteuert von Gruppen, die Verantwortung übernehmen dürfen, statt einsamer Beschlüsse, die oft nicht durchsetzbar sind. – Schulleitung: ein vielseitiger, schöner, aber anspruchsvoller Beruf mit Vorbildcharakter.

Was Eltern wissen sollten

- Die Schulleiterin oder der Schulleiter versucht, unter Beachtung der Vorschriften die Rechte aller zu sehen und zu wahren: Schüler, Eltern, Kollegium, Mitarbeiter (Hausrecht; Vertretung nach außen).
- Man muss nicht sofort die Schulleitung einschalten, wenn es zwischen Eltern und Lehrern zu Konflikten kommt.

Literatur

BUCHEN, H./ROLFF, H.-G. (Hrsg.) (2006): Professionswissen Schulleitung. Weinheim: Beltz
Ein Standardwerk zu allen Bereichen schulischer Leitungsfunktionen

Schulprogramm

- Wie lässt sich aus einem bestehenden Schulprofil ein zukunftsweisendes Schulprogramm entwickeln?
- Was zeichnet ein gutes Schulprogramm aus?
- Grenzen Vorgaben die Freiheit des Kollegiums bei der Gestaltung seines Schulprogramms ein?

Mit einem Schulprogramm kann man das individuelle Profil der Schule und die Ziele für die weitere Entwicklung beschreiben. Es macht deutlich: So arbeiten wir. Mit diesem Konzept wollen wir unseren Bildungs- und Erziehungsauftrag konkret erfüllen. Ein Schulprogramm gibt Antwort auf die Frage: Was ist uns Pädagogen mit diesen Kindern (und Eltern), in diesem Wohnbezirk, unter diesen Bedingungen zum Wohle der Kinder wichtig? Nur was gemeinsam gewollt und getragen wird, kann zu einem Wir-Gefühl und zu einer positiven Weiterentwicklung führen.

Jede Schule besitzt ein eigenes Profil, auch wenn es noch nicht zu Papier gebracht ist. Für das Kollegium ist nicht so sehr das Endprodukt wichtig, sondern der Prozess, in dem es erarbeitet, diskutiert und verabschiedet wird.

Die Arbeitsschritte zur Erarbeitung eines Schulprogramms: Ausgehend vom Ist-Zustand steht am Anfang der Erarbeitung die Bestandsaufnahme. Dann werden programmatische Ziele zur Verbesserung von Unterricht und Erziehung diskutiert, schließlich als Maßnahme auf Zeit beschlossen und durch ↗ Evaluation überprüft.

Bestandsaufnahme: Hier stellt die Schule fest, was bisher gelungen ist, welche Stärken sichtbar geworden sind. Sie zeigt bisherige Leistungen und Fortschritte auf, jedoch auch, was verbesserungsbedürftig ist, wo Ziele zu hoch oder zu niedrig gesteckt waren oder Norm- und Wertediskussionen zu kurz gekommen sind. Dabei lassen sich nicht alle Bereiche jedes Jahr neu hinterfragen. Vielmehr muss man sich auf ausgewählte Themen oder Probleme fokussieren, um diese wirklich auszudiskutieren. Zum Ermitteln der Bausteine eignen sich Befragungen aller Beteiligten, die zu einer Ist-Soll-Analyse beitragen können.

Mögliche Bausteine für ein Schulprogramm: Innere ↗ Differenzierung, schuleigene ↗ Lehrpläne einzelner Fächer, Stundentafel und Rhythmisierung des Vormittags, Regeln und ↗ Rituale, Maßnahmen gegen ↗ Nichtversetzung, Überweisung in die Förderschule, Übergang nach Klasse 4 (auch Quantitäten), Teamarbeit, Schuleingangsphase, jahrgangsübergreifender Unterricht, ↗ Unterrichtsformen (z. B. ↗ Freie Arbeit), ↗ Leistungsbewertung, demokratische Strukturen (↗ Schulleitung, ↗ Klassenrat), Hausaufgabenhilfe, ↗ Pausengestaltung, Integration, schulinterne Fortbildung.

Programmarbeit: Hierfür gilt: Aufwand und Erfolg in einem vernünftigen Verhältnis zu investieren, gegenseitige Unterstützung und planvolle Zusammenarbeit im Kollegium zu organisieren, Überforderungen zu vermeiden. Ein gutes Schulprogramm zeichnet sich durch die nach außen sichtbar werdende Identität der Schule aus: mit klaren Aussagen über besondere erzieherische oder fachliche Schwerpunkte, durch konkret formulierte realistische Ziele, Absichten und Umsetzungsverfahren. Es zeigt die Maßnahmen der Qualitätssicherung, stellt die Organisation des Schulalltags verständlich dar und beschreibt ehrlich noch nicht gelöste Probleme als Aufgaben. Das Programm ist ein Instrument zur Entwicklung von Aufgabenstellungen auf Zeit; es kann nur so lange gelten, wie die Zusammensetzung des Kollegiums weitgehend unverändert bleibt. Mitwirkungsgremien sollten über alle Zwischenergebnisse der Beratungen im Kollegium informiert und möglichst früh am Prozess beteiligt sein (↗ Elternhaus und Schule).

Richtlinien und Lehrpläne: Vorgaben grenzen die pädagogische Freiheit eines Kollegiums zwar ein, aber die Schule darf bei ihren spezifischen Gegebenheiten nicht auf die in Richtlinien postulierten Freiräume für die eigenverantwortliche Ausgestaltung der unterrichtlichen und erzieherischen Arbeit verzichten. Das Wohl der Kinder, die Gestaltung eines kindgerechten Schulalltags, Erfahrungen der Lehrkräfte, Kooperation mit Eltern, nicht zuletzt die gewachsenen Traditionen – all dies ist zu gewichten. Manchmal gelingt Schule nicht ohne Zivilcourage.

Was Eltern wissen sollten

• Eltern sollten sich mit der Schule ihrer Kinder identifizieren können. Deshalb sollten sie sich möglichst bei der Diskussion des Schulprogramms einbringen, auch wenn die Verantwortung für die Umsetzung letztlich beim Kollegium liegt.

• Ein gutes Konzept lässt erkennen, welche Normen und Werte Erziehung und Unterricht bestimmen. Und es zeigt, dass alle Bemühungen darauf gerichtet sind, jedes Kind wahrzunehmen, es bestmöglich zu fördern und ihm einen schützenden Rahmen für seine Gesamtentwicklung zu bieten.

Literatur
Pollert, M. (2006): Miteinander und voneinander lernen. Gütersloh: Flöttmann
    Wege der Schulentwicklungsarbeit, einzelne Bausteine für die verschiedenen Phasen
    der Erarbeitung eines Schulprogramms, detaillierte Konferenzunterlagen

Schulranzen

- Welche Bedeutung hat der Schulranzen für das Kind?
- Wie soll er ausgestattet sein?
- Welche Tipps gibt die „Stiftung Warentest"?

Der Schulranzen (oder Tornister) ist für Kinder das sichtbare Zeichen dafür, Schulkind zu sein. Entsprechend „schön" muss der Ranzen sein, er muss dem Kind selbst gefallen. Ersten Konkurrenzen bezogen auf den neuesten, den teuersten usw. Ranzen ist pädagogisch zu begegnen.

Der Schulranzen erfüllt vor allem funktionale Zwecke: Er dient der Aufbewahrung und dem sicheren Transport der Arbeitsmaterialen. Daher muss er einige Normen erfüllen. Die Verbraucherschutzzentrale Nordrhein-Westfalen etwa empfiehlt Ranzen mit der Kennzeichnung DIN 58124. Diese Modelle sind praktisch und wasserdicht, sicher und zu etwa einem Fünftel mit Leuchtmaterial ausgestattet. Das ist gerade für Kinder, die einen weiteren Fußweg zurücklegen müssen oder in der Stadt leben, aus Gründen der Sicherheit im Straßenverkehr wichtig.

Notwendige Ausstattungsmerkmale: Weil die Tests der Stiftung Warentest von unabhängigen Experten durchgeführt werden, sind die Ergebnisse und Hinweise äußerst wertvoll. Auf der Internetplattform listet die Stiftung die zentralen Anhaltspunkte auf:

- Kein Kauf ohne Anprobe: Der Schulranzen muss im Gefühl des Kindes sicher und angenehm sitzen, darf nicht von den Schultern rutschen oder drücken.
- Gurte und Riemen müssen gepolstert und mindestens vier Zentimeter breit sein. Beim Tragen dürfen die Gurte nicht den Boden berühren (Stolpergefahr).
- Das Rückenteil sollte gepolstert sein, an mehreren Stellen am Körper anliegen und nicht über die Schultern hinausragen.
- Der Tragegriff muss gut gepolstert und griffig sein. Ideal sind zwei Griffe, einer zum Tragen und einer zum Aufhängen.
- In den Seitentaschen muss Platz für die Trinkflasche sein, denn die Flasche sollte nicht im Inneren des Schulranzens transportiert werden.
- Für die Innenaufteilung gibt es keine Normen. Jedoch müssen auch große Bücher und DIN-A4-Hefte in die Mappe hineinpassen.
- Der Deckel soll weit öffnen und nicht von allein zurückschlagen.
- Das Schloss sollte stabil und leichtgängig sein.
- Steht der Ranzen frei im Raum, muss er sicher stehen – auch ohne Inhalt.

- Letztendlich kann nur der Träger sagen, ob der Schulranzen passt; die Meinung des Kindes ist beim Kauf also dringend zu berücksichtigen. In jedem Fall sollte man sich im Fachhandel beraten lassen.

Weitere nützliche Tipps:

- Grundschulkinder sollten keinen Rucksack tragen; er ist wenig stabil und nicht ausreichend gepolstert.
- Zur Sicherheit des Kindes sollte die Adresse nicht in den durchsichtigen Außenfächern des Ranzens zu sehen sein. Niemand sollte Namen und Anschrift ablesen können.
- Der Schulranzen weist am besten die Leuchtfarben Orange oder Gelb auf oder zumindest helle Farben. Die Farben müssen fluoreszieren und reflektieren, wenn Licht darauf fällt.
- Reflektorstreifen schützen bei Dunkelheit. Sie werfen das Licht von Autoscheinwerfern zurück und machen das Kind weithin sichtbar. Je größer die Reflektorstreifen sind, umso besser.
- Schüler schleppen zu viel mit sich herum. Der Ranzen sollte nicht schwerer sein als zehn bis zwölf Prozent des Körpergewichts des Kindes.
- Kunststoffgriffe aus weichem PVC können giftige Weichmacher enthalten.
- Der Preis sollte nicht das entscheidende Kaufkriterium sein. Sichere und gute Modelle kosten in der Regel circa 100 Euro.
- Lieber einen guten gebrauchten Ranzen nutzen als einen schlechten neuen kaufen.

Was Eltern wissen sollten

- Kinder müssen bei der Auswahl des Schulranzens dabei sein.
- Qualität hat gerade in diesem Bereich ihren Preis; allerdings sind Vorjahresmodelle oft günstig zu haben.
- Basischeckliste Schulranzen: Leergewicht nicht über 1,5 Kilogramm; Reflektoren; stabiler Rahmen; verstellbare Gurte; wasserdicht; Extrafächer; getrennte Innentaschen.
- Obwohl Kinder selbst das Packen des Ranzens übernehmen sollten, schadet es nicht, mitunter zu kontrollieren, ob tatsächlich nur das für den nächsten Tag Nötige eingepackt ist.

Literatur

CHRISTIANI, R./METZGER, K. (Hrsg.) (2007): Fundgrube Klassenführung. Das Nachschlagewerk für jeden Tag. Berlin: Cornelsen Scriptor
Fundgrube für Berufsanfänger und Routiniers zu allen wichtigen Fragen
Test bei der Stiftung Warentest: Die Hälfte bleibt sitzen; unter www.test.de

Schulverweigerung

- Welche Formen von Schulverweigerung gibt es, was sind die Ursachen?
- Was kann man vorbeugend tun?
- Welche Maßnahmen können der Schulverweigerung entgegenwirken?

Circa 5 Prozent aller Schülerinnen und Schüler bleiben dem Unterricht fern, in den weiterführenden Schulen mehr als in den Grundschulen. Dennoch lassen sich bei Schulverweigerung in der Sekundarstufe erste Anzeichen häufig in der Grundschule nachweisen. Hier sind also schon Aufmerksamkeit und ggf. Handlungsbedarf vonnöten. Man unterscheidet:

- Passive Schulverweigerung: Sie zeigt sich durch Passivität im Unterricht, Verweigerung von Mitarbeit, Nichtanfertigen von Hausarbeiten und Nichteinhalten von Regeln. Die Kinder kommen zu spät, fehlen unentschuldigt, schwänzen gelegentlich, sind schulmüde. Passive Schulverweigerung verfestigt sich in der Regel im zwölften Lebensjahr.

- Aktive Schulverweigerung: Je jünger die Kinder sind, desto seltener verweigern sie sich völlig. Aktive Schulverweigerung beginnt mit etwa 13 Jahren, besonders ausgeprägt bei den 14- bis 16-Jährigen. Die Gründe sind bedeutsam: eine Versagenskarriere in der Schullaufbahn, die auch mit Überalterung einhergeht. Deshalb sollte das Kollegium alles daran setzen, dass es möglichst überhaupt nicht zur Nichtversetzung kommt.

Individuelle Ursachen für Schulverweigerung: Schulverweigerung und Schulschwänzen haben meist mehrere Gründe, die häufig unheilvoll zusammenwirken: ▪ Familien: innerfamiliäre Schwierigkeiten, Beziehungs- oder materielle Probleme, unklare und wenig zuverlässige Strukturen, geringes Bildungsinteresse. ▪ Fehlende Wertorientierung: keine Anerkennung von Normen und Pflichten; Mangel an Anstrengungsbereitschaft und Selbstverantwortlichkeit. ▪ Schule: unangenehme Erfahrungen und Empfindungen wie Misserfolge oder Angst vor Misserfolgen, vor schlechten Leistungen und Bewertungen; Empfinden von Ungerechtigkeit, wirkliche oder vermutete Ablehnung durch Lehrer; wenig motivierende Unterrichtsangebote; Mobbing durch Mitschüler bis hin zu Erpressung.

Religiös motivierte Schulpflichtverletzungen sind vergleichsweise selten.

Ursachengruppen und Maßnahmen: ▪ Schulangst: Das Kind hat (berechtigte) Sorge, den Anforderungen der Schule nicht zu genügen (Leistungsüberforderung auch bei guter Arbeitshaltung, soziale Ängste). Es beginnt, wegen psychosomatischer Beschwerden zu fehlen. Zunächst sollte eine medizinische Abklärung erfolgen. Dann sind die Eltern über entsprechende Bildungswege zu informieren. Ist die Schulangst mehr sozial-emotional begründet, sollten Pädagogen, Schulpsychologen, Erziehungsberater und Gesundheitserzieher gemeinsam beraten. ▪ Schulphobie: Das Kind hat Angst, sich von den Eltern zu trennen. „Trennungsprobleme" verhindern die Selbstständigkeitsentwicklung. Bei diesem Problemfeld ist eine Kooperation zwischen Schule, Familie, Psychologen sowie Kinder- und Jugendpsychiatrie wichtig. ▪ Schulschwänzen: „Kein Bock auf Schule". Die Eltern wissen oft nichts davon. Die außerschulischen Aktivitäten bedeuten häufig den Einstieg in gesetzeswidriges Verhalten: meist Ladendiebstähle. Konsequentes und abgestimmtes Vorgehen, das auch Strafen beinhalten darf, ist notwendig. Hier sind auch die Jugendhilfe und gegebenenfalls die Familiengerichtsbarkeiten der Amtsgerichte gefragt, den Kindern zu einem geregelten Schulbesuch zu verhelfen. Aufgabe des Kollegiums ist hierbei, jede Art von Schulvermeidung zu registrieren, zu beobachten, zu thematisieren und zu korrigieren; jedoch sollte man es nicht überbewerten, wenn es kurzfristig wieder zu einem geregelten Schulbesuch kommt. Im „Anfangsstadium" erfolgreich: Zusammenarbeit zwischen Schule und Elternhaus, verbunden mit notwendigen Kontrollen auch durch die Eltern.

Rechtliche Maßnahmen: Die ordnungsrechtlichen Maßnahmen erweisen sich häufig als ein stumpfes Schwert. Uneinsichtige Eltern lassen sich auf Dauer von Bußgeldern und polizeilicher Zuführung nicht beeindrucken, zumal es Möglichkeiten gibt, die Maßnahmen zu umgehen.

Familiengerichtsbarkeit: Sie kann und sollte dann eingreifen, wenn Elternrechte und -pflichten nicht gleichermaßen wahrgenommen werden, beispielsweise, wenn Eltern den geregelten Schulbesuch nicht angemessen unterstützen und durchsetzen (können). Der Gesetzgeber hat bei Vernachlässigung und Verwahrlosung vorgesehen, dass Schule, Jugendamt und Familiengericht die erforderlichen Maßnahmen zur Wiederherstellung und Gewährleistung des Kindeswohls zu treffen haben.

Was Eltern wissen sollten

• Späteres Schulschwänzen beginnt häufig mit passiver Schulverweigerung. Die Kooperation mit der Schule ist notwendig und hilfreich.

• Nicht nur das beharrliche Fernhalten vom Schulbesuch, sondern auch das häufige und wiederholte Schulversäumnis in Einzelfällen kann als Sorgerechtsmissbrauch (§ 1666 BGB) gewertet werden.

Literatur

Oelsner, W./Lehmkuhl, G. (2004): Schulangst erfolgreich begegnen. München: dtv
Die mit Schulangst verbundenen Probleme werden erläutert und anhand von Fallbeispielen verdeutlicht.

Schulweg

- Welche Anforderungen stellt der Schulweg?
- Wie kommen Kinder am besten und am sichersten zur Schule?
- Erstreckt sich die Aufsichtspflicht der Schule auch auf den Schulweg?

Den Schulweg zwischen Schule und Wohnung legen Kinder auf unterschiedliche Weise zurück: zu Fuß, mit dem Auto, mit dem Bus oder dem Fahrrad. Dabei bewegen sie sich im Straßenverkehr und verhalten sich häufig unsicher. Die geringere Körpergröße ist eine der Ursachen dafür. Außerdem sind wichtige Sinnesorgane noch nicht voll entwickelt; dadurch sind die Wahrnehmungsleistungen eingeschränkt: Entfernungen und Geschwindigkeiten werden noch nicht richtig eingeschätzt. Zudem ist noch kein ausgeprägtes Gefahrenbewusstsein vorhanden. Selbst wenn Kinder einfache Verkehrsregeln kennen, halten sie diese nicht immer ein, sei es durch Unverständnis, Überforderung oder Ablenkung.

Gefahren: Autofahrer stellen für alle Kinder die größte Gefahr dar. Unfallursachen sind Sichtbehinderungen durch parkende Fahrzeuge und zu hohe Geschwindigkeiten. Weitere Gefahren sind: Voraus- oder Nachlaufen, plötzliches Überqueren der Fahrbahn, Umgehen von Fußgängerüberwegen und Überqueren der Ampel bei Rot.

Auf den Schulweg vorbereiten: Die Kinder legen den Schulweg oft schon wenige Tage nach Schulbeginn ohne Begleitung zurück. Daher ist es wichtig, einen sicheren Schulweg frühzeitig zu planen und einzuüben. Hier sind die Eltern gefragt, da die Aufsichtspflicht der Schule am Schulgrundstück endet und beginnt. Die Beförderung in Schulbussen fällt in den Verantwortungsbereich des Schulträgers. Insofern besteht grundsätzlich keine Aufsichtspflicht von Lehrern an Schulbushaltestellen. Allerdings sind Schüler auf dem Schulweg immer versichert. Sollte sich ein Unfall ereignen, wird dies dem Gemeindeunfallversicherungsverband (GUVV) über die Schule gemeldet. Der GUVV übernimmt anfallende Arzt- und Therapiekosten.

Was Eltern tun können: ▪ Der Schulweg zu Fuß: Eltern sollten den Schulweg gemeinsam mit ihrem Kind festlegen und ihn rechtzeitig vorher einüben. Die Straße sollte immer an der sichersten Stelle überquert werden, auch bei einem Umweg. Helle Kleidung, Reflektoren am ⤴ Schulranzen und reflektierende Schärpen erhöhen die Sicherheit. Die Sicherheit des Kindes hängt stark von seiner Gefühlslage ab. Traurige, wütende oder ängstliche Kinder sollten am besten die Eltern zur Schule bringen. Kinder sollten sich rechtzeitig auf den Weg zur Schule machen, um so Stress zu vermeiden. Wie lang man Kinder auf dem Schulweg begleiten soll, hängt davon ab, wie schwierig der Schulweg ist und wie gut ein Kind ihn bewältigen kann. Empfehlenswert sind besonders altersgemischte Schulweg-Gruppen. ▪ Mit dem Fahrrad: Jüngere Kinder sind als Radfahrer im Straßenverkehr schnell überfordert. Neben den Fähigkeiten, das Fahrrad sicher zu bewegen, das Gleichgewicht zu halten und gleichzeitig den Verkehr zu beobachten, sind auch Regelkenntnisse und ein Verständnis von Verkehrssituationen wichtig. Kinder sollten frühestens nach bestandener Radfahrprüfung in Klasse 4 allein mit dem Fahrrad zur Schule fahren (wichtig: verkehrssicheres Fahrrad, Fahrradhelm). ▪ Mit dem Bus: Er ist ein vergleichbar sicheres Verkehrsmittel. Unfälle ereignen sich in erster Linie beim Warten an der Haltestelle, beim Ein- und Aussteigen und beim Überqueren der Fahrbahn vor dem Ein- und Aussteigen. Ein Kind muss daher zuerst ein sicherer Fußgänger sein: Eltern sollten das Warten an der Haltestelle mit ihrem Kind üben (Abstand zum Bordstein, nicht Schubsen und Drängeln). Die Bustüren dürfen vor dem Öffnen nicht berührt werden. Falls Sitzplätze frei sind, sollten Kinder sich setzen, um beim Anfahren und Bremsen den Halt nicht zu verlieren. Kinder sollten wissen, wo sie im Bus am sichersten stehen können. ▪ Mit dem Auto: Damit tun Eltern ihren Kindern nicht unbedingt Gutes. Ihnen fehlen dann die Erfahrungen, die sie für die selbstständige Teilnahme am Straßenverkehr brauchen. Außerdem herrschen oft unübersichtliche Verkehrsverhältnisse vor der Schule (Gefahr für die Kinder, die zu Fuß kommen). Die Kinder sollten in einem zugelassenen, altersgerechten Kindersitz transportiert werden und nur zur Gehwegseite aussteigen. Der Fahrer sollte nur da anhalten, wo es erlaubt ist.

Was die Schule tun kann: ▪ In der Verkehrserziehung jedes Schuljahr Regeln und Verhaltensmaßnahmen besprechen (Verkehrssicherheitsberater der Polizei helfen), ▪ Reflektoren oder Schärpen für die Kinder anschaffen, ▪ Elternlotsen einsetzen, ▪ auf ⌐ Elternabenden über Maßnahmen zur Erhöhung der Sicherheit auf dem Schulweg informieren, ▪ den Eltern Schulwegpläne zur Verfügung stellen (sicherster Weg).

Was Eltern wissen sollten

- Die Verkehrssicherheitsberater der Polizei und die Verkehrswacht geben in Boschüren Tipps für einen sicheren Schulweg.
- Eltern sollten den sicheren Weg zur Schule mit ihren Kindern einüben.

Literatur

WILLMEROTH, S./RÖSGEN, A./MOLL, B. (2007): Verkehrs- und Mobilitätserziehung: eine Werkstatt. Mülheim/Ruhr: Verlag an der Ruhr
Materialien zur Verkehrs- und Mobilitätserziehung

Sexualerziehung

- Warum Sexualerziehung in der Schule? Ist das nicht Sache der Eltern?
- Ist das Thema für Kinder im Grundschulalter nicht zu früh?
- Wie spreche ich als Lehrer mit den Kindern über dieses Thema?

Sexualerziehung ist eine gemeinsame Aufgabe von Elternhaus, Schule und Jungendarbeit: Unbeschadet des natürlichen Erziehungsrechts der Eltern (Art. 6 GG) gehört die Sexualerziehung auch zu den Aufgaben der Schule (Art. 7 GG). Das kann zu Konflikten führen, z. B. bei Eltern mit stark konservativem oder streng religiösem Hintergrund. Nach neuen Urteilen ist eine Befreiung vom Sexualkundeunterricht grundsätzlich nicht möglich, entsprechende Länderbestimmungen sind zu berücksichtigen. Daher sind ein sehr sensibler Umgang mit dem Thema und eine intensive Absprache zwischen Elternhaus und Schule notwendig. So müssen die Eltern rechtzeitig und ausführlich auf einem Elternabend über die Ziele, Inhalte und Medien informiert werden. Dieser Elternabend sollte so frühzeitig erfolgen, dass die Eltern Gelegenheit haben, mit ihrem Kind vor der Behandlung des Themas im Unterricht vorbereitende Gespräche zu führen. Sexualerziehung muss immer die Belange des Kinder- und Jugendschutzes mitdenken.

Aufklärung: Bei vielen Kindern setzt die Pubertät bereits im Grundschulalter ein und damit auch das Interesse an Fragen aus dem Bereich der Sexualität. Nicht alle Kinder aber werden zu Hause aufgeklärt. Oft beziehen die Kinder und Jugendlichen ihre Informationen aus den Medien (Fernsehen, Jugendzeitschriften wie „Bravo", die inzwischen zu den eher zurückhaltenden Printmedien gehört), dem Internet und durch gleichaltrige Freunde. Um den seelischen und körperlichen Reifungsprozess der Kinder zu unterstützen und dabei eine sachlich richtige und angemessene Aufklärung zu sichern, muss Schule sich des Themas Sexualerziehung annehmen.

Sexualerziehung und Werteerziehung: Bei einer menschenfreundlichen Sexualerziehung geht es jedoch nicht allein um „Aufklärung", also um Fragen der menschlichen Sexualität. Zentrales Anliegen ist vielmehr eine „Liebeserziehung" (M. Furian), also die Förderung von Einstellungen, die zur Entwicklung einer verantwortlichen Partnerschaft erforderlich sind. Es geht vor dem Hintergrund aktueller gesellschaftlicher Entwicklungen im Sinne einer Werteerziehung darum, den Kindern den Wert von Liebe, Bindung, Nähe, Zärtlichkeit, Treue, Verlässlichkeit, Verantwortungsbewusstsein zu vermitteln. Gerade diesem zentralen Anliegen können auch viele besorgte und kritische Eltern zustimmen. Angesichts der hohen Opferzahlen von sexuellem Missbrauch will Sexualerziehung darüber hinaus präventiv wirken, indem sie Kinder für die Gefahren sensibel machen und ihre Persönlichkeit stärken möchte.

Im Kollegium: Weil die Sexualerziehung ein problematischer Bereich ist, muss eine Schule Absprachen treffen, um ein einheitliches Vorgehen und den Schutz des einzelnen Lehrers sicherzustellen. Dazu gehören wesentlich die Sichtung von Medien, die zum Einsatz kommen sollen, und das gemeinsame Erarbeiten von Unterrichtsmaterial. Bereits am ersten Elternabend sollten die Erziehungsberechtigten informiert werden.

Vertrauen und Offenheit: Die Lehrerin oder der Lehrer muss die Themenbereiche der Sexualerziehung mit Fingerspitzengefühl behandeln und die möglichen emotionalen Auswirkungen mitbedenken. Wesentlich ist das vertrauensvolle, offene Gespräch im Unterricht. Den Kindern sollte Gelegenheit gegeben werden, alle Fragen, die sie interessieren, offen zu stellen. Da dies oft schambesetzt ist, ist es in vielen Fällen hilfreich, einen Briefkasten oder Ähnliches einzurichten, über den die Schüler ihre Fragen schriftlich und anonym an den Lehrer richten können. Anfänglich sollten die Kinder ihre Sprache gebrauchen dürfen, auch vulgäre Ausdrücke. Nach und nach lernen die Kinder die Fachbegriffe kennen und können sich zunehmend angemessen und exakt über Körperteile und Sexualität äußern. Dazu muss der Lehrer selbst offen und vorbildhaft mit den Fachtermini umgehen. Er sollte signalisieren, dass über sexuelle Dinge, die durchaus mit Scham besetzt sind, ohne Hemmungen gesprochen werden kann. Die verwendeten Begriffe sollten verständlich, altersgemäß und sachlich korrekt sein.

Was Eltern wissen sollten

* Kinder kommen immer früher in die Pubertät. Deshalb ist eine rechtzeitige und angemessene Sexualerziehung wichtig.
* Sexualerziehung ist eine gemeinsame Aufgabe von Elternhaus und Schule. Eltern können die Schule unterstützen, wenn sie auch zu Hause das Gespräch mit ihrem Kind über dieses Thema suchen.
* Bei der Sexualerziehung geht es nicht nur um Aufklärung, sondern vor allem auch um Werteerziehung, um die Grundlagen von Bindungsfähigkeit und verantwortungsvoller Partnerschaft.

Literatur

ETSCHENBERG, K. (2000): Sexualerziehung in der Grundschule. Berlin: Cornelsen Scriptor
Grundlegender Band zu den zentralen Themen Körper, Kinderkriegen, Zusammenleben, Gefühle, Beziehungen
Medien der Bundeszentrale für gesundheitliche Aufklärung zum Thema: zu finden und zu bestellen unter: www.bzga.de

Soziales Lernen

* Wie lässt sich soziales Lernen in der Schule verwirklichen?
* Inwiefern ist soziales Lernen immer mit Inhaltslernen verknüpft?
* Welche Sozialformen begünstigen das soziale Lernen besonders?

Mit sozialem Lernen ist gemeint, dass Kinder und Erwachsene ständigen Kommunikationsprozessen ausgesetzt sind; dabei ist eine Orientierung über das eigene Selbst hinaus – mit der grundlegenden Perspektive, sich selbst immer im Zusammenleben mit anderen zu sehen – unverzichtbar. Im erziehenden Unterricht wird soziales Lernen als Ausbildung von Sozialkompetenz mitverstanden – und zwar im Dreieck Selbst-, Sach- und Sozialkompetenz (H. ROTH 1969). Diese Trias verweist darauf, dass inhaltliches Lernen, Selbstwerdung und soziales Lernen untrennbar zusammengehören.

Fähigkeiten: Soziales Lernen bezieht sich insbesondere auf die folgenden Fähigkeiten: die Interessen und Erwartungen von Kommunikationspartnern wahrnehmen, Verantwortungsbereitschaft für die Arbeit in einer Gruppe entwickeln, Regeln als gemeinsame Konvention akzeptieren, mit anderen an einer gemeinsamen Zielsetzung arbeiten, eigene Standpunkte gegenüber Ansichten anderer kritisch hinterfragen und Lernpartner in der Arbeit unterstützen (Helfersystem). Während diese Prozesse in der Schule vielfach informell ablaufen, reflektiert die Lehrerin, der Lehrer – pädagogisch absichtsvoll – derartige Prozesse bewusst und schafft geeignete Arrangements, die soziales Lernen ermöglichen (Lerninhalte so aufbereiten, dass ein gemeinsames Bearbeiten sinnvoll ist).

Vier Sozialformen: Diese Arrangements (↗ Sozialformen) beschreiben, dass die Schüler dem Lerninhalt auf vier mögliche Weisen im Unterricht begegnen (H. MEYER 1987): frontal, in der Gruppenarbeit, in der Partnerarbeit, in der Einzelarbeit. Es geht hierbei aber nie allein um den sozialen Verbund, sondern immer auch darum, wie die Schüler sich mit dem Lerninhalt auseinandersetzen. Dabei gilt: Frontalunterricht und Einzelarbeit sind als Sozialform nicht geringer zu schätzen als Partner- und Gruppenarbeit. Die Unterrichtswirklichkeit zeigt, was pädagogisch vernünftig ist: ein ausgewogenes Miteinander dieser vier Formen. Partner- und Gruppenarbeit fordern in höherem Maße selbst organisierte Einigungsprozesse, in denen die Auseinandersetzung mit dem Lerninhalt ausgehandelt wird.

Kooperatives Lernen: Aufmerksamkeit verdient das „kooperative Lernen", ein ausgearbeitetes und differenziertes Modell der Gruppenarbeit. Wesentliche Merkmale dieses Konzepts sind u. a. die durch die vorgegebene Organisationsstruktur (klare Rollenverteilung in der Kleingruppe, Vorgabe der Arbeitsmethode) erreichte individuelle Verantwortlichkeit für das Gruppenergebnis und die gruppeninterne Evaluation der gemeinsamen Arbeit. Kooperatives Lernen betont hierbei die Gleichrangigkeit des sozialen und des inhaltlichen Lernens – repräsentiert durch das Arbeitsprodukt der Gruppe. In dieser Hinsicht muss der Lehrer dafür Sorge tragen, dass es über die Organisation und Reflexion der Gruppenprozesse nicht dazu kommt, dass die Auseinandersetzung mit den fachlichen Lerninhalten vernachlässigt wird.

Abstimmung zwischen Schule und Elternhaus: Unbestreitbar ist die hohe Bedeutung dieser Art des Lernens. Sie macht deutlich: Soziales Lernen muss erklärtes Ziel des erziehenden Unterrichts sein. Gleichzeitig liegt hier ein möglicher Ansatz für die gesellschaftlich notwendige Werteerziehung in der Schule. Deshalb ist auch der Dialog mit den Eltern so wichtig, da das Bemühen der Schule, Sozialkompetenz zu fördern, durch eine gegenläufige Praxis im Elternhaus behindert werden kann. Das fordert vom Lehrer viel Sensibilität, um soziales Lernen nicht als einfache Korrekturmaßnahme der häuslichen Erziehung erscheinen zu lassen. Bei manchen sehr leistungsorientierten Eltern muss man bewusst machen, dass Kooperationsfähigkeit, Verantwortungsbereitschaft, Kommunikationsfähigkeit und kritisch-konstruktive Akzeptanz der Meinung anderer zu den Schlüsselqualifikationen gehören.

Über die Sozialformen im Unterricht hinaus fördern die Schulen das soziale Lernen auch im Rahmen anderer Elemente des ⌇ Schulprogramms (z. B. Patenschaften älterer Schüler über jüngere, ⌇ Streitschlichtermodelle; ⌇ Klassenrat, der Kindern die Möglichkeit bietet, Demokratie zu lernen).

Was Eltern wissen sollten

- Soziales Lernen trägt nicht nur zur Festigung von Partner- und Gruppenbeziehungen bei, sondern fördert auch das Lernen und das eigene Selbstwertgefühl.
- Schlüsselqualifikationen, auf die das soziale Lernen abzielt, lassen sich nur über eine gelebte Praxis in gemeinsamen Arbeitsprozessen erlernen.
- Mangelnde Unterstützung im Elternhaus erschwert die Bemühungen der Schule.

Literatur
GREEN, N./GREEN, K. (2005): Kooperatives Lernen im Klassenraum und im Kollegium. Seelze: Kallmeyer
Vielfältige methodische Hilfen für die konkrete Umsetzung des sozialen Lernens

Sozialformen

- Was sind Sozialformen und welche gibt es?
- Welche Sozialform ist wann von Vorteil?
- Wo liegen die Grenzen einzelner Sozialformen?

Sozialformen gehören zur Ebene des methodischen Handelns von Lehrerinnen und Lehrern. Im Prinzip sind vier Sozialformen unterscheidbar:

- Frontalunterricht (bei weitem am häufigsten praktiziert),
- Gruppenarbeit (lange besonders gut angesehen),
- Partnerarbeit (lernpsychologisch effektiv),
- Einzelarbeit (unabdingbar zur Ausbildung individueller Kompetenzen beim Lesen, Schreiben, Rechnen).

Alle weiteren Sozialformen sind Mischformen (Rollenspiel, Team-Teaching usw.) und lassen sich auf diese vier Grundmuster zurückführen. Dass eine Sozialform der anderen „überlegen" sei, ist empirisch nicht belegbar. Allerdings scheint in einem bestimmten Zusammenhang eine bestimmte Sozialform günstiger. „Guter Unterricht" wird immer auf einseitige Sichtweisen verzichten und eine gute Balance im Blick haben – darauf sollte sich das Kollegium verständigen, damit es an der Schule eine annähernd gleichsinnige Unterrichtspraxis gibt, die möglichst auch im ⟋ Schulprogramm dokumentiert ist.

Sozialformen und Konstruktivismus: Lernende müssen selbst aktiv werden, um ihr Wissen zu konstruieren. Gefühle, sozialer Kontext und die kommunikative Situation spielen dabei eine Rolle. Für den Lehrer bedeutet das, in jeder unterrichtlichen Einheit einen situativen Wechsel zwischen reaktiver und aktiver Position des Lernenden zu planen und zu gestalten, die Sozialformen also zu wechseln. Nur dann wird Lernen zu einem aktiven, selbstgesteuerten, konstruktiven, emotionalen, sozialen und situativen Prozess.

Frontalunterricht: Er kann ein Mittel der Wahl sein, wenn es um

- Wiederholen von Stoff,
- klare Anweisungen,
- aktives, kontrolliertes Üben,
- regelmäßiges Rückfragen zur Verständniskontrolle und
- systematische Rückmeldungen und Korrekturen geht.

Gerade leistungsschwächere Kinder profitieren von der direkten Instruktion. Wesentliche Aspekte wie Selbststeuerung, soziales und dialogisches Lernen lassen sich im Frontalunterricht jedoch kaum verwirklichen, ebenso stellt sich die Frage nach der intrinsischen Motiviertheit.

Gruppenarbeit: Durch den Austausch mit anderen sollen zum einen kognitive und metakognitve Prozesse initiiert werden, zum anderen dient sie der Förderung sozialen Lernens. Gruppenarbeit ist sinnvoll beim
* Nachbereiten, Anwenden und Einüben von Wissen,
* bei der Erledigung von Suchaufträgen und
* beim Erstellen von Gruppenprodukten.

Gruppenarbeit ist ineffektiv, wenn die Teilnehmer über wenig Vorwissen zu einem Thema verfügen, weil zu viel Lernzeit verbraucht wird und die Gefahr besteht, die Schüler zu überfordern.

Partnerarbeit: Sie ist eine Grundform des dialogischen Lernens (vom „Ich" über das „Du" zum „Wir"). Weil sich ein Lernpartner, im Gegensatz etwa zur Gruppenarbeit, weniger leicht ausklinken kann, ist eine hohe aktive Arbeitszeit auf beiden Seiten gegeben. Lernpsychologisch ist die Partnerarbeit wertvoll, weil sich die Lernenden direkt austauschen und abgleichen; das ist gerade bei Prozessen des Erklärens und Verstehens wirksam. Die Partnerarbeit bietet die Chance, gezielt entweder leistungshomogene oder -heterogene Zweier-Gruppen zu bilden. Sie darf nicht zu lange dauern; die Aufgaben sollten schriftlich vorliegen.

Einzelarbeit: Der unverzichtbare Wert der Einzelarbeit zur individuellen Aneignung des Lernstoffes – keinesfalls mit stupidem Drill gleichzusetzen – leuchtet unmittelbar ein. Einzelarbeit ist, basierend auf diagnostischen Befunden, eine zentrale Sozialform der individuellen Förderung, weil so optimale, auf die individuelle Ausgangslage des Kindes zugeschnittene Bedingungen geschaffen werden können.

Was Eltern wissen sollten
* „Die" immer passende, effektive Sozialform gibt es nicht.
* Sozialformen sollten im Laufe des Schulvormittages wechseln (Methoden-Mix); dabei darf gerade die Einzelarbeit nicht vernachlässigt werden.
* Nicht alle Kinder profitieren in ihrem Lernen von der gleichen Sozialform; darauf sollte der Lehrer im Unterricht Rücksicht nehmen.

Literatur
MEYER, H. (2006): Unterrichts-Methoden. Band 1 und 2. 11. Aufl. Berlin: Cornelsen Scriptor
Grundlegendes Lehrwerk für alle Schulformen und Fächer
WELLENREUTHER, M. (2007): Lehren und Lernen – aber wie? 3. Aufl. Hohengehren: Schneider
Aktueller theoretischer und empirischer Wissensstand als Hilfe zur Planung und Durchführung von Unterricht

Spielen

- Welche grundsätzliche Bedeutung hat das Spielen?
- Sind Spielen und Lernen Gegensätze?
- Welche Merkmale zeichnen das Spielen aus?

Spiel und Spielen haben eine grundsätzliche anthropologische, nicht hoch genug ansetzbare Bedeutung für die Individualität und Sozialität des Menschen.
Ihre ersten Erfahrungen mit sich und der Umwelt, ihre ersten Laute erwerben Kinder spielerisch. Dabei treten insbesondere kognitive, soziale und emotionale Funktionen hervor. Spielen und Lernen gehören also untrennbar zusammen. Bis zum Alter von zehn Jahren ist das Spielen die meist gezeigte Aktivität, danach werden Sport und Rekreation (Erholung) ebenso wichtig.

Die pädagogische Bedeutung: Schon bei FRÖBEL übersteigt das Spiel die eindimensionalen Prozesse von Lernen und Arbeit, weil gleichzeitig „Inneres äußerlich und Äußeres innerlich" gemacht werde. Im Kern jedes Spiels stecken das Entdecken und das Selbsttätigsein. In der pädagogischen Psychologie spricht man auch vom Spiel als dem Zentrum der kulturellen Tätigkeit. Manche Autoren äußern Bedenken, wenn das Spiel nur didaktisch funktionalisiert wird, weil es damit eine Sinnverkehrung erfahre.

Merkmale des Spiels: Das kulturanthropologische Phänomen Spielen realisiert sich entweder lebensweltlich-spontan oder zweckgebunden. Letzteres trifft eher auf schulisches Spielen zu, wo es in der Regel um didaktisch begleitetes und gezielt förderndes Spielen geht. In Anlehnung u. a. an GADAMER weist das Spiel, neben anderen, folgende Merkmale auf:

- Das Spiel hat seine Ziele und Zwecke im Spiel; Ziel des Spiels ist das Spielen.
- Das Spiel existiert nur im Spiel.
- Es schafft immer eine handelnde Auseinandersetzung.
- Das Spiel braucht klare Spielregeln.
- Es bedarf der Anstrengung, um das Spielziel zu erreichen.
- Der/die Spieler sind ins Spiel versunken – oder Spielverderber.
- Es fordert heraus; nur dann wenden sich die Menschen dem Spiel zu.
- Es hat eine eigene Zeitlichkeit, füllt die Zeit und erfüllt sich in der Gegenwart.

SCHEUERL weist dem Spiel sechs Hauptmomente zu: Freiheit, innere Unendlichkeit, Scheinhaftigkeit, Ambivalenz, Geschlossenheit und Gegenwärtigkeit.

Spielen im Unterricht: Es muss heute nicht mehr darüber diskutiert werden, ob das Spiel einen Platz im schulischen Unterricht haben sollte; Spielen ist eine Methode in allen Schulfächern. Es geht dabei um den Erwerb kognitiver und affektiver Kompetenzen, um den Transfer erlernter Regeln oder Prinzipien und um das Einüben fachspezifischer Methoden.
Meyer unterscheidet drei Großbereiche an in den Unterricht integrierbaren Spielformen:

- Interaktionsspiele: an Spannung, Spaß und Erholung orientierte Auseinandersetzung mit Spielpartnern; eher gering verregelt („freie" Spiele mit Spielzeug usw.) oder eher hoch verregelt (Sport- und Mannschaftsspiele, Gesellschaftsspiele, Denk- und Strategiespiele, Lernspiele …) – alle können mitspielen, und häufig geht es um Gewinnen oder Verlieren. Es gibt aber auch kooperative Spiele, bei denen das gemeinsame Agieren wichtig ist.
- Simulationsspiele: Regel geleitete, absichtsvolle Simulation von Konflikten und Prozessen; eher gering verregelt (Rollenspiele wie Soziodrama, Standbild usw.) oder eher hoch verregelt (Planspiele wie Fallmethode, Konfliktspiel, Computersimulation …) – die Spieler spielen eine Rolle oder verfolgen eine Strategie, wobei die eigenen Haltungen aber prägen.
- Szenisches Spiel: körperbezogene ästhetische Darstellung einer symbolisch vermittelten Wirklichkeit; eher lockere Anbindung (Stegreifspiel, Pantomime, Standbild, Tanz …) oder eher enge Anbindung an eine Spielvorlage (Theaterspiele aller Art, wie Bühnen- oder Figurentheater, Hörspiel, Kabarett usw.) – konstitutiv ist die Unterscheidung von Spielern und Zuschauern, es bedarf der Requisiten in weitem Sinn.

Was Eltern wissen sollten
- Eltern sollten regelmäßig mit ihren Kindern spielen. Die Schule kann Spielvorschläge machen.
- Spielen und Lernen gehören zusammen.
- Spielen in der Schule meint ein zweckgebundenes Spielen mit didaktischer Begleitung und zur gezielten Förderung.

Literatur
Petillon, H. (2007): 1000 Spiele für die Grundschule. 3. Aufl. Weinheim: Beltz
Die besten Spiele aus dem rheinland-pfälzischen Schulversuch „Lern- und Spielschule": Spiele zum sozialen Lernen, Rollenspiele, Fantasie und Stille, Bewegte Spiele, Konzentration und Aufmerksamkeit …
Meyer, H. (2002): Unterrichts-Methoden. Zwei Bände. Berlin: Cornelsen Scriptor
Methodisches Lehrwerk für Lehrer aller Schulformen

Standards

* Wie kam es zu den Bildungsstandards?
* Welches Profil weisen die Standards auf?
* Was ist kritisch anzumerken?

Die Kultusministerkonferenz (KMK) sieht es als zentrale Aufgabe an, die Qualität schulischer Bildung, die Vergleichbarkeit schulischer Abschlüsse sowie die Durchlässigkeit des Bildungssystems zu sichern. Bildungsstandards kommt hierbei eine besondere Bedeutung zu. Sie sind Bestandteile eines umfassenden Systems der Qualitätssicherung, das auch Schulentwicklung sowie interne und externe ↗ Evaluation umfasst.

Der Weg zu den Standards: 1997 beschloss die KMK, das deutsche Schulsystem im Rahmen wissenschaftlicher Untersuchungen international vergleichen zu lassen, um gesicherte Befunde über Stärken und Schwächen der Schüler in den zentralen Kompetenzbereichen zu erhalten. Die Ergebnisse zeigten, dass Staaten, in denen eine systematische Rechenschaftslegung über die Ergebnisse erfolgt, insgesamt höhere Leistungen erreichen. Die Entwicklung und die Sicherung von Qualität, externe und interne Evaluation machen klare Maßstäbe nötig. Deshalb hat die KMK einen Schwerpunkt ihrer Arbeit auf die Entwicklung und Einführung von bundesweit geltenden Bildungsstandards gelegt. Inzwischen hat sie eine Reihe verbindlicher Standards für den Primarbereich etwa in Deutsch und Mathematik verabschiedet und mit Beginn des Schuljahres 2005/2006 verbindlich eingeführt. Damit ist die Qualitätsentwicklung in den Schulen aller Länder erstmalig an einem gemeinsam vereinbarten Maßstab zu verorten.

Das Profil: Die von der KMK vorgelegten Bildungsstandards
* greifen die Grundprinzipien des jeweiligen Unterrichtsfaches auf;
* beschreiben die fachbezogenen Kompetenzen einschließlich zugrunde liegender Wissensbestände, die Schülerinnen und Schüler bis zu einem bestimmten Zeitpunkt ihres Bildungsganges erreicht haben sollen;
* zielen auf systematisches und vernetztes Lernen und folgen so dem Prinzip des kumulativen Kompetenzerwerbs;
* beschreiben erwartete Leistungen in Anforderungsbereichen;
* beziehen sich auf den Kernbereich des jeweiligen Faches und geben den Schulen Gestaltungsräume für ihre pädagogische Arbeit;
* weisen ein mittleres Anforderungsniveau aus (Regelstandards, Minimalstandards: basales Anforderungsniveau, Maximalstandards: ideales Erwartungsniveau);
* werden durch Aufgabenbeispiele veranschaulicht.

Flankierende Maßnahmen: Das im Juni 2004 gegründete Institut für Qualitätsentwicklung im Bildungswesen (IQB) an der Humboldt-Universität zu Berlin wird die Qualitätsentwicklung im Bildungswesen in den Bundesländern wissenschaftlich begleiten und einen wesentlichen Beitrag bei der Normierung und Überprüfung der Bildungsstandards leisten. Somit ist ein Paradigmenwechsel in der Bildungspolitik im Sinne von „Outcome-Orientierung", Rechenschaftslegung und Systemmonitoring eingeleitet. Dieser Prozess hat gerade erst begonnen und muss kontinuierlich überprüft und justiert werden.

Schulqualität: Selbstverständlich erweist sich die Qualität von Schule nicht nur in gemessenen Schülerleistungen. Der Auftrag der schulischen Bildung geht weit über die funktionalen Ansprüche von Bildungsstandards hinaus. Er zielt auf Persönlichkeitsentwicklung und Weltorientierung, die sich aus der Begegnung mit zentralen Gegenständen unserer Kultur ergeben.

Aufgabe für ein Kollegium: Weil sich der Unterricht durch die Standards verändert, zu verändern hat, ist es entlastend, wenn ein Kollegium gemeinsam Unterrichtskonzepte auf die Standards hin abstimmt.

Kritik: Die Outcome-Orientierung ist völlig entkoppelt vom Prozess des Lernens. Ist ein erfolgreiches Lern- und Entwicklungswachstum aller Kinder das Ziel, sind qualitätsvolle, individuelle Lernbedingungen und Unterrichtsprozesse sicherzustellen. Es besteht das Risiko, dass durch die Standards die Unterrichts- und Schulentwicklung eine Richtung nimmt, die so nicht gewollt ist. Und zuletzt: Entscheidende Felder dessen, was wir Bildung nennen, entziehen sich einer normativen Überprüfung: Ästhetisches (⤢ Ästhetische Bildung), literarisches Verstehen, Musisches usw.

Was Eltern wissen sollten

* Die Bildungsstandards sind verpflichtend. Sie weisen ein mittleres Anforderungsniveau auf. Sie ermöglichen einen Vergleich über die Bundesländergrenzen hinweg.
* Schulqualität ist selbstverständlich mehr als das Messen von Schülerleistungen anhand von Standards.

Literatur

KMK: Die Bildungsstandards der KMK, im Internet:
www.kmk.org/schul/Bildungsstandards/bildungsstandards-neu.htm
Ohne einen Blick in die KMK-Veröffentlichungen geht es nicht.
WALTHER, G. u. a. (2008): Bildungsstandards für die Grundschule: Mathematik konkret.
Berlin: Cornelsen Scriptor 2008
Ein breites Spektrum von Aufgaben und Anregungen zur Umsetzung der Standards

Strafe

- Müssen Strafen sein?
- Welche Strafen sind sinnvoll?
- Welche Strafen sind durch Verordnungen abgedeckt, welche nicht?

Strafe ist ein Erziehungsmittel, allerdings ein eher verpöntes. Sie bewirkt im Sinne des Reiz-Reaktions-Lernens Konditionierung: Durch die Erfahrung von negativen Sanktionen soll die Wahrscheinlichkeit eines unerwünschten Verhaltens verringert werden. Hierbei handelt es sich um eine Disziplinierung, die durchaus wirksam sein kann, jedoch meist nur so lange, wie die negativen Sanktionen erwartet werden müssen.

Strafe und Menschenbild: Strafe im Kontext eines humanistischen Menschenbildes meint jedoch weder Disziplinierung noch Machtausübung. Sie basiert auf der Grundannahme, dass ein Mensch grundsätzlich über Würde, Freiheit und Verantwortung verfügt. Zugleich ist er ein soziales Wesen, das als Teil der Gesellschaft existiert. Die Gesellschaft stellt, damit sie funktionieren kann, einen Anspruch an das Individuum: Es soll ein gemeinschaftsverträgliches, soziales Verhalten gegenüber der Gemeinschaft zeigen. Wird gegen die Regeln des Zusammenlebens verstoßen, kann dies mit Strafen geahndet werden. Das bedeutet in diesem Kontext: Die Gemeinschaft stellt sich an die Seite des Opfers, erklärt sich mit ihm solidarisch und bestraft den Täter. Strafen in diesem Sinne sind zutiefst human, denn sie appellieren an den Täter einerseits als einen Menschen mit Entscheidungsfreiheit, der für seine Handlungen verantwortlich ist, und andererseits als ein Mitglied einer Gemeinschaft, deren Werten er verpflichtet ist.

Strafe und Schule: Strafen sind in der Schule immer in einen erzieherischen Kontext gestellt: Die Würde desjenigen, der bestraft wird, ist unbedingt zu achten. Alle entwürdigenden Maßnahmen sind unzulässig, ebenso wie körperliche Bestrafung und seelische Verletzung (seit 2002 auch gesetzlich im BGB §1631, Abs. 2 festgeschrieben). Auch das Verhalten des Lehrers beim Vergeben der Strafe muss wertschätzend bleiben. Keinesfalls darf ein strafender Lehrer Modell für Gewalt, Machtausübung, Unbeherrschtheit oder Geringschätzung sein. Eine grundsätzlich annehmende, positive Haltung verurteilt zwar die Tat, nicht aber die Person. Der Täter muss von seinem Gegenüber erfahren: „Du kannst dich ändern und wirst dabei nicht allein gelassen" („Beziehung erzieht" – Martin Buber).

Strafen mit erzieherischer Wirkung: Eine erzieherisch wirksame Strafe stellt die logische Konsequenz einer Handlung dar: Ein Kind, das sich grob verhält und andere foult, muss bei einem Sportspiel zuschauen; ein Schüler, der ein WC mit Toilettenpapier verstopft hat, hilft dem Hausmeister bei der Reinigung. Bei ⤸ Gewalt gegen eine andere Person wird der Täter-Opfer-Ausgleich wichtig. Dies bedeutet, dass der „Täter" bei dem „Opfer" seine Schuld abträgt. Mögliche Formen sind: sich entschuldigen; etwas, das man beschädigt hat, reparieren; dem anderen etwas schenken (z. B. seinen Klassendienst übernehmen). Solche Formen des Wiedergutmachens können verbale, womöglich auch floskelhafte Entschuldigungen „aufwerten".

Schulordnungen: Die Schul(ver)ordnungen sehen weitere Erziehungs- und Ordnungsmaßnahmen vor – Nacharbeit, Mitteilung an Eltern, Verweis, Versetzung in die Parallelklasse. Sie sollten nur zurückhaltend und pädagogisch begründet verwendet werden. Reine Strafarbeiten, z. B. das sinnlose Abschreiben von Schulbuchseiten oder der Hausordnung sowie die Vergabe von sinnleeren Zusatzaufgaben, sind unpädagogisch und ausgesprochen fragwürdig. Maßnahmen gegenüber Klassen oder Gruppen als solche sind grundsätzlich nicht zulässig.

Strafe als ultima ratio: Strafe sollte immer nur letztes Mittel sein für schwerwiegendes Fehlverhalten. Ziel muss bleiben, so wenig wie möglich zu strafen. Jeder Strafanlass fordert über die Bestrafung hinaus den Lehrer und die Schule erzieherisch. Gerade bei einer Häufung bestimmter Verstöße (fehlende Hausaufgaben, Schule schwänzen) wäre es kontraproduktiv und eine erzieherische Bankrotterklärung, Disziplinierungs- und Strafsysteme an der Schule zu etablieren. Stattdessen muss eine pädagogische Antwort gesucht werden (⤸ Streitschlichter). So ist eine Schule im Fall häufig fehlender Hausaufgaben zuerst einmal aufgefordert, über ihren Sinn, Umfang und ihre Art zu reflektieren und Unterstützungsmöglichkeiten zu suchen.

Was Eltern wissen sollen

* Ein gemeinsames Erziehungskonzept von Elternhaus und Schule mit ähnlichen Werten, Regeln und Sanktionen gibt den Kindern Verhaltenssicherheit.
* Damit Strafe wirksam im Sinne einer moralischen Erziehung sein kann, müssen im Kind Einsicht und Schuldbewusstsein wachsen können. Grundlage hierfür sind die annehmende, liebende Beziehung zu dem Kind und das erzieherische Gespräch.

Literatur

DURACH B. u. a. (2002): Das mach ich wieder gut. Mediation – Täter-Opfer-Ausgleich – Regellernen. Lichtenau: AOL
BERGMANN, W. (2007): Disziplin ohne Angst. Weinheim: Beltz
    Erläuterungen, wie der Respekt von Kindern ohne Vertrauensverlust gewonnen werden kann

Streitschlichter

* Warum empfiehlt sich Streitschlichtung an der Schule?
* Kann man auch schon jüngere Schüler zu Streitschlichtern ausbilden?
* Welche Rahmenbedingungen sind für die nachhaltige Einrichtung der Streitschlichtung unerlässlich?

Mediation oder Streitschlichtung ist ein Verfahren der Konfliktlösung, das – vor 50 Jahren in den USA entwickelt – mit Erfolg angewendet wird. Mediation bedeutet Vermittlung: in Streitfällen durch unparteiische Dritte, die von allen Seiten akzeptiert werden. Die Mediatoren helfen bei Streit, einvernehmliche Lösungen ihrer Probleme ohne Verlierer zu finden. Ihre Aufgabe ist es nicht, einen Schiedsspruch oder ein Urteil zu sprechen. Vielmehr liegt es an den Konfliktparteien selbst, eine ihren Interessen optimal entsprechende Problemlösung zu erarbeiten, die alle Seiten als Gewinn ansehen. **Warum Streitschlichtung in der Schule?** Konflikte wird es immer geben. Sie werden erst zum Problem, wenn man sie nicht angemessen bearbeitet. Durch die Streitschlichtung lässt sich eine sinnvolle Streitkultur unter Schülerinnen und Schülern entwickeln. Zu Streitschlichtern ausgebildete Kinder werden in ihren sozialen und kommunikativen Fähigkeiten im Umgang mit Konflikten gestärkt. Lehrer erhalten eine Arbeitserleichterung, da sie weniger Unterrichtszeit für die Klärung von Bagatellkonflikten benötigen. **Auswahl der Schüler:** Hier es wichtig, zunächst nach einer guten Ausgewogenheit in der Gruppe zu achten. Jungen und Mädchen sollten in gleicher Zahl vertreten sein. Man sollte Schüler auswählen, die über ein großes Maß an sozialen Fähigkeiten verfügen; man kann auch einige aufnehmen, die von der Ausbildung profitieren könnten. **Streitschlichterausbildung:** Am Anfang des Streitschlichtens steht das Training. Die Schüler erhalten einen Überblick über den Ablauf der Streitschlichtung (auch Trainingseinheiten in Form eines Kompaktseminars außerhalb der Schule). Die Bausteine kann man den jeweiligen Bedingungen anpassen. Bewährt hat sich der Aufbau in den fünf folgenden Phasen: ▪ 1. Gruppenbildung, Aufbau von Gruppenregeln, Kooperationsfähigkeit; ▪ 2. Klärung des Konfliktbegriffs und eigener Konflikterfahrungen, Spiele zum Thema, Verdeutlichung an Alltagsbeispielen; ▪ 3. Schlichterfähigkeiten aufbauen: aktives Zuhören, nonverbale Kommunikation (Mimik, Gestik, Körperhaltung), neutrale Rolle, Umgang mit schwierigen Situationen, Ich-Botschaften, Gefühle erkennen und benennen können; ▪ 4. Schritte der Streitschlichtung einüben; ▪ 5. Training und Reflexion anhand von Praxisbeispielen.

Nach diesem Training werden sie offiziell in der Schule vorgestellt. Dann bieten sie in den Klassen ihre Dienste an.
Streitschlichtung in fünf Schritten: ▪ 1. Die Schüler begrüßen zunächst die Streithähne und führen sie in den Schlichtungsraum. Sie erklären die Regeln und den Ablauf. ▪ 2. Die Schlichter fragen die beiden Schüler nach ihrer Sicht des Streits. Sie wiederholen den Sachverhalt und stellen nur Verständnisfragen; auch Fragen nach den eigenen Anteilen am Streit und zum Perspektivwechsel sind sehr hilfreich. Wenn alle Standpunkte eines Streits ausgetauscht und wiedergegeben sind, folgt: ▪ 3. die Entwicklung einer Lösung. Die Schlichter unterstützen mit zwei wichtigen Fragen: Was bist du bereit zu tun? Was erwartest du vom anderen? Sie machen keine Lösungsvorschläge. Die Ideen sollten von den Schülern selbst kommen. ▪ 4. Es wird ein Vertrag verfasst, den alle Beteiligte unterschreiben. ▪ 5. Ein Kontrolltermin wird vereinbart.

Flankierende Maßnahmen: Die Einführung und nachhaltige Einrichtung der Streitschlichtung in einer Schule gelingt nur, wenn ein ganzheitliches Konzept zur Gewaltprävention und Konfliktbearbeitung (Regelwerk, soziales Kompetenztraining in verschiedenen Klassenstufen, Projekte zum Wir-Gefühl) existiert, das Bestandteil des ↗ Schulprogramms ist. Das Projekt Streitschlichtung muss Akzeptanz im Kollegium finden (für ausreichend Information sorgen) und von diesem unterstützt und befürwortet sein – andernfalls können die Streitschlichter nicht erfolgreich arbeiten und verlieren schnell ihre Motivation. Eine schulinterne Fortbildung zum Thema ist deshalb hilfreich und unterstützt die Mediatoren im Kollegium. Die Mediatoren müssen qualifiziert sein. Sie sollten regelmäßig in Kontakt mit der Schulleitung und allen Beteiligten der Schule treten. Die Schulleitung muss dafür sorgen, dass Streitschlichtung immer wieder Konferenzpunkt ist.

Was Eltern wissen sollten

• Ein Konzept zur Gewaltprävention ist ein wichtiger Beitrag zu einem guten Schulklima und damit für erfolgreiches Lernen.
• Eltern sollten ihr Kind unterstützen, wenn es sich für die Streitschlichtung engagiert. Und sie sollten seinen Einsatz würdigen.
• Die Tätigkeit als Streitschlichter kommt auch der Entwicklung der Persönlichkeit zugute.

Literatur
SCHUNK, M. (2005): Streitschlichter in der Schule. München: Claudius Verlag
   Ausbildungsprogramm für Kinder zwischen acht und zwölf Jahren mit Rollenspielen, Kopiervorlagen, theoretischen Grundlagen und didaktischen Hinweisen

Teilleistungsstörungen

*   Wie lässt sich eine Systematik in den sehr unterschiedlich verwendeten Begriff Teilleistungsstörungen bringen?
*   Kann er zu einem besseren Verständnis des Lern- und Leistungsverhaltens beitragen?
*   Helfen medizinische Diagnosen?

Der Begriff wird in unterschiedlichen wissenschaftlichen Zusammenhängen (Medizin, Psychologie, Pädagogik) und für unterschiedliche Erscheinungsformen verwendet.
Systematik: Will man eine – wenngleich grobe – Systematik in die Fülle der Verwendungen bringen, so ergibt sich folgende Struktur (von den reinen Phänomenen bis hin zu differenzierten neurobiologischen Ursachenvermutungen): ▪ 1. Bezeichnung für uneinheitliche Leistungsbilder, ohne dass die jeweiligen Kinder offenkundige körperliche oder intellektuelle Beeinträchtigungen haben. Das heißt, in einigen Bereichen werden durchschnittliche oder auch überdurchschnittliche Leistungen erbracht, in anderen – eng umrissenen – Bereichen zeigen sich deutlich wahrnehmbare Verhaltens- und auch ▪ ↗ Lernschwierigkeiten. Hierzu zählen Aufmerksamkeitsstörungen mit oder ohne Hyperaktivität (ADS/ADHS), Schwierigkeiten beim Erlernen des Lesens und Rechtschreibens (↗ LRS) oder Probleme beim Rechnen (Dyskalkulie oder ↗ Rechenschwäche). ▪ 2. Verzögerungen oder Störungen in der Entwicklung von ↗ Wahrnehmung und ↗ Motorik, die man als mögliche Ursachen für oben genannte Lernschwierigkeiten annimmt. In diese Kategorie fallen Schwierigkeiten in der Raum-Orientierung, in der Ausprägung der Seitigkeit, in der auditiven bzw. visuellen Diskriminierungsfähigkeit. ▪ 3. Anatomische bzw. funktionale Störungen der für die oben genannten Leistungen zuständigen Hirnareale (neurobiologische Ursachenvermutung). In diese Kategorie fällt u. a. eine unausgewogene Wirkung der chemischen Botenstoffe Noradrenalin und Dopamin im Frontalhirn, die für Störungen der Aufmerksamkeit und Konzentration verantwortlich sind.
Ursachen: Die neurobiologisch begründete Ursachenvermutung legt eine medizinische „Behandlung" oder einen kompensatorischen Ausgleich nahe. So kann ein Arzt z. B. bei schweren Formen von Aufmerksamkeitsstörung Medikamente wie Ritalin®, Medikinet® verordnen. Diese enthalten den rezeptpflichtigen Wirkstoff Methylphenidat, der die Funktionsweise der Neurotransmitter optimieren soll. Allerdings haben diese Medikamente Nebenwirkungen und werden auch durchaus kritisch gesehen. Außerdem

werden beispielsweise in einzelnen Bundesländern bei Funktionsstörungen im Bereich des Lesens, Schreibens oder Rechnens verschiedene Formen von Nachteilausgleichen gewährt. Auch diese Regelungen werden kontrovers diskutiert.

Bewertung und Kritik: In einer Zeit, in der man von einem konsistenten Leistungsbegriff ausging, war es hilfreich, den Begriff Teilleistungsstörungen als Erklärungsmodell heranzuziehen, um Kinder, die in manchen Bereichen nicht den Erwartungen entsprechen können, nicht als unmotiviert, faul oder sogar böse zu betrachten. Jedoch handelt es sich angesichts eines dynamischen Konzeptes von Aneignungs- und Lernprozessen eher um ein überholtes Konstrukt. Heute spricht man beim Lernen von einem dynamischen Gefüge, in dem verschiedene Faktoren eine Rolle spielen (so auch alle am System Beteiligten) und man förderdiagnostisch feststellen muss, was ein Kind kann und was es noch lernen muss. Ursachenforschung ist also nur so weit zu betreiben, wie es für das Verständnis der Lernprozesse notwendig ist (meist ein Zusammenspiel mehrerer Faktoren: Verzögerungen in der sensomotorischen Entwicklung, Vermeidungsverhalten, ungünstige Lernbedingungen) und wie man damit umgehen kann (⬈ Förderplan).

Was Eltern wissen sollten

- Zu einer effektiven Unterstützung gehört die angemessene Balance von Verstehen und Akzeptieren, Fördern und Fordern. Medizinische Diagnosen können der persönlichen Entlastung dienen (niemand von uns ist schuld), sollten jedoch nicht dazu führen, dass man sich auf der Diagnose „ausruht".

- Ein Kind, das in einigen Bereichen deutliche Leistungsstörungen hat, braucht einen sorgfältig erstellten Förderplan, der mit allen Beteiligten abgestimmt ist und bei dem sich alle die Verantwortung teilen: Was kann die Schule tun? Was können die Eltern tun? Was kann das Kind tun? Gestärkt werden sollten die Bereiche, die ein Kind gut kann. Die anderen Bereiche sollten unterstützt und gefördert werden.

Literatur

BRAUN, D./SCHMISCHKE, J. (2008): Kinder individuell fördern. Berlin: Cornelsen Scriptor
Ganzheitlicher Ansatz des Förderns sowie Hinweise zur Beobachtung von Lernprozessen und zur Erstellung von Förderplänen
LORENZ, J. H. (2003): Lernschwache Rechner fördern. Berlin: Cornelsen Scriptor
Anschauliche Einführung in die Problematik, Überblick über Erscheinungsformen von Rechenschwäche, fallbezogene Darstellung von Fördermöglichkeiten, Hinweise zur Diagnose und zur Gestaltung eines vorbeugenden Unterrichts

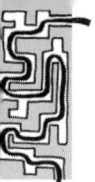

Überspringen

- Kann die Vorversetzung eine sinnvolle Fördermaßnahme sein?
- Wann und unter welchen Voraussetzungen sollen Kinder ein Schuljahr überspringen?
- Wie kann man das Überspringen weniger risikoreich gestalten?

Dem Überspringen stehen Lehrer und auch Eltern häufig noch reserviert gegenüber. Man scheut das Risiko. Dabei sind die Unwägbarkeiten nicht größer als bei der ↗ Nichtversetzung, bei der weniger kritisch hinterfragt wird, ob ein Kind nicht in seiner Persönlichkeitsentwicklung beeinträchtigt wird. Mehr pädagogischer Optimismus in Richtung Vorversetzung wäre angebracht. Dazu müssen allerdings Schule und Eltern uneingeschränkt bereit sein, für das Kind die bestmögliche Förderung zu gewährleisten. Die Schule sollte in ihrem ↗ Schulprogramm ihr Konzept zum Thema Vorversetzung dokumentieren und in einem jährlichen Arbeitsbericht dazu Stellung nehmen (Quantitäten, Erfahrungen, alternative Fördermaßnahmen).

Voraussetzungen klären: Im Kern geht es um die Frage: Kann das Kind aufgrund seiner Leistungsfähigkeit und seiner sozial-emotionalen Reife in der nächsthöheren Klasse erfolgreich mitarbeiten? Voraussetzungen sind: gute Schulleistungen, hohe Leistungsfähigkeit und -bereitschaft, gute Arbeitshaltung und Motivation sowie ein ausgeprägtes Selbstkonzept. Die Beobachtungen der Eltern zu Hause und die Bedingungen im Elternhaus sind mitzubedenken (eventuell die Beweggründe für den Elternwunsch klären). Auch das Kind muss bereit sein – und zwar ohne jeden Druck. Es gibt kein Einheitsrezept, wie man über die Vorversetzung entscheiden kann.

Verfahren: Oft geht der Anstoß von der Lehrerin aus. Sie berät sich zunächst mit den in der Klasse unterrichtenden Lehrern. Die Lehrerin der aufnehmenden Klasse wird in die Überlegungen einbezogen. Ist aus Sicht der Schule eine Vorversetzung angebracht, sind die Eltern über das Vorhaben zu informieren und entsprechend zu beraten. Stimmen sie zu, beschließt die Klassen- oder Versetzungskonferenz. Der Anstoß kann auch von den Eltern ausgehen. Dann sollten zunächst die Lehrer der Klasse beraten; so kann die Klassenlehrerin sich im Gespräch mit den Eltern auf ein abgestimmtes Konzept stützen. ▪ Wer beantragt? Die Eltern; sie stellen bei der Schule einen förmlichen Antrag auf Vorversetzung ihres Kindes. ▪ Wer genehmigt? Die Schulleitung, nachdem die Klassenkonferenz die Voraussetzungen überprüft und ein Votum abgegeben hat. Bei einer Ablehnung des Antrags auf Überspringen gilt es, die Enttäuschung der Eltern und des Kindes zu vermeiden. Hier ist wichtig, gemeinsam zu beraten und zu vereinbaren, wie das Kind weiterhin so gefördert werden kann, dass es sich herausgefordert fühlt, z. B.: in Förderkursen, in Arbeitsgemeinschaften, Teilnahme in der höheren Klasse in nur einem Fach, außerschulische Angebote. ▪ Zeitpunkt? Er sollte frühzeitig gewählt werden; in jedem Fall dann, wenn die Schule und die Eltern feststellen, dass das Kind trotz optimaler individueller Förderung in seiner Klasse permanent unterfordert ist. Das kann bereits in Klasse 1 sein (z. B. in der 2. Schuljahreshälfte, wenn die Lehrerin das Kind kennt). Es ist auch noch zum Beginn der Klasse 4 möglich (hier ist die weiterführende Schule in die Entscheidungsfindung einzubeziehen). **Probezeit?** Es empfiehlt sich, das Kind probeweise die nächste Klasse besuchen zu lassen, vielleicht auch schon während der Bearbeitung des Antrags (anfangs nur in einem bestimmten Fach oder zu einer bestimmten Zeit, besonders günstig in den Phasen ↗ Freier Arbeit). Das erleichtert die Entscheidung und nimmt ihr den Charakter des Unumkehrbaren. Das Kind muss wissen, dass es wieder in seine alte Klasse zurückkehren kann. Wenn in der Schule die Klassentüren offen stehen, kann das Kind schon einmal die höhere Klasse aufsuchen (unbürokratischer „Schnupperkurs"). Falls die Schule ↗ jahrgangsübergreifende Klassen (möglichst 1 bis 3 oder gar 1 bis 4) gebildet hat, muss das Kind nicht erst seine Lerngruppe wechseln. Bei positiver Entscheidung kann es in der neuen Klasse bleiben. **Überspringen erleichtern:** Ergebnisse der Begabtenförderung legen nahe, dass 10 Prozent der Schüler ohne weiteres eine Jahrgangsstufe überspringen könnten (↗ Hochbegabung). Warum also das Überspringen erschweren? Es ist zu erleichtern, denn die richtige Jahrgangsstufe wirkt sich ohnehin positiver aus als die meisten Bemühungen um innere Differenzierung. Heute bedarf es auch nicht mehr eines beschwerlichen Verwaltungsaktes. Herrscht an der Schule ein begabungsfreundliches Klima und haben die Eltern Vertrauen in die pädagogische Arbeit der Schule ihres Kindes, dann kommt man eher zu einvernehmlichen Entscheidungen.

Was Eltern wissen sollten

* Wenn Kinder überdurchschnittlich leistungsfähig sind, sollte man sie ein Schuljahr überspringen lassen. So lässt sich ständige Unterforderung am besten vermeiden.
* Die Vorversetzung ist nicht risikoreich; sie ist auch „auf Probe" möglich.

Literatur
CHRISTIANI, R. (Hrsg.) (2005): Schuleingangsphase neu gestalten. 3. Aufl. Berlin: Cornelsen Scriptor
Argumente für Überspringen, vor allem in jahrgangsübergreifenden Klassen

Übung, Üben

- Warum ist wiederholendes Üben unverzichtbar beim Lernen?
- Wie lässt sich Kindern sinnvolles Üben vermitteln?
- Wie unterscheiden sich Übungsmethoden in den verschiedenen Fächern?

Übung setzt voraus, dass Lerninhalte möglichst selbstständig bereits erfasst, erarbeitet und angeeignet sind. Aber: Einmal lernen ist keinmal! Um das Gelernte in den sogenannten Langzeitspeicher zu befördern, aus dem es immer wieder abgerufen werden kann, bedarf es der wiederholenden Übung. Nur so wird Behalten und Können gesichert und dem Vergessen vorgebeugt oder entlastende Routine geschaffen.

Methodik: Die Methoden des Übens muss die Grundschule mit anderen ⊅ Lernstrategien einführen und einüben: z. B. wie man Kenntnisse einprägt (Sachunterricht, Deutsch) oder Fertigkeiten trainiert (Bewegungsabläufe im Sport, beim Spielen eines Instruments, Werkzeughandhabung, Rechengesetze und Vorteilsrechnen automatisch anwenden oder mnemotechnische Aufgaben beim Schreiben- und Lesenlernen, beim Rechtschreiben oder Gedichtlernen). Die Methodik des Übens berücksichtigt Ergebnisse der Lernpsychologie und -biologie, der Gehirnforschung und Unterrichtsbeobachtung.

Prinzipien: Wichtige Übungsgesetze als Hilfe für das übende Lernen wurden bereits vor über 50 Jahren formuliert (z. B. von Karl Odenbach und Hans Aebli):

■ Übungsbereitschaft: Übung kann und muss nicht immer Spaß machen, aber ohne Übungsbereitschaft gibt es keinen Übungserfolg. Die beste Motivation zu erneuter Anstrengung beim Üben geht von erfolgreichem Lernen aus. Viele als Spiel bezeichnete Übungen gaukeln vor, dass Üben ohne Energie, Mühe und Stehvermögen möglich ist. Das führt zu Misserfolgen und Lernunlust. ■ Wiederholungen: Übungserfolg benötigt Wiederholungen. Die Leistungssteigerung ist abhängig von deren Anzahl. Für diese gilt: Verteilte Übung ist erfolgreicher als gehäufte, abwechslungsreiche ist wirksamer als gleichförmige. Zehn Minuten intensives und konzentriertes Üben wirkt nachhaltiger als eine 45-Minuten-Übungsstunde. Wer zu lange ohne Pause übt, überfordert sein Gehirn. ■ Behalten: Für die Behaltenskurve ist unverzichtbar, dass die ersten Übungen und Wiederholungen möglichst bald nach der Einführung, dem Erstlernen, stattfinden, da das neu Gelernte sonst zu schnell vergessen wird. ■ Übungsziele: Für ein erfolgreiches Lernen muss sich ein Kind erreichbare Übungsziele in realistischer Zeit setzen. Umstritten ist dabei AEBLIS Grundsatz: „Die G-Methode ist besser als die T-Methode" (Immer das Ganze durchlaufen ist besser als Teil für Teil). ▪ Zusammenhänge: Üben eines gut strukturierten Lernstoffs in sinnvollen Zusammenhängen führt eher zum Erfolg als formale, mechanische und stumpfsinnige Übungen oder Üben von zerstückeltem Wissen. Mit allen Sinnen Gelerntes vergrößert die Chancen, besser haften zu bleiben, da mehr Eingangskanäle beim Lernen beteiligt sind. ▪ Selbst- oder Fremdkontrolle: Der Lernerfolg wird durch sofortige Selbst- oder Fremdkontrolle bestätigt. So wird das Selbstbewusstsein gestärkt, neue Übungsanreize werden ausgelöst. ▪ Ähnliche Lernstoffe: Zu ähnliche Lernstoffe dürfen nicht zur gleichen Zeit gelernt werden; sie verwirren und führen zur sogenannten Ähnlichkeitshemmung.

Tipps: Im Schulalltag haben sich folgende Erfahrungen bewährt: Was ein Kind schon kann, muss es nicht üben, denn sonst entstehen Verdruss und Langeweile. Was das Kind nicht verstanden hat, kann und darf es nicht üben, denn sonst prägen sich Fehler ein und Lernunlust folgt.

Viele Übungsmaterialien (Kopiervorlagen und „Übungsspiele") taugen nichts. Bewährt haben sich gut strukturierte Übungskarteien und Lerngeräte mit sofort möglicher Selbstkontrolle. Auch für computergestütztes Üben fehlt häufig die gute Software; außerdem reichen meist die vorhandenen Computer-Arbeitsplätze in der Schule nicht aus. Stationen- oder Zirkeltraining mit geeigneten Übungsaufgaben und Materialien ermöglichen abwechslungsreiches Üben, wenn Kinder die für sie passenden Übungen auswählen können. – Übung nach (Wochen-)Plan kann gezielt sehr differenziert und nach individuellen Ansprüchen abgesprochen werden. – Manche Übungen gelingen besser mit Partnern, wenn denn lähmende Wettkampfsituationen ausgeschlossen sind. – Nur „richtig üben" macht den Meister.

Was Eltern wissen sollten

- Es gibt Langsam- und Schnell-Lerner. Kinder, die schnell lernen, vergessen oft auch schnell und brauchen mehr Wiederholungen.
- „Kein Bock auf Üben" hängt oft mit zu viel Druck zusammen.
- Lernpausen zur rechten Zeit – ein vitaminreiches Getränk oder ein Apfel – tun dem Gehirn gut und sind so wichtig wie das Lernen selbst.

Literatur
BRINKMANN, E. u. a. (2006): Die Grundlagen üben: Deutsch und Mathematik. Seelze: Friedrich Verlag
Tipps, Beispiele und Unterrichtsideen für das individuelle Lernen in den Bereichen Lesen, Rechtschreiben, Grammatik, Addition, Subtraktion und Multiplikation

Unterrichtsformen

* Welche Unterrichtsform sollte man als Kollegium favorisieren?
* Sollte eine Schule bestimmte Unterrichtsformen für sich verbindlich machen?
* Welche Vorteile bringt welche Methode?

Bei den Unterrichtsmethoden unterscheidet man im Wesentlichen zwei Grundtypen: die lehrergesteuerten (direkte Instruktion) und die schülerzentrierten (offener Unterricht).

Ziele und Methoden: Um unterschiedliche Ziele zu erreichen, muss man unterschiedliche Methoden anwenden (vgl. WEINERT und HELMKE): ▪ Lehrergesteuerter Unterricht: wenn es um systematisches Lernen geht, also darum, eine fundierte Wissensbasis aufzubauen; wenn der Schüler über ein vernetztes System von flexibel nutzbaren Fähigkeiten und Kenntnissen verfügen soll. ▪ ✗ Offener Unterricht, ✗ Freie Arbeit, Gruppenarbeit: wenn es darum geht, metakognitive Kompetenzen zu erwerben (Erfahrungen mit dem eigenen Lernen machen, Einsichten in eigenes Lernen gewinnen – Voraussetzung dazu: selbstständiges, eigenaktives Lernen). ▪ Lernteams, Projektarbeit: wenn es darum geht, ✗ Lernstrategien systematisch zu fördern; wenn der Schüler Strategien der Wissensnutzung erwerben soll und die Routine, um diese effektiv zu nutzen.

Wirkungen: Mit lehrergesteuertem Unterricht erzielt man hohe Durchschnittsleistungen. In den sogenannten harten Fächern ist er dem offenen Unterricht überlegen; ebenso dann, wenn Schüler sich Wissen aneignen müssen. Leistungsschwächere und jüngere Schüler benötigen eher einen stark strukturierten Unterricht, der Rückhalt gibt. Hingegen zeigt offener, schülerzentrierter Unterricht günstigere Auswirkungen für Motivation, für soziales Verhalten und Selbstständigkeit. Methoden lassen sich – wie Werkzeuge – gekonnt oder ungeschickt, effizient oder ineffizient nutzen. Eine bestimmte Methode, mag sie noch so bewährt und noch so innovativ sein, gibt allein noch keine Auskunft über die Qualität des Unterrichts. Viele Lernziele können mithilfe unterschiedlicher Unterrichtsformen erreicht werden. Deshalb: Einseitigkeit, Methodendogmatismus vermeiden.

Methodenvielfalt: Weil Schüler unterschiedlich lernen, ist auch eine Vielfalt an Unterrichtsformen erforderlich. Dazu der Leitsatz: „Gewusst wann und gewusst für wen" (HELMKE). Es kommt also darauf an, dass man viele Unterrichtsformen kennt, ihre Ziele, ihre Vor- und Nachteile, und dass man die Methoden im Unterricht erprobt und dann auch beherrscht. Hilfreich ist es, die einzelnen Methoden im Kollegium zu reflektieren.

Frontalunterricht: Eine Fehlform des lehrergesteuerten Unterrichts ist der eng geführte Frontalunterricht. Er ist gekennzeichnet durch kleinschrittiges Vorgehen (Vormachen, Erklären, Nachmachen, Üben, Behalten). Dabei bleiben die Schüler permanent auf die Denkanstöße des Lehrers angewiesen, die sie zu entschlüsseln suchen. Doch mit so verstandenem Pauk- und Stillsitzunterricht hat der lehrergesteuerte Unterricht nichts gemein.

Lehrergesteuerter Unterricht: Während Frontalunterricht zu passivem, mechanischem, unselbstständigem Lernen führt, geht es hier um eine aktive, konstruktive, selbstverantwortliche Haltung. Wenn Lernen im Wesentlichen eigenaktive Konstruktion ist, hat das Auswirkungen auf die Lehrerrolle. Die typischen Elemente eines auf diese Weise erfolgreichen Unterrichts? Für WEINERT und HELMKE zählen hierzu: notwendiges Wissen vermitteln, die Ziele der Stunde deutlich angeben, kleinschrittig vorgehen, klare und deutliche Hinweise geben, Lernfortschritte jedes Einzelnen kontrollieren; regelmäßig fragen, um Verständnis zu garantieren; viel Gelegenheit zum ⤇ Üben geben, den zurückliegenden Stoff wiederholen, beim Überwinden von Lernschwierigkeiten helfen, systematisch Rückmeldungen geben und korrigieren; Klassen-, Individual- und Gruppenarbeit kombinieren.

Offener Unterricht: Soll er erfolgreich sein, ist eine klare Strukturierung der Arbeitssituation vonnöten. Die Aufgaben des Lehrers sind: Orientierung geben, in den Umgang mit Material einführen, gezielt beobachten, Hilfestellungen dosiert geben, Fehler tolerieren, Arbeitsblatt-Überflutung vermeiden, den Schülern ein Zeitmanagement vermitteln.

Was Eltern wissen sollten

- In der Erziehung der Kinder sollten die Eltern die Balance zwischen Führen und Loslassen, zwischen Verantwortung und Vertrauen halten.
- Sie sollten die Fähigkeit der Kinder zur Selbstregulation und zum Planungsdenken fördern.
- Offene Unterrichtsformen sind neben eher geschlossenen Formen selbstverständliche Elemente schulischer Arbeit, die die Kinder in ihrer Selbstständigkeit, Teamfähigkeit, Kommunikationsfähigkeit sowie in ihrer Verantwortung und Leistungsbereitschaft fördern.

Literatur
MEYER, H. (2007): Leitfaden Unterrichtsvorbereitung. Berlin: Cornelsen Scriptor
   Besonders anregend, weil übersichtlich und gut nachvollziehbar, wie man sich bei der Planung von Unterricht entscheiden kann
HELMKE, A. (2007): Unterrichtsqualität erfassen – bewerten – verbessern. 5. Aufl. Seelze: Kallmeyersche Verlagsbuchhandlung
   Übersicht über wichtige Forschungsergebnisse, dabei hilfreich für die Praxis

Unterrichtsgespräch

- Welche Formen von Unterrichtsgespräch gibt es?
- Was zeichnet ein gutes Unterrichtsgespräch aus?
- Worauf sollten Lehrerinnen und Lehrer achten?

Ein großer Teil des Unterrichts wird in der deutschen Schultradition mithilfe des gelenkten Unterrichtsgesprächs erteilt. Es erscheint in verschiedenen Varianten, die sich vielfach überschneiden. Die wichtigste ist das fragendentwickelnde Unterrichtsgespräch, bei dem der Lehrer im Hinblick auf ein Erkenntnisziel Fragen stellt. Die Schüler sollen so durch eigenes Nachdenken den Unterrichtsinhalt erschließen. Diese Form von Unterricht geht auf die Spätaufklärung (zweite Hälfte des 18. Jahrhunderts) zurück. Sie wurde als Gegenmodell zu einem Unterricht propagiert, bei dem der Lehrer nur dozierte und das vermittelte Wissen dann abfragte. Die Methode soll also die eigene geistige Aktivität der Schülerinnen und Schüler anregen und sie die Erkenntnisse, angeleitet durch den Lehrer, selbst finden lassen.

Ablauf: Ein fragend-entwickelndes Unterrichtsgespräch beginnt in der Regel mit einer Aktivierung von Vorwissen, z.B. mit einer Frage wie „Hat jemand von euch schon mal ... gesehen?" Anstelle von Fragen kann der Lehrer auch Impulse geben, z.B. ein Bild projizieren, zu dem die Kinder Assoziationen äußern. Die Kunst des fragend-entwickelnden Unterrichtsgesprächs besteht für die Lehrenden darin, dass sie einerseits das angestrebte Erkenntnisziel im Auge behalten müssen und andererseits den oft etwas auseinanderdriftenden Schüleräußerungen gerecht werden sollen. Da die Kinder nicht einfach spontan drauflos reden dürfen, ist zudem eine Disziplinierung nötig, die in Gesprächsregeln wie „Lass den anderen ausreden", „Melde dich, wenn du etwas sagen möchtest" zum Ausdruck kommt.

Probleme des fragend-entwickelnden Unterrichtsgesprächs:
- Es beteiligen sich bevorzugt redefreudige Kinder, die schnell einen Gedanken fassen. Die Langsameren bleiben stumm, fühlen sich oft abgehängt, weil sie nicht so schnell denken.
- Kinder denken nicht mehr über das anstehende Problem nach, sondern überlegen nur, was der Lehrer denn wohl hören möchte.
- Statt als Anregung zum eigenen Nachdenken empfinden die Kinder den Unterricht als Gängelung, oft in ein beliebiges Herumraten mündend.
- Kinder achten nur auf das, was die Lehrerin oder der Lehrer sagt, nicht auf Äußerungen anderer Kinder. Daher ergeben sich oft nur punktuelle Assoziationen, die Entwicklung eines größeren sachlogischen Zusammenhangs bleibt aus.

Zu eng gestellte Fragen führen zu einer Art Pingpong-Spiel: Lehrerfrage – kurze Schülerantwort – Lehrerfrage – kurze Schülerantwort usw. Komplexere Fragen, die mehr als eine Antwort ermöglichen, regen das Denken der Kinder weit stärker an.

Offene Formen: Neben dem gelenkten Unterrichtsgespräch gibt es auch offenere Formen, für die man den Begriff des freien Unterrichtsgesprächs verwendet. Hier hält sich der Lehrer mit Fragen zurück und übernimmt nur eine moderierende Funktion. Wenn sich die Kinder selbst gegenseitig aufrufen, wird die Zurücknahme der Lehrerlenkung besonders deutlich. Freie Unterrichtsgespräche werden in der gegenwärtigen Unterrichtspraxis vor allem als Einstieg in die Erarbeitung eingesetzt, z. B. indem die Kinder etwas beobachten (ein vorgeführtes Experiment) und sich darüber austauschen sollen, oder sie dienen dem Rückblick auf Gelerntes oder Erlebtes. Auch für das freie Unterrichtsgespräch müssen sich die Kinder an gewisse Regeln halten; Ritualisierungen wie der Morgenkreis können das Einüben in ein entsprechendes Gesprächsverhalten unterstützen. Besonders interessant für freie Gesprächsformen sind die Vorschläge zum Philosophieren mit Kindern.

Grundsätzlich gilt: In deutschen Schulen dominiert das Unterrichtsgespräch (noch) zu sehr, es bleibt viel zu wenig Raum für Gruppenarbeit und individuelles Arbeiten der Kinder (↗ Sozialformen). Reformpädagogische Strömungen haben seit über hundert Jahren immer wieder auf dieses Problem verwiesen und sogenannte handlungsorientierte Unterrichtsformen entwickelt. Sie werden heute in der Unterrichtspraxis zunehmend berücksichtigt. Für eine Schule, die der ↗ Heterogenität der Kinder gerecht werden will, sind diese unverzichtbar.

Was Eltern wissen sollten

- Für das Lernen spielt in allen Fächern die Sprache eine große Rolle. Es hilft den Kindern, wenn sie auch zu Hause viele Gelegenheiten für Gespräche haben – das ist vor allem angesichts des verbreiteten, eher passiven Medienkonsums wichtig.
- Zeitgemäßer Unterricht besteht neben Lehrervortrag und Unterrichtsgespräch zu einem großen Teil aus individueller Arbeit der Kinder. Das alte Bild vom Lehrer, der die ganze Zeit vor der Klasse steht, ist überholt.

Literatur

Meyer, H. (2007): Unterrichts-Methoden. II: Praxisband. 11. Aufl. Berlin: Cornelsen Scriptor
In seinem Buch behandelt Meyer die Gesprächsformen und die Rolle Lehrers.

Unterrichtsplanung

• Wie kann ein ausführlicher Stundenentwurf aussehen?
• Worauf sollte bei der Kurzvorbereitung geachtet werden?
• Mit welchen Leitfragen lässt sich die Unterrichtsvorbereitung steuern?

Ausführlicher Stundenentwurf: RETTERATH (2006) hat folgende Fragen für die ausführliche Unterrichtsvorbereitung formuliert. Sie können gleichzeitig als Leitfaden dienen:

Sechs Fragen bei der Planung von Unterrricht	
Was will ich mit dem Unterrricht erreichen?	Ziel
Was ist das Thema; warum dieses Thema?	Begründung des Themas
Was bringen die Schüler mit, damit sie in diesem Unterricht erfolgreich lernen können?	Voraussetzungen
Welche sachlich-fachlichen Grundlagen muss ich abklären?	sachbezogene Überlegungen
Was von dieser Sache sollen und können die Schüler lernen? Welche Aspekte sind hierfür förderlich oder hemmend?	Überlegungen zur Lernstruktur
Welches Lernarrangement bietet sich an, damit sie erfolgreich lernen können?	methodisch-mediale Entscheidungen

Kurzvorbereitung: Für die tägliche Vorbereitung macht MEYER einen handhabbaren Vorschlag, den er in zehn Fragen formuliert, die hier stichwortartig wiedergegeben sind:
1. Offen gebliebene Fragen, unerledigte Aufgaben, Probleme aus der letzten Stunde? 2. Vorkenntnisse, Erfahrungen, Interessen der Schüler zum Thema? Individueller Förderbedarf? 3. Thema der Stunde? Teilthemen? 4. Aufgabenstellung? „Was sollen die Schüler nach der Stunde besser können als vorher?" 5. Arbeitsschritte (Einstieg, Erarbeitung, Ergebnissicherung)? 6. Handlungsmuster, um die Aufgaben zu bewältigen? Noch zu üben? 7. Sozialformen (Plenum, Einzel-, Gruppenarbeit)? 8. Raum, Medien, Materialien? 9. Auswertung der Stunde? 10. Erforderliches Fachwissen; worauf besonders vorbereiten?
Checklisten: Für die einzelnen Schritte bietet MEYER jeweils eine sehr hilfreiche Checkliste an. So nennt er für die Aufgabenanalyse u. a. drei Fragen: 1. Wie lautet die den Schülern gestellte Aufgabe konkret? 2. Wie ist die zu lösende Aufgabe strukturiert? 3. Welche Arbeitsschritte müssen die Schüler

tun, um die Aufgabe zu lösen? – Die gut gestellte Aufgabe ist entscheidend für den Unterrichtserfolg („ein kleines Kunstwerk").

Unterricht auswerten: Dies ist ein unverzichtbarer Baustein der Vorbereitung. Hier geht es darum, die Planung an der vorgefundenen Realität zu überprüfen. Die Evaluation des eigenen Unterrichts gelingt umso objektiver, je stärker „Außenstehende" einbezogen werden – das können Kollegen ebenso sein wie Schüler. Anhand einer Checkliste sollte man vor allem nach den „zehn Merkmalen guten Unterrichts" (↗ Unterrichtsqualität) fragen. Für diese Checkliste formuliert MEYER (2007, S. 217) sechs Fragen.

Auswertungs-Checkliste
Wozu (mit welcher Zielstellung) machen Sie eine Auswertung?
Wer wertet aus? [...]
Was ist der Gegenstand der Auswertung? Der Vergleich der Unterrichtsplanung mit dem Unterrichtsverlauf? Die beobachtbaren Prozesse? Oder nur die Ergebnisse?
Woran wollen Sie die Qualität der Stunde messen? (Was sind Ihre Bezugssysteme?)
Wie wollen Sie auswerten? Durch Schülerfeedback? Durch ein Auswertungsgespräch? [...]
Womit (mit welchen Instrumenten) wollen Sie Daten über Ihre Stunde sammeln? Und wie wollen Sie die Daten auswerten?

Teamarbeit: Für die Unterrichtsentwicklung einer Schule ist es wichtig, dass das Kollegium auch bei der Vorbereitung von Unterrichtseinheiten eng zusammenarbeitet, dabei die passenden Unterrichtsmaterialien gemeinsam zusammenstellt und die entsprechenden Überprüfungen (Klassenarbeiten, kurze Tests) abstimmt. Dadurch bekommt das Unterrichtskonzept der Schule ein Profil, zudem wird der einzelne Lehrer stark entlastet. Schließlich muss man nicht von Jahr zu Jahr das Rad wieder neu erfinden.

Was Eltern wissen sollten

- Es ist für das Profil der Schule gut, wenn die Lehrer ihren Unterricht im Team planen. Auf diese Weise lässt sich der Unterricht an einer Schule gut koordinieren. Die Planung muss dann jeder einzelne Lehrer auf die konkrete Situation in seiner Klasse zuschneiden.
- Bei bestimmten Unterrichtseinheiten bietet es sich an, dass die Eltern sich an der Vorbereitung beteiligen (Materialbeschaffung; Experten).

Literatur

MEYER, H. (2007): Leitfaden Unterrichtsvorbereitung. Berlin: Cornelsen Scriptor
Neuausgabe des Klassikers mit kompetenzorientierten Planungskonzepten
RETTERATH, G. (2006): Das Lernen vom Schüler aus planen. In: SchulVerwaltung BY, Nr. 11/2006, S. 366

Unterrichtsqualität

- Woran erkennt man, dass ein Lehrer gut unterrichtet?
- Gibt es den guten Unterricht?
- Lässt sich behaupten, man müsse so und nicht anders unterrichten, dann sei der Unterricht gut?

Unterrichtsqualität zeichnet sich dadurch aus, dass die Schüler die folgenden vier grundlegenden Ziele erreichen (WEINERT und HELMKE): ▪ Intelligentes Wissen erwerben: fundierte, gut organisierte Wissensbasis, systematisches Lernen, flexibel nutzbare Fähigkeiten und Kenntnisse, anwendungsfähiges Wissen. ▪ Strategien der Wissensnutzung erwerben: Informationen aktiv anwenden, systematische Förderung und Einübung verschiedener ⟋ Lernstrategien. ▪ Metakognitive Kompetenzen erwerben: Erfahrungen mit dem eigenen Lernen, erfolgreiche Lernstrategien bewusst nutzen, Experte für eigenes Lernen werden. ▪ Handlungs- und Wertorientierung erwerben: Teamfähigkeit, Verständnis für andere, Rücksichtnahme. **Auf verschiedene Weise gut unterrichten:** Diese Ziele lassen sich nur auf dem Weg über verschiedene Methoden erreichen. Jedes Kind ist anders und lernt anders; auch die Unterschiede in den Persönlichkeitsmerkmalen machen es erforderlich, ein breites Spektrum an ⟋ Unterrichtsformen einzusetzen. Offensichtlich kann man auf sehr unterschiedliche Weise gut unterrichten. Es gibt also nicht *den* guten Unterricht. Deshalb verbietet sich auch jede einseitige Favorisierung und jede dogmatische Festlegung. **Merkmale guten Unterrichts:** MEYER fasst zu der Frage, was Unterrichtqualität ausmache, einschlägige Forschungsergebnisse zusammen. Er formuliert folgende Merkmale für guten Unterricht. In Stichworten: ▪ Klare Strukturierung des Unterrichts: durch erkennbaren „roten Faden", effektive ⟋ Klassenführung. ▪ Hoher Anteil echter Lernzeit: durch gutes Zeitmanagement und durch Pünktlichkeit, Rhythmisierung des Tagesablaufs. ▪ Lernförderliches Klima: durch Respekt voreinander, verlässlich eingehaltene Regeln, Verantwortungsübernahme, Gerechtigkeit und Fürsorge. ▪ Inhaltliche Klarheit: durch Verständlichkeit der Aufgabenstellung, Plausibilität, fachliche Korrektheit, Klarheit und Verbindlichkeit der Ergebnissicherung. ▪ Sinnstiftendes Kommunizieren: durch Planungsbeteiligung, Gesprächskultur, ⟋ Lerntagebücher und Schülerfeedback. ▪ Methodenvielfalt: durch Kenntnis und Beherrschung verschiedener Unterrichtsmethoden. ▪ Kenntnis der Vor- und Nachteile einzelner Methoden, deren Erprobung und kollegiale Reflexion. ▪ Individuelles Fördern: durch Freiräume, Geduld und Zeit; durch innere ⟋ Differenzierung und Integration; durch individuelle Lernstandsanalysen und abgestimmte ⌐ Förderpläne; besondere Förderung von Schülern aus Risikogruppen. ▪ Intelligentes ⌐ Üben: durch Bewusstmachen von Lernstrategien, passgenaue Übungsaufträge, gezielte Hilfestellungen. ▪ Transparente Leistungserwartungen: durch Mitteilen der Ziele; durch ein an Standards orientiertes, dem Leistungsvermögen der Schüler entsprechendes Lernangebot, durch zügige Rückmeldungen zum Lernfortschritt. ▪ Vorbereitende Umgebung: durch gute Ordnung, funktionale Einrichtung und brauchbares Lernwerkzeug.

Für HELMKE gelten als die „klassischen Kategorien" der Unterrichtsqualität Klarheit (akustische Verständlichkeit, sprachliche Präzision, inhaltliche Kohärenz und fachliche Korrektheit) und Strukturiertheit (Begriffsnetze, vorstrukturierende Lernhilfen).

Eckpunkte der Unterrichtsplanung: Um Unterrichtsqualität zu gewährleisten, sollte man folgende Punkte beachten: Vorwissen gezielt aktivieren, Arbeitsprozesse transparent machen, über Methoden selbstständig entscheiden lassen, ausreichend Zeit lassen für systematisches, individuelles und kooperatives Arbeiten. Begriffe und Verstehensprobleme rechtzeitig und gründlich klären, Fehler und Lernumwege zulassen, Arbeitsergebnisse präsentieren, Lernprozesse und -ergebnisse kontinuierlich reflektieren, Gelerntes durch konsequentes Üben festigen, anforderungsgerechtes Arbeiten (⌐ Klassenraum, Sitzordnung, Ausstattung) ermöglichen.

Teamarbeit: Man kann diesen Ansprüchen aber nicht als „Einzelkämpfer" gerecht werden. Die Schule muss sich im ⌐ Schulprogramm und im Alltag auf diese Merkmale verpflichten. Sie muss sich zudem einem Erziehungskonzept verpflichtet fühlen. Dazu muss das Kollegium gut zusammenarbeiten. Es muss die Arbeit selbstkritisch reflektieren und regelmäßig überprüfen (lassen) (⌐ Evaluation). Wichtig für die Verbesserung des eigenen Unterrichts sind Rückmeldungen von den Schülern; auch sie tragen entscheidend zur Selbstvergewisserung bei.

Was Eltern wissen sollten

- Kinder lernen viel im guten Unterricht und strengen sich bereitwillig an.
- Guter Unterricht fördert positive Gefühle und baut Angst ab. Kinder gehen gern in die Schule, sie freuen sich auf den nächsten Tag.

Literatur

MEYER, H. (2007): Was ist guter Unterricht? 3. Aufl. Berlin: Cornelsen Scriptor
Eine Fundgrube, um sich über alle wichtigen Aspekte von Unterrichtsqualität umfassend und schnell zu informieren

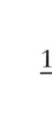

Unterrichtsstörungen

- In welchem Kontext muss man Unterrichtsstörungen betrachten?
- Welchen Sinn haben sie für Kinder?
- Welche Handlungsmöglichkeiten gibt es in der Schule?

Eine Störung ist alles das, was jemanden stört. Weil dies für jeden etwas anderes sein kann, gibt es keine allgemeingültige Definition, sondern eine definitorische Annäherung: Störungen im schulischen Zusammenhang sind alle Angelegenheiten, die den Prozess des Lehrens und Lernens erschweren oder verhindern. Lernen meint dabei nicht nur den Erwerb von Wissen und Fertigkeiten, sondern auch die personale und soziale Entwicklung. **Wer ist beteiligt?** Störungen sind nicht isoliert in Einzelpersonen begründet, sondern werden durch wechselseitige Bedingungsfaktoren in sozialen Systemen konstituiert. Es ist notwendig, außer den Kindern, die ein störendes Verhalten zeigen, das Umfeld in den Blick zu nehmen: die anderen Gruppenmitglieder, die Gruppenleitung, die unterrichtlichen und schulischen Rahmenbedingungen, aber auch die Erziehungsgepflogenheiten des Elternhauses, gesellschaftliche Bedingungen usw. **Welchen Sinn haben Störungen?** Störungen können eine Bedürftigkeit oder eine Not ausdrücken oder auf einen Widerstand gegen die im jeweiligen System implizierten Spielregeln und Verhaltenserwartungen hindeuten.

Störungen haben einen Sinn für diejenigen, die stören: ▪ um sich vor Über- oder Unterforderung zu schützen, ▪ um Zeit zu gewinnen, sich auf eine Situation einzustellen, ▪ um Verunsicherung, Angst, Not oder Unwillen zu signalisieren, ▪ um eine Situation oder Beziehung anders zu deuten, als es die übrigen Mitglieder des Systems tun, ▪ um eine Grenze zu erfahren: „Mit wem habe ich es hier zu tun?"

Störungen haben einen Sinn für die Lehrerin oder den Lehrer: ▪ um Informationen („Botschaften") über die einzelnen Schülerinnen und Schüler oder über die Lerngruppe zu erhalten, ▪ um über die eigene Rolle nachzudenken und die eigene Professionalität zu überprüfen, ▪ um die eigenen Handlungsmöglichkeiten zu überdenken, ▪ um sich selbst im System Schule infrage zu stellen und möglichst Bündnispartner für Veränderungen zu suchen.

Unterrichtsstörungen können für Kinder sinnvoll sein: ▪ wenn der Unterricht nicht angemessen gestaltet ist: z. B. wenn die Kinder zu lange still sitzen müssen oder monotone Aufgaben erhalten, die langweilig sind; wenn die Kinder zu lange zuhören müssen und keine Möglichkeit für Eigenaktivität erhalten; ▪wenn es Schwierigkeiten in der Lebensgeschichte und Lebensumwelt des Kindes gibt: z. B. starker psychischer Druck, unzureichende emotionale Geborgenheit, Gewalterfahrungen, Armut; ▪wenn grundlegende Bedürfnisse nicht befriedigt sind: z. b. nach Nahrung, nach ungestörtem Schlaf, nach Anerkennung, nach Geborgenheit und Zuverlässigkeit, nach Grenzen; ▪wenn es Schwierigkeiten in der Entwicklung der Wahrnehmung und Motorik gibt und es zu Unkonzentriertheit, Unruhe, inadäquater Kontaktaufnahme, Überreaktionen oder zum Festhalten an bestimmten Handlungsmustern kommt.

Was können Lehrerinnen und Lehrer tun? Störungen fordern zum Handeln auf (Maßnahmen in der ⌐ Konferenz abstimmen). Lehrer sollten:

- sich über Verursachungsbedingungen von Störungen informieren und sachkundig machen,
- ihre Erwartungen und Normvorstellungen überprüfen und gegebenenfalls verändern, d. h. neue Sichtweisen entwickeln,
- die vorhandenen Stärken des Kindes wahrnehmen,
- pädagogische Interventionen möglichst im Dialog mit dem Kind und seinen Eltern entwickeln,
- eigene Grenzen erkennen, akzeptieren und Möglichkeiten des kollegialen Austauschs oder der professionellen Hilfe in Anspruch nehmen,
- gemeinsam im Rahmen der Schulentwicklung nach Lösungsansätzen suchen.

Was Eltern wissen sollten

- Wenn Kinder den Unterricht stören, wollen sie damit etwas erreichen. Die Ursachen für dieses Verhalten können auch im häuslichen Umfeld begründet sein (⌐ Aggression, ⌐ Angst). Ein offenes Aufeinanderzugehen und eine enge Zusammenarbeit mit der Schule sind erforderlich.
- Die Unterrichtsstörungen eines Kindes können jedoch auch auf Unstimmigkeiten im System Schulklasse hinweisen. Gespräche mit dem Kind und der Lehrerin oder dem Lehrer können darüber Aufschluss geben.

Literatur

BRAUN, D./SCHMISCHKE, J. (2006). Mit Störungen umgehen. Berlin: Cornelson Scriptor
  Nach einer Einführung in die Thematik werden Verursachungsbedingungen für Unterrichtsstörungen erläutert, Möglichkeiten zu deren Beobachtung und Diagnose sowie konkrete Interventionsmöglichkeiten aufgezeigt.
LOHMANN, G. (2003): Mit Schülern klarkommen. Berlin: Cornelsen Scriptor
  Professioneller Umgang mit Unterrichtsstörungen und Disziplinkonflikten. Der Autor stellt im Sinne des Klassenraummanagements Präventions-, Unterstützungs- und Interventionsstrategien vor.

Vergleichsarbeiten (VERA)

- Was sind Vergleichsarbeiten?
- Welchen Zielen dienen Vergleichsarbeiten?
- Welche Hilfen werden Lehrern zur Vorbereitung von Vergleichsarbeiten angeboten?

Vergleichsarbeiten, kurz VERA (VERgleichs-Arbeiten in der Grundschule) werden in den teilnehmenden Ländern in den Fächern Mathematik und Deutsch durchgeführt. Zwischen 2004 und 2006 wurden die Vergleichsarbeiten in sieben Ländern (Berlin, Brandenburg, Bremen, Mecklenburg-Vorpommern, Nordrhein-Westfalen, Rheinland-Pfalz, Schleswig-Holstein) zu Beginn der 4. Klassenstufe geschrieben. Im Jahr 2007 erfolgte die Umstellung auf das Ende der 3. Klassenstufe; alle 16 Länder beteiligten sich an der Aufgabenentwicklung. Seit 2008 nehmen zwölf Länder an der eigentlichen Durchführung der Vergleichsarbeiten sowie an der internetbasierten differenzierten Ergebnisrückmeldung teil. Weiter beteiligen sich deutsche Auslandsschulen, die eine 3. Grundschuljahrgangsstufe führen.

Das Konzept: Die Konzeption des Projekts wurde im Jahr 2002 von ANDREAS HELMKE (Universität Landau) und INGMAR HOSENFELD in Kooperation mit dem rheinland-pfälzischen Ministerium für Bildung, Wissenschaft, Jugend und Kultur präsentiert. Ein Team wissenschaftlicher Mitarbeiter betreut seitdem die Aufgabenentwicklung und koordiniert die Durchführung der Vergleichsarbeiten. Die Bildungsstandards (⤢ Standards) werden als Bindeglied, als gemeinsamer Bezugspunkt zwischen Unterricht und Vergleichsarbeiten beschrieben, weil sie die Kompetenzen formulieren, die von Kindern am Ende der 4. Klasse erwartet werden. VERA dient eindeutig der Prüfung, inwieweit die Bildungsstandards tatsächlich erreicht werden.

Ziele: Mit dem VERA-Projekt verfolgt die Bildungsforschung – so auf den Internetseiten der Universität Landau – folgende Ziele:

▪ Schul- und Unterrichtsentwicklung: Die Vergleichsarbeiten sollen fachliche, fachdidaktische und pädagogisch-psychologische Impulse für die konkrete Schul- und Unterrichtsentwicklung vor Ort bieten. Die aktive Beteiligung an der Durchführung und Auswertung soll zu schulinterner Kooperation und Diskussion über z. B. Standards, Unterrichtsgestaltung oder Beurteilungspraxis anregen. Aus den zurückgemeldeten Ergebnissen, den Testaufgaben und den Beschreibungen der Fähigkeitsniveaus sollten im Kollegium der Einzelschulen Annahmen über Ursachen für deren Zustandekommen gebildet und überprüft werden, um daraus Maßnahmen zur internen Schul- und Unterrichtsentwicklung abzuleiten.

■ Standardsicherung und -entwicklung: Die Vergleichsarbeiten orientieren sich primär an den Anforderungen der länderübergreifend verbindlichen Bildungsstandards für den Primarbereich. Es werden unterschiedliche Vergleichsperspektiven ermöglicht: inhaltlich – bezugsgruppenorientiert – zeitlich. Objektivität, Validität und Reliabilität gewährleisten zudem eine faire Auswertung der Ergebnisse.

■ Professionalisierung: Um die Diagnosegenauigkeit von Lehrern zu erfassen und zu verbessern, werden diese vor der Durchführung der Vergleichsarbeiten gebeten, für das Fach Mathematik sowie in Deutsch für den Teilbereich Lesen die mutmaßlichen Lösungshäufigkeiten für ihre eigene Klasse zu prognostizieren. Der Vergleich der Voraussagen mit den tatsächlichen Lösungshäufigkeiten versetzt den Lehrer dann in den Stand, sich mit der eigenen Diagnosegenauigkeit auseinanderzusetzen.

Hilfen: Über das VERA-Internetportal können wesentliche Informationen und auch die Aufgabenhefte von 2004 bis 2007 eingesehen und ausgedruckt werden. So etwa didaktische Hinweise und Tipps zur Vorbereitung für den Zeitraum unmittelbar vor den Vergleichsarbeiten („Inhaltliche Vorbereitung, Schaffung von Vertrautheit mit dem Testverfahren, Vermittlung von Testbearbeitungsstrategien").

Gefahren und Kritik: Standardisierten Testverfahren wird oft wohlmeinend unterstellt, sie würden verlässliche Daten zum Leistungsstand liefern. Das ist insofern problematisch, als nicht alles, was Bildung ausmacht, durch die verwendeten Aufgabentypen „abgefragt" wird; zu denken ist dabei etwa an das literarische Verstehen, an ↗ ästhetische Bildung usw. Zudem besteht die Gefahr, dass im Unterricht vornehmlich das sogenannte teaching to the test praktiziert wird, mit dem zwar Testbearbeitungsstrategien geübt werden, aber keinesfalls Inhaltliches erarbeitet werden kann.

Was Eltern wissen sollten

• Vergleichsarbeiten dienen in erster Linie dazu, die Ergebnisse zur Verbesserung des Lernens und Lehrens zu nutzen.
• Nicht alles kann durch standardisierte Testverfahren erhoben werden.
• Die verschiedenen Fähigkeitsniveaus (elementare bzw. grundlegende Fähigkeiten, erweiterte Fähigkeiten, fortgeschrittene Fähigkeiten) sind detailliert beschrieben.

Literatur
www.uni-landau.de/vera/
Das Internetportal bietet alle wesentlichen Informationen „aus erster Hand".

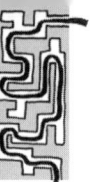

Verhaltensauffälligkeiten

* In welchem Kontext ist der Begriff Verhaltensauffälligkeiten zu sehen?
* Was sind Verhaltensauffälligkeiten in der Schule?
* Welche Handlungsmöglichkeiten bieten sich Lehrerinnen und Lehrern bei Verhaltensauffälligkeiten ihrer Schülerinnen und Schüler?

Die Begriffe Verhaltensstörungen, Verhaltensauffälligkeiten und Verhaltensabweichungen werden in der Fachliteratur kontrovers diskutiert. Gemeint sind im schulischen Kontext jedoch immer die „schwierigen" Kinder, die den Lehrer an seine fachlichen und persönlichen Grenzen bringen und die durch ihr Verhalten das gesamte Unterrichtsgefüge aus den Angeln kippen können. Wie auch der Begriff ↗ Unterrichtsstörungen ist der Begriff Verhaltensauffälligkeiten stets in ein soziales Bezugssystem zu setzen: Das Verhalten eines Kindes fällt unter den gegebenen Bedingungen (Klasse als System mit gesetzten Normen und Regeln) als abweichend von dem Verhalten der anderen auf. Die Ursachen für das zu beobachtende Verhalten können in der Person begründet sein (z. B. neurologische Ursachen, z. B. ADHS) und durch das Umfeld (Klasse als System, Klassenleitung) mitbedingt werden.

Auffälliges Verhalten: Das Verhalten von Kindern wird im schulischen Kontext als auffällig bezeichnet, wenn es:

■ dem Alter und dem Entwicklungsstand des Kindes nicht angemessen ist, sich nicht nur punktuell und kurzfristig, sondern häufig und über einen längeren Zeitraum hinweg zeigt, ■ gegen soziale Normen in einer Weise verstößt, die für das Umfeld nicht mehr akzeptabel ist, ■ in unterschiedlichen Situationen (z. B. in verschiedenen Fächern und bei unterschiedlichen Lehrpersonen und auch zu Hause) auftritt, ■ soziale Kontakte des Kindes einschränkt oder verhindert, ■ die Lern- und Entwicklungsprozesse des Kindes verzögert oder verhindert, ■ das soziale Umfeld beeinträchtigt und somit die Lern- und Entwicklungsprozesse der anderen Kinder behindert.

Man unterscheidet:

* externalisierend-ausagierendes Verhalten wie ↗ Aggression, Hyperaktivität und Impulsivität,
* internalisierend-ängstliches Verhalten wie ↗ Angst, Trauer, Depression, somatische Störungen
* und sozial delinquentes Verhalten wie ↗ Gewalttätigkeit, Zerstörungen, Diebstahl.

Die Verschiedenheit der Phänomene, Ursachen und Konsequenzen von Verhaltensauffälligkeiten macht ein jeweils sehr differenziertes Vorgehen notwendig. Durch ↗ Beobachtung und Feststellung von ↗ Förderbedarf ist der Bereich zunächst einzugrenzen. Weitere Interventionen sind im Rahmen von ↗ Förderplänen zu entwickeln.

Grundsätze: Sowohl präventiv als auch begleitend sind folgende Grundsätze wichtig: ▪ Emotional-soziale Förderung: Sie spielt eine entscheidende Rolle im Unterricht. Dabei können Gefühle und der Umgang mit anderen Inhalt sein (Bilderbücher, Texte/Filme) und methodisch umgesetzt werden (Rollenspiele, kooperative Spiele). ▪ Lernumfeld: Auch dieses kann man entsprechend vorbereiten, indem es nachvollziehbare Regeln und Rituale gibt, der Lehrer authentisch, klar und konsequent agiert und die Schule einen sicheren, verlässlichen Rahmen bildet. ▪ Beziehung: Der Lehrer baut eine Beziehung zu seinen Schülerinnen und Schülern auf und ermöglicht ihnen, solche Beziehungen untereinander durch gemeinsame Aktionen, Klassenfahrten und -feiern. ▪ Zusammenarbeit mit den Eltern und außerschulischen Kooperationspartnern: Sie erfolgt regelmäßig und engmaschig (Jugendhilfe, therapeutische Einrichtungen). Ein gemeinsamer Förderplan wird erstellt. ▪ Umgang mit Störungen und Konflikten: Was zu einem solchen Umgang gehört und wie ein Kollegium ihn gemeinsam und konsequent gestaltet, das sollte im ↗ Schulprogramm vereinbart sein. Eine Hausordnung mit strukturierten und verlässlichen Konsequenzen als Grundlage für das Verhalten aller kann eine Basis sein. Auch der Einsatz von sozial oder emotional fördernden Trainingsprogrammen kann hilfreich sein. Außerdem bieten sich die ↗ Streitschlichtung oder das Trainingsraum-Modell als gemeinsame Ansätze an.

Was Eltern wissen sollten

• Verhaltensauffälligkeiten zeigen sich oft schon vor Schulbeginn. Eltern sollten sich frühzeitig Beratung und Unterstützung holen. Besonders die frühen Interventionen erweisen sich als erfolgreich.

• Ein Kind mit Verhaltensauffälligkeiten benötigt ein vielseitiges und umfassendes Unterstützungssystem von Schule, Elternhaus und außerschulischen Institutionen, das Eltern initiieren und einfordern müssen.

Literatur

HILLENBRAND, C. (1999): Einführung in die Verhaltensgestörtenpädagogik. München, Basel: Reinhardt
Eine wissenschaftliche und praxisrelevante Einführung in das Thema mit Umsetzungsmöglichkeiten auch für die allgemeine Schule
PALMOWSKI, W. (2007): Nichts ist ohne Kontext. Systemische Pädagogik bei „Verhaltensauffälligkeiten". Dortmund: Verlag modernes lernen
Eine gut lesbare, anschauliche Einführung in das systemische Arbeiten

Vertretungsunterricht

- Ist ein Vertretungskonzept in der Grundschule sinnvoll?
- Muss jede Unterrichtsstunde vertreten werden?
- Wie kann eine Schule qualitativ guten Vertretungsunterricht sichern?

Die Schule muss ordnungsgemäßen Unterricht gewährleisten. Grundsätzlich können die Kinder nicht vor dem im Stundenplan ausgewiesenen Ende des Schultages nach Hause geschickt werden. Deshalb ist häufig eine schnelle Verständigung darüber wichtig, wer im Vertretungsfall kurzfristig den Unterricht übernimmt. Doch Vertretungslehrer sollen nicht nach dem Zufallsprinzip eingesetzt werden. So stellt sich die Frage nach der Kontinuität, nach der Belastung der Vertretungslehrer und – bei langfristiger Vertretung – die Frage nach dem Ansprechpartner für die Klasse.

Vertretungskonzept: Ein vom Kollegium getragenes Konzept bedeutet Transparenz in den inhaltlichen Grundsätzen, verlässliche Organisation und gleichmäßige Verteilung der Arbeitsbelastung. Das Konzept sorgt für Verlässlichkeit bei Kindern, Lehrern und Eltern und sollte im ⬈ Schulprogramm verankert sein. In ihm sind die Grundsätze für kurzfristige und längerfristige Vertretung konkret formuliert. Können selbst durch Mehrarbeit die zu vertretenden Stunden nicht ersetzt werden, sind allerdings Stundenkürzungen nicht zu vermeiden (Stundenzahl statistisch erfassen). Zu beachten ist, dass von Kürzungen nicht nur eine Klasse betroffen ist, sondern alle Klassen. Deshalb heißt es, Prioritäten in den Jahrgangsstufen zu setzen. Maßgebend für das Stundenkontingent in einer Klasse ist die Jahresstundenzahl: Bei Stundenkürzungen ist darauf zu achten, dass in den Klassen ein Ausgleich geschaffen wird. Das betrifft alle Fächer.

Kooperation der Lehrkräfte: In den Schulgremien stellt der Schulleiter das Konzept vor, um Eltern Einsicht in die schulischen Entscheidungen zu vermitteln. Es empfiehlt sich das Prinzip der stellvertretenden Klassenleitung: Hier wissen Kinder und Eltern, wer bei Abwesenheit der ⬈ Klassenlehrerin alle Aufgaben übernimmt und Ansprechpartnerin ist. Die stellvertretende Klassenlehrerin sollte im Stundenplan mindestens ein Fach in der Klasse unterrichten, sich regelmäßig über die Besonderheiten in der Klasse orientieren und an den Klassenpflegschaftssitzungen teilnehmen.

Jahrgangsstufenteam: Arbeitet die Schule nach diesem Prinzip, lässt sich die Vertretungssituation innerhalb des Teams organisieren. Die Lehrer unterrichten jeweils auch in den parallelen Klassen. Wenn die inhaltliche und konzeptionelle Arbeit der Teams in einem wöchentlichen „jour fixe" besprochen wird, ist die kontinuierliche Unterrichtsarbeit gewährleistet.

Organisation im Vertretungsfall: Auch die Schülerinnen und Schüler sollten über das Vertretungskonzept der Schule informiert sein; ihnen sollte darin eine verantwortliche Rolle zukommen. Wenn es notwendig wird, eine Klasse aufzuteilen, müssen die Kinder wissen, wie dieses System funktioniert. Im Klassenraum können z.B. Gruppenlisten mit einem Gruppenbeauftragten aushängen. Am ersten Vertretungstag gehen die Gruppen in die zugewiesenen Klassen. Daher empfiehlt es sich, dass in jeder Klasse Material zum laufenden Thema zur Verfügung steht, mit dem die Kinder in der anderen Klasse arbeiten können. Wichtig ist: Die Kinder sollen Vertretungsunterricht nicht als Unsicherheit erleben, und auch nicht als bloße Beschäftigung, bei der sie sich nicht anstrengen müssen.

Standortplan: Das Kollegium sollte zum Standortplan (schuleigener Arbeitsplan) einen Ordner anlegen, der ergänzende Materialien enthält, die man im Vertretungsunterricht einsetzen kann. Konsens sollte im Kollegium auch darüber herrschen, inwieweit Vertretungsstunden „Spielstunden" sein dürfen (Vorschlag: eine „Spielesammlung" zusammenstellen). Der Einsatz ist dann nicht willkürlich, sondern vermittelt ein Schulrepertoire, worauf alle bei gemeinsamen Feiern und Schulfesten zurückgreifen können. Jede Lehrerin und jeder Lehrer sollte auch über ein eigenes Materialpaket für Vertretungsstunden verfügen, auf das sie bei „ad-hoc"-Vertretung zurückgreifen kann.

Qualitätsvoller Vertretungsunterricht: Dazu bedarf es der verbindlichen inhaltlichen Arbeit im Kollegium, der Transparenz im Materialeinsatz, der Zuverlässigkeit in der Bereitstellung von Medien sowie abgestimmter ↗ Rituale in den Klassen. Ein gut funktionierendes internes und externes Informationssystem ist Voraussetzung für die geregelte Fortführung der Unterrichtsarbeit und vermeidet Unsicherheiten und Aufregung bei Eltern.

Was Eltern wissen sollten

- Das Vertretungskonzept der Schule wird den Eltern auf den Klassenpflegschaftssitzungen erläutert.
- Prioritäten der Schule werden begründet und eingehalten.
- Eltern sollen mit ihren Kindern über den Schultag sprechen und nach möglichen Briefen (Informationen der Lehrerin, der Schule) fragen.

Literatur

BARTNITZKY, H./CHRISTIANI, R. (Hrsg.) (2007): Die Fundgrube für jeden Tag. 5. Aufl. Berlin: Cornelsen Scriptor
Konkrete Tipps zur Durchführung von Vertretungsunterricht, zu Voraussetzungen, die in der Schule geschaffen werden sollten, um gleichsinniges Handeln zu ermöglichen

Wahrnehmung

• Wie wirken sich Wahrnehmungsstörungen auf das Lernen aus?
• Wie lässt sich Wahrnehmungsförderung in den Unterricht integrieren?
• Wie sind förderliche Lernumgebungen und Unterricht gestaltet?

Wahrnehmung heißt, mit den Sinnesorganen Informationen aufzunehmen und diese mittels Weiterleitung über die Nervenbahnen so zu verarbeiten und zu integrieren, dass angemessen reagiert werden kann. Dabei ist wichtig, dass ▪ Kinder die über Augen und Ohren aufgenommenen Informationen angemessen verarbeiten (visuelle und auditive Wahrnehmung), ▪ sie ein Gefühl für ihre Bewegungen haben (kinästhetische Wahrnehmung), ▪ sie feststellen können, in welcher Lage sie sich in Bezug auf die Schwerkraft befinden (vestibuläre Wahrnehmung) und ▪ sie die über die Haut aufgenommenen Reize sinnvoll einordnen (taktile Wahrnehmung). Die drei letztgenannten Bereiche heißen basale Wahrnehmung. Sie sind grundlegend für die Entwicklung. Dabei machen Kinder gerade darin immer häufiger zu wenige Erfahrungen.

Wahrnehmungsstörungen: Sie treten auf, wenn die Verarbeitung von Reizen im zentralen Nervensystem gestört ist. Nicht gemeint sind organische Defekte (Fehlsichtigkeit, Schwerhörigkeit), die anders zu beheben sind. Die Folge einer unzureichenden Informationsverarbeitung ist: Ein Kind spürt sich nicht ausreichend oder es spürt sich zu stark. In beiden Fällen bedarf es großer Anstrengungen, um dies auszugleichen. So kommt es zu vorschnellem Ermüden, zu verringerter Konzentration und Ausdauer. Kinder, die sich nicht ausreichend spüren, sind zudem eher unruhig oder haben ein zu geringes Gefahrenbewusstsein, weil sie versuchen, sich über die (Bewegungs-)Stimulation die benötigten Reize zu holen. Kinder, die sich zu stark spüren, reagieren möglicherweise zu heftig auf kleinste Veränderungen oder sind sehr ängstlich, da alle Reize verwirrend wirken. Es können auch Lernstörungen auftreten: Ein Kind, das noch nicht weiß, wo genau rechts und links an seinem Körper ist, hat z. B. Probleme, Buchstaben wie b und d zu unterscheiden, oder die Leserichtung von links nach rechts einzuhalten.

Wahrnehmungsförderung: Sie findet im Unterricht nicht losgelöst von konkreten Inhalten statt. Dazu einige Beispiele und Anregungen:
▪ Stimulation durch gezielte basale Reize: auf einem Sitzball sitzen und Übungen zur Lautdiskrimination durchführen; eine Runde mit dem Rollbrett fahren, dabei Wortkarten lesen; Übungen auf dem Balancierkreisel ausdenken, dabei um den Kreisel ausgelegte Plus- oder Minusaufgaben lösen; Streichel- und Massagegeschichten, deren Text zu aktuellen Unter-

richtseinheiten passt; in einer Sandkiste nach Buchstaben- oder Ziffernformen suchen; über eine auf den Boden geklebte Tesakrepplinie balancieren und eine bestimmte Einmaleinsreihe aufsagen.

Die Gestaltung von Lernumgebung und Unterricht bedarf deutlicher Strukturen und wiederkehrender Orientierungshilfen. Darauf sollte sich das gesamte Kollegium verständigen: ■ Lernumgebung: klar gestalten, in überschaubare Arbeits- und Funktionsbereiche einteilen, auf überflüssige Reize verzichten, nur aktuelle Unterrichtsdokumentationen präsentieren (↗ Klassenraum). ■ ↗ Rituale und Überblick: Morgenkreis; Verabschiedungsritual; Bewegungs- und Ruherituale; ritualisierte Konfliktgespräche; Stundenverlauf, Tages- oder Wochenplan bekanntgeben; Stationen vor der Bearbeitung aufbauen und Gelegenheit geben, sich diese anzuschauen. ■ Nonverbale Signale: Piktogramme für benötigtes Material; Stopp-Zeichen bei sich anbahnender Überreaktion; Triangel als Zeichen von Phasenübergängen; Gesprächsstein zur Einhaltung von Gesprächsregeln. ■ Gezielte zusätzliche Reize: ruhige Musik beim Abschreiben; Kaugummikauen beim Rechnen; Einsatz von farbstarkem Papier bei Rechtschreibübungen; Kritzeleien während des aufmerksamen Zuhörens; Massagen mit Igelbällen während des Unterrichtsgespräches. ■ Reizreduktion: Bauarbeiterkopfhörer zum Ausblenden der Geräusche; sichtgeschützter Arbeitsplatz; Arbeitsblätter mit Abdeckstreifen.

Was Eltern wissen sollten

* Ein Kind mit Wahrnehmungsstörungen braucht Verständnis für sein Verhalten, aber es muss lernen, Verantwortung dafür zu übernehmen. Sinnvoll sind klare Vorgaben, verbunden mit großer Akzeptanz.
* Es braucht klare Strukturen, z. B.: abgesprochene und nicht immer wieder neu zu verhandelnde Regeln; einen reizreduzierten Arbeitsplatz, um Hausaufgaben machen zu können; feste Schlafenszeiten.
* Zu viele Reize schaden, zu viel Fernsehen und Computer sind kontraproduktiv (nicht mehr als eine Stunde pro Tag).

Literatur

BERGSSON, M./LUCKFIEL, H.: (2001): Umgang mit „schwierigen" Kindern. 6. Aufl. Berlin: Cornelsen Scriptor
Die Autorinnen zeigen, dass Wahrnehmungsstörungen Ursache für „schwieriges" Verhalten sein können, und schlagen Wege zur Förderplanung vor.
BRAUN, D./SCHMISCHKE, J. (2006): Mit Störungen umgehen. Berlin: Cornelsen Scriptor
Übersicht über die basalen Wahrnehmungsbereiche, Beobachtungsbogen zur Diagnostik von Wahrnehmung und Motorik sowie viele Vorschläge zur Förderung

Wandertag

- Was ist bei der Vorbereitung und Durchführung eines Wandertags zu beachten?
- Worin liegt der Unterschied zwischen einem Wandertag und einem Unterrichtsgang?

Der Wandertag ist eine eintägige Schulveranstaltung, an dem oft alle Schüler einer Schule teilnehmen. Wandertage verfolgen in erster Linie pädagogische Ziele (z. B. Förderung des Gemeinschaftserlebnisses). Manche Schulen verbinden den Wandertag mit einem Sponsorenlauf. Dabei sucht sich jedes Kind oder jede Klasse einen Sponsor (z. B. Eltern, Verwandte, Firmen), der pro gewandertem Kilometer einen Betrag spendet (für karitative Zwecke oder für schulische Anschaffungen).

Unterschiede zwischen Unterrichtsgang und Wandertag: Während bei einer Wanderung das Gemeinschaftserlebnis im Vordergrund steht, dient der Unterrichtsgang vorwiegend unterrichtlichen Zwecken. Hier wird ein außerschulischer Lernort aufgesucht, um den Kindern durch die direkte (originale) Begegnung mit einem Lerngegenstand Primärerfahrungen zu ermöglichen. Vor allem im Rahmen des Sachunterrichts bieten sich Unterrichtsgänge zur Einführung oder zur Vertiefung eines Themas an.

Vorbereitung des Wandertags: ▪ Sich über die rechtlichen Rahmenbedingungen für einen Wandertag in den Richtlinien zu Schulwanderungen der jeweiligen Bundesländer informieren, ▪ die Eltern über das Vorhaben (Ziel, Ausrüstung, Proviant, Begleitpersonen, Kosten, Beginn und Ende) informieren, ▪ Erste-Hilfe-Material (z. B. Sanitätstasche) einpacken. ▪ Mit den Schülern über Verhaltensregeln in besonderen Situationen sprechen (Überqueren von Straßen, Verhalten bei Notfällen, Zecken usw.).

Vor allem bei längeren Wanderungen empfiehlt es sich, mit den Eltern ein Sammeltelefon zu vereinbaren (in der Schule oder bei Eltern). Bei Verspätungen oder in Notfällen ist dadurch nur ein Anruf für den Lehrer erforderlich. Eltern können sich dann über einen Anruf beim Sammeltelefon informieren. Gegebenenfalls empfiehlt es sich, eine zusätzliche Begleitperson mitzunehmen (Fragen zur Aufsichtspflicht vorher abstimmen). Je nach Umfang der Wanderung sind die Leistungsfähigkeit, eventuell gesundheitliche Probleme und das Sozialverhalten einzelner Schüler, zu berücksichtigen. Bei der Auswahl der Wanderstrecke ist ihre Beschaffenheit im Hinblick auf die Ausdauer und Leistungsfähigkeit der Schüler zu berücksichtigen.

Durchführung des Wandertags: Der Lehrer geht während der Wanderung voraus und bestimmt den Weg, das Tempo und Pausen. Ausschlaggebend für das Gehtempo sind die Schüler mit der geringsten Ausdauer. Sie gehen deshalb in der Nähe des Lehrers. Die Begleitperson geht am Ende der Klasse. Je nach Alter der Kinder können leistungsfähige, ausdauernde und zuverlässige Schüler den Schluss bilden. Sie haben den Auftrag, dass keiner hinter ihnen zurückbleibt. Besonderheiten melden sie dem Lehrer. Nach einer Gehzeit von 10 bis 20 Minuten bietet sich ein kurzer Halt an, um z. B. die Jacke auszuziehen oder Probleme zu besprechen. Eine Pause zum Essen und Trinken ist für Grundschulkinder nach 1 bis 1,5 Stunden erforderlich. Bei Verschlechterung des Wetters oder Erschöpfung rechtzeitig umkehren oder eine geschützte Stelle aufsuchen. Wichtig bei einem Unfall, der einen Rettungswagen oder Notdienst erfordert: Ruhe bewahren, die Kinder sammeln, Erste Hilfe leisten. Beim Notruf angeben: Wo ist der Unfall? Was ist geschehen? Wie viele Verletzte, wer ist verletzt? Zeitnah Eltern und Schulleiter informieren.

Beim Unterrichtsgang sind ähnliche Hinweise wie bei Wanderungen zu beachten; zusätzlich gilt:

Vorbereitung des Unterrichtsgangs: ▪ Genehmigung durch den Schulleiter einholen, ▪ sich rechtzeitig über den außerschulischen Lernort informieren, eventuell Führungen vereinbaren, ▪ den Lernort möglichst vorab besichtigen, um sich über die Gegebenheiten vor Ort zu informieren, ▪ dabei klären, was die Schüler vor Ort ausprobieren, erkunden, beobachten, sammeln, aufschreiben oder befragen können; ▪ den sichersten Weg auswählen (erhöhtes Sicherheitsrisiko an Bahnhöfen oder anderen Verkehrsknotenpunkten).

Durchführung und Nachbereitung des Unterrichtsgangs: ▪ Vollzähligkeit der Klasse häufiger überprüfen, ▪ beim Ein- und Aussteigen auf Ordnung der Gruppe achten, ▪ Hinweise auf bestimmte Regeln geben (z. B. ohne Erlaubnis nichts anfassen, Anweisungen befolgen, nicht drängeln). Nachbereitung: ▪ ein Feedback-Gespräch durchführen und das Gelernte reflektieren, ▪ mögliche Ergebnisse ausstellen, besprechen oder vertiefen.

Was Eltern wissen sollten

- Schüler sind zur Teilnahme an einem Wandertag verpflichtet.
- Eltern müssen über das Vorhaben (Ziel, Ausrüstung, Proviant, Begleitpersonen, Kosten, Beginn und Ende) informiert sein.

Literatur

Lanig, J. (2005): Wandertage und Klassenfahrten ohne Stress. Mülheim a. d. Ruhr: Verlag an der Ruhr
50 Ideen und Vorschläge für Ausflüge und Exkursionen, mit Serviceteil

Weiterführende Schulen

- Lässt sich Schulerfolg in der weiterführenden Schule voraussagen?
- Nach welchen Kriterien empfiehlt die Schule den Übergang?
- Wie kann man mit den Eltern eine einvernehmliche Lösung finden?

Jeder Übergang führt zu starken Belastungen. Die Entscheidung, die die Eltern zu treffen haben, ist für sie schwerwiegend; vor allem deshalb, weil sie nur schwer korrigierbar ist. Und sie ist mit weitreichenden Folgen für den weiteren Bildungsweg ihres Kindes verbunden.

Erwartungen der Eltern: Sie haben fest gefügte Erwartungen an den Übergang. Die meisten wünschen für ihr Kind das Gymnasium als „Königsweg". Deshalb setzen sie alles daran, die Weichenstellung in ihrem Sinn zu beeinflussen. Eltern mit höherem Bildungsniveau sind unabhängiger von der Empfehlung der Schule. Sie entscheiden sich für das Gymnasium, auch entgegen der Empfehlung, – und wissen es durchzusetzen.

Beratung: Die Schule vereinbart ein Beratungskonzept. Soll der Übergang erfolgreich sein, ist das Zusammenspiel aller Beteiligten erforderlich. Dabei steht das Kind im Vordergrund: sein Wohlbefinden und sein Selbstwertgefühl nicht zu beschädigen; durch kontinuierliche Gespräche Schuldgefühle und Ärger bei unerwünschten Bildungsaussichten des Kindes vorzubeugen; den Wunsch des Kindes in die Entscheidung mit einzubeziehen.

Zum Ablauf der Beratung: Im Gespräch muss man sich offen zeigen. Für die Eltern muss erkennbar sein, dass die Lehrerin oder der Lehrer bemüht ist, eine gute Entscheidung vorzubereiten. Dazu gehört größtmögliche Transparenz: also Probleme nicht zu verschweigen, sondern beim Namen zu nennen. Verlässlich beraten kann man nur, wenn man das Kind genau kennt. Zum einen: Wie ist der allgemeine Stand seiner Lernleistungen? Was sind seine Stärken und Schwächen? Zum anderen: Wie verläuft die Lernentwicklung? Wie ist das Arbeitsverhalten? Arbeitet es selbstständig? Wie ist es mit seiner Leistungsbereitschaft? Auch befragt man die Eltern nach ihrer Meinung. Dann stellt man die Lernentwicklung dar: Wie ist sie bisher verlaufen? Was ist aufgrund der bisherigen Erfahrungen zu erwarten? Welche Absprachen sollten getroffen werden?

Prognosen zum schulischen Werdegang: Bekanntlich gibt es keine Sicherheit dabei. Längerfristig lässt sich nicht vorhersagen, wie sich ein Kind entwickelt. Prognosen über zukünftigen Schulerfolg können deshalb keine endgültigen Aussagen sein. Wichtig ist, die Bedingungsfaktoren, die den Schulerfolg ausmachen, im Auge zu behalten: ▪ kognitive (Sprache, Denkfähigkeit, Selbstständigkeit), ▪ nicht kognitive Persönlichkeitsmerkmale (Motivation, Arbeitshaltung, Selbstkonzept); ▪ die Schule (Unterrichtsqualität, erzieherisches Profil, Schulkultur), ▪ Peer Group, ▪ Familie (Bildung, Einkommens-/Wohnverhältnisse, Werthaltungen). Je größer die kognitiven Fähigkeiten sind, desto weniger entscheidend sind die anderen Einflussgrößen.

Die tatsächliche Leistung eines Kindes gilt der Schule allerdings nicht als das einzige Kriterium für die Übergangsentscheidung. Bos und Stubbe weisen darauf hin, dass die Grundschule nicht nur bei gleicher Kompetenz sehr unterschiedliche Noten gibt. Sie konstatieren auch, dass „Kinder aus oberen Schichten" eine mehr als doppelt so große Chance haben, für das Gymnasium empfohlen zu werden wie ein „Kind, das unter ungünstigen Bedingungen aufwächst". Schon früher hatte eine Hamburger Untersuchung gezeigt, dass Kinder, deren Eltern über geringere schulische Qualifikationen verfügen, bei der Erteilung einer Gymnasialempfehlung benachteiligt sind. Hilfreich für die Überprüfung ihrer Entscheidungen ist, wenn sich die Schule über den Schulerfolg nach der Erprobungsstufe informiert.

Übergangsbestimmungen: Sie unterscheiden sich zwischen den Bundesländern erheblich. Allen gilt als Ziel: Jedes Kind soll auf eine seiner Leistungsfähigkeit gemäße weiterführende Schule wechseln. Zwar haben die Eltern eine für das spätere Leben ihres Kindes wichtige Entscheidung zu treffen, sie können sich jedoch nicht in allen Bundesländern (nach Beratung und aufgrund eines Gutachtens der Schule) frei entscheiden. Entweder ist der Notendurchschnitt entscheidend oder die Grundschule hat ein „Veto-Recht". Können Lehrer und Eltern sich nicht einigen, muss das Kind an einem Probe- oder Prognoseunterricht teilnehmen, wenn die Eltern bei ihrer Entscheidung bleiben (Vorschriften des jeweiligen Bundeslandes beachten).

Was Eltern wissen sollten

- Je mehr die Lehrerin geschätzt wird, umso wichtiger ist es Eltern, ihren Rat zu hören und einvernehmlich eine Entscheidung zu treffen.
- Informationen über die pädagogische Arbeit, das Schulprogramm, die Anforderungen der weiterführenden Schule helfen bei der Beratung.
- Leistungsdruck gegenüber dem Kind ist kontraproduktiv.

Literatur
CHRISTIANI, R. (2002): Übergang in weiterführende Schulen. Beraten – Empfehlen – Entscheiden. In: BARTNITZKY, H./CHRISTIANI, R. (Hrsg.): Berufseinstieg: Grundschule. Leitfaden für Studium und Vorbereitungsdienst. Berlin: Cornelsen Scriptor
Eine kurze Übersicht über die wichtigsten Arbeitsschritte im Übergangsverfahren

Zeugnis

* Wie kommen die Noten und Beschreibungen auf dem Zeugnis zu-
stande?
* Wie sollte ein informatives Zeugnis aussehen?
* Gibt es Alternativen zum Zeugnis?

Zeugnisse haben folgende Funktionen: ▪ Berichtsfunktion: Eltern finden
den Leistungsstand ihrer Kinder dokumentiert. ▪ Beratungsfunktion: Sie
zeigen den Lernfortschritt, wie Kinder weiterlernen, wo sie noch gezielt
üben, worin sie besonders gefördert werden können. ▪ Selektionsfunktion:
Auf der Grundlage des Zeugnisse werden wichtige Entscheidungen getroffen: ⭧ Nichtversetzung, ⭧ Überspringen, Förderschule, ⭧ weiterführende
Schule. Doch sind dazu die Zeugnisnoten für Kinder und Eltern aussagekräftig genug, sind sie gerecht? Sind die Hinweise auf dem Zeugnis klar und
verständlich, geben sie hilfreiche Anregungen für die weitere Förderung?
Der Informationswert von Zensuren und Hinweisen: Zensuren sind nicht
so informativ, wie sie uns suggerieren. Weder sind sie objektiv, noch zuverlässig, noch vergleichbar. Sie sagen nicht, was das Kind kann, wie sehr es
sich angestrengt hat, wo es Stärken und Schwächen hat.
Hinweise sollen die Zensuren erläutern, die allerdings nicht nur veranschaulicht, sondern auch relativiert werden. Bei ergänzenden Beschreibungen muss man diese mit den Noten in Passung bringen.
Die Beurteilung auf dem Zeugnis gründet auf den Ergebnissen der im letzten Halbjahr erbrachten Leistungen. Es wäre falsch, wenn die ⭧ Klassenarbeiten die ausschlaggebende Rolle spielen würden; auch die mündlich erbrachten Leistungen müssen mit einfließen. Ebenso falsch ist, aus ⭧ Noten
einen Durchschnitt zu errechnen. Das Kernproblem dabei ist, dass die vielen unterschiedlichen ⭧ Leistungen (von den Hausaufgaben bis zu Klassenarbeiten, von den mündlichen Leistungen bis zu ⭧ Schulleistungstests) in
einer Zensur (und gegebenenfalls noch in einigen Sätzen) verdichtet werden. Der Informationswert der Noten nimmt also rapide ab. Was bedeutet
die „3" auf dem Zeugnis: leistungsstark, aber flüchtig; schwach, aber durch
Nachhilfe „getrimmt"; bei zu hohen Anforderungen eine ordentliche Leistung? Diese Reduktion steckt zwangsläufig voller Ungenauigkeiten.
Das mehrperspektivische Zeugnis: Aus dem Dilemma zeigt DOLLASE einen Ausweg. Er plädiert für ein Zeugnis, das unterschiedliche Informationen aus unterschiedlichen Perspektiven berücksichtigt: je mehr Urteils-
quellen, umso realitätsgerechter ist die Beurteilung. Deshalb regt er an, die
Beurteilungsfelder zu verbreitern. Um z.B. die Vielfalt der Leistungen in

Mathematik zu dokumentieren, kann das Zeugnis zu folgenden Punkten informieren: schriftliche Arbeiten, Vergleichsarbeiten, Tests, mündliche Mitarbeit, Führung im Unterricht, Heftführung, Referate, Sonderaufgaben, Selbstbeurteilung des Schülers, Lernfortschritt, besondere Stärken. Er verzichtet auf Kopfnoten. Dazu kommt die reversible Beurteilung: Das Kind nimmt selbst zu seinen Leistungen und auch zur Beurteilung Stellung. **Weitere besondere „Zeugnisse":** ▪ Begleitbrief: Die Vorschriften lassen das mehrperspektivische Zeugnis in dieser aussagekräftigen Form nicht zu. Deshalb ist ein Begleitbrief zum amtlichen Zeugnis die Alternative. ▪ Zeugnisbrief: Hierin kann man ergänzend zum Zeugnis weitere Informationen geben. Auf diese Weise erhalten die Adressaten ein klareres Bild von den Leistungen. Der mehr persönlich gehaltene Zeugnisbrief (mit Du-Anrede) richtet seine Aussagen unmittelbar an das Kind – und an seine Eltern. Dadurch wird der Text persönlicher, und man kann ausführlicher auf Stärken und Schwächen sowie auf Entwicklungsmöglichkeiten eingehen. ▪ Zeugnis aus besonderem Anlass: In einigen Schulen ist es guter Brauch, zwischendurch kurze, informelle „Zeugnisse" zu schreiben: wenn das Kind sich sehr angestrengt hat, wenn es besondere Lernfortschritte macht oder wenn es sich für das Klassenleben besonders engagiert hat.

Zeugnisausgabe: Hier gibt es unterschiedliche Traditionen: Die Lehrerin händigt den Kindern die Zeugnisse in einer kleinen Feierstunde aus, auch gemeinsam mit den Eltern. Die Kinder können ihr Zeugnis in einem persönlichen Gespräch erhalten. Dabei haben sie die Gelegenheit, unmittelbar Stellung zu nehmen: Wie beurteile ich selbst meine Leistungen? Was sehe ich anders? Was will ich mir vornehmen? Das Zeugnis sollte hier Gesprächsanlass sein – für Lob und Verstärkung, aber auch für Kritik und Beratung, auch im Gedankenaustausch mit den Eltern. An anderen Schulen ist es Tradition, dass die Kinder Zeugnisse für ihren Klassenlehrer geschrieben haben; diese überreichen sie dann am Tag der Zeugnisübergabe.

Was Eltern wissen sollten

- Wo Eltern und Lehrer kontinuierlich im Gespräch sind, birgt das Zeugnis keine Überraschungen.
- Das Zeugnis ist stets Anlass zur Beratung, wie das Kind weiterlernen sollte.

Literatur

DOLLASE, R. (2005): Von der Arroganz der Beurteilungssicherheit. In: SchulVerwaltung NRW Nr. 11 und Nr. 12
Schonungslose Kritik an der Urteilspraxis, versehen mit anregenden Vorschlägen

Ausgangsschrift

- Welche Bedeutung hat die Ausgangsschrift?
- Wieso wird von der Druckschrift zur verbundenen Schrift gewechselt?
- Welche Vorteile hat die Vereinfachte Ausgangsschrift?

Lange vor Schuleintritt schreiben Kinder. Dabei verwenden sie, aus nahe liegenden Gründen (Einfachheit, Formklarheit, Identifizierungs- und Analysefähigkeit des Einzelbuchstaben), Druckbuchstaben. Vor allem aber ist die Deckungsgleichheit zu den Buchstaben gegeben, die ein Kind alltäglich „liest". Daran knüpft die Schule im Schriftspracherwerb an: Leseschrift und Schreibschrift sind in der Druckschrift identisch.

Der Wechsel zur verbundenen Schrift: Dass sich nach einer bestimmten Zeit Lese- und Schreibschrift auseinanderentwickeln, eine „neue" Schrift gelernt werden muss, ist dem zunehmenden Schreibtempo geschuldet. Eine verbundene Schrift erlaubt ein höheres Tempo, ist dabei weniger störanfällig und erlaubt (ab der dritten Jahrgangsstufe) die Ausformung einer individuell geprägten, bewegungsgünstigen Handschrift.

Die Vereinfachte Ausgangsschrift: Inzwischen ist in allen Bundesländern die VA als verbundene Schrift eingeführt. Die VA gehört zur Familie der Lateinschriften und wurde von HEINRICH GRÜNEWALD auf der Grundlage der Lateinischen Ausgangsschrift entwickelt.

Lateinische Ausgangsschrift		Vereinfachte Ausgangsschrift	

Vergleicht man die Formen, verwundert es nicht, wenn die Erfahrungen von Lehrerinnen und Lehrern zeigen, dass Kindern der Wechsel von der Druckschrift zur VA im Regelfall leichter fällt als zur (früher gängigen) Lateinischen Ausgangsschrift.

Struktur der VA: Die VA weist insgesamt eine günstigere Struktur auf sowohl für das Schreibenlernen als auch für die Entwicklung einer individuellen Handschrift. Von Vorteil sind dabei vor allem

- die vereinfachten Buchstabenformen (von der Dreigliedrigkeit zur Zweigliedrigkeit),
- die klaren Formen (Formstabilität) und die Nähe zu den Buchstaben der Druckschrift (Großbuchstaben ohne schmückende Formelemente),

- die Vermeidung häufiger Drehrichtungswechsel und
- die Reduzierung von Deckstrichen, wodurch eine flüssigere Schreibbewegung erreicht wird.

Kritik an der VA: Nicht bei allen Lehrern ist die VA anerkannt. Die Gründe dafür lassen sich konkret nachvollziehen.

- Der Anfangsbuchstabe steht oft (zu) weit vom Wort entfernt.
- Einige Buchstaben weisen in der VA eine allzu starke Ähnlichkeit auf (vor allem u – v, r – v, b – l, k – h).
- s-Verbindungen sind schwierig zu schreiben.
- Das „Köpfchen-e" (e) hemmt den Schreibfluss.
- Die Form des z findet sich nicht in der alltäglichen Lebenswelt der Kinder.

Ziele beim ersten Schreiben: Die Handschrift verliert zunehmend ihre Bedeutung – Schreiben vollzieht sich mehr und mehr mechanisch am Computer. Das lässt die Frage nach einer stark standardisierten Handschrift in einem anderen Licht erscheinen. Eine zentrale Forderung an eine Erstschrift ist daher, dass sie Spielräume eröffnen muss, in denen sich unkompliziert eine individuelle und persönliche Handschrift entwickeln kann, die sich nicht in der „vollkommene[n] Nachahmung vorgegebener kalligraphischer Formen" (Neuhaus-Siemon) erschöpft. Das meint aber nicht eine beliebige Auflösung der Schriftformen bis zu einem Punkt, an dem die Schrift ihre Funktion als Kommunikationsmedium verliert.

Was Eltern wissen sollten

- Der Erstschriftunterricht bereitet die Grundlagen vor, die später einen kompetenten Schreiber auszeichnen.
- Die Vorteile der VA als Schrift nach der Druckschrift sind wissenschaftlich nachgewiesen.
- Die zunehmende Mechanisierung des Schreibprozesses lockert den bis noch vor wenigen Jahren vorhandenen Druck, dass eine individuelle Handschrift in hohem Maß standardisiert sein muss.

Literatur

Krichbaum, G. (1990): Leitfaden Vereinfachte Ausgangsschrift. Hannover: Arbeitsgemeinschaft Schreiberziehung
    Grundlegende Ausführungen zur Vereinfachten Ausgangsschrift
Staatsinstitut für Schulqualität und Bildungsforschung (2006): Materialien zur Vereinfachten Ausgangsschrift. Eine Handreichung für den Umgang mit der VA. München: ISB
    Neben minimalen theoretischen Ausführungen vor allem alltagstaugliche Praxisbeispiele für den Schreibunterricht

Diktat

- Inwieweit kann ein Diktat die Rechtschreibkompetenz abprüfen?
- Funktioniert das Diktat als Prüfmethode?
- Wie kann man Rechtschreibkompetenz sachgerecht erfassen?

Durch Diktate lernt man nichts – auch keine Rechtschreibung. Sie sind keine Lernmethode, sondern sie dienen allenfalls der Überprüfung der Rechtschreibkompetenz. Bei einer Prüfung wird Wissen abgefragt. Beim Lernen wird eine Hypothese aufgestellt, und nur wenn die Möglichkeit besteht, diese Hypothese sofort auf ihre Richtigkeit hin zu prüfen, entsteht ein Lernzuwachs. Genau das ist beim Diktat nicht gegeben.

Diktat als Prüfmethode? Keiner schreibt, wenn er einen Text verfasst, direkt auf Anhieb alles richtig. Beim Schreiben ist die Aufmerksamkeit auf die Verschriftung eines gehörten oder ausgedachten Textes ausgerichtet. Hierbei wendet man unbewusstes Rechtschreibwissen (Rechtschreibgespür) an. Im Anschluss an diesen Schreibprozess überarbeitet auch der kompetente Rechtschreiber seinen Text noch einmal. Jetzt achtet er bewusst auf die Rechtschreibung (Rechtschreibwissen).

Zur Rechtschreibkompetenz gehören daher ▪ die Anwendung des Rechtschreibgespürs – also das, was wir intuitiv schreiben, ohne darüber nachdenken zu müssen, – ▪ und die bewusste Reflexion über die Schreibung – also die bewusste Textkorrektur. Hierzu gehört auch die Kompetenz, sich bei Unsicherheiten sachkompetente Hilfe zu holen (Wörterbuch, Regelwerk usw.).

Wenn Rechtschreibkompetenz durch ein Diktat überprüft werden soll, dann muss sichergestellt werden, dass beide Seiten der Rechtschreibkompetenz zum Zuge kommen – und zwar gleichgewichtig. Berücksichtigt werden muss darüber hinaus, dass insbesondere bei Diktaten über die Rechtschreibkompetenz hinaus weitere Bedingungen einfließen, die nicht Gegenstand der Leistungsmessung sind, wie Konzentration, Gedächtnis/ Merkfähigkeit, Arbeitsgeschwindigkeit, Ausdauer. Solche Variablen spielen in anderen Klassenarbeitssituationen (in Mathematik, den Fremdsprachen usw.) eine weit geringere Rolle, da die Schüler hier in einem eigenen Tempo arbeiten und auch Pausen machen können. Insbesondere bei leistungsschwachen Kindern spielen diese Variablen eine weitaus größere Rolle als die Rechtschreibkompetenz, die gemessen werden soll. Wenn also Diktate zur Messung der Rechtschreibkompetenz eingesetzt werden sollen, dann muss sichergestellt werden, dass alle anderen Variablen weitgehend ausgeschlossen sind.

Sinnvolle Diktate: Diktate sind also als Instrument zur Überprüfung der Rechtschreibkompetenz nicht von vornherein unsinnig. Allerdings müssen sie so gestellt werden, dass auch tatsächlich die Rechtschreibkompetenz gemessen wird. Hierzu gehört:

* keine Fehlerschwerpunkttexte,
* keine geübten Diktate,
* angepasste Diktiergeschwindigkeit (ggf. Tonbanddiktate),
* Zeit zur Überarbeitung,
* Möglichkeit, Hilfsmittel (Wörterbuch, Regelwerk) zu benutzen,
* keine langen Diktate.

Rechtschreibkompetenz sachgerecht erfassen: Die klassische Form des Diktatschreibens ist nicht geeignet, die Rechtschreibkompetenz eines Kindes angemessen zu überprüfen. Kinder wollen wissen, was sie können und wie weit sie in ihrem Lernprozess fortgeschritten sind. Lehrer wollen wissen, inwieweit der Unterricht zu einem Lernertrag bei den Kindern geführt hat und wo ein Kind weiterarbeiten muss. Eltern wollen einen Überblick über den Lernstand des Kindes haben, insbesondere auch im Vergleich zu den Anforderungen der jeweiligen Klassenstufe. Die Überprüfung des Leistungsstandes der Kinder ist sinnvoll und erforderlich. Mit welchen Methoden kann der Lernstand (die Rechtschreibkompetenz) sachgerecht und ohne sachfremde Einflüsse erfasst werden? Durch

* frei geschriebene Texte, Geschichten (↗ Erzählen): die letzten 100 Wörter rechtschriftlich überarbeiten,
* Selbstdiktate: Eigendiktat auf Tonband,
* Überprüfung einzelner Kompetenzen: Fehlertexte korrigieren; Analogiewörter, Wortumformungen, Ausnahmeschreibungen.

Was Eltern wissen sollten

* Diktate sind keine Lernmethode.
* Das Ergebnis eines Diktates gibt keine sichere Auskunft über die Rechtschreibkompetenz.
* Diktate können nur unter bestimmten Voraussetzungen neben anderen Methoden zur Leistungsfeststellung herangezogen werden.

Literatur

SOMMER-STUMPENHORST, N. (2005): Rechtschreiben lernen mit Modellwörtern. Berlin: Cornelsen Scriptor

SOMMER-STUMPENHORST, N. (2006): Lese- und Rechtschreibschwierigkeiten: vorbeugen und überwinden. 12. Aufl. Berlin: Cornelsen Scriptor

Zwei informative Bände, die knapp alles Wissenswerte zum Richtigschreiben präsentieren; mit vielen konkreten Tipps für die Praxis

Erzählen

- Welchen Stellenwert genießt das Erzählen?
- Welche Erzählformen sollte man in der Grundschule pflegen?
- Wie kann man Kinder zum Erzählen „verführen"?

Erzählen ist eine Kulturfähigkeit, eine grundlegende sprachliche Handlung in Lebenssituationen mit sozialer und identitätsbildender Funktion (vergewissernde Auseinandersetzung mit sich und der Welt). Die sprichwörtliche Erzählfreudigkeit von Grundschulkindern ist eine Verabsolutierung, dennoch wird sie mit Recht in der Primarstufe gepflegt. Sie reicht als Gegenstand besonders in die Bereiche der Mündlichkeit und Schriftlichkeit, aber auch in das Lesen und die Literatur hinein.

Mündliches Erzählen: Es ist weit weniger strengen Formen unterworfen als das schriftliche Erzählen. Soll mündliches Erzählen als ein wichtiger Baustein der kindlichen Sprachentwicklung erfolgreich sein, sind die positiven persönlichen Erfahrungen entscheidend, die Kinder beim Erzählen und Hören von Geschichten gewinnen. Vor allem die Grundschule nimmt sich der Alltagserzählung an (z. B. im Morgenkreis); der Unterricht zielt dann in der Regel durch inhaltliche oder strukturierende Anregungen auf möglichst schlüssige „Geschichten". Die Erzählkompetenzen können durch kindgerechte, sinnvolle Arrangements („Geschichten, die auf eine Kuhhaut gehen") und Projekte trainiert werden. Begleitend schulen die Kinder ihre nonverbalen Ausdrucksformen. Geschichtenerzählen braucht ▪ gemeinsam getragene Standards und Regeln, ▪ eine sozial geregelte Lernatmosphäre und ▪ die Chance zu aktivem, mitbestimmendem und eigenaktivem Lernen bzw. Handeln.

Damit nicht immer nur im Klassenzimmer erzählt wird, könnte ein Kollegium „Erzähltourneen" vereinbaren, bei denen Kinder oder Gruppen der Reihe nach in allen anderen Klassen erzählen. Vorab müssten die „Regeln", die während des Erzählens gelten, verabredet und fixiert werden.

Schriftliches Erzählen: Es ist durch Zeitverzögerung bestimmt (der Empfänger rezipiert im Normalfall zeitlich versetzt und ohne Anwesenheit des Senders). Entsprechend ist es auf stärkere Strukturierung sowie ausgewählte Informationsvermittlung und Sprachgestaltung angewiesen. Tragendes Strukturelement einer schriftlichen Erzählung ist ein Bruch, eine Abweichung vom Alltäglichen, die „Komplikation", die das Erzählte erzählenswert macht.

Erzählnormen? Hieraus hat sich in der Schule der Aufbau nach Einführung in die Situation, Spannungsbogen zum Höhepunkt, Auflösung und Schlussmoral entwickelt (vgl. „Erzählmaus"). Dieser und erst recht seine stark verregelte Vermittlungsweise sind höchst umstritten („Erzähle im Präteritum, schreibe anschaulich und spannend, wechsle beim Höhepunkt ins Präsens und benenne, was du denkst, fühlst, hörst ...!" usw.). Jenseits solcher funktional wenig einleuchtenden Normen sollten die Schüler beispielsweise durch die Begegnung mit literarischen Erzählungen erfahren, welche Attraktion in der Rolle eines Erzählers liegt (raffinierte Handhabung des eigenen Wissens, bewusstes Setzen von Aussparungen, verzögertes Mitteilen von Informationen, Spiel mit Andeutungen, Anhalten der äußeren Handlung durch Wechsel ins Innengeschehen).

Anspruch der Subformen: Wichtig ist ferner das Bewusstsein der Lehrer für den Anspruch der unterschiedlichen Subformen, die unter dem Stichwort „Erzählung" firmieren.

■ Freie Erlebniserzählung: Sie ist noch nicht gestaltet, wenn man der Reihe nach Ereignisschritte abhakt. ■ Reizwortgeschichte: Hier nehmen die vorgegebenen Begriffe handlungstragende Funktion ein. ■ Bildergeschichte: Beim Verfassen muss man zwischen Betrachter- und Erzählerwarte trennen; eine Transformation des Abgebildeten in eine anders strukturierte Erzählung gelingt nicht, wenn ein schrittweises Abarbeiten der Bilder und Verknüpfungssätze für die Bildzwischenräume forciert wird. ■ Fantasieerzählung: Das heißt nicht Verzicht auf implizite Logik und Einhalten des Spielfeldes, das die Vorgabe setzt.

Was Eltern wissen sollten

• Erzählen ist eine Kulturfähigkeit, die in der Familie gepflegt werden sollte.
• Eltern sollten Kindern vielfältige Möglichkeiten bieten zu erzählen. Die Reaktion auf das Erzählte hilft, vorhandene Kompetenzen zu verfeinern.
• Es ist wichtig, Kindern den Zugang zu literarischen Erzählungen in ihrer reichen Fülle zu ermöglichen; sie sind einprägsame Vorbilder für das Erzählen in allen Spielarten.

Literatur

CLAUSSEN, C./MERKELBACH, V. (1995): Erzahlwerkstatt. Mündliches Erzählen. Braunschweig: Westermann
Ausführungen zur Didaktik des mündlichen Erzählens und praktische Vorschläge für den Erwerb mündlicher Erzählkompetenz
CLAUSSEN, C. (2006): Mit Kindern Geschichten erzählen. Konzept – Tipps – Beispiele. Berlin: Cornelsen Scriptor
Anhand vieler Praxis-Tipps wird gezeigt, wie wichtig das Erzählen für die Sprachentwicklung ist.

Gedicht

* Was ist ein Kindergedicht?
* Welchen Beitrag leistet der Umgang mit Gedichten für die (literarische) Bildung?
* Was sind die zentralen methodischen Möglichkeiten?

Gedichte für Kinder gehören zum Bereich der Lyrik, darüber gibt es in der Fachwissenschaft keine Diskussion mehr, denn Kinderlyrik und Erwachsenenlyrik unterscheiden sich nicht prinzipiell. Sie weisen die gleichen Formmerkmale (im Wesentlichen: verdichtete Sprache, Strophenform, Reimschemata, Rhythmik, Metrum) und Spielarten auf. Zur Kinderlyrik als Subgruppe gehören nach DODERER alle für Kinder verfassten und von ihnen adaptierten Gedichte sowie Gedichte, die von Kindern selbst verfasst wurden.

Beitrag der Lyrik: In allen Fachlehrplänen hat die Lyrik ihren festen Platz. Der Umgang mit Gedichten speist sich aber nicht nur daraus, dass es entsprechende administrative Vorgaben gibt.

Es lassen sich eindeutige Aspekte benennen, die den Wert der Lyrik gerade für Kinder offenbaren:

* Gedichte sind ein elementarer Teil der ersten kindlichen Literacy-Erfahrungen rund um Erzähl-, Reim- und Schriftkultur (damit sind Erzählkompetenz, Textverständnis, Abstraktionsvermögen gemeint);
* sie knüpfen unmittelbar an die Lebenswelt der Kinder an, weiten diese aber aus und bieten oft eine umfassendere Perspektive an;
* sie verwenden Wendungen, „Formeln", die im kollektiven Gedächtnis abgespeichert sind;
* sie konturieren verdichtet Erfahrungen;
* sie eröffnen ein Staunen über das Ich und die Welt;
* sie sind „Lehrbücher der Sprache" (KOHL);
* sie schärfen Textsinnerfassung und Textverständnis;
* sie bieten vielfältige Anknüpfungspunkte zum eigenen poetischen Schreiben usw.

Zur Methodik des Umgangs mit Gedichten: ▪ Vor allem in der Grundschule erweckt – erstens – die Gedichtauswahl bei Kindern oft den Eindruck, der Reim sei konstitutiv für die Gattung. Weil dem keineswegs so ist, die ungereimten Formen mindestens genauso häufig vorkommen, ist diese Spielart unbedingt in den Unterricht einzubeziehen. ▪ Zweitens ist zu berücksichtigen, dass Gedichte nicht nur Lesetexte sind, sondern ihr Reiz auch mit der akustischen Realisierung verknüpft ist. Das bei Kindern noch unverfälschte

Gefühl für Rhythmus und Klang wirkt hier äußerst produktiv. ▪ Die Methoden des Umgangs mit Gedichten sind – drittens – nicht beliebig. Ausgehend vom konkreten Gedicht ist die passende Methode zu wählen; zuerst der Text mit seinen Besonderheiten, dann die Methode, die diese Besonderheiten aufgreift und wirkungsvoll reflektiert. ▪ Viertens ist ein rein analytischer Zugriff gerade in der Grundschule zu vermeiden. Der synästhetische Eindruck wird zerstört, ein unbefangener Zugriff verwehrt.

Folgendermaßen können Gedichte den Unterricht bereichern:

- Szenisch oder dialogisch vorlesen und auswendig vortragen: Dies ermöglicht eine intensivere sinnliche Begegnung, vor allem mit dem Reim.
- Gedichte hören: Von Profis vorgelesen, eröffnen sich Kindern neue Hörräume, konkretisiert sich das Gedicht auf eine überraschend neue Weise.
- Inszenieren: Die handelnde Umsetzung, die Transposition in eine Spielform vertieft das Verständnis für den lyrischen Text.
- Mit dem Schreiben verknüpfen: Poetische Schreibversuche (Haiku, Elfchen, Akrostichon, Piktogramme usw.) durchführen.
- Gedichte vergleichen: Gerade durch Kontrastierung lässt sich eine prototypische Vorstellung davon aufbauen, was ein Gedicht ist; das meint aber nicht, dass dabei Merkmal analysierend vorzugehen ist.
- Eine Film- oder Hörszene erstellen: Dies ergibt relativ einfach zu realisierende Anknüpfungspunkte für einen produktiven Umgang mit Medien und ermöglicht ein Wechselspiel von Lese- und Medienerziehung.

Was Eltern wissen sollten

- Wenn Kinder selbst lesen, gehören Gedichte nicht zur bevorzugten Lektüre, weil in ihren Augen zu wenig „passiert".
- Gedichte in der Schule müssen sich auf Erfahrungen des Lesers beziehen lassen; nur so entfalten sie Wirksamkeit.
- Bei der Entwicklung von ästhetischer Bildung spielen die Formen und die bildhafte, komprimierte Sprache der Lyrik eine wichtige Rolle.

Literatur

SCHULZ, G. (2005): Umgang mit Gedichten. Didaktische Überlegungen – Beispiele zu vielen Themen – Methoden im Überblick. 5. Aufl. Berlin: Cornelsen Scriptor
Geeignete Gedichte mit Anregungen für den Unterricht

SPINNER, K. H. (Hrsg.) (2006): Lesekompetenz erwerben, Literatur erfahren. Grundlagen und Unterrichtsmodelle. Berlin: Cornelsen Scriptor
Grundfragen zum Lesen und literarischen Verstehen werden kapp, aber umfassend geklärt; dazu Modelle für alle literarischen Spielarten.

Grammatik

- Wie konturiert sich das Problemfeld Grammatik?
- Was ist eine „Grammatik-Werkstatt"?
- Was sind die Basisinhalte des Grammatikunterrichts?

Ein Grammatik-Test bei Germanistik-Studenten an bayerischen Universitäten im Jahr 2006 brachte Erschreckendes zu Tage: Mehr als ein Drittel der Studierenden schloss mit „mangelhaft" oder „ungenügend" ab, weniger als zehn Prozent erreichten „befriedigend" oder besser.
Grammatik im Unterricht: Grammatik wird als etwas Schwieriges angesehen, das nur von Spezialisten gänzlich durchschaubar ist. Die Unsicherheit vieler Lehrer führt dazu, dass sie in allen Schularten oft nur mit den Übungen im Schulbuch praktiziert und auf Begriffshülsen reduziert wird, die die Kinder aus dem Merkheft auswendig zu lernen haben, obwohl nichts mit Inhalt und Verstehen gefüllt ist. In den letzten Jahrzehnten haben sich die Lehrplanbegriffe, mit denen der Grammatikunterricht in der Grundschule tituliert wurde, jedoch mit eindeutigen didaktisch-methodischen Zielausrichtungen verändert: von der Sprachlehre über die Sprachbetrachtung hin zum Nachdenken über und untersuchen von Sprache.
Kinder und Grammatik(unterricht): Grundschulkinder denken von ihren Erfahrungen in der Lebenswelt her. Sprachhandeln und Sprachgefühl werden durch Untersuchen und Nachdenken allmählich bewusster. Ausgangspunkt für die Entwicklung metasprachlichen Denkens ist der eigene Sprachgebrauch. Es reicht nicht aus, formales Sprachwissen nur regelhaft zu vermitteln; Kinder können so kein Verstehen aufbauen. Regeln auswendig zu wissen und aufsagen zu können, heißt noch nicht, sie zu verstehen und anzuwenden. Echtes Wissen ist generiertes (selbst erforschtes) Wissen. Zudem erweist sich ein solch formal-regelhaftes Vorgehen in der Wirkung oft als kontraproduktiv für das Sprachkönnen. Grundschulkinder lassen sich mit verfrühten und sie überfordernden Aufgaben in ihrem Vertrauen irritieren und verunsichern. Gleiches gilt, und das wird auch in der Fachliteratur oft vergessen, umgekehrt für eine permanente Unterforderung durch simple, mechanisch lösbare Aufgabenstellungen.
In der Wahrnehmung von Kindern und Jugendlichen verbindet sich Grammatikunterricht vor allem mit dem Lernen von Regeln; mit dem Prinzip der Deduktion (Lehrer gibt Regel vor, Beispiele werden erörtert, danach Üben am Sprachmaterial); mit isolierten Grammatikstunden; mit der Beschränkung auf Wortarten und Satzglieder, die farbig zu unterstreichen waren; mit wenig kompetenten, zumindest wenig motivierten Lehrern.

Das Konzept der Grammatikwerkstatt: Hier ist das Material die Sprache. Die Arbeit an ihr vollzieht sich nach bestimmten Regeln. Mit Sprache und an ihr muss etwas getan werden, was nicht nur denkend, sondern auch experimentierend geschieht. Das „Handwerkszeug" sind grammatische Operationen. Was dabei herauskommt, sind individuelle Einsichten in den Aufbau und das Funktionieren von Sprache – und damit etwas, was das Verstehen und den Gebrauch von Sprache verbessern kann, was nützlich ist beim kritischen Lesen, differenzierten Schreiben, Rechtschreiben, Interpretieren und Sprechen über Sprache. Das Konzept wendet sich dagegen, dass Grammatik in der Schule immer noch viel zu sehr als schon vorhandenes Ergebnis von Systematisierungsprozessen anderer verstanden wird, die man lediglich übernimmt, zu verstehen versucht und, wenn es gut geht, anwendet. Im Grammatikunterricht geht es, grob skizziert, um

- Einsicht in Bau und Struktur der deutschen Sprache; die Schüler sollen ihre kulturelle Identität auch in der Sprache erfassen;
- Grammatik in Hilfsfunktion für andere Fächer und Lernbereiche;
- Förderung des analytischen Denkens; Grammatik kann analytisches Denken im menschlich wohl wichtigsten Wahrnehmungsfeld sozialer Prozesse – Sprache und Sprechen – in überschaubaren Zusammenhängen fördern;
- Distanznahme von der Eingebundenheit in kommunikative Kontexte;
- Fähigkeit zur Analyse von kommunikativen Handlungen; aktuelles Sprachverhalten in konkreten Situationen beobachten und versuchen, ein Urteil über die Situation abzugeben;
- Textanalyse; Erzeugung von Textparaphrasen und Textabweichungen, die über den Kontrast zum Ausgangstext eine vergleichende Deutung und Analyse ermöglichen;
- bewussteres Sprachverhalten und Konstruktionsbewusstsein; Grammatik hat direkte Auswirkungen vor allem im Bereich der Schriftsprache.

Was Eltern wissen sollten
- Grammatik ist mehr als das Lernen von verstehensfreien Regeln.
- Der Umgang mit Grammatik hat eindeutig belegbare positive Auswirkungen auf Sprache.

Literatur
BARTNITZKY, H. (2005): Grammatikunterricht in der Grundschule. Berlin: Cornelsen Scriptor
Grundlegendes Werk, auf einem handlungsbezogenen Konzept basierend
MENZEL, W. (1999): Grammatik-Werkstatt. Seelze, Velber: Kallmeyer
Basisliteratur zum Konzept der Grammatik-Werkstatt

Lesen

- Warum ist es wichtig, lesen zu können?
- Was zeichnet einen erfolgreichen Leseunterricht aus?
- Was sind wichtige Lesestrategien und wie erwirbt man sie?

Leseförderung beginnt bereits in den ersten Lebensmonaten. Erfahrungen mit Sprache und Schrift sind für den Spracherwerb und die Lesekompetenz lange vor Kindergarten und Schule wichtig. Drei- bis Sechsjährige entwickeln ihre Sprache vollkommen anders, wenn sie entsprechend gefördert und gefordert werden – das ist für die sich langfristig entwickelnden Literacy-Kompetenzen (allgemein: Lese- und Schriftsprachkompetenzen) bedeutungsvoll. Wenn ein Kind in die Schule kommt, ist aufgrund der bisherigen literarischen Sozialisation bereits weitgehend entschieden, ob es zu einem Leser mit lebenslanger Lesemotivation wird. Dabei ist daran zu denken, wie eklatant die Unterschiede zwischen den Familien sind.

Die technische Seite: Beim Lesen bewegen sich die Augen ruckartig von Fixationspunkt zu Fixationspunkt (SACCADEN). Während der Millisekunden dauernden Haltezeiten, in denen etwa sechs bis zwölf Buchstaben überblickt werden, werden die Schriftzeichen identifiziert und die Informationen aufgenommen. Die Bewegung der Augen ist abhängig vom Textinhalt, nicht von Textmerkmalen, wie lange angenommen wurde. Die Teilprozesse des Lesens, deren Funktionieren in der Tat übungsabhängig ist, werden entweder bewusst entsprechend des erwarteten Sinns oder unbewusst durch eingehende Informationen gesteuert. Lesen, und das ist wichtig, lässt sich allerdings niemals auf eine rein technische Seite reduzieren, immer finden Auseinandersetzungen mit Erfahrung, Sprache und Sinn statt.

Vom Wert des Lesens: Warum wird dem Lesen, der Lesekompetenz ein so überragender Stellenwert eingeräumt? Es geht wohl um mehr, als den Text eines Werbeplakates zu entziffern. Lesen ist eine notwendige Basiskompetenz für Wissenserwerb und Bildung. Es gibt zwei Grundtypen des Lesens: Während beim informatorischen Lesen der Erkenntnisgewinn im Vordergrund steht, spielen beim literarischen Lesen imaginative, vorstellungsbildende Prozesse die Hauptrolle. In jeder Ausprägung trägt Lesen zur Weltklärung bei, zur Persönlichkeitsbildung, es erweitert den Pool von Gefühlen und Einfällen, hilft beim Aufbau kognitiver Kompetenzen, schult das Denken, transportiert Allgemeinwissen, öffnet ein tiefgehendes Verständnis von Sprache und erweitert den (passiven und aktiven) Wortschatz. Nicht zuletzt hat Lesen auch einen Kultur tradierenden Aspekt: Die Weitergabe und Verbreitung der von einer Gesellschaft als wichtig erachteten Inhalte.

Lesekompetenz: Lesen ist immer ein aktiver geistiger Prozess. Lesekompetenz ist die Fähigkeit, Schriftliches zu verstehen und zu nutzen. In Psychologie und Didaktik wird die Lesekompetenz stufenförmig modelliert (hier nach Spinner): ▪ Identifizierung der Buchstaben als Zeichen, ▪ Erkennen von Wörtern in Buchstabenkombinationen, ▪ Sinngebung durch Erkennen der Beziehungen zwischen den Wörtern (semantische und syntaktische Zusammenhänge in Sätzen), ▪ Erkennen und Herstellen von Beziehungen zwischen den Sätzen bis hin zu übergreifenden Textstrukturen, ▪ individuelle Sinngebung durch Bezug auf eigene Lebenszusammenhänge.

Im Unterricht ist zu berücksichtigen, dass Lesen nicht immer bottom-up verläuft, sondern auch in umgekehrter Reihenfolge, also top-down. Darauf gründet sich der Paradigmenwechsel im schulischen Schriftspracherwerb, der nicht mehr das strikte Nacheinander von Buchstabenlernen – Wortlesen – Textverstehen einhält, sondern dem individuellen Können der Kinder Raum gibt. Weiterhin braucht Lesen eine anregende Umgebung (Klassenbücherei, Leseecke usw.) und vor allem Zeit, also freie und gebundene Lesezeiten, in denen „nur" gelesen wird. Einen entscheidenden Beitrag können auch die ↗ produktiven Verfahren leisten.

Lesestrategien: Ein Unterricht, der das Verstehen und Behalten von Texten unterstützen will, berücksichtigt folgende Methoden:

- ordnende (reduktiv-organisierende) Strategien: Hervorheben und Unterstreichen von Hauptgedanken, Zusammenfassen, Aufzählen
- verknüpfende (elaborierende) Strategien: Verknüpfen mit dem eigenen Vorwissen, Schlussfolgerungen ziehen, Argumente extrahieren, Gegenargumente suchen
- wiederholende Strategien: mehrmaliges Lesen, Auswendiglernen, Abschreiben

Was Eltern wissen sollten

- Leseförderung beginnt bereits in den ersten Lebensmonaten.
- Auch zu Hause ist Übung notwendig, damit die Teilprozesse des Lesens reibungslos funktionieren.
- Lesen ist eine notwendige Basiskompetenz für Wissenserwerb und Bildung.

Literatur

Spinner, K. H. (Hrsg.) (2006): Lesekompetenz erwerben, Literatur erfahren. Grundlagen und Unterrichtsmodelle. Berlin: Cornelsen Scriptor
  Grundfragen zum Lesen und literarischen Verstehen werden kapp, aber umfassend geklärt; dazu Modelle für alle literarischen Spielarten.

Lese-Rechtschreib-Schwäche

- Legasthenie oder Lese-Rechtschreib-Schwäche (LRS)?
- Was sind die zentralen Grundsätze einer Förderung?
- Welchen Spielraum hat das Kollegium?

Die Legasthenieforschung weist eine über hundertjährige Geschichte auf, in der der Begriff immer wieder erheblichen Modifizierungen unterworfen war. Geprägt vom ungarischen Psychologen RANSCHBURG bezeichnete sie zunächst eine Leseschwäche, die er als Ausdruck einer nachhaltigen Rückständigkeit höheren Grades in der geistigen Entwicklung des Kindes sah. Spätere Untersuchungen in den 1950er Jahren zeigten jedoch, dass Kinder mit einer Lese- oder Rechtschreibstörung eine durchschnittliche bis überdurchschnittliche Intelligenz aufwiesen. Dann nahm man als Ursache Erbfaktoren oder frühkindlich erworbene hirnorganische Schädigungen an. Aber auch psychisch-affektiv-mentale Störungen oder sekundäre Faktoren wie Nervosität oder Angst wurden in Betracht gezogen. Eine erhebliche Rolle spielte gerade in den 1970er Jahren die Milieuforschung, die soziale Bedingungen als Auslöser für Legasthenie annahm. Teilweise wurden Legasthenie und LRS wenig trennscharf und synonym verwendet.

Legasthenie und Lese-Rechtschreib-Schwäche: In aktuellen Erlassen einiger Bundesländer wird zwischen den Begriffen deutlich unterschieden. ▪Lese- und Rechtschreibstörung (Legasthenie, Dyslexie) umschreibt ein entwicklungsbiologisch und zentralnervös verursachtes Defizit mit teilweise hirnorganisch bedingten Wahrnehmungs- und Aufmerksamkeitsstörungen. Sie zeigt sich trotz normaler bis überdurchschnittlicher Intelligenz, intaktem sozialem Umfeld und schulischer Lernanregungen. Legasthenie meint demnach eine „Krankheit", die sich in erheblichen Störungen bei der zentralen Aufnahme, Verarbeitung und Wiedergabe von Sprache und Schriftsprache zeigt. ▪Lese- und Rechtschreib-Schwäche (LRS) ist dagegen ein durch Kombination unterschiedlicher ↗ Teilleistungsstörungen bedingtes, vorübergehendes Phänomen, das sich in einer mehr oder minder stark ausgeprägten Verzögerung im individuellen Lese- und Schreiblernprozess manifestiert. Gezielte Fördermaßnahmen beheben die Auswirkungen der Verzögerung. ▪Davon zu unterscheiden sind Erscheinungsformen der Lese- und Rechtschreib-Schwäche bei Schülern mit besonderem ↗ Förderbedarf.

Aus der Sicht mancher Psychologen, Pädagogen und Schulpolitiker ist eine solche Unterscheidung nicht unproblematisch, vor allem mit Blick auf die Schlussfolgerungen, die sich für die schulische Förderung ergeben.

Grundsätze zur Förderung von der KMK: In den 2003 beschlossenen, in der Fassung vom 15.11.2007 neu veröffentlichten „Grundsätzen zur Förderung von Schülerinnen und Schülern mit besonderen Schwierigkeiten im Lesen und Rechtschreiben oder im Rechnen" weist die KMK auf die kontroversen, bei weitem noch nicht abgeschlossenen Forschungen hin. Zu Recht aber steht dort deutlich, die Diagnose und die darauf aufbauende Beratung und Förderung dieser Schülerinnen und Schüler gehöre zu den Aufgaben der Schule. Der Lese- und Schreibunterricht sei so zu gestalten, dass er am jeweiligen Entwicklungsstand ansetze, ausreichend Lernzeit zur Verfügung stelle und Ergebnisse gründlich absichere. Dennoch ist die Empfehlung zur Legasthenie eher ein Kompromisspapier.

Grundsätze für die Förderung:
* Die individuellen Lernvoraussetzungen sind so genau wie möglich zu beobachten und festzustellen.
* Die Förderung muss so früh wie möglich beginnen.
* Die Förderung darf sich nicht nur auf den Bereich Rechtschreiben konzentrieren, sondern muss das ganze Sprachsystem berücksichtigen.
* Ein zentraler Bereich ist die Motivation: Richtig zu schreiben ist vor allem für den Schüler als Schüler wichtig.
* Individualisierender Unterricht und angemessene Aufmerksamkeit in allen Fächern sind gute Wege, das Rechtschreiben nachhaltig zu fördern.

Die Fördermöglichkeiten sollten innerhalb des Kollegiums besprochen, verabredet und vorbereitet werden, zum einen, um die Kinder bestmöglich zu fördern, zum anderen aber, um Entlastungschancen zu nutzen.

Was Eltern wissen sollten
* Die sich aus den Erlassen und Regelungen ergebenden Maßnahmen und Rechte: Ort der Förderung, Bildung von Fördergruppen, unterschiedliche Aufgabenstellungen, zeitweises oder gänzliches Aussetzen einer Benotung, Förderpläne usw.
* Ein dem konstruktivistischen Paradigma verpflichteter, individuelle Lernprozesse ermöglichender Unterricht leistet einen erheblichen Beitrag zur Förderung auch im LRS-Bereich.

Literatur
KMK (2003): Grundsätze zur Förderung von Schülerinnen und Schülern mit besonderen Schwierigkeiten im Lesen und Rechtschreiben. Abrufbar unter: www.kmk.org/doc/beschl/304_Legasthenie.pdf
SOMMER-STUMPENHORST, N. (2006): Lese- und Rechtschreibschwierigkeiten vorbeugen und überwinden. 12. Aufl. Berlin: Cornelsen Scriptor
Überarbeitetes Standardwerk zur Legasthenieforschung und Förderung

Literatur

* Welche methodischen Möglichkeiten des Umgangs mit Texten im Unterricht gibt es?
* Wie können wir Kinder erfolgreich zur Literatur hinführen?
* Wie werden Sachtexte im Unterricht eingesetzt?

Der Umgang mit Texten zielt auf (fiktionale) Literatur im engeren Sinn (Bilderbuch, Kinderroman, Märchen, Fabel, Gedicht u. a.), aber auch auf nonfiktionale Sachtexte (z. B. Lexikoneinträge u. a). Nach neuerem Verständnis ist die Trennschärfe weniger streng. Zwar zeichnen sich literarische Texte durch ein „Leerstellenangebot" aus, das beim Leser äußere wie innere Spannung und produktive Fantasie freisetzt (vgl. Konzepte der Rezeptionsästhetik). So wird z. b. das Innengeschehen einer Figur vorenthalten und an die Vorstellungskraft der Rezipienten appelliert. Aber auch Sachtexte (die zudem häufig erlebnishafte Züge tragen) sagen nicht alles, sie fordern permanent z. B. das Ziehen von Schlussfolgerungen, Einbringen von verständnisgebundenem Weltwissen, sogenannten Inferenzleistungen. Der Unterschied beschreibt sich freilich gerade hier: Aussparungen, Anspielungen, literarische Bilder, eine damit verbundene Mehrdeutigkeit u. a. sind spezifisch literarische Mittel, während es in Sachtexten um möglichst klare und folgerichtige Information geht.

Fiktionale Texte: Literarische Texte sollten so oft wie möglich eingesetzt werden, sie schaffen eine wichtige Fundierung für lebenslanges Interesse an Literatur (vgl. etwa die Brückenfunktion von Märchen oder Kinderbüchern hinsichtlich der Erwachsenenliteratur). Literarische Texte bieten den Heranwachsenden ein reiches Erfahrungsfeld: Anregung der Imaginationsfähigkeit und ästhetischen Erfahrung; Angebote für ein Selbst- und Fremdverstehen bzw. zur Perspektivenübernahme (vgl. etwa die Ereignisse in „Oma" von PETER HÄRTLING aus Sicht eines Jungen und seiner Großmutter); Begegnung mit Fragen des Lebens (Liebe, Tod, Alleinsein …); Spiel mit Sprache, z. B. das Durchbrechen sprachlicher Normen u. a. Die Leistung des Literaturunterrichts sollte sich (selbst bei belehrenden Texten) nicht auf ein „Der Text/Autor sagt uns …" reduzieren. Der Nutzen (das „Prodesse") literarischer Texte, etwa des Märchens oder des Kinderbuchs, liegt vielmehr im (oft rein intuitiven) Nachvollziehen von Angst, Einsamkeit, Loslösung u. a. Im Sinne ästhetischer Bildung und der genannten Zielsetzungen sollte v. a. auch die Freude (das „Delectare") an Literatur berücksichtigt werden. Methodisch gesehen kommt hier den ⟋ produktiven Verfahren eine besondere Funktion zu.

Nonfiktionale Texte: Sachtexte (Beschreibung eines Vorgangs, z.B. Spiel, oder Gegenstandes, „Schilderung" der Gewohnheiten von Tieren, „Berichte" über frühere Zeiten) sind nach jüngerem Verständnis als Angebote zu sehen, die nicht nur ein dürres Informationsraster spiegeln (vgl. das missverständliche Wort von der „Beschränkung auf das Wesentliche"). Sie fordern und fördern komplexe Verstehensprozesse, Imaginationsfähigkeit sowie Leseinteresse und Lesefreude. Auch Sachtexte speisen sich aus Bildern, Vergleichen, Veranschaulichungen. Ihre besondere Chance liegt im Interesse von Grundschulkindern an Themen und Fragen aus ihrer Lebenswelt und über diese hinaus. Nicht zuletzt leistet der Umgang mit Sachtexten unabdingbare Vorbedingungen für Lernprozesse in Sachfächern.

Leseförderung: Wollen wir Kinder zu lebenslangem Lesen motivieren, dürfen sie nicht nur mit „alten" Texten Bekanntschaft machen. Deshalb sollte jedes Kollegium die in der Schule vorhandenen Bücher und Klassensätze in zeitlichen Abständen durchsehen und auf ihren aktuellen Wert hin prüfen. Die Anschaffung neuer Bücher sollte intensiv diskutiert und abgestimmt werden. Es ist vorteilhaft, wenn Kollegen innerhalb einer Jahrgangsstufe ihre Erfahrungen mit bestimmten Büchern kommunizieren – nicht jeder Fehler muss sich wiederholen. Gerade produktive Verfahren eignen sich auch zum klassenübergreifenden Arbeiten. Und warum nicht einmal die Klassenbüchereien tauschen?

Was Eltern wissen sollten

- Der Umgang mit Literatur ist nicht „schöngeistiger" Zeitvertreib, sondern kann Lebensqualität vermitteln.
- Das häusliche Vorbild der Eltern im Umgang mit Literatur prägt entscheidend. Das Sprechen über Literatur, über gemeinsame Leseerfahrungen kann Kinder enger an Literatur binden.
- Die Beschäftigung mit Literatur fördert wichtige Grundkompetenzen; dabei geht es nicht nur um das Verstehen, sondern auch um Einfühlen, Grundhaltungen, ästhetisches Empfinden usw.

Literatur

BERTSCHI-KAUFMANN, A. (Hrsg.) (2006). Lesekompctcnz – Leseleistung – Leseförderung. Seelze: Kallmeyer/Zug: Klett und Balmer
Die Merkmale von Texten werden im Hinblick auf die Verstehensanforderungen sowie sich daraus ergebende didaktisch-methodische Konsequenzen erläutert.
SPINNER, K. H. (2006): Lesekompetenz erwerben, Literatur erfahren. Berlin: Cornelsen Scriptor
Ausführungen und umsetzbare Beispiele zu literarischem Verstehen, wichtigen Basisqualifikationen und Verfahren im Literaturunterricht

Medien

* Wie lassen sich die zentralen Begriffe klären?
* Um welche Kompetenzen geht es beim Umgang mit Medien?
* Welche Aufgaben wachsen der Schule bei der Medienerziehung zu?

Alle (Kinder) brauchen Medienerziehung – die Aussage, vor zehn Jahren getroffen, gilt wohl nach wie vor unverändert, da wir immer noch in einer Mediengesellschaft leben. „Medien und medial vermittelte Inhalte strukturieren heute den Alltag, die Selbst- und Fremdwahrnehmung sowie die Verständigungspraxis von Kindern und Jugendlichen. Die Präsenz der Medien wird dichter, Darbietungsformen werden komplexer und variationsreicher, die Darbietungsgeschwindigkeit nimmt zu" – so der Ausschreibungstext des 14. Symposiums Deutschdidaktik 2002.

Medienpädagogik: In der Regel wird dieser Begriff als Überbegriff benutzt. Die wissenschaftliche Disziplin versteht sich seit den 1980er Jahren dezidiert als handlungs- und lebensweltorientiert. Der Begriff scheint jedoch problematisch, weil er von Lehrern (noch immer) als einseitig ablaufendes pädagogisches Handeln missverstanden werden könnte. Das gilt auch für den oft synonym verwendeten Begriff Medienerziehung, der sich fälschlicherweise rein normativ-idealisch interpretieren ließe. Denn es ist durchaus vorstellbar, dass eine verschulte oder moralisierende Betrachtung beispielsweise des Medienkonsums in der Freizeit möglicherweise völlig entgegen den eigentlichen Intentionen wirken könnte.

Medienkompetenz: Zentraler Leitbegriff für den Bereich der Medien ist die von den Schülern aufzubauende Medienkompetenz, die mindestens vier Komponenten aufweist: die kognitive (z. B. Medienanalyse, Medienkritik), affektive (z. B. Genussfähigkeit), ästhetische Kompetenz (genussvoller Umgang mit Medienangeboten) sowie die Nutzungs- und Gestaltungskompetenz. Medienkompetenz ist nicht zu erreichen durch den im Unterrichtsalltag fast ausschließlich praktizierten Einsatz von Medien durch den Lehrer im Sinne eines rein bereichernd-unterstützenden enrichments, beispielsweise durch einen Unterrichtsfilm, der ein vorher verbal erarbeitetes sachkundliches Thema noch einmal verdeutlichen soll. Zur Entlastung des Einzelnen sollte sich ein Kollegium, abgestimmt auf die Schulausstattung und die individuellen Möglichkeiten, eine Reihe von Modellen mit Material erarbeiten, wie Medien in den Unterricht einbezogen werden können. Diese können dann von allen Lehrern in den Klassen realisiert werden.

Aufgabe der Schule: Der sich daraus für alle Schulen ergebende Auftrag liegt auf der Hand. In allen Lehrplänen der Länder finden sich integrative, fächerübergreifende Aussagen zu Medien, Medienerziehung, Medienpädagogik oder auf Medien bezogene Kompetenzen. Auch die KMK-Standards thematisieren diesen Bereich für die Grundschule. Allerdings wird das den Medien innewohnende Potenzial noch viel zu wenig genutzt. Das mag daran liegen, dass es kein Fach „Medien" gibt, das den Umgang ausdrücklich einfordern würde. Zuallererst ist es wichtig, Lehrer zu ermutigen, Medien überhaupt in den schulischen Unterricht zu integrieren. Hier führen kleine Schritte, sprich Modelle und Einheiten zum Ziel, nicht groß angelegte, mit immensem Material- und Apparateaufwand verbundene Projekte. Das wäre eine Zumutung und würde viele Kolleginnen und Kollegen überfordern und noch mehr verunsichern. Klar ist: Ein genereller Verzicht auf den medienerzieherischen Bereich wäre angesichts der anwachsenden Herausforderungen an unsere Kinder und Jugendlichen fahrlässig.

Medienkonzept: Das Kollegium einer Schule sollte sich über folgende Fragen klar werden: Was sind für uns, mit Blick auf die Leitbegriffkompetenzen, praktisch konkrete, unverzichtbare Kompetenzen auf Seiten der Kinder? Erreichen wir diese mit der vorhandenen medialen Ausstattung? Wer von uns ist Experte auf einem bestimmten Gebiet und kann hierfür die Betreuung übernehmen? Nicht zuletzt ist es wichtig, die Eltern mit einzubeziehen. Ein gemeinsamer Informationsabend zum schuleigenen Medienkonzept, zum Medienkonsum (externe ⚀ Experten einladen) und zum Erproben von ⚀ Software usw. wird als hilfreich angesehen. In einigen Schulen gibt es bereits ähnlich den Literaturtipps Softwaretipps, in denen Lehrer und Kinder von ihnen getestete, empfehlenswerte Lernsoftware präsentieren. Gerade in diesem Bereich sind Eltern für Orientierungshilfen dankbar.

Was Eltern wissen sollten

* Nur vor den Medien zu warnen, ist wenig hilfreich. Die Kinder sollen Medienkompetenz erwerben, die von der Schule aber nur in begrenztem Rahmen gefördert werden kann. Hier sind auch die Eltern gefragt.
* Was Medienverhalten und Medienkonsum betrifft, ist das Elternhaus Vorbild.
* Eltern sollten alle Aktivitäten der Kinder unterstützen, die individuelle Kompetenzen fördern: Recherche im Internet, Audioaufnahmen mit dem PC, Film mit der Digitalkamera erstellen, Bildbearbeitung usw.

Literatur

METZGER, K. (2001): Handlungsorientierter Umgang mit Medien im Deutschunterricht. Berlin: Cornelsen Scriptor
Knappe theoretische Klärung von Begriffen, umfangreiche praktische Anregungen

Mündlichkeit

* Welchen Eigenwert hat das Mündliche?
* Was versteht man unter Sprachhandlungskompetenz?
* Wie können diese Kompetenzen allseitig gefördert werden?

Der weitaus größte Teil unserer Kommunikation läuft mündlich. Die mündliche Sprache ist das primäre, zentrale Mittel, und Sprechen ist gleichzeitig soziales Handeln. Ziele des Kompetenzbereiches sind die Entwicklung einer demokratischen Gesprächskultur und die Erweiterung der individuellen mündlichen Sprachhandlungskompetenz.

Eigenwert und Eigengesetzlichkeit des Mündlichen: In der Schule wurde (wird immer noch?) Mündlichkeit in engem Zusammenhang mit dem Schriftlichen gesehen. Mündlichkeit galt als Grundlage oder Voraussetzung für die Schriftlichkeit, zur Beurteilung zog man grammatikalische Regeln der Schriftsprache heran („Sprich in ganzen Sätzen!"). Praktisch schlug sich das im „gesprochenen Aufsatz" nieder: Ein Text wurde (oft auch noch gemeinsam) mündlich entwickelt, vorgetragen und dann schriftlich verfasst. Sicherlich gibt es Wechselwirkungen und Verzahnungen, die Eigengesetzlichkeiten des Mündlichen sind aber zu berücksichtigen, etwa

* die räumliche und zeitliche Nähe der Kommunikationspartner, die den Text gemeinsam (dialogisch) erstellen, weswegen nur Angedeutetes, Fragmentarisches oder gar Unvollendetes trotzdem „verstanden" wird;
* die wesentlich stärkere Abhängigkeit von den aktuellen Beziehungen der Kommunikationspartner;
* die wesentlich stärkere Situationsabhängigkeit und -bezogenheit;
* die Möglichkeiten der nonverbalen Kommunikation.

Mündliche Sprachhandlungskompetenz: Das Mündliche wird in zwei große Bereiche unterteilt: Sprechen und Gespräche führen. Während lange Zeit in der Schule das Gesprächeführen zentral war (allerdings oft nur in kaum hinterfragten Gesprächsregeln), wurde in den letzten Jahren verstärkt das Augenmerk auf erzählerische und rhetorische Fähigkeiten gelenkt, weil man erkannt hat, wie wichtig präsentative Kompetenzen (Verständlichkeit, Vortragsstil, Stilmittel …) sind. Auch in diesem Zusammenhang ist der Hinweis wichtig, dass ein nur kleinschrittiges Frage-Antwort-Vorgehen im sogenannten gelenkten ↗ Unterrichtsgespräch für die Ausbildung der mündlichen Fähigkeiten der Kinder nicht unbedingt förderlich ist. Was Kinder lernen sollten:

* immer situationsangemessen kommunizieren;
* Informationen geben und verarbeiten;

- Gespräche demokratisch, partnerschaftlich und ehrlich führen, dabei Äußerungen des Gegenübers aufnehmen und reflektiert reagieren;
- Geschichten zuhörerorientiert, nachvollziehbar und mit Anspruch erzählen;
- ihr Sprechen bewusst gestalten;
- Gedanken und Gefühle ausdrücken und formulieren.

Selbstverständlich beansprucht das Mündliche einen adäquaten Anteil an der Deutschnote. Darüber sollte sich ein Kollegium verständigen.

Mündlichkeit allseitig fördern: Lehrer, die die Wichtigkeit des Mündlichen erkennen, können sich sehr schnell gemeinsam auf übergreifende Initiativen und Maßnahmen verständigen, die wesentliche Aspekte einer Erzähl- und einer freien Sprechkultur berücksichtigen: ▪ die unterschiedlichen Interessen der Kinder berücksichtigen; ▪ den Sprachdefiziten von Kindern mit nichtdeutscher Muttersprache gemeinsam begegnen; ▪ das Erzählen von kleinsten bis hin zu großen Gruppen organisieren; ▪ ein differenziertes, methodisch reichhaltiges und variables „Handlungsfeld Erzählen" mit vielen verschiedenen Erzählsituationen vereinbaren; ▪ aktives und intentionales Hörverstehen und Sprechdenken vielfältig fordern. Als konkrete Übungen bieten sich das spontane ↗ Erzählen, das Fabulieren im Erzählkreis, reproduzierendes Sprechdenken, das Reden nach der inneren Anschauung, Begründen der eigenen Meinung, das Vorbereiten und Vortragen von Medien zu einem Thema, Pro-Contra-Reden, Verkaufsspiele usw. an.

Was Eltern wissen sollten

- Kinder müssen zum Erzählen und Gesprächeführen angeregt werden – immer und überall.
- Dabei kann durch kleine Fragen und Anregungen das ganze Spektrum des Mündlichen in den Blick genommen werden; also nicht nur: „Und, wie war's in der Schule"?, sondern konkret: „Wie ist die Sportstunde verlaufen?", „Das mit dem Wasserkreislauf musst du mir erklären!", „Ich finde das Buch auch gut, weil …".
- Mündliche und schriftliche Leistungen des Kindes müssen sich nicht unbedingt entsprechen.

Literatur
Claussen, C. (2006): Mit Kindern Geschichten erzählen. Berlin: Cornelsen Scriptor
Zuhörerorientiertes Erzählen als wichtiger Bestandteil der kindlichen Sprachentwicklung; mit vielen Praxis-Beispielen
Pabst-Weinschenk, M. (2005): Freies Sprechen in der Grundschule. Berlin: Cornelsen Scriptor
Modelle für freies Sprechen zur Unterstützung des (selbstständigen) Lernens

Produktive Verfahren

- Was sind produktive Verfahren?
- Was leisten produktive Verfahren und wie lassen sie sich einsetzen?
- Welche Kritik wird an ihnen geübt, was ist zu entgegnen?

Produktive Verfahren als zunehmend gebräuchliche Bezeichnung für die Methoden des handlungs- und produktionsorientierten Literaturunterrichts umfassen schreibende, malend-zeichnerische, szenische und akustische Verfahren im Umgang mit Literatur:

- Schreiben: Umschreiben (in eine andere Zeit oder Perspektive oder auch von einzelnen Textteilen), Fortschreiben (z.B. zu einem vorenthaltenen Schluss), Black-Box-Verfahren (Füllen eines ausgesparten Textkerns; Einsetzen fehlender Wörter, Zeilen, Verse).
- Optische Visualisierung: Sie zielt auf einfache graphische Skizzen (Bildsymbole wie Pfeile, Kreise, Strichmännchen), aber auch auf das deutende Umsetzen in Form und/oder Farbe (z.B. eines Gedichts).
- Szenische Verfahren: Sie reichen von der gezielten Sprechgestaltung über Einzelverfahren (Standbild und Pantomime, „Aufbauen" eines imaginären Raums, Spielleitergespräch u. a.) bis zur darstellerischen Umsetzung einer dramatischen, aber auch epischen oder lyrischen (z.B. balladesken) Vorlage.
- Auf akustische Effekte setzen die interpretierende Gestaltung eines Textes mit (Sing-)Stimme, Geräusch- und Klanginstrumenten sowie das Unterlegen mit ausgewählten (unterstreichenden oder auch gegenläufigen) Musikstücken.

Reflektierter Einsatz: Wählt man produktive Verfahren passend zum Ausgangstext, setzen sich Schüler zwangsläufig intuitiv mit seiner Eigenart und mit Zügen seines spezifischen Deutungsangebotes auseinander. Ein Beispiel: Das zu Papier gebrachte Meer im „Märchen vom Fischer und seiner Frau" spiegelt in seiner zunehmenden Düsternis und Schlammigkeit die Figurenstimmung im Text. Unter Anleitung wählen die Kinder Farben und Formen, die die konkreten Angaben im Märchen übersteigen und so der wachsenden Hybris, dem maßlosen Anspruch der Fischersfrau eindrücklich nachspüren. Ein Gespräch über die Bilder der Kinder vor dem Hintergrund des Märchentextes erlaubt ohne auffälliges Forcieren das Verbalisieren von Deutungsansätzen. Spricht man in der Klasse über das, was die Schüler geschaffen haben, ist es wichtig, dabei den Originaltext zugrunde zu legen. So rücken nicht nur inhaltliche Aspekte in das Bewusstsein der Kinder, sondern auch gattungstypische.

Methodisches Arrangement: Solche Effekte stehen und fallen mit dem umsichtigen methodischen Arrangement. Exemplarisch wären etwa die Korrespondenzen zwischen der Gattung Märchen und dem komplex ausdeutenden Schattenspiel anführbar: Flächenhaftigkeit der Märchenfiguren gegenüber Konturen der zweidimensionalen Schattenfiguren; Linearität der Märchenhandlung gegenüber striktem Geschehensvorgang hinter der Schattenwand; die zauberhaft aufleuchtende Kulisse hinter der Schattenwand gegenüber der Jenseitigkeit der „wunderbaren" Märchenwelt. Hinzu kommen hier noch die aktive Auseinandersetzung mit dem Märchen durch Erdenken von Erzählerpart und szenisch-dramatischer Figurenrede, das Schaffen typisierender akustischer Motive für die ebenfalls typenhaften Figuren und Weiteres (Farbgestaltung usw.). Hier erübrigt sich eventuell ein Auswertungsgespräch fast ganz, da die Kinder die Besonderheiten der Märchenwelt mehr nachvollziehen als bei aufgelisteten Gattungsmerkmalen.

Zur Kritik an den produktiven Verfahren:

• Hoher Zeitaufwand – jedoch: Bei guter Organisation benötigt selbst z. B. das Schattenspiel keinen vollen Unterrichtsvormittag, hinterlässt aber sicherlich nachhaltigere Spuren als reine Besprechungen von Texten.

• Instrumentalisierung, respektive Missachtung des literarischen Textes – jedoch: Herkömmliche analytische Prozesse sind dezidiert auf das Zerlegen von Literatur angelegt, zudem steht bei Sichtung und Besprechung der produktiven Schülerentwürfe der originale Volltext im Mittelpunkt.

• Verselbstständigung der Methodik – jedoch: Dem wirken der beschriebene werk- und gattungsorientierte Einsatz der produktiven Verfahren sowie ihr Verständnis als aktive Deutung von Literatur entgegen.

Was Eltern wissen sollten

• Produktive Verfahren wenden sich gegen einen einseitigen kognitiven, wenig kindgemäßen Zugriff.

• Produktive Verfahren meinen nicht blinden, beliebigen Aktionismus, sondern zielen auf individuelle, kreative Verstehens- und Deutungsarbeit.

• Auch produktive Leistungen sind beurteil- und benotbar.

Literatur

SPINNER, K. H. (2000): Handlungs- und produktionsorientierter Umgang mit Kinder- und Jugendliteratur. In: LANGE, G. (Hrsg.): Taschenbuch der Kinder- und Jugendliteratur. Band 2. Baltmannsweiler: Schneider, S. 978–988
Information über die Geschichte des produktionsorientierten Literaturunterrichts und die wichtigsten methodischen Verfahren

Rechtschreiben

- Hat sich die Bedeutung des Rechtschreibens verschoben?
- Was sind die Prinzipien der deutschen Orthographie?
- Welche Bedeutung hat das Diktat?

Das Rechtschreiben wird in der Didaktik inzwischen verstärkt in seiner dienenden Funktion gesehen. Entsprechend wird in den meisten Lehrplänen und in den Standards das Richtigschreiben im großen Bereich des Textschreibens untergeordnet. Fehler lassen sich nicht mehr als Mangel allgemeiner sprachlicher Fähigkeiten und/oder Intelligenz deuten. Richtig zu schreiben ist vor allem für den Schüler als Schüler wichtig: Es gewährleistet Kommunikation, erzeugt Schreibmotivation, verhindert Misserfolgserlebnisse, vermittelt Sicherheit. Angemessene Aufmerksamkeit in allen Fächern ist der beste Weg, Rechtschreiben nachhaltig zu fördern. Für alles Lesen ist das richtige Schreiben (Rechtschreibfehler lenken von Sinnentnahme ab) notwendige Hilfe.

Entwicklung des Rechtschreibens: Die Hamburger Schreibprobe stellt die Entwicklung des Rechtschreibens in Strategiestufen dar. Diese Stufen treten nicht streng nacheinander auf, sondern greifen ineinander über. Für den Erwerb einer „höheren" Strategiestufe ist es notwendig, dass der Schreiber die elementareren Strategien zuvor häufig angewendet hat.

- Stufe 1: Logographemische Strategie (Merken von Form und Anordnung der Zeichen)
- Stufe 2: Phonetische Strategie (Beachtung der Aussprache und Verschriftung jedes Lauts durch einen Buchstaben)
- Stufe 3 a: Orthographische Strategie (Merken einer von der Lautung abweichenden Schreibung und/oder Nutzen einer bekannten Vorschrift)
- Stufe 3 b: Morphematische Strategie (Gliedern der Wörter in Bausteine, Suche von verwandten Wortstämmen, Ableitung der Schreibung)
- Stufe 4: Wortübergreifende Strategie (Beachten semantischer Zusammenhänge)

Das unterrichtliche Handeln: Es hat die Prinzipien (phonematisches, syllabisches, morphematisches, pragmatisches, syntaktisches, intentionales Prinzip) der deutschen Orthographie zu berücksichtigen. Keines der Prinzipien ist aber konsequent realisiert. Hinzu kommt, dass eine optimale Orthographie für das Schreiben dem phonologischen Prinzip Rechnung tragen müsste, für das Lesen jedoch wäre ein lexikalisches Prinzip günstig. Die Tendenz beim Rechtschreibunterricht geht weg von vorwiegender Gedächtnisarbeit und hin zu einem kognitiveren Zugriff. Kinder machen sich selbst

Gedanken über das Rechtschreiben, der Unterricht versucht, diese inneren Regelbildungen in normgerechte Bahnen zu lenken. Fünf Bereiche sind bedeutsam: ▪ Orthographisches Grundwissen (Kenntnis der grundlegenden Prinzipien). ▪ Flexibles Anwenden von Strategien, die zur Richtigschreibung führen. ▪ Geistige, quasi-wissenschaftliche Operationen (Vergleichen, Klassifizieren, Abstrahieren, Verallgemeinern, Anwenden, Transferieren). ▪ Einen angemessenen (individuellen) Wortschatz schreiben können. ▪ Selbstständige Orientierung im Wörterbuch und Regelverzeichnis.

Die 2000 häufigsten deutschen Wörter decken in der Grundschule zwischen 96 und 98 Prozent des benötigten Wortschatzes ab, im 8. Schuljahr immer noch etwa 90. Dieses empirische Ergebnis lässt die weit verbreitete Behandlung von „besonderen" Rechtschreibfällen in einem anderen Licht erscheinen. Als Faustregel kann gelten: Wer gern schreibt und nicht ständig gemaßregelt wird, hat mehr Chancen, sicher zu werden, als der, dessen Schreibmotivation infolge rigiden Korrekturverhaltens gestört wird.

Rechtschreibkompetenz: Sie weist zwei grundlegende Facetten auf: Zum einen die Anwendung impliziten Rechtschreibwissens – also das, was intuitiv, ohne Nachdenken richtig geschrieben wird. Zum anderen die bewusste Reflexion über die Schreibung, die Textkorrektur. Hierzu gehört auch die Kompetenz, sich bei Unsicherheiten im Wörter- und Regelbuch Hilfe holen zu können.

Diktate? Sie haben nur dann wirklich Wert, wenn dadurch tatsächlich Rechtschreibkompetenzen abgeprüft werden. Nach SOMMER-STUMPENHORST können ⤢ Diktate unter bestimmten Voraussetzungen neben anderen Methoden zur Leistungsfeststellung herangezogen werden: keine Fehlerschwerpunkttexte; keine geübten Texte; angemessene Länge und Diktiergeschwindigkeit; Möglichkeit, zu überarbeiten; Verwendung von Wörterbuch und Regelwerk.

Was Eltern wissen sollten

- Die Bedeutung des Rechtschreibens hat sich verändert.
- Kontinuierliche Aufmerksamkeit erreicht die größten Fortschritte.
- Diktate sind nur unter bestimmten Voraussetzungen taugliche Mittel, um das Rechtschreibkönnen zu überprüfen.

Literatur

SOMMER-STUMPENHORST, N./HÖTZEL, M. (2007): Richtig schreiben lernen von Anfang an. 5. Aufl. Berlin: Cornelsen Scriptor
Im Mittelpunkt stehen Arbeitstechniken, die das Lernen fördern und erleichtern.
SPIEGEL, U. (2006): Richtig schreiben. 2. Aufl. Berlin: Cornelsen Scriptor
Ideen und Hilfen, wie kindliche Lernprozesse optimal berücksichtigt werden können

Schriftspracherwerb

• Was lernen Kinder lange vor der Schule?
• Was ist mit dem „neuen Blick" auf Fehler gemeint?
• Worüber sollten sich Kollegien verständigen?

Das Erlernen der Schriftsprache ermöglicht eine selbstständige Teilnahme an der Schriftkultur. Es ist von Anfang an unabdingbar, dass Kinder die Schriftsprache ihren Fähigkeiten und ihrer Neugier gemäß vielfältig nutzen (dürfen). Das individuelle Fortschreiten zu hemmen („Diesen Buchstaben haben wir noch nicht gelernt!"), verbietet sich. Gerade im Bereich der Sprache, dem fundamentale Bedeutung für die kognitive, emotionale und soziale Entwicklung eines jeden Menschen zukommt, ist es wichtig, so lernförderlich wie möglich zu handeln, damit keinem Kind Chancen verbaut werden, aus eigenem Antrieb seine sprachlichen Fähigkeiten auszubauen. Die Unterschiede in Können und Wissen, oft basierend auf kulturellen und sozialen Herkünften, bilden den Ausgangspunkt eines individualisierten Sprachunterrichts.

Kinder kommen nicht als „tabula rasa": Die Voraussetzungen und die Grundleistungen, um Lesen und Schreiben lernen zu können, bilden sich schon im ersten Lebensjahr. Vom ersten Moment an machen Säuglinge Seh- und Hörerfahrungen, Form- und Raumerfahrungen; Kleinkinder erweitern permanent ihren aktiven und passiven Wortschatz, malen mit Einzelbuchstaben oder Kritzeleien versehene Bilder, die sie den Eltern schenken mit den Worten: „Ich habe dir etwas geschrieben!" Und natürlich können sie das dann auch vorlesen. Der eigene Name, nachgespurte Buchstaben, „Wortruinen" usw. folgen. Kinder gewinnen Freude am Gestalten mit Sprache in allen Formen, erfahren die Schriftsprache spielerisch, erproben Sprachhandlungs- und Darstellungsmöglichkeiten. Diese ersten Einsichten in Strukturen, Zusammenhänge und ästhetische Dimensionen ebnen den Weg zu einem bewussten Gebrauch der Sprache. Jedes Kind, das in die Schule kommt, verfügt also über ein ganzes Bündel von vorschulischen Schriftspracherfahrungen.

Der „neue Blick" auf den Fehler: Die Annahme, dass Kinder in der Schule erst dann mit dem „richtigen" Schreiben, also von Sätzen und Texten, beginnen sollten, wenn sie gelernt haben, alle Buchstaben zu lesen und formrichtig zu schreiben, entspricht keinesfalls lernpsychologischen Einsichten und missachtet, dass viele Kinder schon als Leser und Schreiber in die Schule kommen. Im Gegenteil sollen die Schülerinnen und Schüler vom ersten Tag an – sie tun das ja auch lange vor der Schule – schreiben und lesen, selbst wenn dabei Fehler passieren. Diese Fehler, gerade die beim Schreiben, „schleifen" sich nicht ein, wie lang angenommen wurde. Sie zeigen, was ein Kind schon sicher beherrscht, über welche Strategien es verfügt und wo noch Hilfestellungen notwendig sind (⌐ Rechtschreiben). **Worüber sollten sich Kollegen verständigen?** Die Arbeit mit der Anlauttabelle hat Einzug in viele Schulzimmer gehalten. Es ist mit Blick auf das Schulprofil für eine Schule ungünstig, wenn in der einen Klasse mit der Anlauttabelle gearbeitet wird, die ein individuelles Fortschreiten ermöglicht, in der anderen aber noch die einzelnen Buchstaben sukzessive und im Gleichschritt für alle „eingeführt" werden, gar separierte Lehrgänge für Lesen und für Schreiben durchgeführt werden. Eine fachliche Auseinandersetzung im Kollegium, in der die neuen Erkenntnisse zum Schriftspracherwerb diskutiert werden, sollte zu einem möglichst einheitlichen Vorgehen an einer Schule führen. Leitfragen können sein:

- Welche Anlauttabelle ist geeignet?
- Gibt es Möglichkeiten, Kinder beim Schriftspracherwerb klassenübergreifend zu fördern?
- Sind Fibel und das dazugehörige Arbeitsheft nötig?
- Gibt es Übungspläne, die gemeinsam erstellt werden können?
- Was gibt es auf der Materialseite (z. B. Lese- und Schreibspiele, Leseleiste, Schreibwand)?
- Drängend, gerade im Anfangsunterricht, ist ein genaues Erfassen der Lernausgangslagen; dazu ist ein „Schreiben vom ersten Tag an" ein geeignetes Mittel.

Was Eltern wissen sollten

- Der Schriftspracherwerb des Kindes wird am besten gefördert, wenn man ihm so viele Anregungen wie möglich eröffnet, um zu schreiben, zu lesen und zu hören – Schreiben lernt man nur durch Schreiben, Lesen nur durch Lesen. Das elterliche Vorbild ist dabei enorm prägend.
- Lesen und Schreiben bedingen und fördern sich wechselseitig.
- Die Kinder sollen so viel wie möglich schreiben; dazu müssen nicht erst alle Buchstaben in der Schule „eingeführt" sein. Fehler sind notwendig; eine behutsame, begründende Berichtigung ist fruchtbar.

Literatur
POLLERT, M. (2002): Lernen und leben im 1. Schuljahr. Berlin: Cornelsen Scriptor
  Anregungen, wie der erste Unterricht kindgerecht gestaltet werden kann
RADIGK, W. (2006): Wie lernen Kinder sprechen, lesen und schreiben? Berlin: Cornelsen Scriptor
  Der kindliche Spracherwerb wird anhand alltäglicher Situationen erklärt.

Sprachförderung

* Was ist mit dem Begriff aktuell gemeint?
* Welche Grundsätze sollte der Unterricht berücksichtigen?
* Wie sehen Unterstützungssysteme an Schulen aus?

Nach aktuellem Gebrauch sind unter dem Begriff Sprachförderung alle Maßnahmen unterrichtlicher und außerunterrichtlicher Art gemeint, durch die Kinder mit Defiziten im Bereich der deutschen Sprache gefördert werden. Weil diese Förderung früh beginnen muss, damit ein möglichst großer Fortschritt erreichbar ist, gibt es in vielen Bundesländern verpflichtende Maßgaben (Vor- und Stützkurse, institutionalisierte Kooperationen usw.), etwa an der Schnittstelle von vorschulischen Einrichtungen – Schule. Allerdings darf die Sprachförderung nicht mit der Grundschule enden, sondern muss in weiterführende Schulen hineinreichen. Zu beachten ist außerdem:

* Kinder mit Migrationshintergrund kommen mit höchst unterschiedlichen Vorkenntnissen in die Schule (etwa mit Analphabetismus auch in der Erstsprache).
* Sie stammen aus unterschiedlichen Ländern und Regionen mit je unterschiedlicher Kultur und Religion.
* Kinder mit Defiziten in der deutschen Sprache sind unterschiedlich alt und heterogen sozialisiert.

Unterrichtliche Grundsätze: Der heterogene Sprachstand der Kinder mit Migrationshintergrund wirkt sich auf didaktisch-methodische Entscheidungen aus. Ausgehend von sprachdidaktischen Ansätzen und Ergebnissen der Spracherwerbsforschung, lassen sich folgende Grundsätze destillieren:

* Jeder Unterricht ist immer Sprachförderunterricht.
* Sprache muss in bedeutsamen Kontexten gelernt werden.
* Authentische Lernorte außerhalb der Schule zum sprachlichen Erfahrungsraum machen; sprachanregende Lernumgebungen kreieren.
* Möglichkeiten des interkulturellen Lernens für das Sprachenlernen nutzen.
* Die Mehrsprachigkeit der Kinder einbeziehen.
* Phonetische Bewusstheit entwickeln.
* Wirksamkeit der vorbildlichen Lehrersprache mitdenken.
* Jedes Sprechen in Sprachhandlungssituationen stellen.
* Fehler tolerieren und zur permanenten Fragehaltung ermutigen.

Unterstützungssysteme organisieren: Bei Schulen mit einem hohen Anteil von Kindern mit Migrationshintergrund stellt sich den Kollegien zudem die Frage, wie Sprachförderung so anzulegen ist, dass sie über die einzelne

Klasse und den Klassenunterricht hinausreicht, will man schulischen Erfolg und gesellschaftliche Integration nachhaltig sichern. Dabei spielen Eltern, Experten und Multiplikatoren eine entscheidende Rolle.

*   Innerhalb einer Klasse und über die Klassengrenzen hinaus können Helfer- und Tutorensysteme initiiert werden: Kinder fördern Kinder
*   Auch wenn in Familien nicht Deutsch gesprochen wird, können die Familienmitglieder mit Blick auf den beobachtbaren Lernfortschritt hilfreich sein. Es liegt im Interesse der Schule, mit den Eltern einen engen Austausch zu initiieren, am besten innerhalb einer Jahrgangsstufe im Rahmen von Projekten und Veranstaltungen.
*   Welche ⊅ Experten, welche durch die Schulaufsicht ausgebildete Multiplikatorengruppen, welche weiteren Stützsysteme (Schulpsychologen, Beratungslehrer usw.) sind verfügbar? Da deren Terminkalender zumeist prall gefüllt sind, sollte eine Anforderung innerhalb der Schule abgesprochen sein, um eine effektive Zeitnutzung zu erreichen.
*   Äußerst nützlich sind Elternpatenschaften (⊅ Hausaufgaben, Lesepaten, Familienpaten usw.). Das funktioniert nicht immer nur innerhalb einer Klasse, oft kümmern sich Eltern aus der Klasse a gerne um ein Kind aus der Klasse b. Die Namen der Eltern, die dazu bereit wären, sollten allen Lehrern bekannt sein, um gegebenenfalls anfragen zu können.

Wichtig ist die fachliche Fortbildung aller Lehrer an der Schule. Mittel aus regionalen oder schulinternen Töpfen sind eine gute Investition. An vielen Universitäten ist Deutsch als Zweitsprache inzwischen ein reguläres Studienfach im Rahmen des Lehramtsstudiums. Es lohnt nachzufragen, ob Studierende bereit sind, Initiativen an Schulen mitzutragen.

Was Eltern wissen sollten

*   Sprachförderung kann nur in Kooperation mit dem Elternhaus gelingen; schon mit Blick auf die zur Verfügung stehende Zeit wäre es unbedacht, sich nur auf die Schule zu verlassen. Ein wichtiger Baustein wäre, in der Familie so viel wie möglich deutsch zu sprechen.
*   Kinder lernen am besten von Kindern; eine Familienpatenschaft für Kinder mit Schwierigkeiten ist eine optimale Lösung.

Literatur
BARTNITZKY, H. (2006): Sprachunterricht heute. Sprachdidaktik – Unterrichtsbeispiele – Planungsmodelle. 4. akt. und erw. Aufl. Berlin: Cornelsen Scriptor
   Nicht nur für dieses Thema eine unerschöpfliche Fundgrube
ENGIN, H. u.a. (2004): Kinder lernen Deutsch als zweite Sprache. Berlin: Cornelsen Scriptor
   Praktische Anregungen zur Förderung von Kindern mit Migrationshintergrund

Texte beurteilen

- Wo liegen die Probleme in der Textbeurteilung?
- Worauf kommt es bei der Textbeurteilung an?
- Gibt es einen akzeptierbaren Kriterienkatalog/Erwartungshorizont?

Kein Bereich der schulischen Leistungserhebungen wird so kritisiert wie die Textbeurteilung. In der Tat bewerten nicht nur unterschiedliche Beurteiler einen und denselben Text völlig anders, sondern auch ein und derselbe Beurteiler zu verschiedenen Zeiten abhängig von seiner Verfassung. Es ist empirisch gut belegt, dass dabei keine umfassende Objektivität vorliegt. Alle Diagnose- und Beurteilungsprozesse müssen die Individualität des Schülers fördern und seine Person achten. Subjektiver Störfaktoren, wie Steuerung bzw. Einschränkung der Wahrnehmungskapazität durch Vorerwartungen und Vorinformationen (social perception), Perseverationstendenz (eine einmal erteilte Beurteilung wird auch bei folgenden Leistungen aufrechterhalten) oder der Trend zur Einseitigkeit bei Hoch-, Mittel- oder Tiefbeurteilern, sollte man sich zumindest bewusst sein.

Pädagogische und didaktische Aspekte der Textbeurteilung: Gerade bei der Textbeurteilung ist eine „Kultur des Zweifels" wünschenswert, um eine dogmatische Starre zu vermeiden. Als Basiskriterien können angeführt werden:

- sachlich-inhaltliche Bewältigung (Durchgängigkeit/Kontinuität, Exaktheit, wichtige/unwichtige Elemente …),
- Proportionalität der Teile,
- Kohärenz (inhaltliche, semantisch-logische Textverknüpfung) und Kohäsion (syntaktische Verknüpfung),
- Stil (allerdings: Schüler dürfen nicht auf ein abgelöstes, lebensfremdes „Schuldeutsch" eingeschworen werden und sollten nicht den Eindruck haben, sich am Idiolekt des Lehrers ausrichten zu müssen): Sprachökonomie, zweckmäßige Funktionalität, genauer Ausdruck, Abwechslung (Vorsicht bei notwendiger Wiederholung oder der Wiederholung als Stilmittel!); Angemessenheit, Verständlichkeit, Natürlichkeit.

Seitens der Lehrer ist Kompetenz in den genannten Kriterien unverzichtbar. Die Beurteilungskriterien sollten ferner den unterrichtlichen Lehr- und Lernzielen entsprechen, nicht „vom Himmel fallen". Schülertexte verdienen es, sorgfältig und umfassend korrigiert zu werden. Geht es schließlich um die Zensur, ist es hilfreich, die Texte in wechselnder Reihenfolge mehr als einmal durchzulesen. Durch eine ausführliche Schlussbeurteilung wird ein gewisses Maß an Transparenz in der Leistungsbeurteilung hergestellt.

Dimensionen und Kriterien in einem Beurteilungsbogen: Es ist unprofessionell, mit leichter Hand an Texte von Kindern heranzugehen. Bei aller vorstellbarer Kritik an Kriterien und Kriterienkatalogen („Korsett-Argument"): Es ist immer noch besser, mit einer klaren Vorstellung Korrektur, Bewertung und Beurteilung vorzunehmen. Einen praktikablen Vorschlag zeigt der Beurteilungsbogen, wie ihn BÖTTCHER/BECKER-MROTZEK vorschlagen. Der Basiskatalog lässt Spielraum, um die Dimensionen je nach Text unterschiedlich zu gewichten. Selbstverständlich müssen die Kriterien den Kindern klar sein; ins Heft eingeklebt, haben sie (und die Eltern!) die Sicherheit, dass jeder Text (übrigens durchaus auch ein „freier" Text) mit der gleichen „Brille" betrachtet wird.

Gerade weil die Textbeurteilung eher subjektiv ist, gibt es enorme Unterschiede zwischen den Klassen. Hier ist es hilfreich, wenn sich ein Kollegium, nach intensiver Fachdiskussion, auf einen Basiskatalog einigt, wie auch immer er aussehen mag.

Dimension	Kriterium	Grad		
		1 ☺	0,5 ☺	0 ☹
Sprache I Orthographie	1. Werden die vermittelten Rechtschreibregeln angewendet?			
Morphologie (Wortform)	2. Sind die Wortformen grammatisch richtig gebildet?			
Satzbau	3. Sind die Sätze grammatisch korrekt?			
Sprache II Wortwahl	4. Wird ein der Aufgabe angemessenes Wortmaterial verwendet?			
Sprachstil	5. Ist der gewählte Sprachstil der Aufgabe angemessen und wird er im Text beibehalten (sachlich, spannend, anschaulich ...)?			
Wagnis	6. Sind Wortwahl und Satzbau dem Thema in besonderer Weise angepasst (wörtliche Rede, Leseranrede ...)?			
Inhalt Gesamtidee	7. Lässt der Text eine Gesamtidee erkennen (z. B. passende Überschrift)?			
Umfang	8. Ist der Umfang der Aufgabe angemessen?			
Relevanz	9. Sagt der Text etwas für die Aufgabe bzw. das Thema Relevantes oder Neues aus?			
Aufbau Textmuster	10. Wird in der Aufgabe angemessenes Textmuster verwendet (Erzählung, Beschreibung, Anleitung ....)?			
Textaufbau	11. Ist der Text sinnvoll aufgebaut (Reihenfolge)? Lässt eine innere/ äußere Gliederung erkennen (Abschnitte)?			
Prozess Planen/Überarbeiten	12. Lässt der Text Planungs- und Überarbeitungsspuren erkennen?			

Was Eltern wissen sollten

- Dass ein Kind unterschiedlich gute Noten im Texteschreiben hat, muss nicht unbedingt auf einen Leistungsabfall zurückzuführen sein.
- Die Anforderungen an einen Text, aus denen sich die Note zusammensetzt, sollten transparent sein und sich auf den vorhergehenden Unterricht beziehen.
- Die Fähigkeit, Texte schreiben zu können, wird in einer langen Entwicklung erworben. Dafür ist eine Menge Übung nötig – und wer übt, darf auch Fehler machen.

Literatur

BÖTTCHER, I./BECKER-MROTZEK, M. (2003): Texte bearbeiten, bewerten und benoten. Berlin: Cornelsen Scriptor
Beispiele aus der Praxis erhellen das Problemfeld, mit Beurteilungsraster.

Texte schreiben

- Warum sollen Kinder lernen, längere Texte zu schreiben?
- Wie ist der Stand der didaktischen Forschung?
- Warum Schreibförderung statt Aufsatzerziehung?

Wesentliche Argumente für das Schreiben längerer Texte in Zeiten von SMS, iconbasierten Chats und Telefon-Flatrate sind aus wissenschaftlicher, didaktischer und pädagogischer Sicht: ▪ Schreiben ermöglicht schriftliche Kommunikation. ▪ Es fördert Reflexion und Erkenntnis, es ist Mittel der geistigen Arbeit. ▪ Schreiben ermöglicht Festhalten und Wiederlesen der Gedanken und die Arbeit daran; so lassen sich größere mentale Zusammenhänge herstellen. ▪ Es fördert individuellen, absichtsvollen, sprachlich-symbolischen (Selbst-)Ausdruck. ▪ Schreiben ist eine kognitive Leistung, als Instrument des Denkens wirkt es auf das Denken zurück. Die kognitive Entwicklung wird doppelt gefördert: Da durch Verschriftlichung Gedanken objektiviert werden, können sie analysiert und synthetisiert werden. Das verändert das Denken qualitativ. ▪ Schreiben fördert die Planungs- und Antizipationsfähigkeit, das Auswählen und Ordnen von Wissen und die Kritikfähigkeit – also allgemeine intellektuelle Funktionen. ▪ Es fordert Dezentralisierung, ein bewusstes Sicheinstellen auf andere; damit dient es der sozialen Kognition.

Didaktische Forschung: Inzwischen ist unstrittig, dass Schreiben als Prozess zu verstehen ist. Als Urmodell wird der Entwurf von HAYES/FLOWER (1980) angesehen, der Schreiben in Teilprozesse auffächert und es insgesamt als ein kognitives Verarbeiten darstellt. Die Teil- oder Subprozesse (Entwickeln eines Schreibplanes, Formulieren, Aufschreiben, Überarbeiten usw.) verlaufen dabei nicht streng sukzessiv, sondern bewegen sich interaktiv auf verschiedenen Ebenen, sie sind wiederholbar und rekursiv. Die Erkenntnisse haben seit Ende der 1990er Jahre dazu geführt, dass Lehrpläne und Standards prozessorientiert ausgerichtet sind und die Überarbeitung von Texten als eigene Aufgabe herausgestellt wird.

Schreibförderung statt Aufsatzerziehung: Die Schule wäre im Bereich des Texteschreibens einen erheblichen Schritt weiter, wenn überall konsequent auf den Begriff Aufsatz, der sich mit guten Gründen in keinem Grundschullehrplan mehr findet, verzichtet würde. Vieles von dem, was sich an Ängsten und Misserfolgserlebnissen mit diesem Begriff verbindet und Eltern an ihre Kinder weitergeben, wäre damit umgangen. Lehrer würden zudem deutlich signalisieren, dass das Schreiben von Texten etwas wesentlich anderes und sehr viel mehr ist, als kaum hinterfragte Textsorten-Normen klischeehaft zu erfüllen. Weitere Aspekte, die eine Neuorientierung unumgänglich machen, sind: Die Tradition der Orientierung an Textsorten ist seit langem in der Kritik. Ein rein normativer Anspruch engt den kindlichen Gestaltungsspielraum ein, ist eher blockierend als hilfreich und förderlich. Eine strikte Einteilung in objektive und subjektive Texte ist nicht durchzuhalten. Die Zuordnung von „Aufsatzarten" und Jahrgangsstufen scheint zumindest fragwürdig, weil bei allen Kindern die basalen sprachlichen Tätigkeiten (erzählen, beschreiben, diskutieren) bereits angelegt sind. **Schreibaufgaben:** Aufgaben sollten bewusst nicht gängige Klischees abrufen und zum Abliefern eines „erwünschten" Aufsatzes verleiten („Mein schönstes Ferienerlebnis"), sondern entweder Vorstellungskraft und Erfindungsreichtum herausfordern oder authentische Texte erlauben. Nur dann wird eine Aufgabe als echte Aufgabe wahrgenommen, wenn sie eines der Kriterien Lebensweltbezug („Ein Ort, an dem ich nie wieder sein möchte"), Reflexivität („Warum heißt die Kuh eigentlich Kuh?"), Kreativität und Systematik (Schreiben wie am Fließband, Schreiben zu einem Film usw.) erfüllt oder lernbereichs- bzw. fächerintegrierend ist. Man unterscheidet drei grundsätzliche Möglichkeiten: ▪ Vorlagengebundenheit: Ausgangspunkt sind Impulse von Musik, Bildern, literarischen oder medialen Texten usw. ▪ Kontextgebundenheit: Ausgangspunkt ist der Unterricht, z. B. der Leseunterricht; Themen und Inhalte orientieren sich daran. ▪ Freie Schreibaufgaben: Sie sind so offen, dass die Vorlagen und der Kontext nicht genau festgelegt sind bzw. sich die Kinder davon entfernen dürfen.

Was Eltern wissen sollten

- Schreiben wird heute prozessual gesehen; nicht nur das Produkt ist entscheidend, sondern auch der Weg dorthin – das haben Bewertung und Beurteilung zu berücksichtigen.
- In der Schule werden keine „Aufsätze" geschrieben, sondern an vielgestaltigen Texten pragmatische Kompetenzen ausgebildet.

Literatur

ABRAHAM, U./KUPFER-SCHREINER, C. (Hrsg.) (2007): Schreibaufgaben für die Klassen 1 bis 4. Berlin: Cornelsen Scriptor
Konkrete Schreibaufgaben, um Schriftlichkeit von Beginn an als Medium des Lernens und der Selbstreflexion zu erfahren
BAURMANN, J.: Die Schreibforschung – ein Glücksfall für die Deutschdidaktik. In: KÖPPERT, C./METZGER, K. (Hrsg.) (2001): „Entfaltung innerer Kräfte". Velber: Friedrich, S. 207–216
Basisaufsatz des wohl einflussreichsten Schreibforschers im deutschsprachigen Raum

Anzahlerfassung

- Wie zählen Schulanfänger?
- Kann ein Kind rechnen, wenn es bis 20 zählen kann?
- Darf ein Kind am Ende des zweiten Schuljahres noch zählend rechnen?

Bereits vor Schulbeginn besitzen die meisten Kinder eine Reihe von mathematischen Kenntnissen zum Umgang mit Zahlen. Fast alle Schulanfänger kennen die Zahlwortreihe bis 20 oder auch darüber hinaus, wobei das Aufsagen der standardisierten Zahlwortreihe nicht unbedingt Auskunft über die Mengenvorstellung gibt. Das Zählen ist gekennzeichnet durch ein exaktes Zuordnen der Zahlwortreihe zu konkreten Dingen und Mengen. Das Anzahlverständnis des Kindes zeigt sich in folgenden fünf Zählprinzipien:

- Eins-zu-Eins-Prinzip (zu jedem Element gehört genau ein Zahlwort),
- Prinzip der stabilen Ordnung (die Zahlwortreihe hat eine feste Ordnung),
- Kardinalzahlprinzip (das letztgenannte Zahlwort ist Anzahl der Elemente),
- Abstraktionsprinzip (jedes Objekt zählt genau einmal),
- Prinzip der beliebigen Reihenfolge.

Strukturierte Anzahlerfassung: Die meisten Schulanfänger haben eine voll entwickelte Simultanerfassung von Mengen bis 4. Die Menge 5 wird als „vier-und-eins" (z. B. nach dem Muster eines Spielwürfels) mit einem Blitz-Blick quasi-simultan erfasst. Die Simultanerfassung von Mengen ist die Voraussetzung für die strukturierte Anzahlerfassung auch größerer Mengen in Form regelmäßiger Punktmuster. Die strukturierte Anzahlerfassung bildet eine unentbehrliche Grundlage für den flexiblen Umgang mit Zahlen als Zusammensetzung aus anderen Zahlen (z. B. 7 = 3 + 3 + 1, 7 = 6 + 1, 7 = 5 + 2, 7 = 10 − 3). Diese Fähigkeit ist wiederum Voraussetzung für die Entwicklung effektiver Rechenstrategien (z. B. Verdoppeln, Fast-Verdoppeln, gegensinniges Verändern) zur Förderung des beweglichen und sicheren formalen Rechnens. Vor diesem Hintergrund sollten im Kollegium Absprachen bestehen, den Kindern im Anfangsunterricht und bei jeder Zahlraumerweiterung vielfältige Gelegenheiten und ausreichend Zeit einzuräumen, die Anzahl geordneter (Punkt-)Mengen strukturiert zu bestimmen und dazu individuelle Vorgehensweisen zu entwickeln.

Strukturiertes Material: Um die Struktur der Zahlen als geordnete Punktmenge zu verinnerlichen, sollten die Kinder möglichst lange visuell durch geeignetes strukturiertes Material unterstützt werden. Eine lohnenswerte Anschaffung für die Schule sind Materialien, die bei Erweiterung des Zahlenraums „mitwachsen" und die Struktur beibehalten. Hier bieten sich etwa Fünfer- und Zehnerstreifen, Wendeplättchen, das Zwanziger- sowie Hunderterfeld oder das Tausenderbuch an. Diese Materialien sollten für die Hand jedes Kindes vorhanden sein.

Zählendes Rechnen – ein problematischer Weg: Rechenschwache Kinder (↗ Rechenschwäche) ziehen zur Lösung von Additions- und Subtraktionsaufgaben häufig Zählstrategien (Abzählen, Weiterzählen) heran. Das zählende Rechnen birgt deutliche Nachteile:

- Zählfehler beim Zurück- und Weiterzählen,
- hoher Aufwand bei größeren Zahlen,
- erschwerter Zugang zu Strukturgesetzen und Rechenvorteilen,
- isolierte Zahlwahrnehmung als einzelne Elemente einer Reihe.

Das zählende Rechnen sollte durch heuristische Strategien abgelöst werden, bei denen die Kinder ihre strukturierte Zahlerfassung nutzen, sich an wichtigen Grundaufgaben orientieren sowie ihre Einsichten in die Eigenschaften der Rechenoperationen anwenden (z. B. Konstanz der Summe bei gegensinnigem Verändern). Der konsequente Einsatz des strukturierten Materials trägt dazu bei, Vorstellungen von Rechenoperationen zu entwickeln. Bei zunehmender Verinnerlichung mathematischer Strukturen lösen die Kinder sich aus eigenem Antrieb vom Material. Es sollte im Kollegium einer Schule Konsens bezüglich einer positiven Einstellung zum Materialeinsatz bestehen, welcher auch den Eltern gegenüber vertreten wird.

Was Eltern wissen sollten

- Die Kinder sollten nicht zum Zählen und Rechnen ohne Material ermuntert werden, solange die Zahlstrukturen nicht verinnerlicht sind. Wenn die Kinder sich sicher fühlen, lösen sie sich selbst vom Material.
- Bei Unsicherheiten im formalen Rechnen sollten die Kinder immer wieder angehalten werden, auf strukturiertes Material zurückzugreifen. Daher ist es empfehlenswert, je nach Zahlenraum ein Zwanziger- bzw. Hunderterfeld oder Tausenderbuch zu Hause zur Hand zu haben.

Literatur

Müller, E./Wittmann, E. Ch. (1994/1996): Handbuch produktiver Rechenübungen, Band 1 und 2. Stuttgart: Klett
Praktische Beispiele zur materialgestützten Schulung der strukturierten Anzahlerfassung in verschiedenen Zahlenräumen

Gerster, H.-D./Schultz, R. (2004): Schwierigkeiten beim Erwerb mathematischer Konzepte im Anfangsunterricht. Freiburg: Universität Freiburg
Der Aufsatz erläutert Faktoren für die Entwicklung der strukturierten Anzahlerfassung und gibt Beispiele für Aktivitäten im Unterricht.

Arithmetik

* Was versteht man unter Arithmetik?
* Welche arithmetischen Grundvorstellungen sollen die Schüler aufbauen?
* Reicht Rechnen nicht aus? Wozu brauchen Grundschüler arithmetisches Wissen?

Die Arithmetik (gr.-lat. „die Rechenkunst") ist Teilgebiet der Mathematik. Umgangssprachlich bezeichnet Arithmetik auch allgemein das mündliche und schriftliche Rechnen mit natürlichen Zahlen sowie die Grundrechenarten Addition (Zusammenzählen), Subtraktion (Abziehen), Multiplikation (Vervielfachen), Division (Teilen) sowie Division mit Rest (Modulo).

Im Arithmetikunterricht lernen und „erfinden" die Kinder arithmetische Sachverhalte, die in der jahrtausendealten Geschichte der Menschheit eine bedeutende kulturgeschichtliche Leistung darstellen.

Am Ende der Grundschulzeit sollen die Kinder im Bereich Arithmetik solide Zahlvorstellungen entwickelt haben sowie verständig, sicher und flexibel rechnen können. Ebenso sollen sie eine positive Einstellung zum Fach Mathematik aufbauen. Diese Ziele werden in Kenntnisse und Fertigkeiten, Fähigkeiten und Einstellungen zur Mathematik untergliedert.

Kenntnisse und Fertigkeiten: Sie umfassen die mehr technischen Aspekte des Arithmetikunterrichts. Die wichtigste mathematische Fertigkeit von Grundschulkindern ist das Rechnen, v. a. die Beherrschung der vier Grundrechenarten (mündlich und schriftlich). Fähigkeiten sind die Möglichkeit, die Fertigkeiten auf bestimmte Aufgaben anzuwenden und diese zu lösen. Ziele des Arithmetikunterrichts der Grundschule sind:

* Sicheres Bewegen im Zahlenraum von 0 bis zu einer Million,
* Verständnis des Aufbaus des ⤤ Zehnersystems,
* Sicherheit im Kopfrechnen („kleines 1 + 1" und „kleines 1 · 1") und sicherer Umgang mit den vier Grundrechenarten unter Ausnutzung operativer Strategien,
* Verständnis der Normalverfahren (Algorithmen) der schriftlichen Addition, Subtraktion und Multiplikation sowie Verständnis des Verfahrens der schriftlichen Division,
* Angemessenes Runden von Zahlen und Schätzen von Ergebnissen, überschlagendes Rechnen mit gerundeten bzw. geschätzten Zahlen.

Allgemeine Lernziele: Kreativ sein, mathematisieren, darstellen, begründen und kooperieren sind die Fähigkeiten, die die Kinder langfristig erwerben sollen. Das Aufgabenbeispiel „Rechendreiecke" zeigt die Eignung eines

„offenen Übungsformates" zur Förderung der o. a. Fähigkeiten. Das Dreieck ist im Inneren in drei Felder aufgeteilt. Durch Addieren benachbarter Felder können die Randzahlen berechnet werden.

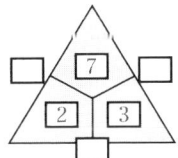 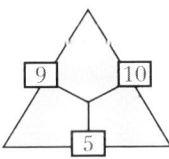

Das Rechnen und Üben macht den größten Teil des Unterrichts aus. Im Kollegium könnte bei der Arbeitsplanerstellung für Mathematik im Rahmen der ⚹ Schulprogrammarbeit Konsens dazu erzielt werden, dass Arithmetiklernen mehr als die Aneignung von Kenntnissen und Fertigkeiten umfasst. Begriffliches Denken und das Lösen von Problemen (⚹ Problemlösen) sind wichtige Aspekte, die den Unterricht prägen müssen. Deshalb darf der Unterricht sich nicht ausschließlich auf Routinerechnen beschränken, sondern er muss auf Einsicht und Wirklichkeitserschließung angelegt sein (⚹ Sachrechnen). Schulinterne Sammlungen von Aufgabenstellungen zu „offenen Übungsformaten", die den o. g. Kriterien genügen, können zur Umsetzung im Unterricht in allen Klassenstufen eingesetzt werden. Im Unterricht können viele Möglichkeiten entstehen, soziales Verhalten zu fördern. Beim Lösen von Aufgaben im Klassenverband wird die Brauchbarkeit von Lösungsvorschlägen geklärt oder es werden Fehler auf ihre möglichen Ursachen hin besprochen. Partner- und Gruppenarbeit bieten Möglichkeiten, Probleme gemeinsam zu lösen und aufeinander Rücksicht zu nehmen.

Was Eltern wissen sollten
- Rechnerische Kenntnisse und Fertigkeiten schaffen eine gute Voraussetzung für die Förderung allgemeiner Lernziele.
- Die Fähigkeiten des Mathematisierens wirken sich positiv auf das Erlernen neuer Wissenselemente und Fähigkeiten beim Kind aus. Eltern sollten ihr Kind dabei unterstützen.

Literatur
KRAUTHAUSEN, G./SCHERER, P. (2003): Einführung in die Mathematikdidaktik. Heidelberg, Berlin: Spektrum Akademischer Verlag
Inhaltliche Darstellung der Grundlagen und Grundideen des Mathematiklernens
QUAK, U./STERKENBURGH, S./VERBOOM, L. (2006): Die Grundschulfundgrube für Mathematik. Berlin: Cornelsen Scriptor
Viele Anregungen und Tipps, durch die vor allem der Arithmetikunterricht motivierend durchgeführt werden kann

Entdeckendes Lernen

- Was bedeutet das entdeckende Lernen?
- Was muss im Unterricht beachtet werden, wenn das entdeckende Lernen durchgeführt werden soll?
- Warum ist das entdeckende Lernen nicht nur leistungsstarken Kindern vorbehalten?

Entdeckendes Lernen beinhaltet ein bestimmtes Verständnis von Lernen. Lernen wird hier als eine aktive, konstruktive Aufbauleistung des Schülers gesehen. Anweisungen und Hilfestellungen sind wesentlich effektiver, wenn sie durch aktive Konstruktionen des Schülers begleitet oder ergänzt werden. Entdeckendes Lernen bedeutet, dass der Schüler durch die konstruktive Aufbauleistung vertiefende Einsichten und Erkenntnisse in die Struktur der Mathematik erfährt. Dies führt zu einer besseren Behaltensleistung und einem komplexeren mathematischen Verständnis. Es ist sinnvoll, dass man im Kollegium hier einen Konsens erreicht, da dieses Verständnis von Lernen einen Einfluss auf die Unterrichtsgestaltung hat.

Fachkonferenzen zur Förderung entdeckenden Lernens: Hier könnte man Aufgaben besprechen und zusammenstellen, die komplex sind und Entdeckungen auf verschiedenen Niveaustufen erlauben. Man könnte auch gemeinsam im Kollegium oder auch bei Elternberatungen oder -abenden Aufgaben rechnen und auf ihren Gehalt an Entdeckungsmöglichkeiten analysieren, wodurch eine Einsicht in die Qualität der entsprechenden Aufgaben gegeben wäre.

Was bedeutet das für den Unterricht? Alle Schüler, unabhängig ob sie leistungsstärker oder leistungsschwächer sind, müssen Gelegenheit zum selbstständigen Lernen in allen Bereichen eines Lernprozesses haben. Es ist ein Unterricht gefordert, der eine Abkehr von ausschließlich kleinsten Schritten bedeutet. Der Unterrichtende ist gefordert, herausfordernde, komplexe, lebensnahe und reich strukturierte Situationen anzubieten, die Gelegenheit zum entdeckenden Lernen beinhalten. Natürliche ✗ Differenzierung ist da möglich, wo eine heterogene Lerngruppe von Kindern sich mit derselben Aufgabe beschäftigt, wenn auch in unterschiedlicher Weise.

Welche Aufgabe hat dabei die Lehrerin oder der Lehrer? Sie oder er regt die Kinder zum Beobachten, zum Erkunden und Probieren, zu Vermutungen und zu Fragen an, mit dem Ziel, sie zu selbstständigen Lernern zu erziehen. Nach dem Grundsatz, minimale Hilfestellungen zu bieten, sollte der Lehrer Hilfen als Hilfe zum Selbstfinden geben. Der Unterrichtende betrachtet die Kinder hierbei als Mitverantwortliche im Lernprozess und ver-

sucht durch seine Aufgaben, dem Beziehungsreichtum mathematischer Sachverhalte Rechnung zu tragen. Es ist ein Unterricht gefordert, der Kommunikation über Mathematik ermöglicht.
Wie sollten Aufgaben aussehen? Sachaufgaben (↗ Sachrechnen), zu denen die Schüler Skizzen oder Tabellen anfertigen, Aufgaben, in denen nach bestimmten Gesetzmäßigkeiten Veränderungen passieren oder auch Aufgaben, die zum Nachdenken über ↗ Muster und Strukturen anregen, begünstigen das entdeckende Lernen. Diese Aufgaben sind „offen" und schließen sowohl diagnostische als auch fördernde Aspekte mit ein. So wird der Mathematikunterricht für individuelle Lernwege geöffnet. Entdeckendes Lernen muss so ermöglicht werden, dass auch gerade leistungsschwächere Kinder ihrer Lernausgangslage entsprechend Lernfortschritte und Konstruktionen vollziehen können.
Beispiel Zahlenketten: Die Schüler wählen zwei Zahlen. Ihre Summe bildet die dritte Zahl. Diese wird mit der zweiten addiert, sodass man eine Zielzahl erhält:

Zahl 1	Zahl 2	3. Zahl	Zielzahl
1	2	3	5
2	3	5	8
5	2	7	9

Folgende Entdeckungen auf verschiedenen Niveaustufen sind hier möglich:
* die Struktur der Ketten wiedergeben,
* von der Zielzahl ausgehend eine Zahlzerlegung durchführen und dann auf die Startzahlen schließen,
* Zusammenhänge zwischen ungeraden und geraden Zahlen erkennen,
* die Anzahl der Möglichkeiten, zu einer bestimmten Zielzahl zu kommen, benennen.

Was Eltern wissen sollten
* Schüler benötigen Freiräume und Möglichkeiten, selbstständig und über mathematische Prozesse nachdenken zu können.
* Eigenständiges Lösen, mit geringen Hilfestellungen, sollte begünstigt werden. Komplexe Aufgaben und Zugangsweisen, die eine Vielzahl von Entdeckungen ermöglichen, sind sinnvoll.

Literatur
MÜLLER, G./WITTMANN, E. CH. (1994/1996): Handbuch produktiver Rechenübungen, Band 1 und 2. Stuttgart: Klett
Neben Theorieteilen zahlreiche Beispiele für das entdeckende Lernen

Flächengeometrie

- Welche Aktivitäten gibt es mit Flächen und ebenen Figuren?
- Welches Vorgehen empfiehlt sich?
- Was lernen die Kinder bei der Flächengeometrie?

Die Flächengeometrie beinhaltet die Auseinandersetzung mit ebenen Formen und Figuren, die sich in der Realität ganz streng genommen nirgends so finden lassen, da alle Wirklichkeit räumlich ist. Anknüpfend an die räumlichen Erfahrungen der Kinder aus der Alltagswelt sollten die Phänomene der Flächengeometrie ausgehend von der räumlichen Darstellung und von dem Wissen über räumliche Objekte erarbeitet werden.

Handlungserfahrungen mit ebenen Figuren: Die Flächengeometrie umfasst den Umgang mit den geometrischen Grundformen (Kreis, Dreieck, Quadrat, Rechteck usw.) und daraus erstellten ebenen Figuren. Im Vordergrund steht das konkrete Handeln: Legen und Auslegen, Stempeln, Zeichnen, Schneiden, Falten, Spiegeln.

Das regelmäßige Legen mit ebenen Figuren führt zur Erstellung von Mustern (abgeschlossene Einheit), Bandornamenten (nach beiden Seiten beliebig fortsetzbar) und Parketten (allseitig fortsetzbar). Diese Handlungserfahrungen eignen sich auch für die fächerübergreifende Arbeit in Mathematik und Kunst. So kann das Parkettieren mit verschiedenfarbigen ebenen Figuren, z. B aus Pappe, zu künstlerischen Ornamenten und Mustern führen, die sich für Ausstellungen in Klassenraum und Schulgebäude eignen.

Symmetrie: Einen hohen Stellenwert im Geometrieunterricht nimmt die Symmetrie ein, da das Erkennen symmetrischer Eigenschaften eine wichtige Komponente unseres räumlichen Vorstellungsvermögens ist. In der Grundschule wird schwerpunktmäßig die Achsensymmetrie als Eigenschaft ebener Figuren thematisiert. Zugänge zur Darstellung der Achsensymmetrie einer ebenen Figur sind das Legen, Falten, Schneiden, Spiegeln oder das Zeichnen, z. B. mithilfe von Gitterpapier. Die Anknüpfung an die Erfahrungswelt der Kinder sollte im Geometrieunterricht berücksichtigt werden, etwa indem man gemeinsam nach Symmetrien in der Umgebung (Klassenraum, Natur, Pausenhof) sucht.

Vorgehen: Die Kinder machen anhand geeigneter konkreter und bildlicher Materialien möglichst handlungsorientiert geometrische Erfahrungen. Der Geometrieunterricht ist dementsprechend induktiv ausgerichtet und stellt im Sinne des ↗ entdeckenden Lernens das selbstständige Ausprobieren und Entdecken sowie das gemeinsame Reflektieren von Lösungsansätzen in den Vordergrund.

Das sorgfältige Arbeiten beim Zeichnen, Legen, Falten, Schneiden und der sichere Umgang mit Zeichengeräten (Lineal, Zeichenschablone, Geodreieck, Zirkel) ermöglicht den Kindern, ihre Ideen erfolgreich in die Tat umzusetzen und zu genauen Ergebnissen zu gelangen.

Bedeutung: Die Flächengeometrie trägt dazu bei, die Entwicklung der visuellen Wahrnehmungsfähigkeit des Kindes zu fördern. Die intellektuelle Entwicklung wiederum ist eng mit den Fähigkeiten verbunden, visuell dargebotene Informationen aufzunehmen (⇗ Raumgeometrie). Somit sind visuell-geometrische Erfahrungen von grundlegender Bedeutung für die kognitive Entwicklung des Kindes. Die Geometrie ist mit allen weiteren Bereichen mathematischen Denkens eng verknüpft. Jede Veranschaulichung in der Arithmetik basiert auf geometrischen Darstellungen (z. B. Punktmuster, Hunderterfeld). Vor diesem Hintergrund sollte im Lehrerkollegium Konsens darüber angestrebt werden, Geometrie in regelmäßigen Abständen im Mathematikunterricht zu thematisieren.

Geo-Brett: Das Geo-Brett ist ein Arbeitsmittel, das sich dazu eignet, die Themenbereiche der Flächengeometrie handlungsorientiert zu erfassen. Ebene Figuren werden auf einem Brett mit 4 x 4 bzw. 5 x 5 quadratisch angeordneten Nägeln mit Gummibändern gespannt. Die Kinder haben die Möglichkeit, Untersuchungen zu ebenen Figuren handelnd (auf enaktiver Ebene) zu erfassen und diese mit ikonischen Darstellungen (auf Arbeitsblättern) zu verknüpfen. Das Spannen von Figuren und deren Spiegelbildern lässt die Kinder Erfahrungen zur Punkt- und Achsensymmetrie gewinnen. Die regelmäßige Aufteilung des Geo-Bretts trägt dazu bei, dass Flächeninhalt und -umfang ebener Figuren strukturiert erfasst werden und Erfahrungen zum Umgang mit Brüchen angebahnt werden.

Die Herstellung eines Klassensatzes von Geo-Brettern ist lohnenswert und lässt sich – eventuell mithilfe von Eltern – leicht umsetzen.

Was Eltern wissen sollten

- Zu Hause fördern Legespiele (z. B. Tangram) oder Faltspiele (z. B. Origami) die Einsicht in die Struktur ebener Figuren.

Literatur

FRANKE, M. (2000): Didaktik der Geometrie. Heidelberg, Berlin: Spektrum
   Hier finden sich auf theoretisch fundierter Basis Anregungen für einen handlungsorientierten Geometrieunterricht.
KELLER, K.-H. (2002): Am Geo-Brett Geometrie entdecken. Offenburg: Mildenberger
   In diesem Arbeitsheft für den Einsatz im Unterricht sammeln die Kinder vielfältige flächengeometrische Erfahrungen mit dem Geo-Brett.

Flexibles Rechnen

* Was bedeutet das flexible Rechnen?
* Kann man die Einstellung der Kinder zur Mathematik mit operativen Aufgaben positiv beeinflussen?
* Welche Aufgaben entsprechen dem flexiblen Rechnen?

Die Intelligenz entwickelt sich in einer Wechselwirkung zwischen Mensch und Umwelt, wobei sich das Denken in Form von Mustern, flexiblen Systemen oder sogenannten kognitiven Schemata ausbildet, die die Aktivitäten des Einzelnen steuern. Beim flexiblen Rechnen wird großer Wert auf einen schrittweisen, systematischen Aufbau gelegt. Daher soll man Operationen und Begriffe nicht einfach vorgeben oder definieren, sondern aus Handlungen und Situationen heraus entwickeln lassen.

Flexibles oder auch operatorisches Durcharbeiten: Ziele des operatorischen Durcharbeitens umfassen Verständnis und Beweglichkeit eines Begriffs, einer Operation. Die Bildung starrer Denkgewohnheiten soll verhindert werden, verbale Automatismen und unverstandene, nur rein schematische Lösungen sind unerwünscht. Flexibles Rechnen ist gekennzeichnet durch folgende Eigenschaften: ▪ Es ist umkehrbar (reversibel) und assoziativ, d.h., es steht dem Denken frei, auf verschiedenen Wegen zum Ergebnis zu gelangen. ▪ Es geht aus dem Tun hervor, indem es dieses verinnerlicht. ▪ Es schließt die Fähigkeit ein, den Gesichtspunkt zu wechseln und mehrere Standpunkte zu koordinieren.▪ Es ist dadurch geprägt, dass sich einzelne Denkoperationen zu Gesamtsystemen verbinden. Einzelne Operationen sind mit anderen Operationen zu Gesamtsystemen verknüpft.

Beispiel flexibles Rechnen: Durch die Verinnerlichung (Operationen müssen nicht mehr wirklich, also handelnd, durchgeführt werden) wird das Denken beweglich.

$5 + 3 = 8$ Hier wäre die Handlung „dazugeben".	kompositionsfähig: $5 + 1 + 2 = 5 + 3 = 8$ Zwei Handlungen lassen sich zu einer zusammensetzen.
assoziativ: $5 + 1 + 2 = 8$, aber auch $5 + 2 + 1 = 8$ Operationen lassen sich auf unterschiedliche Weise zusammensetzen.	reversibel: $5 + 3 = 8, 8 - 3 = 5$ Zu jeder Operation gibt es eine Umkehroperation.

Konsequenzen für den Unterricht: Zu fordern ist eine variables, sinnbezogenes und beziehungsreiches flexibles Üben. Unter Durcharbeiten versteht man eine komplexe Behandlung von mathematischen Themen durch Tausch-, Probe-, Umkehr-, Nachbar-, Zerlegungsaufgaben. Lehrinhalte werden so nicht in einzelnen voneinander losgelösten Einheiten behandelt, sondern in einem Gesamtzusammenhang. Veränderungen von Ausgangssituationen, Suchen nach alternativen Lösungswegen, Zusammenhänge zwischen Rechenoperationen entdecken sind Möglichkeiten, das bewegliche Denken zu trainieren und das operative Üben zu forcieren. Als Stufen des Verinnerlichungsprozesses sind Repräsentationsmodi zu unterscheiden, die als EIS-Prinzip (enaktiv, ikonisch, symbolisch) formuliert wurden. – Aufgaben mit Mustern und Strukturen und Aufgaben, die als „schönes Päckchen" gesehen werden können, begünstigen das flexible Rechnen.

Fragen wie die folgenden führen zu einer aktiven und flexiblen Auseinandersetzung mit Mathematik: Was erkennst du an den Ergebnissen? Warum sind die Ergebnisse immer gleich? Wie könnten die Aufgaben weitergehen? Was passiert bei den einzelnen Aufgaben? Kannst du ähnliche Aufgabenpäckchen schreiben? Forscherfragen, die man im Kollegium sammeln, themenorientiert zusammenstellen und den Kindern anbieten kann, erzeugen eine Haltung, die das flexible Rechnen begünstigt.

Beispiel: schönes Päckchen

23 + 145 =
25 + 143 =
27 + 141 =
29 + 139 =

Bedeutung: Das konsequente Beachten des flexiblen Rechnens hat einen komplexeren Wissenserwerb zur Folge. Die Schüler können durch operatives Durcharbeiten eine positivere Einstellung zur Mathematik gewinnen: Selbstvertrauen, Interesse und Neugierde, Motivation und Ausdauer, konstruktive Umgänge mit Fehlern und richtigen Ergebnissen sowie eine bessere Einsicht in den Nutzen des Gelernten sind hier als Lernchancen zu sehen. Reines automatisierendes und schematisches Üben, das Einsichten in mathematische Zusammenhänge oft nicht begünstigt, haben eher einen negativen Einfluss auf die Einstellung zur Mathematik.

Was Eltern wissen sollten

• Forscherfragen zu Aufgaben oder Aufgabenpäckchen dienen dazu, dass die Kinder operativ tätig werden und Mathematik stärker in strukturellen Zusammenhängen sehen.

Literatur

KRAUTHAUSEN, G./SCHERER, P. (2003): Einführung in die Mathematikdidaktik. Heidelberg, Berlin: Spektrum Akademischer Verlag
Die Autoren geben übersichtlich strukturiert Einblicke in mathematikdidaktische Zusammenhänge.

Größen – Rechnen mit Maßzahlen

- Warum werden Größen in der Grundschule behandelt?
- Welche Größenbereiche lernen die Kinder im Mathematikunterricht der Grundschule kennen?
- Hat das „didaktische Stufenmodell zur Behandlung von Größen" noch eine Bedeutung?

Jede Größe ist festgelegt durch eine Maßzahl und eine Einheit und wird als Produkt aus beiden beschrieben:
Größe = Maßzahl · Maßeinheit, Beispiel: 5 m, Maßzahl: 5, Maßeinheit: m
Größen werden deshalb mitunter auch als „benannte Zahlen" bezeichnet.
Ein und dieselbe Größe kann auf verschiedene Weise dargestellt werden:
5 m = 50 dm = 500 cm = 5000 mm
Größen sind eine wesentliche Grundlage des ↗ Sachrechnens.
Erwerb von Größenvorstellungen und Größenbegriffen: Die Kinder sollen realistische und lebendige Größenvorstellungen aufbauen. Im Unterricht werden Erfahrungen der Kinder aufgegriffen und genormte Maßeinheiten handlungsorientiert eingeführt. Die Kinder verstehen den Vorgang des Messens, entwickeln ein Verständnis verschiedener Schreibweisen und wenden ihre Kenntnisse sinnvoll in Sachrechensituationen an. Der Aufbau von Größenvorstellungen erfolgt über das Messen. So erwerben die Kinder Grundvorstellungen über Größenangaben. Hierzu müssen sie einen Vorrat von passenden Repräsentanten der jeweiligen Größen anlegen, z. B. für 1 kg eine Tüte Mehl oder eine Tüte Zucker. Dieser handlungsorientierte Zugang zu Größen sollte als Konsens im Kollegium vorhanden sein. Materialkisten zu den jeweiligen Größenbereichen erleichtern die Umsetzung im Unterricht. Die Kinder können kleine Ausstellungen und Präsentationen zu Größenbereichen z. B. in Form von Lernplakaten für nachhaltiges Lernen erstellen und weiterhin nutzen.
Repräsentanten: Sie sind Voraussetzung für einen sicheren Umgang mit Größenangaben und das erfolgreiche Lösen von Sachaufgaben sowie das Umwandeln von Größen. Von großer Bedeutung ist das Schätzen, welches als das Ermitteln einer ungefähren Größenangabe durch gedankliches Vergleichen mit eingeprägten Repräsentanten definiert werden kann. Zum Schätzen brauchen die Kinder Größenvorstellungen (Abgrenzen vom Raten), es gibt kein „Richtig" oder „Falsch", das Ergebnis muss nicht exakt stimmen. Zur Einsicht in den Sinn des Schätzens im Unterricht können Aufgaben gestellt werden, bei denen sich ein genauer Wert (durch Messen) nicht ermitteln lässt. Hierzu eignen sich sogenannte Fermi-Aufgaben, z. B.:

▪ Wie viele Reiskörner passen in einen Schuhkarton? ▪ Wie viele Buchstaben „a" stehen in deinem Lesebuch? ▪ Wie viele Luftballons passen in den Klassenraum?

Folgende Größen werden in der Grundschule behandelt:

Schuljahr	Größenbereich
1	Geld (keine Größe im physikalischen Sinne): €; Zeit: Uhr, Kalender
2	Länge: m, cm; Zeit: Monat, Woche, Tag, Stunde, Minute
3	Gewicht: kg, g; Länge: km, m, cm, mm Raum- und Flächeninhalte
4	Geld: €, ct; Gewicht: t, kg, g, mg; Hohlmaße: l, ml Länge: km, m, cm, mm; Zeit: Jahr, Monat, Tag, Stunde, Minute, Sekunde

Dezimalzahlen werden v. a. im Zusammenhang mit verschiedenen Größen eingeführt und als deren dezimale Schreibweise interpretiert.

Besonders bei Verwendung realistischer Daten kann im Rahmen einer Sachsituation, der Bearbeitung eines Sachtextes oder eines Projektes durchaus ein Vorgriff erfolgen.

Didaktisches Stufenmodell zur Einführung von Größen: Dieses hat die Intention, dass sich diese kulturgeschichtliche Entwicklung als individuell-kognitive Entwicklung beim Kind wiederholt.

Fachdidaktiker kritisieren, dass es diese stringente Umsetzung im realen Lernprozess der Kinder nicht gibt. Vielmehr müsse der Unterricht an z. T. umfangreichen Vorerfahrungen und dem Alltagswissen der Kinder anknüpfen. Weiterhin zeigen Studien, dass Kinder häufig mit dem o. g. Stufenmodell kein grundlegendes Messverständnis entwickeln und auch über geringe Kenntnisse konventioneller Einheiten verfügen.

Was Eltern wissen sollten

*   Kinder sollten häufig die Gelegenheit bekommen, Dinge ihrer Lebensumwelt zu messen.

Literatur

BONGARTZ, T./VERBOOM, L. (Hrsg.) (2007): Fundgrube Sachrechnen. Berlin: Cornelsen Scriptor
Viele Unterrichtsideen und methodische Anregungen zum Sachrechnen
FRANKE, M. (2003): Didaktik des Sachrechnens. Heidelberg, Berlin: Spektrum Akademischer Verlag
Hilfen zur Gestaltung des Sachrechenunterrichts und zur Arbeit mit Größen

Lernstandserhebung

- Wie kann man den Lernstand von Schülern feststellen?
- Warum reichen Tests oder Arbeiten allein nicht zur Lernstandsfeststellung aus?
- Inwieweit helfen diagnostische Gespräche?

Um den Mathematikunterricht den Bedürfnissen der Schüler anzupassen und für einen Überblick über deren Leistungen, sind regelmäßig systematische Lernstandserhebungen notwendig. Diese sollen an zentralen Punkten des Lehr-Lern-Prozesses stattfinden: zu Beginn der Behandlung eines Themas zur Feststellung der Lernausgangslage als Grundlage für die Planung, als Zwischenerhebung bei größeren Lernabschnitten oder komplexeren Themen sowie zum Abschluss, um den Lernfortschritt festzuhalten.

Funktionen: Neben der Rückmeldung für den Lehrer tragen Lernstandserhebungen dazu bei, den Kindern ihr eigenes Lernen transparent zu machen und auch die Eltern über den Lernstand zu informieren. Sie teilen mit, was ein Schüler bereits kann; daraufhin lassen sich individuelle Fördermaßnahmen entwickeln. Die Lernstandserhebungen sind auch Grundlage zur Beurteilung mit Zensuren, aber nicht primär.

Schriftliche Lernstandserhebung: Dazu zählen standardisierte diagnostische Tests (z.B. Deutscher Mathematiktest; Test zur Diagnose und Dyskalkulie) oder eigene systematisch aufgebaute Aufgabenstellungen. Arbeiten, die nicht nur als Klassenarbeiten gleichzeitig mit allen Schülern geschrieben werden müssen, ermöglichen einen guten Einblick, auch wenn sie als Leistungsfeststellung keinesfalls allein herangezogen werden sollten. Hilfreich ist es, sie strukturiert zu analysieren, um nicht nur die Anzahl der richtigen Lösungen zu erfassen, sondern auch Teilleistungen zu bewerten. Eine systematische Fehleranalyse hilft, die Rechenfehler besser nachzuvollziehen und entsprechende Konsequenzen für den Unterricht zu überlegen (z.B. Zahlendreher, Einer-Zehner-Vertauschungen, Wiederholungsfehler bei Algorithmen). Hilfreiche Aspekte bei der Auswahl von Aufgaben sind: ▪ Genaue Bestimmung der abzufragenden Kompetenzen (z.B. Zählen: Zahlwortreihe, Anzahlbestimmung, Zahlsymbole); ▪ Auswahl des Schwierigkeitsgrades der Zahlenwerte (z.B. E + E ohne/mit Zehnerüberschreitung, ZE + E ohne/mit ZÜ); ▪ Darbietung der Aufgaben (z.B. Sachsituation, Bild, Lebensweltbezug, nur Zahldarstellung, Rechenformate); ▪ ergebnisorientierte Aufgaben und solche, die Einsichten in mathematische Denkprozesse der Kinder zulassen; ▪ Bewertungsmaßstäbe (bei schwierigeren Aufgaben keine übermäßigen Punktabzüge bei Nichtlösen).

Mit offenen Aufgabenstellungen (z. B. Addition: je eine leichte/schwere Aufgabe erfinden und lösen) kommt man zu Aussagen über die Problemlösefähigkeit. Bei der Erstellung und Auswertung eigener diagnostischer Aufgaben ist die Zusammenarbeit im Kollegium unerlässlich (z. B. Kriterien entwickeln, Bewertungsmaßstäbe festlegen, Anforderungsprofil der Aufgaben diskutieren, mathematische Kompetenzen analysieren, Weiterarbeit im Unterricht koordinieren, Förderpläne absprechen).

Mündliche Lernstandserhebung: Hier kann man die Kinder bei der Bearbeitung der Aufgaben beobachten; man kann sie dazu näher befragen. Leistungen sind auch solche Aktivitäten, die man nicht allein durch Arbeiten abfragen kann: ▪ die Fähigkeit, Lösungen und Lösungswege zu reflektieren, ▪ sich auf die Lösung anderer Kinder einzulassen und sie nachzuvollziehen, ▪ Problemlöseverhalten (auch wenn eine Lösung nicht sofort gesehen wird), ▪ Kreativität bei mathematischen Modellierungen, ▪ Leistungsbereitschaft, ▪ Arbeitshaltung und -einstellung. Die Fähigkeit, über die Lösungen der Mitschüler nachzudenken, mit der eigenen Lösung abzugleichen und aus einer Distanz hierzu zu reflektieren, hat einen sehr hohen Anspruch und sollte entsprechend gefördert und bewertet werden.

Diagnostisches Gespräch: Kinder sollen darin ihr Vorgehen bei der Lösungssuche versprachlichen: Gesprächsregeln: ▪ Jede Antwort des Kindes – falsch oder richtig – akzeptieren; ▪ Das Kind nicht unterbrechen, wenn es Fehler macht, ▪ Das Kind in seinem Tempo arbeiten lassen, ▪ mit Verstärkung reagieren und aktiv zuhören, ▪ zum „Offenlegen der Denkstrukturen" anregen (Warum hast du das so gemacht? Kannst du mir das ... noch mal zeigen?). Die Gespräche liefern Hinweise auf Fehlerursachen und Denkprozesse und dienen der individuellen Lernstandserhebung. Das Üben von diagnostischen Gesprächen im Kollegium eignet sich dazu, die wichtigsten Gesprächsregeln zu trainieren und auch die Rolle des Interviewten bewusst wahrzunehmen.

Was Eltern wissen sollten

- Lernstandserhebungen sind wichtig, um über den aktuellen Lernstand des Kindes Auskunft zu erhalten.
- Sie sind unverzichtbar, um jedes Kind bestmoglich fördern zu können (z. B. Übungsformen, Wiederholungen, Einsatz von Übungsformaten).

Literatur
SUNDERMANN, B./SELTER, CH. (2006): Beurteilen und Fördern im Mathematikunterricht. Berlin: Cornelsen Scriptor
Zahlreiche schülerorientierte Beispiele, um Leistungen differenziert zu ermitteln

Materialeinsatz

- Wozu benötigt man Materialien im Mathematikunterricht?
- Welchem Anspruch müssen die Materialien genügen?
- Welche Materialien zur Handlungsorientierung sind geeignet?

Bei der Flut von Materialien für den Mathematikunterricht auf dem Markt ist es notwendig zu überlegen, welche Zielsetzung man mit ihrem Einsatz verbindet und ob die eingesetzten Materialien dieser Zielsetzung gerecht werden. **Weniger ist mehr:** Gerade weil man davon ausgehen muss, dass das Kind den Umgang mit didaktischem Material lernen muss, ist es sinnvoll, auch zugunsten einer Überschaubarkeit, eine Reduktion des Materialeinsatzes durchzuführen. Materialeinsatz zur Handlungsorientierung muss so geartet sein, dass durch die Handlung Einsichten in mathematische Prozesse und Strukturen erleichtert und ermöglicht werden.

Kriterien zur Auswahl des Materials:

- Sind verschiedene mathematische Grundideen handlungsorientiert darstellbar?
- Wird eine Simultanerfassung ermöglicht?
- Erlaubt es den Aufbau von Vorstellungsbildern zu Zahlen und arithmetischen Operationen?
- Ist eine Transferleistung in eine ikonische Darstellung einfach machbar?
- Unterstützt es eine Ablösung vom rein zählenden Rechnen?
- Ist ein Einsatz oder eine strukturgleiche Weiterführung in allen Klassen möglich?
- Ermöglicht es das ↗ entdeckende Lernen und das Entwickeln vielfältiger Zugangsweisen für ↗ Rechenverfahren?
- Sind heuristische und operative Strategien möglich?
- Ist es praktikabel im Unterricht einsetzbar?
- Ist es ökonomisch, ökologisch, preiswert, haltbar und ästhetisch ansprechend?

Als Materialien zur Handlungsorientierung haben sich diejenigen bewährt, die mit einer Struktur eine Simultanerfassung bis fünf erlauben. Im Anfangsunterricht ist dies z.B. das Zwanzigerfeld mit einer Fünferstrukturierung. Zahlmengen können hier auf verschiedene Weisen unter Ausnutzung der Simultanerfassung mit Wendeplättchen dargestellt und operativ verändert werden. Zahloperationen lassen sich vielfältig legen und darstellen. Das Zwanzigerfeld ermöglicht eine strukturierte Mengenerfassung, die ein ausschließlich zählendes Rechnen verhindert. Es lassen sich Additions- und auch Subtraktionsaufgaben so legen, dass mathematische Prozesse strukturiert erfasst werden und zu einem vertiefenden Zahlbegriffsverständnis führen.

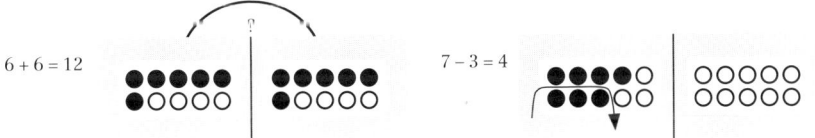

Den Kindern wird ermöglicht, handlungsorientiert Mengen zu erfassen, Anzahlen „zu sehen" und in operative Beziehungen zu bringen. Untersuchungsergebnisse zeigen, dass so einer ⟋ Rechenschwäche vorgebeugt werden kann. Das Zwanzigerfeld wird im zweiten Schuljahr auf das Hunderterfeld erweitert, wobei das Feld deutlicher hilft, den dekadischen Aufbau unseres Zahlsystems zu verinnerlichen, als der alleinige Einsatz einer Hundertertafel mit Ziffern. Einerplättchen, Fünfer- und Zehnerstreifen unterstützen die Zahlbegriffsgenese, erleichtern das Verständnis des strukturierten Zahlaufbaus und führen vom rein zählenden Rechnen weg. Als strukturgleiche Weiterführung des Zwanzigerfeldes wird der 1000er-Raum dann mit einem Tausenderbuch oder auch mit Mehrsystemblöcken erschlossen.

Im Kollegium sollte man einen Konsens bezüglich des Einsatzes geeigneter Materialien anstreben, der dann gemeinsam auch konsequenter den Eltern gegenüber vertreten werden kann.

Was Eltern wissen sollten

* Den Einsatz strukturierten Materials sollten Eltern befürworten. Aussagen der Art: „Versuche die Aufgaben mit Material zu legen, zu verändern" usw. sind hilfreicher als der Versuch: „Du kannst das bestimmt schon ohne Material."
* Eltern und Lehrer können dazu beitragen, dass der Materialeinsatz seinen oft noch negativen Charakter verliert.
* Kinder lösen sich irgendwann selbstständig vom Material, wenn sie es nicht mehr benötigen.

Literatur

RADATZ, H./SCHIPPER, W./DRÖGE R./EBELING A. (1998): Handbuch für den Mathematikunterricht 1. Schuljahr/2. Schuljahr. Hannover: Schroedel
Die beiden Handbücher erlauben einen strukturierten Überblick über mathematikdidaktische Themenbereiche. Zahlreiche unterrichtspraktische Beispiele fordern zur Umsetzung heraus.

Muster und Strukturen

- Was sind Zahlenmuster?
- Wie können Kinder an Muster und Strukturen herangeführt werden?
- Wie können Kinder ihre Erkenntnisse präsentieren?

Der Mathematikunterricht der Grundschule orientiert sich an Gebieten der Lebenswelt der Kinder (Anwendungsorientierung) und an mathematischen Strukturen (Strukturorientierung). Beide Ausrichtungen haben ihre spezifische Bedeutung zur Entwicklung mathematischen Denkens.

Zahlenmuster: Die Mathematik ist die Wissenschaft von den Mustern und beschäftigt sich im Sinne der Strukturorientierung mit Mustern von Ziffern, Zahlen und Formen. Diese weisen Gesetzmäßigkeiten sowie Zahlbeziehungen auf und sind durch mathematische Operationen fortführbar. Zahlenmuster werden in erster Linie auf arithmetischer Ebene dargestellt. Geometrische Darstellungen in Punktmustern sind jedoch für viele Kinder hilfreich, um die Struktur fortzuführen und zu durchschauen.

Beispiel Dreieckszahlen:

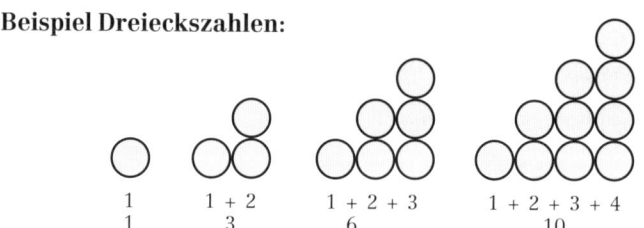

| 1 | 1 + 2 | 1 + 2 + 3 | 1 + 2 + 3 + 4 |
| 1 | 3 | 6 | 10 |

Wie geht es weiter? Was fällt dir auf?

Heranführung an Zahlenmuster: Schon am Anfang spielen Zahlenmuster zur Unterstützung der strukturierten ↗ Anzahlerfassung eine große Rolle, so etwa beim Zerlegen regelmäßiger Punktmuster in strukturierte Einheiten (z.B. 12 = 3 + 3 + 3 + 3 oder 12 = 6 + 6 oder 12 = 4 + 4 + 4).

Auch der Umgang mit Zahlenfolgen fördert die Einsicht in arithmetische Muster. Einfache Zahlenfolgen zum rhythmischen Zählen können schon von Schulanfängern durchschaut werden (z.B. Folge der geraden/ungeraden Zahlen, Zählen in Dreier-, Fünferschritten usw.). Schwieriger sind kombinierte Zahlenfolgen, die etwa zwei Rechenoperationen integrieren (z.B. 1, 3, 6, 8, 16, … Regel hier: + 2, · 2).

Auch in Rechenpäckchen lassen sich Muster und Strukturen integrieren, wenn die Aufgaben in operativer Beziehung zueinander stehen und sich somit Gesetzmäßigkeiten erkennen lassen („schöne Päckchen").

Um Kinder an das Erkennen von Gesetzmäßigkeiten heranzuführen, ist der Umgang mit strukturiertem Material wie Plättchen und Punktefeldern sinnvoll (↗ Materialeinsatz). Durch das Legen und Fortsetzen von Zahlenmustern erkennen sie Beziehungen zwischen den einzelnen Mustern und können sie auf individuellem Niveau beschreiben.

Auch das systematische Probieren ist eine praktikable Herangehensweise an Zahlenmuster, bei der sich ausgehend von einer Zahl durch operatives Verändern der möglichen Lösung angenähert wird (↗ flexibles Rechnen).

Es bietet sich an, im Kollegium eine Sammlung mit geeigneten Aufgaben und angemessenen Lösungshilfen für die verschiedenen Jahrgangsstufen anzufertigen

Erkenntnisse: Neben dem Lösen vorgegebener Muster lassen das Erfinden eigener Zahlenmuster (Zahlenfolgen, „schöne Päckchen") und das begründete Auffinden von Fehlern in „fertigen" Mustern Erkenntnisse über Lösungsstrategien der Kinder zu.

Auch die Versprachlichung der Denkwege der Kinder beim Lösen vorgegebener Zahlenmuster gewährt einen Einblick in deren Vorgehensweise und ermöglicht, den Ursprung von eventuellen Fehlerquellen nachzuvollziehen. Die Formulierung eigener Erkenntnisse im Umgang mit Zahlenmustern gelingt Kindern auf unterschiedlichem Niveau. Während einige Kinder auf beschreibender Ebene bleiben, finden andere bereits Ansätze zur Begründung der Struktur. Die regelmäßige Integration von Präsentationsphasen und Reflexionsgesprächen hat diesbezüglich einen besonderen Stellenwert im Mathematikunterricht und fördert die Fähigkeiten der Kinder, ihre Erkenntnisse zu versprachlichen.

Was Eltern wissen sollten

- Wollen Eltern ihrem Kind beim Erkennen und Fortführen von Mustern in Aufgabenstellungen helfen, so sollten sie es unterstützen, ohne Erklärungen und Begründungen vorwegzunehmen. Oft hilft das Nachlegen mit strukturiertem Material.

Literatur

STEINWEG, A. S. (2003): Gut, wenn es etwas zu entdecken gibt – Zur Attraktivität von Zahlen und Mustern. In: RUWISCH, S./PETER-KOOP, A. (2003): Gute Aufgaben im Mathematikunterricht der Grundschule. Offenburg: Mildenberger
Erläuterung zu Mustern und Strukturen sowie Hinweise für die praktische Umsetzung

QUAK, U./STERKENBURGH, S./VERBOOM, L. (2004): Die Grundschulfundgrube für Mathematik. Berlin: Cornelsen Scriptor
Viele Beispiele für den Einsatz strukturierter Arithmetikaufgaben im Unterricht

Problemlösen

- Warum sollen Kinder mathematische Probleme lösen lernen? Reicht Rechnen nicht aus?
- Welche Strategien entwickeln die Kinder beim Problemlösen?
- Welche Aufgaben eignen sich zum Problemlösen?

Mathematik in der Grundschule hat mehr als die Aneignung von Kenntnissen zum Ziel, wie das „Kleine Einmaleins" oder Fertigkeiten wie die geläufige Beherrschung der schriftlichen Subtraktion (↗ Arithmetik). Mathematiklernen wird als aktives Tun und eine schöpferische Tätigkeit aufgefasst, bei der Intuition, Fantasie und kreatives Denken beteiligt sind. **Problemlösekompetenzen im Unterricht:** Problemlösen heißt Fragen stellen: „Worum geht es?" Solides Basiswissen ist die Voraussetzung dafür: „Was weiß ich schon im Zusammenhang mit dem Problem?" Alle Kinder können diese Kompetenzen in einem didaktisch-aktuellen Unterricht erwerben. Ziel ist es, die geistige Beweglichkeit durch das Ausbilden von Teilhandlungen des Problemlösens in Verbindung mit heuristischen Hilfsmitteln und Strategien zu fördern.

Ein mathematisches Problem ist gekennzeichnet durch einen gegebenen Anfangszustand, ein erwünschtes, aber noch nicht erreichtes Ziel und dadurch, dass kein Weg zum Überführen eines Anfangszustandes in den Zielzustand bekannt ist. Als Voraussetzungen zum Problemlösen gelten:

- mathematische Fertigkeiten,
- ein herausforderndes Problem, welches zum Fragen anreizt und dessen Lösung für das Kind erreichbar ist,
- Zeit zum Experimentieren, zum Vermuten ohne Angst vor „Fehlern",
- ein angenehmes Lernklima, in dem auch ungewöhnliche Ideen und Wege akzeptiert sind,
- ein bewusster Umgang mit heuristischen Strategien, die die Lösungssuche unterstützen.

Das Lösen eines Problems wird in vier verschiedene Phasen unterteilt: 1. Verstehen der Aufgabe, 2. Ausdenken eines Plans, 3. Ausführen eines Plans, 4. Rückschau.

Strategien und Routinen für den kreativen Umgang mit Problemen: Sie sind durchaus erlernbar. Folgende heuristische Strategien können schon Grundschüler erkennen und erfolgreich anwenden:

▪Vorwärts- und Rückwärtsarbeiten, ▪Analogiebildung (Ähnlichkeiten zu bereits gelösten Aufgaben überprüfen), ▪Suchraumeingrenzung (systematisches Probieren in einem eingegrenzten Suchraum), ▪Ziel-Mittel-Analyse

(Zuhilfenahme von Tabellen, Skizzen, Planfiguren, konkreten Objekten),
▪ Zerlegen in überschaubare Teile (Aufgliederung eines komplexen Problems in überschaubare Teilschritte).
Aufgaben, die sich zum Problemlösen eignen, sind offen und für den Schüler herausfordernd gestaltet.

Beispiel:

> Ein Basketball, ein Fußball und ein Volleyball kosten genau 100 Euro. Der Basketball kostet mehr als 2 Fußbälle, 3 Fußbälle kosten mehr als 4 Volleybälle, und 3 Volleybälle kosten mehr als ein Basketball. Alle Bälle haben glatte Europreise.

Die Schüler können an dieser Aufgabe als heuristische Strategien die Analogiebildung („Habe ich schon eine ähnliche Aufgabe gelöst?"), die Ziel-Mittel-Analyse (Hilfsmittel Tabelle), die Suchraumeingrenzung und das Vorwärts- und Rückwärtsarbeiten entwickeln bzw. anwenden. In der Rückschau sollten die jeweils individuell angewendeten Strategien thematisiert und die Lösung auf Plausibilität überprüft werden.
Mathematik-Fachkonferenz: Hier kann eine Sammlung von geeigneten Problemlöseaufgaben z.b. in Form einer Kartei für einen differenzierten Unterricht in den jeweiligen Klassenstufen erstellt werden. Tipps und Hilfen können den Kindern eine selbstständige Bearbeitung ermöglichen.

Was Eltern wissen sollten

• Neben Kenntnissen (z.B. Einmaleins) und Fertigkeiten (z.B. mit einem Lineal messen können) sollen Kinder am Ende ihrer Grundschulzeit auch die Weiterentwicklung von Fähigkeiten wie das Problemlösen beherrschen.

• Stärken Sie ihr Kind dadurch, dass Sie ihm auch schwierigere Aufgaben zutrauen, und helfen Sie mit, dass es bei Schwierigkeiten nicht sofort aufgibt. Ermuntern Sie Ihr Kind, sich über mathematische Problemstellungen zu äußern und Fragen zu stellen.

Literatur
SPIEGEL, H./SELTER, C. (2003): Kinder & Mathematik, Was Erwachsene wissen sollten. Seelze, Velber: Kallmeyer
Das Buch gibt Einblicke in das mathematische Denken von Grundschülern für „Experten" und „Laien". Es enthält eine Vielfalt anschaulicher Beispiele und aktueller Ansätze des Mathematikunterrichts der Grundschule
Viele Problemlöseaufgaben liefert der Känguru-Wettbewerb unter:
www.mathe-kaenguru.de

Raumgeometrie

• Wozu benötigen die Kinder Erfahrungen in der Raumgeometrie?
• Welche Aktivitäten unterstützen die räumliche Vorstellung?
• Können Kinder in der Grundschule räumliche Objekte zeichnen?

Die intellektuelle Entwicklung eines Kindes ist eng verknüpft mit der Fähigkeit, visuell dargebotene Informationen strukturiert zu analysieren. In diesem Zusammenhang hat die Entwicklung der Raumvorstellung als eine von sechs Primärfaktoren der Intelligenz besondere Bedeutung.

Raumvorstellung: Sie bezeichnet die Fähigkeit, Lagebeziehungen zwischen Gegenständen sowie geometrische Grundformen an Gegenständen erkennen, sich vorstellen und beschreiben zu können. Im Mathematikunterricht der Grundschule wird diese Fähigkeit insbesondere durch Erfahrungen in der Raum- und ⏴ Flächengeometrie geschult.

Die Schulung des räumlichen Vorstellungsvermögens innerhalb der Raumgeometrie setzt bei vielfältigen konkreten Handlungen mit Körpern (z. B. Kugel, Quader, Würfel, Zylinder, Kegel) und entsprechenden Materialien aus der Umwelt an (z. B. Verpackungen). Dabei werden die enaktive (handelnder Umgang mit Material), die ikonische (Zeichnen räumlicher Gebilde) und die symbolische Ebene (Beschreiben räumlicher Gebilde) ständig miteinander verzahnt.

Konkrete Aktivitäten: Das konkrete Operieren mit Material bildet die Basis geometrischen Denkens, sodass in der Grundschule der handelnde Umgang mit Körpern im Vordergrund steht. Würfel und Quader sind aufgrund ihrer Regelmäßigkeit bevorzugte Körper für konkrete Aktivitäten. Die Anschaffung eines Klassensatzes von Holzwürfeln in handlicher Größe (Kantenlänge mindestens 2 cm) ist lohnenswert, da er während der ganzen Grundschulzeit eingesetzt werden kann. Die Kinder erwerben mit diesen und anderen Körpern Erfahrungen zum ▪ Bauen (frei, nach Vorgabe) mit heterogenem oder homogenem Material; ▪ Ordnen und Sortieren (Erfassen der Anzahl von Ecken, Flächen, Kanten; Zuordnung zu Gebrauchsgegenständen); ▪ Herstellen von Körpern (Vollkörper, z. B. aus Knete) und Körpermodellen (Kanten- und Flächenmodelle).

Die Ergebnisse der konkreten Auseinandersetzung der Kinder mit Körpern können in Ausstellungen innerhalb der Klasse oder Schule präsentiert werden.

Zeichnen: Kinder im Grundschulalter stellen in Alltagszeichnungen Räumlichkeit dar, die genaue zeichnerische Darstellung von Körpern als Schrägbild fällt ihnen jedoch häufig schwer, da dies hohe Anforderungen an die Raumvorstellung und die Zeichenfertigkeit stellt. Als zeichentechnische Hilfe zur Anfertigung von Schrägbildern dienen „Quadratgitter" (Kästchenpapier) oder „Dreiecksgitter". Letzteres ist ein Muster aus diagonal angeordneten Punkten, welche mit dem Lineal verbunden werden, um die Ansicht eckiger Körper (Quader, Würfel) und daraus zusammengesetzter Gebäude (z. B. eine Treppe) zeichnerisch korrekt wiederzugeben.

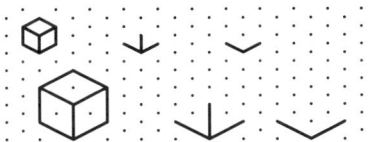

Zur zeichnerischen Darstellung von Gebäuden aus Würfeln können Kinder Baupläne erstellen. Hierbei wird das Quadrat als Grundfläche des Würfels gezeichnet und darin eingetragen, wie viele Würfel übereinander liegen.

Gebäude 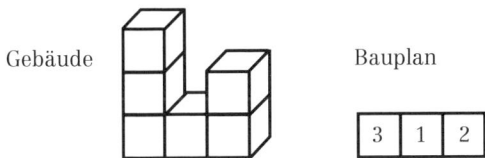 Bauplan

3	1	2

Kopfgeometrie: Diese umfasst alle mündlich (im Kopf) zu lösenden geometrischen Aufgaben, die das visuelle Wahrnehmungsvermögen und das räumliche Vorstellungsvermögen schulen. Im Kollegium sollte Einigkeit darüber bestehen, die Kopfgeometrie regelmäßig in den Unterricht zu integrieren, da sie die geometrische Sprache sowie die Konzentrationsfähigkeit der Kinder fördert. Das Lösen kopfgeometrischer Aufgaben sollte durch Operieren im Kopf erfolgen, wobei die Unterstützung durch Material oder Skizzen für die Ergebnisdarstellung bzw. -kontrolle häufig hilfreich ist. Es bieten sich Übungen zur Raumorientierung (z. B. Wanderungen durch das Schulgebäude im Kopf) sowie Übungen an räumlichen Gegenständen (z. B. Kippen eines Spielwürfels im Kopf – Welche Zahl liegt oben?) an.

Was Eltern wissen sollten
- Der Umgang mit konkretem Material, auch aus der Alltagswelt, ist unerlässlich für die Entwicklung der Raumvorstellung. Daher sollten Eltern auch zu Hause das Bauen mit Bauklötzen, Schachteln usw. fördern.

Literatur
FRANKE, M. (2000): Didaktik der Geometrie. Heidelberg, Berlin: Spektrum
Anregungen für einen handlungsorientierten Geometrieunterricht

Rechenschwäche

* Wie kann man feststellen, ob ein Kind Schwierigkeiten beim Rechnen hat, die auf eine Rechenschwäche hinweisen?
* Was kann die Lehrerin tun, wenn bei einem Kind eine ausgeprägte Dyskalkulie festgestellt wurde?
* Was können Eltern darüber hinaus tun?

Unter Rechenschwäche (Synonyme sind Dyskalkulie oder Arithmasthenie): verstehen verschiedene Autoren eine ↗ Teilleistungsstörung. Es gibt keine von allen Autoren akzeptierte Definition. So lässt sich auch nicht genau bestimmen, in welchem Umfang Rechenschwierigkeiten beobachtet werden können, damit die Diagnose „Rechenschwäche" gestellt werden kann. Es gibt aber wohl Kinder, die in Mathematik eine Förderung außerhalb des Standardunterrichts nötig haben.

Bis zur Einschulung haben Kinder viele Erfahrungen im Sinne früher mathematischer Konzepte gesammelt. Den Kindern, die dies nicht in ausreichendem Maße erfahren haben, fehlen teilweise die Verständnisgrundlagen für mathematische Lerninhalte.

Die betreffenden Kinder machen Fehler (sogenannte „subjektive Algorithmen"), die auf begrifflichen Verinnerlichungsproblemen beruhen können. Die Schwierigkeiten zeigen sich meist ab Ende Klasse 2, vermehrt noch in der 3./4. Klasse; mehrheitlich sind Mädchen betroffen. Häufig wird Dyskalkulie aus Unkenntnis nicht erkannt.

Merkmale der Rechenschwäche: In der Literatur werden folgende Merkmale beschrieben:

* Verfestigung des zählenden Rechnens,
* Unsicherheiten bei der Links-Rechts-Unterscheidung,
* Übersetzungsprobleme zwischen verschiedenen Darstellungen (↗ Materialeinsatz, darin EIS-Prinzip),
* Auffassung von Mathematik als bedeutungsloses Regelwerk,
* geringes Selbstvertrauen der betroffenen Kinder.

Was kann die Lehrerin tun? Lernschwierigkeiten im mathematischen Bereich sollten möglichst früh erkannt werden, bevor sich u. U. durch Misserfolgserlebnisse bedingt weitere Fehlentwicklungen manifestieren.

Eine Förderung sollte sich an den folgenden Richtlinien orientieren: Ausgangspunkt und dauerhafte Begleitmaßnahme jeder Förderung muss eine sorgfältige „Fehleranalyse" sein. Dies bedeutet zu versuchen, die Denk- und Vorgehensweisen eines Kindes vom Ergebnis her zurückzuverfolgen. Allerdings können diese Möglichkeiten begrenzt sein. Mit informeller Diagnostik des Leistungsstands durch vorgegebene Aufgabensammlungen (vgl. Literatur) kann eine differenzierte Ermittlung des Lernstands und ein Profil des individuellen Förderbedarfes erstellt werden. Auf dieser Grundlage können gezielte Fördermaßnahmen in der Schule ansetzen. Einzelförderung und Befreiung von Lehrplanzwängen sind wünschenswert. Dabei ist dem Grundsatz zu folgen, jegliche Überforderung zu vermeiden und die kindliche Motivation aufrechtzuerhalten.

Förderkonzept: Jede Schule sollte in ihre Materialien zur Diagnostik und Förderung Aufgaben für Kinder mit Rechenproblemen einbinden.

Außerdem sollte die außerschulische Förderung Anwendung finden: Eltern und Schule sollten bei weitergehenden Problemen gemeinsam beraten und den tatsächlichen Förderbedarf erörtern. Dazu ist es sinnvoll, entsprechende außerschulische Einrichtungen zur Förderung heranzuziehen (siehe dazu auch die Internetseite des Bundesverbandes Legasthenie und Dyskalkulie).

Was Eltern wissen sollten

• Eltern sind die schlechtesten Nachhilfelehrer. Sie sollten zunächst mit der Lehrerin ihres Kindes sprechen. Sie kann am besten beurteilen, ob die Leistungen tatsächlich stark vom Klassendurchschnitt abweichen.
• Informationen und Beratung finden Eltern im Internet, z. B.: www.rechenschwaeche.de
• Da die Kinder meist sehr unter ihren schwachen mathematischen Leistungen leiden, ist es besonders wichtig, dass sie Erfolgserlebnisse in anderen Bereichen haben. Dies kann andere Schulfächer, Hobbys oder sonstige Freizeitbeschäftigungen betreffen.

Literatur

BRÜHL, H./BUSSEBAUM, C. u. a. (2003): Rechenschwäche – Dyskalkulie. Symptome – Früherkennung – Förderung. Osnabrück: Arbeitskreis des Zentrums für Angewandte Lernforschung
Neben Texten zum besseren Verständnis rechenschwacher Kinder enthält der Band umfangreiches Material für die Gestaltung der Unterrichtspraxis
Bundesverband Legasthenie und Dyskalkulie: www.legasthenie.net/
LORENZ, J. H./RADATZ, H. (1993): Handbuch des Förderns im Mathematik-Unterricht. Hannover: Schroedel
Das Buch beinhaltet viel Material zum Thema Fehleranalyse, Binnendifferenzierung und Förderung. Empfehlenswert für Grundschul- und Sonderschul-Lehrer(innen) gleichermaßen.
LORENZ, J. H. (2003): Lernschwache Rechner fördern. 2. Aufl. Berlin: Cornelsen Scriptor
Hilfen für das Erkennen von Ursachen für Rechenschwächen, das Einordnen von Frühhinweisen, diagnostische Vorgehensweisen

Rechenverfahren

* Was sind Rechenverfahren?
* Welche Bedeutung haben die Rechenverfahren?
* Warum ist das halbschriftliche Rechnen so wichtig?

In der Grundschule lernen die Kinder vier Methoden des Rechnens kennen:

* Kopfrechnen,
* halbschriftliches Rechnen (gestütztes Kopfrechnen),
* schriftliches Rechnen (Algorithmen, Normalverfahren),
* Verwendung des Taschenrechners.

Kopfrechnen: Hier erfolgt die Lösung einer Aufgabe ohne eine Notation von Zwischenschritten. Kopfrechenübungen sollten auf vorhergehende Grundlegung achten und nicht zufällig, sondern systematisch erfolgen. Kopfrechenübungen sollten täglich stattfinden.

Auf verinnerlichte Strategien des halbschriftlichen Rechnens und der Vereinfachung von Zahlensätzen stützen sich das schätzende Rechnen und das Überschlagsrechnen.

Halbschriftliche Rechenverfahren: Trotz der Forderung, die schriftlichen Rechenverfahren im Unterricht behandeln zu müssen, stellen sie nicht länger die Krönung des Mathematikunterrichts dar. Als bedeutsamer als die schriftlichen Rechenverfahren werden von vielen Mathematikdidaktikern die halbschriftlichen Rechenverfahren angesehen. Diese verlangen und bedingen oft wesentlich deutlicher ein Verständnis für mathematische Zusammenhänge, als es beim rein schriftlichen Rechnen erforderlich ist.

Die halbschriftlichen Rechenverfahren haben ihre Bedeutung darin, dass die Schüler sehr kreativ und auf zahlreichen individuellen Wegen Aufgaben lösen können. Die Kinder können zahlreiche Strategien erproben, um Aufgaben halbschriftlich auszurechnen. Durch die variantenreichen Möglichkeiten, Aufgaben halbschriftlich zu lösen, bieten diese Rechenverfahren zudem die Gelegenheit, sich je nach Rechenvermögen für eine Form zu entscheiden und auch die genutzten Formen miteinander zu vergleichen und zu besprechen.

Fähigkeiten wie das Nachdenken über arithmetische Strukturen (↗ Arithmetik), die Fähigkeit zu argumentieren und zu modellieren, werden angesprochen und trainiert. Durch das halbschriftliche Rechnen wird zudem ein besseres Verständnis für die normierten Rechenverfahren erreicht. Auch die Möglichkeit, nicht nur auf Ziffernebene, sondern auch auf ikonischer Weise halbschriftlich zu rechnen, hat eine große Bedeutung.

Kollegium: Hier sollte man einen Konsens derart anstreben, dass die Bedeutung der halbschriftlichen Rechenverfahren gemeinsam gesehen und vor allen Dingen auch gegenüber den Eltern argumentativ vertreten werden kann. Verweilt man dann im Unterricht länger bei den halbschriftlichen Verfahren, so ist bei entsprechender Elternberatung nicht mit Widerständen zu rechnen.

Schriftliche Rechenverfahren: Ab Klasse 3 werden die Schülerinnen und Schüler mit den schriftlichen Rechenverfahren vertraut gemacht. Sie sollen so weit wie möglich zu den mündlichen und den halbschriftlichen Vorgehensweisen in Beziehung gesetzt werden.

Ziel: Am Ende der Grundschulzeit sollten alle Kinder die schriftliche Addition mit mehreren Summanden, die schriftliche Subtraktion mit einem Subtrahenden sowie die schriftliche Multiplikation mit mehrstelligen Multiplikatoren verstehen, sicher beherrschen und anwenden. Die Vorgehensweise, wie die schriftliche Subtraktion durchgeführt und mit den Kindern thematisiert werden kann, ist mittlerweile freigestellt. Das Verfahren der schriftlichen Division durch einstellige und zweistellige Divisoren sollen die Kinder am Ende der vierten Klasse verstanden haben.

Stellenwert der schriftlichen Rechenverfahren heute: In der Mathematikdidaktik wird seit einigen Jahren die Bedeutung der schriftlichen Rechenverfahren kontrovers diskutiert. Für die Alltagsbewältigung spielen sie seit der Verbreitung der ⌁ Taschenrechner und der Etablierung der Computer kaum noch eine Rolle. Trotzdem nehmen sie nach wie vor einen großen Teil des Mathematikunterrichts und in den Mathematik-Lehrplänen der Klassen 3 und 4 ein.

Was Eltern wissen sollten

- Die Kinder sollten die Möglichkeit erhalten, möglichst lang halbschriftliche Rechenverfahren ausprobieren zu können, bevor sie die normierten Verfahren kennenlernen.
- Eltern sollten nicht frühzeitig ihren Kindern die schriftlichen Rechenverfahren „beibringen". Dieses kann dazu führen, dass die Kinder dann die Gelegenheiten, halbschriftlich zu rechnen, nicht mehr effizient wahrnehmen und viel zu früh nur noch schematisch Aufgaben rechnen, ohne Einsichten in mathematische Zusammenhänge trainieren zu können.

Literatur
KRAUTHAUSEN, G./SCHERER, P. (2003): Einführung in die Mathematikdidaktik. Heidelberg, Berlin: Spektrum Akademischer Verlag
Inhaltliche Darstellung der Grundlagen und Grundideen des Mathematiklernens

Sachrechnen

- Was bedeutet authentisches Sachrechnen?
- Wie können die Kinder Sachsituationen in die Sprache der Mathematik übertragen?
- Inwiefern ist Sachrechnen im ersten Schuljahr möglich?

Authentisches Sachrechnen dient in erster Linie der Erschließung der Lebenswirklichkeit. Es ist hierbei ein Anliegen, die reale Umgebung unter mathematischen Gesichtspunkten zu betrachten. Mathematisieren bedeutet, Sachzusammenhängen mathematikhaltige Informationen zu entnehmen, diese in Zahlbeziehungen auszudrücken und unter Zuhilfenahme einer Bearbeitungsstruktur eine Lösung entwickeln zu können.

Erschließung der Lebenswirklichkeit: Bei der Erschließung der Lebenswirklichkeit sollten sich, auch im Sinne einer Alltagsbewältigung, herausfordernde Problemkontexte in erster Linie aus authentischen Spiel- und Sachsituationen ergeben, die der kindlichen Lebenswelt entsprechen. Solche Situationen ergeben sich häufig aus dem Klassen- und Schulleben.

Beispiele: Planungen und Durchführungen bestimmter Vorhaben, wie z.B. Flohmarkt, gemeinsames Frühstück, der Klassenausflug, die Klassenfahrt, sind geeignet, um Fragestellungen mit mathematischem Hintergrund zu finden. Die Fragen nach dem günstigsten Preis, nach der benötigten Menge, nach bestimmten Abfahrts- und Ankunftszeiten, nach Gewinnwahrscheinlichkeiten bei Spielen usw. müssen gefunden werden, um sie durch entsprechende Aktivitäten wie wiegen, messen, Daten sammeln, ordnen und vergleichen, abzählen und durch Rechenoperationen zu beantworten (↗ Größen).

Sachrechnen hat hier auch eine nicht zu unterschätzende Bedeutung für die Steigerung von Planungskompetenz. – Überlegungen zu Wasserverbrauch, Müllentsorgung, Wetterbeobachtungen usw. können dabei hilfreich sein, dass die Kinder Zusammenhänge aus der Umwelt besser verstehen und sich Sachwissen aneignen.

Aufgaben im Kollegium sammeln: Man könnte im Kollegium nach Sachgebieten geordnet Aufgaben oder kleine Projekte zusammenstellen, die eine Relevanz für die Lebensumwelt haben und den Interessensbereichen der Kinder entsprechen.

Wie bearbeitet man Sachrechenaufgaben? Unter der Sachrechenkompetenz versteht man die Fähigkeit, unter Nutzung entsprechender Bearbeitungshilfen, Sachaufgaben zielgerichtet zu bearbeiten und zu lösen. Die Vorgehensweise, Sachsituationen in die Sprache der Mathematik zu übertragen und Sachaufgaben zu lösen, gliedert sich in die folgenden fünf Stufen:

- Stufe 1: Situation wahrnehmen und befragen
- Stufe 2: Modellbildung: Durchdringung der Problemstruktur, Ordnen, grafisches Darstellen der Daten
- Stufe 3: Problemlösen im Modell: Mathematische Lösung, Verarbeitung der Daten
- Stufe 4: Rückführung der Lösungen auf die Situation: Interpretation der Daten, Plausibilitätsprüfung
- Stufe 5: Reflexion des Lösungsweges: Visualisieren, Verbalisieren

Welche Bearbeitungshilfen sind sinnvoll? Durch Nutzung entsprechender Bearbeitungshilfen, wie Skizzen, Bearbeitungshilfen zur Textanalyse, Rollenspiel, Rechenstrich, Tabellen usw. kann das methodische Handlungswerkzeug des Schülers erweitert werden, um die einzelnen Stufen effektiv zu bearbeiten.

Inwiefern ist Sachrechnen im ersten Schuljahr möglich? Die Grundlagen für die Entwicklung von Sachrechenkompetenzen müssen bereits im ersten Schuljahr angelegt werden. Ein Zahl- und Operationsverständnis und Erfahrungen, mathematische Zusammenhänge in Alltagssituationen zu erkennen, sollten ab dem ersten Schuljahr ermöglicht werden. Zählanlässe, Situationen des Dazutuns und Wegnehmens, Rollenspiele, zu Aufgaben Rechengeschichten erfinden und umgekehrt, in Bildern Rechenanlässe erkennen usw. sind Möglichkeiten, ein grundlegendes Verständnis für Sachsituationen mit mathematischem Gehalt aufzubauen.

Was Eltern wissen sollten

- Kinder sollten in Sachsituationen aus dem Alltag, die mathematischen Gehalt haben, mit einbezogen werden (Einkaufssituationen, Planungen von Unternehmungen, Ausflügen).
- Kinder sollten frühzeitig selbstständig Erfahrungen zu den verschiedenen Größenbereichen machen (z. B. Umgang mit Geld, Umgang mit Längen, Mengen, Gewichten).

Literatur

BONGARTZ, TH./VERBOOM, L. (2007) (Hrsg.): Fundgrube Sachrechnen. Berlin: Cornelsen Scriptor
Informativer kurzer Theorieteil; beinhaltet zahlreiche sofort umzusetzende Sachrechenbeispiele mit Bearbeitungshilfen und methodischen Hinweisen

FRANKE, M. (2003): Didaktik des Sachrechnens in der Grundschule. Heidelberg: Spektrum Akademischer Verlag
Grundlegende Didaktik, informativ, mit aktuellen Sichtweisen und Forderungen

Taschenrechner

- Warum gehören Taschenrechner in die Schule?
- Dienen Taschenrechner nur der Kontrolle?
- Ab wann kann man Taschenrechner einsetzen?

Die meisten Kinder haben in ihrem häuslichen Alltag Zugang zu Taschenrechnern und besitzen in der Regel bereits Erfahrungen mit deren Umgang. Um an die Lebenswirklichkeit der Kinder anzuknüpfen, aber auch um den sinnvollen Einsatz eines Taschenrechners, dessen Möglichkeiten und Grenzen zu verdeutlichen und somit die Medienkompetenz der Kinder zu steigern, wird der Umgang mit diesem Medium im Mathematikunterricht der 3. und 4. Klassen der Grundschule thematisiert.

Einsatzmöglichkeiten: Es geht nicht darum, das Kopfrechnen, die halbschriftlichen oder schriftlichen ↗ Rechenverfahren in der Grundschule durch die Arbeit mit dem Taschenrechner zu ersetzen. Vielmehr dient der Taschenrechner als Kontrollgerät, Rechenhilfsmittel sowie als elektronisches Medium zum Lernen und Experimentieren Die Kinder erforschen zunächst die Arbeitsweise und die typischen Funktionen eines Taschenrechners (z. B. automatische Punkt- vor Strichrechnung, das Gleichzeichen als automatische Konstante), um ihn regelgerecht bedienen zu können. Der Taschenrechner hilft bei der Kontrolle eigener komplexer Rechnungen und ermöglicht ein zügiges Rechnen in großen Zahlenräumen.

Taschenrechner als Rechenhilfsmittel: In der Regel ist der Taschenrechner als Rechenhilfsmittel gegenüber dem Kopfrechnen im Vorteil. Im direkten Vergleich mit dem Kopfrechnen stößt der Taschenrechner bei „einfachen" Aufgaben (z. B. 1500 + 1500 = 3000) aber auch an seine Grenzen: Er ist hierbei aufgrund der „Tipparbeit" in der Regel langsamer als das Kopfrechnen.

Sinnvoll ist der Einsatz des Taschenrechners zur Zeitersparnis vor allem bei der Lösung komplexer Sachrechenaufgaben (↗ Sachrechnen), deren Schwerpunkt weniger auf dem formalen Rechnen als auf dem Durchschauen komplexer Sachzusammenhänge liegt. Die Interpretation der mithilfe des Taschenrechners ermittelten Ergebnisse steht im Vordergrund – und somit der Blick auf die Sache.

Taschenrechner als Lernmittel: Wird der Taschenrechner als Lernmittel eingesetzt, lassen sich mit ihm anhand gezielter Aufgabenstellungen im Sinne des ↗ entdeckenden Lernens mathematische Gesetzmäßigkeiten und Beziehungen von Zahlen erforschen. Dies trägt dazu bei, das Verständnis für Aufbau, Darstellung und Zusammenhänge von Zahlen zu vertiefen.

Es bietet sich an, im Kollegium eine Kartei von Aufgabenstellungen für Entdeckungen mit dem Taschenrechner anzufertigen, mit der die Kinder z. B. im Rahmen des offenen Unterrichts in Einzel- oder Partnerarbeit den flexiblen Umgang mit Rechenoperationen üben können. Im Sinne der Differenzierung kann den Kindern zudem angeboten werden, selbst Aufgaben zur Erweiterung der Kartei zu entwickeln.

Beispiel: Zielzahlen

Die Zahl 17 soll erreicht werden. Dazu sind folgende Tasten erlaubt:

5	+	–	x	/	=

Kannst du alle Zahlen zwischen 10 und 20 erreichen?
Folgende Tasten sind erlaubt:

3	7	+	–	x	/	=

Voraussetzungen: Um den Taschenrechner korrekt bedienen zu können, sind ein sicheres Verständnis des Dezimalsystems und der flexible Umgang mit den vier Grundrechenarten notwendig. Außerdem sollte den Kindern bewusst sein, dass der Taschenrechner ein Gerät ist, das von ihnen bedient wird und Irrtümer bei der Bedienung (z. B. Tipp-, Flüchtigkeits-, Kommafehler) nicht erkennt. Aus diesem Grunde sollte das Überschlagsrechnen als Möglichkeit der kritischen Kontrolle des Geräts im Mathematikunterricht thematisiert werden.

Sinnvoll ist die Anschaffung eines Klassensatzes einfacher, „baugleicher" Taschenrechner (z. B. Solarrechner) für die Schule, damit jedes Kind in individuellem Lerntempo den Umgang damit üben kann.

Was Eltern wissen sollten

- Taschenrechner ersetzen nicht die halbschriftlichen und schriftlichen Rechenverfahren, sondern unterstützen die Kontrolle eigener Rechnungen auch in hohen Zahlenräumen oder ermöglichen Prozesse des Entdeckens.
- Die Anschaffung eines sogenannten „Schultaschenrechners" mit vielen Funktionen ist im Grundschulalter nicht notwendig.

Literatur

RADATZ, H./SCHIPPER, W./DRÖGE R./EBELING A. (2002): Handbuch für den Mathematikunterricht. 2. Schuljahr. Schroedel: Hannover
Das Buch erläutert theoretische Grundlagen zum Einsatz des Taschenrechners und gibt Anregungen für die praktische Umsetzung.

Zehnersystem

- Was versteht man unter dem Zehnersystem?
- Wie verdeutlicht die Lehrerin das Zehnersystem?
- Was sollte bei Zahlbereichserweiterungen beachtet werden?

Unsere heutige Zahlschrift im Zehnersystem (Dezimalsystem) ist durch zwei Merkmale bestimmt: Jede Ziffer einer Zahl hat zusätzlich zu ihrem Ziffernwert noch einen Stellenwert. Dadurch entsteht als Vorteil, dass nur neun voneinander unterscheidbare Ziffern nötig sind (0, 1, 2, 3, ..., 9) und die Null für unbesetzte Stellen, um jede natürliche Zahl eindeutig als Folge von Grundziffern darzustellen. Die Grundidee besteht aus dem systematischen Bündeln kleinerer Einheiten zu größeren Bündelungsverfahren mit der Zahl 10. Vermutlich geht der Gebrauch der Zehn als Basis auf die Anatomie der beiden menschlichen Hände mit zehn Fingern zurück.

Die Maßeinheiten für Geld, Längen, Gewichte, Flächen und Rauminhalte sind im Zehnersystem aufgebaut. Eine Ausnahme bilden die Maßeinheiten für Zeitangaben.

Verdeutlichung des Zehnersystems in der Schule: Dazu sollten das Bündelungsprinzip und die Positionsschreibweise anschaulich entwickelt werden. Als Materialien bieten sich Plättchen, Punktefelder, Mehrsystemblöcke, Steckwürfel, Stäbchen und die Stellenwerttafel an. Im Kollegium sollte ein Konsens über die zu verwendenden Materialien vorhanden sein. Besonders hilfreich erweisen sich Klassensätze von Stellentafeln (↗ Materialeinsatz). Die Kinder müssen sich intensiv mit diesem Material auseinandersetzen, damit die Veranschaulichung in verinnerlichte Vorstellungen übergehen kann. Vorgehen im Unterricht zum Zahlenaufbau:

- Schätzen und Bündeln, Zählstrategien bei großen Zahlen
- Entdecken der Hunderter-Tausender-Bündelung als neue Einheiten
- Zahlen darstellen, zeichnerische Darstellung (z. B. mithilfe von Quadraten, Strichen, Punkten)
- Zahlen in die Stellenwerttafel eintragen, Zahlen schreiben
- Zahlen der Größe nach sortieren

Schwierigkeiten beim Lesen zwei- und mehrstelliger Zahlen: Diese entstehen durch die Besonderheit der Zahlwortbildung im Deutschen. Sie ist im Gegensatz zu anderen Sprachen dadurch gekennzeichnet, dass zweistellige Zahlen von rechts nach links gelesen werden. Zunächst werden also die Einer und dann die Zehner genannt. Dies ist eine Konvention, die das Kind lernen muss, z. B.:

Symboldarstellung: **25** – *gesprochenes Zahlwort:* **fünfundzwanzig**

Stellentafel: Besonders hilfreich ist bei diesem Problem die Verwendung der Stellentafel als Material. Die Stellentafel, auch Stellenwerttafel genannt, zeigt den Aufbau der Zahlen des Dezimalsystems. Die Zahl stellt sich so dar, wie sie auch geschrieben wird. Einzelne Plättchen repräsentieren entweder einzelne Einer, Zehner, Hunderter oder Tausender. Das Verständnis der Stellentafel ist wichtig für die schriftliche Addition und Subtraktion. Es lassen sich Zahlen mit Plättchen darstellen.

Beispiel:

T	H	Z	E
●	●	●●	●

1 1 2 1

Wähle eine eigene Zahl und untersuche, wie viele Zahlen du neu bilden kannst, wenn du
- ein Plättchen wegnimmst,
- ein Plättchen dazulegst,
- ein Plättchen verschiebst,
- zwei Plättchen dazulegst.

Wie viele Zahlen zwischen 10 und 20 kannst du mit 5 Plättchen legen?

Rechnen in Stellenwertsystemen: Dazu braucht man im Grunde nur das kleine Einspluseins oder das kleine Einmaleins, dann kann man sich damit größere Rechnungen schriftlich herleiten. Ein Nachteil des schriftlichen Rechnens ist, dass das Kind keine Ahnung von der Größenordnung der Zahlen haben muss und trotzdem die Aufgabe richtig bewältigen kann (↗ Rechenverfahren). Rechenschwache Kinder können dies zunächst als Vorteil empfinden.

Was Eltern wissen sollten
- Wenn ein Kind Schwierigkeiten beim Lesen und Schreiben von mehrstelligen Zahlen hat, kann eine Übergangslösung helfen: 38 wird als 30 und 8 gesprochen. Dies ist wichtig, wenn bei Verwendung einer Lernsoftware Zahlen auf einer Tastatur eingetippt werden.
- Auch sollte man darauf achten, dass das Kind z. B. bei 38 zuerst den Zehner, die 3, und dann erst den Einer 8 schreibt.

Literatur
RADATZ, H./SCHIPPER, W./DRÖGE, R./EBELING, A. (1998): Handbuch für den Mathematikunterricht. 2. Schuljahr. Schroedel: Hannover
Gut strukturierter Überblick mit zahlreichen unterrichtspraktischen Beispielen

Fitmacher für die Grundschule

Reinhold Christiani/
Klaus Metzger (Hrsg.)

Fundgrube Klassenführung
Das Nachschlagewerk
für jeden Tag

224 Seiten mit Abb.,
Paperback
ISBN 978-3-589-5113-7

**Eltern-Kursbuch:
Grundschule**
Kinder fördern,
fordern und erziehen

320 Seiten mit Abb.,
Festeinband
ISBN 978-3-589-22230-8

Horst Bartnitzky/
Reinhold Christiani (Hrsg.)

**Die Fundgrube
für jeden Tag**
Das Nachschlagewerk
für junge Lehrerinnen
und Lehrer

376 Seiten mit Abb.,
Paperback
ISBN 978-3-589-05034-5